କିଏ କହିବ, କ'ଣ ହେବ ?

କିଏ କହିବ, କ'ଣ ହେବ ?

ରାଧାମୋହନ

ବ୍ଲାକ୍ ଇଗଲ୍ ବୁକ୍ସ
ଭୁବନେଶ୍ୱର, ଓଡ଼ିଶା

BLACK EAGLE BOOKS
Dublin, USA

BLACK EAGLE BOOKS

USA address:
7464 Wisdom Lane
Dublin, OH 43016

India address:
E/312, Trident Galaxy, Kalinga Nagar,
Bhubaneswar-751003, Odisha, India

E-mail: info@blackeaglebooks.org
Website: www.blackeaglebooks.org

First International Edition Published by
BLACK EAGLE BOOKS, 2022

KIE KAHIBA, KANA HEBA
by **Radhamohan**

Copyright © **Biswabharati**

All rights reserved. No part of this publication may be reproduced, stored in a retrieval system, or transmitted, in any form or by any means, electronic, mechanical, photocopying, recording or otherwise without the prior permission of the publisher.

Cover & Interior Design: Ezy's Publication

ISBN- 978-1-64560-285-9 (Paperback)

Printed in the United States of America

ମୁଁ ଲକ୍ଷେବର୍ଷ ବଞ୍ଚିବାକୁ ଚାହେଁ;

ତା'ହେଲେ ପୃଥିବୀରେ ଘଟିବାକୁ ଯାଉଥିବା ବିରାଟ ପରିବର୍ତ୍ତନ ସବୁ ଦେଖିପାରିବି, ଅଙ୍ଗେ ନିଭେଇପାରିବି ଏବଂ ଜଗତର ତଥା ମାନବ ଜାତିର କଲ୍ୟାଣ ପାଇଁ ମୁଁ ଯାହା ସ୍ୱପ୍ନ ଦେଖୁଛି, ସେସବୁ ସାକାର କରିପାରିବି ।

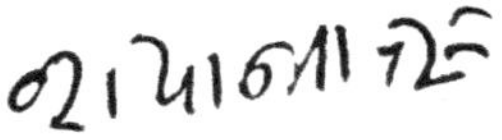

...କିନ୍ତୁ ଲକ୍ଷେ ବର୍ଷ ବଞ୍ଚିବା ପାଇଁ ଲକ୍ଷେ ବର୍ଷ ଆୟୁଷର ଆବଶ୍ୟକତା ନାହିଁ, ଯଦି ଜଣେ ଜୀବନର ପ୍ରତ୍ୟେକ କ୍ଷଣକୁ କର୍ମମୟ କରିଦେଇପାରେ ତେବେ ଅଳ୍ପାୟୁ ହୋଇ ମଧ୍ୟ ଦୀର୍ଘାୟୁ ହୋଇଯାଇପାରେ । ଏହା ହିଁ ଥିଲା ପ୍ରଫେସର ରାଧାମୋହନଙ୍କ ଜୀବନର ବାର୍ତ୍ତା । ହେତୁ ପାଇବା ଦିନଠାରୁ ସେ ନିଜ ଜୀବନକୁ, ତନ, ମନ, ଧନ, ସବୁକିଛି ଜଗତ କଲ୍ୟାଣ ନିମିତ୍ତ ସମର୍ପିତ କରିଦେଇଥିଲେ, ତିଳାର୍ଦ୍ଧ ମାତ୍ର ପ୍ରତ୍ୟାଶା ନରଖି, ଶୋଚନା ନକରି ।

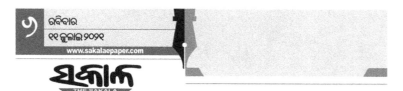

୬ ରବିବାର
୧୧ ଜୁଲାଇ ୨୦୨୧
www.sakalaepaper.com
ସକାଳ
THE SAKALA

ବିଭାଗର ଭାଗ୍ୟ

ସ୍ୱର୍ଗତ ରାଧାମୋହନ
କଳିଙ୍ଗବିହାର

(ସ୍ୱର୍ଗତ ପ୍ରଫେସର ରାଧାମୋହନ ଗତ ଛଅ ଦଶନ୍ଧି ଧରି ଓଡ଼ିଶାର ସାମାଜିକ, ଅର୍ଥନୈତିକ ଓ ଜନସେବା ପୃଷ୍ଠଭୂମିରେ ଏକ ବଳିଷ୍ଠ ଚେତନାର ଉତ୍ସ ହୋଇ ରହିଥିଲେ । ସରଳ ସାଧା ମଣିଷ ମାଟି ମା' ସହିତ ସବୁବେଳେ ଯୋଡ଼ି ହୋଇ ସାଧାରଣ ଗରିବ ଦୁର୍ବଳ ମଣିଷଟିଏର ଜୀବନ-ଜୀବିକା ସମସ୍ୟାକୁ ବୈଶ୍ୱିକ ଅର୍ଥନୀତିର ବିଷଚକ୍ର ଚାପରୁ ରକ୍ଷା କରିବା ପାଇଁ ନିଜ କର୍ମ ଓ କଲମ ମାଧ୍ୟମରେ ସବୁବେଳେ ତତ୍ପର ଥିଲେ । ଏହି ଲେଖାଟି ପଦ୍ମଶ୍ରୀ ପ୍ରଫେସର ରାଧାମୋହନଙ୍କ ଜୀବନର ଶେଷ ଲେଖା । ସେ ନିମୋନିଆରେ ପୀଡ଼ିତ ଥିବାବେଳେ ହସ୍ପିଟାଲ୍ ବେଡ୍‌ରେ ଥାଇ ଦୁଇଟି ପ୍ରବନ୍ଧ ଲେଖିଥିଲେ ଏବଂ ତାହା ଅନ୍ୟ ଖବରକାଗଜରେ ପ୍ରକାଶିତ ହୋଇଥିଲା । ଏହି ଶେଷ ଲେଖାଟି ସେ 'ସକାଳ' ପାଇଁ ଲେଖୁଥିଲେ, କିନ୍ତୁ ସ୍ୱାସ୍ଥ୍ୟରେ କ୍ରମାଗତ ଅବନତି ଘଟିବାରୁ ଲେଖାଟି ସମ୍ପୂର୍ଣ୍ଣ କରିପାରିନଥିଲେ । ପାଖରେ ଥିବା ମଝିଆ ଝିଅ ବିଶ୍ୱଭାରତୀଙ୍କୁ ଡାକି ପ୍ରବନ୍ଧଟି ପଢ଼ିବାକୁ କହିଲେ ଏବଂ ଅନୁରୋଧ କଲେ, 'ମା! ଆଉ ଲେଖିପାରୁନି, ଯଦି ପାରିବୁ ଏତକ 'ସକାଳ'ର ସମ୍ପାଦକଙ୍କ ପାଖକୁ ପଠାଇଦେବୁ ।' ଆଜି ତାଙ୍କ ତିରୋଧାନର ଏକମାସ ପୂର୍ତ୍ତି ଅବସରରେ ତାଙ୍କର ଶେଷ ଲେଖା(ଅସମ୍ପୂର୍ଣ୍ଣ)କୁ ଆମେ ସମ୍ପାଦକୀୟ ପୃଷ୍ଠାରେ ସ୍ଥାନ ଦେଇ ସ୍ମୃତି ଅର୍ଘ୍ୟ ନିବେଦନ କରୁଛୁ)

୧୯୮୩ ମସିହାର ଶେଷଭାଗ ଆଡ଼କୁ କେନ୍ଦ୍ର ସରକାରଙ୍କ ଢାଞ୍ଚାରେ ଓଡ଼ିଶା ସରକାର ରାଜ୍ୟ ବିଜ୍ଞାନ, କାରିଗରୀ ଓ ପରିବେଶ ବିଭାଗ ସୃଷ୍ଟି କଲେ । ପ୍ରଥମ କେତେଜଣଙ୍କ ଭିତରେ ମୁଁ ସେଇ ବିଭାଗରେ ଯୋଗଦେଲି ପରିବେଶ ସମ୍ପର୍କରେ ଜନସଚେତନତା ସୃଷ୍ଟି କରିବା ପାଇଁ । ସେତେବେଳେ 'ପରିବେଶ' ଶବ୍ଦଟି ଏତେ ବହୁଳ ପ୍ରସାର ଲାଭ କରିନଥିଲା ।

ସେତେବେଳର ମୁଖ୍ୟମନ୍ତ୍ରୀ ଜାନକୀ ବଲ୍ଲଭ ପଟ୍ଟନାୟକ ପରିବେଶ ବିଭାଗର ଦାୟିତ୍ୱରେ ଥିଲେ । ଦିନେ ସେକ୍ରେଟାରିଏଟ୍‌ରେ ମିଟିଂ ହେଲା ପୋଡୁ ଚାଷ କିପରି ବନ୍ଦ ହେବ । ସେ ନେଇ ଆଲୋଚନା ହେଲା । ଜଙ୍ଗଲ ବିଭାଗ ତରଫରୁ ଉଚ୍ଚପଦସ୍ଥ ଅଧିକାରୀମାନେ ଯୋଗ ଦେଇଥା'ନ୍ତି ଓ ସ୍ୱାଭାବିକ ଭାବରେ ସେମାନେ ପ୍ରଚୁର ଅର୍ଥ ଆବଶ୍ୟକ ହେଉଥିବା ବିଭିନ୍ନ ପ୍ରକଳ୍ପମାନଙ୍କର ପ୍ରସ୍ତାବ ଦେଉଥା'ନ୍ତି । ଶେଷରେ ମୋ' ପାଳି ପଡ଼ିଲା କିଛି କହିବା ପାଇଁ । ମୋର ପ୍ରସ୍ତାବ ଥିଲା ବ୍ୟଙ୍ଗାତ୍ମକ - 'କେବେବେଳେ କୌଣସି ଆଦିବାସୀ ପିଲାଙ୍କୁ ମାଗଣାରେ ହଷ୍ଟେଲରେ ରହିବା ଖାଇବା ବ୍ୟବସ୍ଥା କରି ଅତିକମ୍‌ରେ ଅଷ୍ଟମ ନବମ ଶ୍ରେଣୀ ପର୍ଯ୍ୟନ୍ତ ପଢ଼ିବାର ବ୍ୟବସ୍ଥା କରାଯାଉ । କିଛିଦିନ ପରେ ଆଉ ଆଦୌ ପୋଡୁଚାଷ ହେବନାହିଁ ।' ଏତିକି କହୁ କହୁ ପଦସ୍ଥ ଅଧିକାରୀମାନେ ପରସ୍ପର ଅନାଅନି ହୋଇ ହସିବାକୁ ଲାଗିଲେ । ସେ ହସରେ ତାଚ୍ଛଲ୍ୟଭାବ ଉକୁଟି ଉଠୁଥିଲା । ତେବେ ଜାନକୀବାବୁ ପଚାରିଲେ- 'ଆଦିବାସୀ ପିଲାଏ ପାଠପଢ଼ି ଦେଲେ କେମିତି ପୋଡୁଚାଷ ବନ୍ଦ ହୋଇଯିବ କୁହନ୍ତୁ ।' ସରଳରେ କହିଲି - 'ଆମର ଶିକ୍ଷା ବ୍ୟବସ୍ଥା ଏଭଳି ଯେ, ସାମାନ୍ୟ ପାଠପଢ଼ି ଦେଲେ ଆମେ ଶାରୀରିକ ଶ୍ରମ ପ୍ରତି ବିମୁଖ ହୋଇପଡୁ । ବିଶେଷତଃ ଆଦିବାସୀ ପିଲାମାନେ ଯେତେବେଳେ ଅଷ୍ଟମ ନବମ ପାଠପଢ଼ି ଦେବେ, ଭାବିବେ ଯେ ସେମାନେ କିଛି ଗୋଟାଏ ବଡ଼ କାମ କରି ପକାଇଲେ । ଆଉ ପରିଶ୍ରମ କରିବା ଦରକାର ନାହିଁ । ସେମାନେ ଆଉ ତୀଖ ପାହାଡ଼ ଚଢ଼ିପାରିବେ ନାହିଁ, ଜଙ୍ଗଲକୁ ଯିବେ ନାହିଁ ଓ କଠୋର ପରିଶ୍ରମ କରି ହରିଣ, ସମ୍ବର ଆଦି ଜଙ୍ଗଲୀ ଜନ୍ତୁଙ୍କଠାରୁ ଫସଲ ରକ୍ଷା କରିବା ପାଇଁ କ୍ଷେତରେ କୁଡ଼ିଆ କରି ବର୍ଷାରାତିରେ ଉଜାଗର ରହି ଜଗିପାରିବେନି । ଏକପ୍ରକାର ଅକ୍ଷମ ହୋଇପଡ଼ିବେ ସେମାନେ ଏବଂ ପୋଡୁଚାଷ ବନ୍ଦ ହୋଇଯିବ ଆପେ ଆପେ ।'

ଠିକ୍ ଏକଥାର ପ୍ରତିଧ୍ୱନି ଶୁଣିଲି ଏ ଆଲୋଚନାର ପ୍ରାୟ କୋଡ଼ିଏ ବର୍ଷ ପରେ । କୋରାପୁଟରେ ଗୋଟାଏ ଆଦିବାସୀ କବି-ଲେଖକ ସମ୍ମିଳନୀରେ ବିଭିନ୍ନ ବିଷୟରେ ଆଲୋଚନା ହେଉଥାଏ । ଏ ସମୟରେ ଜଣେ ବୟସ୍କ ଆଦିବାସୀ ଲୋକ ଉଠି କହିଲେ, 'ଆଜ୍ଞା! ମୋ' ପୁଅ ମୋ'ର ବଡ଼ ଶତ୍ରୁ । କ'ଣ ଦିଅକ୍ଷର ପାଠ ପଢ଼ିଛି, ଚାକିରି ବାକିରି କିଛିନାହିଁ । ପାଇଟିପତର କିଛି କରୁନି, ଚାଷବାସକୁ ଘୃଣା କରୁଛି । ଖାଲି କହୁଛି, ଦେ' ପଇସା ମୁଁ ଜୋତା କିଣିବି, ପ୍ୟାଣ୍ଟ ସାର୍ଟ କିଣିବି । ଟର୍ଚ୍ଚ ଟାଇଟ୍ କିଣିବି । ଶୀତଦିନେ ବେଢ଼ାଣ ଘୋଡ଼େଇ ନ ହୋଇ ସ୍ୱେଟର କିଣିବାକୁ ପଇସା ମାଗୁଛି । ଆଉ ମୁଁ ପଇସା ଦେଇ ନ ପାରିଲେ ନାନା ଉପଦ୍ରବ କରୁଛି । ପାଠପଢ଼ାର ଆଜ୍ଞା କ'ଣ ଏଇୟା ଫଳ?' ସେତେବେଳେ ଜଙ୍ଗଲ ବିଭାଗ ଅଧିକାରୀମାନେ ମୋ' କଥାକୁ ହସି ଉଡ଼େଇ ଦେଇଥିଲେ, କିନ୍ତୁ ଆଦିବାସୀ ଅଞ୍ଚଳରେ ଶିକ୍ଷାର ପ୍ରସାର ଯୋଗୁଁ ପୋଡୁଚାଷ ଆପେ ଆପେ ବନ୍ଦ ହୋଇଗଲା ।

ସଭା ଶେଷ ହେଲା । ଏବେ ଦେଖିବା ଜଙ୍ଗଲ ବିଭାଗର ଇତିବୃତ୍ତି ।...

ଡାକ୍ତରଖାନାରେ ଶେଷ ଚିକିତ୍ସା ଚାଲିଥିଲାବେଳେ ମଧ୍ୟ ହାତ ଚାଲୁଥିବା ପର୍ଯ୍ୟନ୍ତ ସେ ଚିନ୍ତାଉଦ୍ରେକକାରୀ ପ୍ରବନ୍ଧମାନ ଲେଖିଚାଲିଥିଲେ । ରାଧାମୋହନଙ୍କ ଶେଷ ଲେଖା ଯାହା 'ସକାଳ'ର ସମ୍ପାଦକୀୟ ପୃଷ୍ଠାରେ ପ୍ରକାଶିତ ।

ଅଗ୍ରଲେଖ

ପ୍ରଫେସର ରାଧାମୋହନଙ୍କୁ ମୁଁ ନିକଟରୁ ଦେଖିଛି। ସାଧାସିଧା ମଣିଷ। ସରଳ ଜୀବନଶୈଳୀ। ତାଙ୍କ ବେଶ ପୋଷାକ ଓ ଖାଦ୍ୟରୁ ଜାଣିହୁଏ ସେ ଜଣେ ଜ୍ଞାନର ଭଣ୍ଡାର। ସଚ୍ଚା ପରିବେଶବିତ୍, କଥା ଓ କାର୍ଯ୍ୟରେ। ନୟାଗଡ଼ରେ ତାଙ୍କ ହାତତିଆରି 'ସମ୍ଭବ' ଏକ ପ୍ରାକୃତିକ ବିଭବ-ସେହି ଅନନ୍ୟ ମଣିଷଙ୍କର ଗଭୀର ପ୍ରକୃତିପ୍ରେମର ପ୍ରମାଣ। କବି ଓ୍ୱାର୍ଡସୱାର୍ଥଙ୍କୁ ତ ପ୍ରକୃତି କବି କୁହାଯାଏ। ସେ ପ୍ରକୃତିକୁ ଉପଭୋଗ କରି କବିତା ରଚନା କରିଛନ୍ତି। ମଣିଷ ପ୍ରକୃତିକୁ ଯେପରି ଲୁଣ୍ଠନ କରିଚାଲିଛି, ରାଧାମୋହନ ବାବୁ ବିକାଶ ନାଁରେ ସେ କଥା ଦେଖି ବ୍ୟଥିତ ଥିବା ତାଙ୍କ ଲେଖାରୁ ପ୍ରମାଣ ମିଳେ। ଆଇନଷ୍ଟାଇନ୍ ଷାଠିଏ, ସତୁରୀ ବର୍ଷ ପୂର୍ବରୁ ମାନବ ସମାଜକୁ ଚେତାଇଥିଲେ 'ଯେଉଁଦିନ ଶେଷ ମହୁମାଛିଟି ମରିଯିବ, ସେଦିନ ଜାଣିବାକୁ ହେବ ପୃଥିବୀରୁ ମଣିଷଜାତିଟି ଲୋପ ପାଇଯିବ।' କୃଷି କ୍ଷେତରୁ ରୋଗ ପୋକ ଦମନ ପାଇଁ ହର୍ମାନ ମୁଲ୍ଲର ୧୯୩୮ରେ ଡି.ଡି.ଟି ଉଦ୍ଭାବନ କରନ୍ତି। ନୋବେଲ ପୁରସ୍କାର ମଧ୍ୟ ମିଳିଯାଏ। କିଛି ଅଧ୍ୟୟନରୁ ଜଣାପଡ଼ିଛି ଯେ ଇଣ୍ଡୋନେସିଆରେ ଝିଟିପିଟି, ମୂଷା, ବିଲେଇବଂଶ ଲୋପ କଲା ଡି.ଡି.ଟି। ପ୍ଲେଗକୁ ଡାକି ଆଣିଲା। ଆଇନଷ୍ଟାଇନ୍ ସତର୍କ କରିଥିଲେ। ଆଗକୁ ଆସିବାକୁ ଥିବା ବିପଦକୁ ରୋକାଯାଇ ପାରିବା ସମ୍ଭବ, ରାଧାମୋହନ ବାବୁ ନିଜର ଉଦ୍ୟମ ମାଧ୍ୟମରେ ପ୍ରମାଣଟିଏ ଥୋଇଦେଲେ। କେବଳ ନିଷ୍ପାପର କାର୍ଯ୍ୟ ମାଧ୍ୟମରେ ନୁହଁ, ବରଂ ନିଜର ସରଳ ଓ ସମସ୍ତେ ବୁଝିବା ଭଳି ଆଲେଖ୍ୟ ମାଧ୍ୟମରେ। 'ଲିଭିଂ ସଏଲ' ପୁସ୍ତକର ଲେଖକ ମ୍ୟାଡାମ୍ ଇଭେ ବାଲିଫୋର ନିଜ ପୁସ୍ତକରେ ଲେଖିଥିଲେ, "ମାଟିର ଜୀବନ ଅଛି। ଗୋଟିଏ ଇଞ୍ଚ ମାଟି ତିଆରି ପାଇଁ ୧୦ ହଜାର ବର୍ଷ ଲାଗେ। କୋଟି କୋଟି ଅଣୁଜୀବ ମାଟିର ଜୀବନ। ଖାଦ୍ୟପାଇଁ ଭାରତରେ ରୁଷିଆ ଓ ଚୀନ ଭଳି କମ୍ୟୁନିଜମ୍ ବିସ୍ତାର କରିବାର ଆଶଙ୍କା ସାମ୍ରାଜ୍ୟବାଦୀ ଆମେରିକାକୁ ବିବ୍ରତ କରୁଛି। ଭାରତକୁ ଖାଦ୍ୟ ଯୋଗାଇବ। ନୂଆ ଚାଷପ୍ରଣାଳୀ କାର୍ଯ୍ୟକାରୀ କରାଇବ।" ଏଭଳି ଏକ ଚକ୍ରବ୍ୟୂହରେ ଚାଷୀ ପଡ଼ିଲେ। ଆମେ କିଛି ଜାଣିବା ଆଗରୁ ବହୁରାଷ୍ଟ୍ରୀୟ କମ୍ପାନୀମାନଙ୍କର ଚକ୍ରାନ୍ତର ଶିକାର ହେଲେ- ଭାରତରେ ଦେଶୀବିହନର ଅପୂର୍ବ ବିବିଧତାକୁ ନିପାତ କରିଦିଆଗଲା। କୀଟନାଶକ ବିଷରେ

ମାଟି ପାଣି ବିଷାକ୍ତ। ଖାଦ୍ୟରେ ବିଷ, କୃଷକ ଆତ୍ମହତ୍ୟା। ପାରମ୍ପରିକ ବିହନକୁ ବଞ୍ଚାଇବା ଆଳରେ ବିଲ୍ ଗେଟସ୍ ଫାଉଣ୍ଡେସନ ପଇସାରେ ନରୱେର ସ୍ପିଟ୍ସବର୍ଗନ ନାମକ ଗୋଟିଏ ଦ୍ୱୀପରେ ଥିବା ବରଫ ପାହାଡ଼ରେ **Dooms day seed vault** ତିଆରି ହେଲା। ପୃଥିବୀରୁ ସବୁ ପ୍ରକାର ଫସଲର ୯ ଲକ୍ଷ ୩୦ ହଜାର ପ୍ରକାରର ବିହନ ସଂଗ୍ରହ କରି ବରଫ ପାହାଡ଼ ଭିତରେ ଲୁହାସିନ୍ଧୁକରେ ରଖାଗଲା। ସାଧାରଣ ଚାଷୀ, ବୁଦ୍ଧିଜୀବୀ, ରାଷ୍ଟ୍ର ମୁଖ୍ୟଙ୍କୁ ବୁଝାଇ ଦିଆଗଲା ଯେ ବିପଦ ଆପଦବେଳେ ବିହନର ଅଭାବ ହେଲେ **Dooms day seed vault** ବିହନ ଯୋଗାଇ ପାରିବ। ମାତ୍ର ଏହା ଦୁଷ୍ଟବୁଦ୍ଧି ଥିଲା। ପାରମ୍ପରିକ ବିହନକୁ କମ୍ପାନୀମାନେ ସେଥିରୁ ଚୋରି କରି ହାଇବ୍ରିଡ ବା ଜିଏମ୍ ବିହନ କରିବାର ବଳିଷ୍ଠ ଆଶଙ୍କାକୁ ଏଡ଼ାଇ ଦିଆଯାଇପାରିବ ନାହିଁ। ବଜାରରେ ବିକି ଅଧିକ ଲାଭ କମାଇ ପାରନ୍ତି।

ବିଜ୍ଞାନର ସବୁଠାରୁ ବଡ଼ 'ସଫଳତା' ଜଳବାୟୁ ପରିବର୍ତ୍ତନ ଓ ବିଶ୍ୱ ତାପମାତ୍ରାରେ ଅହେତୁକ ବୃଦ୍ଧି! ଉତ୍ତର ମେରୁର ବରଫ ଦ୍ରୁତ ଗତିରେ ତରଳୁଛି, ବିହନ ବ୍ୟାଙ୍କରୁ ବରଫ ତରଳି ଲୁହା ସିନ୍ଧୁକ ଦେଖାଗଲାଣି। ଅନ୍ତର୍ଜାତିକ ବିହନବ୍ୟାଙ୍କ ଏବେ ଦୁର୍ଦ୍ଦଶାଗ୍ରସ୍ତ। "ଜଳବାୟୁ ପରିବର୍ତ୍ତନ ଓ ହିସାବ ବିଗିଡିଗଲା"ରେ ପ୍ରଫେସର ରାଧାମୋହନ ମାନବସମାଜ ପାଇଁ ବାର୍ତ୍ତା ଦେଇଛନ୍ତି, "ପ୍ରକୃତି ମଣିଷର ଔଦ୍ଧତ୍ୟକୁ ବରଦାସ୍ତ କରିବ ନାହିଁ- ସେ ଉଗ୍ର ହେବ। ବନ୍ୟା-ବାତ୍ୟା-ମରୁଡ଼ି ପୃଥିବୀର ସ୍ଥିତିକୁ ଦୋହଲାଇଦେବ। ଷ୍ଟିଫେନ୍ ହକିନ୍ସ୍ ୨୦୧୮ରେ ସତର୍କ କରିଥିଲେ "ମଣିଷ ପ୍ରକୃତିକୁ ଯେପରି ଲୁଣ୍ଠନ କରୁଛି, ଖୁବ ଶୀଘ୍ର ଜଳବାୟୁ ପରିବର୍ତ୍ତନ ଓ ବିଶ୍ୱତାପନର ଶିକାର ହେବ। ୨୦୫୦-୬୦ବେଳକୁ ମଣିଷ ପୃଥିବୀରୁ ଲୋପ ପାଇଯିବ।" ପ୍ରଫେସର ରାଧାମୋହନ ଓ ଷ୍ଟିଫେନ ହକିନ୍ସ୍ ଏକା କଥା କୁହନ୍ତି। କିନ୍ତୁ ସାଧାରଣ ଚାଷୀ, ମୂଲିଆ ଓ ସ୍କୁଲଛାତ୍ରମାନେ ଷ୍ଟିଫେନ୍ ହକିନ୍ସ୍‌ଙ୍କୁ ବୁଝିବା କଷ୍ଟ। ପ୍ରଫେସର ରାଧାମୋହନଙ୍କ ଉପସ୍ଥାପନା ଅତି ନିଆରା। ତାଙ୍କ ଲେଖାକୁ ୮/୧୦ ବର୍ଷର ପିଲାଠାରୁ ଆରମ୍ଭ କରି ଗାଁର ୭୦/୮୦ବର୍ଷର ବୁଢ଼ାବୁଢ଼ୀ ପର୍ଯ୍ୟନ୍ତ ସହଜରେ ବୁଝିଯିବେ। ମୁଁ ଜଣେ ଆଜୀବନ ଶିକ୍ଷାର୍ଥୀ। ପ୍ରଫେସର ରାଧାମୋହନଙ୍କ ଜ୍ଞାନ ମାପିବା ମୋ ପକ୍ଷେ ସମ୍ଭବ ନୁହଁ। କେବଳ ଏତିକି କହିବି ଯେ ପ୍ରଫେସର ରାଧାମୋହନଙ୍କୁ ତାଙ୍କ ହାତତିଆରି 'ସମ୍ଭବ' ଓ କାଳଜୟୀ ଗଣସାହିତ୍ୟ ଅମର କରି ରଖିବ।

ନଟବର ଷଡ଼ଙ୍ଗୀ

ସୂଚିପତ୍ର

କିଏ କହିବ, କ'ଣ ହେବ ?	୧୫
ପୃଥିବୀର ଜଳବାୟୁ ପରିବର୍ତ୍ତନ: ପରିଣତିର ବିଭିନ୍ନ ଦିଗ	୧୯
ଚାଷୀଭାଇ, ତୁମର କ'ଣ ମୁକ୍ତି ନାହିଁ	୨୪
ଏବେ ପବନ ଖାଇ ରହିବୁ ଆଜ୍ଞା !	୨୯
ପୋକମରା ନା ଲୋକମରା	୩୪
ଏକ ଅଦ୍ଭୁତ ଦୁନିଆରେ ପ୍ରବେଶ	୩୮
ଏବେ ସବୁ ମହଙ୍ଗା, କିନ୍ତୁ କ୍ୟାନ୍ସର ଫ୍ରି	୪୩
ଏବେ ସବୁ ମହଙ୍ଗା, କିନ୍ତୁ କ୍ୟାନ୍ସର ଫ୍ରି - ୨	୪୭
କୃଷି, ରସାୟନ ଓ କ୍ୟାନ୍ସର	୫୧
ବିନାଶ କାଳେ ବିପରୀତ ବୁଦ୍ଧି	୫୫
ଚାଷୀକୁଳ, ନିଜକୁ ନିଜେ ରକ୍ଷାକର	୫୯
କର୍କଟର କାୟାବିସ୍ତାର	୬୩
ଦେଶ ସ୍ୱାଧୀନ, କିନ୍ତୁ ଚାଷୀ ପରାଧୀନ	୬୮
ଭଦଭଦଳିଆମାନେ ଗଲେ କୁଆଡ଼େ ?	୭୩
ମାଟି	୭୭
ବିଷକୁ କହିଲୁ ଔଷ	୮୫
ଆଧୁନିକ କୃଷି ବ୍ୟବସାୟ: ଶସ୍ତାରୁ ହୀନସ୍ତା	୯୩
ଚକ୍ରବ୍ୟୂହରେ ଚାଷ	୯୮
ଜଳବାୟୁ ପରିବର୍ତ୍ତନ-ହିସାବ ବିଗିଡ଼ିଗଲା	୧୦୩
କାହା କୃତ ?	୧୦୭
ଋଷି କୃଷି	୧୧୧
ମାଟି ପାଇଁ କିଏ ?	୧୧୫
ମଣିଷ ଓ ଜୀବଜଗତ	୧୧୯
କଥା ମାମୁଲି, ପରିଣାମ ଭୟଙ୍କର	୧୨୨
ଗୋରାପଣ ମାତ୍ର କେତେ ମିନିଟ୍‌ରେ !	୧୨୬
ମହଙ୍ଗା ଦିନେ କାନ୍ଦେ, ଶସ୍ତା ନିତି କାନ୍ଦେ	୧୩୦
ଭିନ୍ନ ଏକ ଭୂତାଣୁ	୧୩୪
ପ୍ରମୁଖ ବିଦ୍ଵାଣିଙ୍କର କରୁଣ କାହାଣୀ	୧୩୯
ଧନବନ୍ତଙ୍କ ଚିନ୍ତା	୧୪୪
ଶିଖିବା, ଆହୁରି ଶିଖିବା	୧୪୮
କାହା ପାଇଁ କିଏ ?	୧୫୩
ବିଭାଗର ଭାଗ୍ୟ	୧୫୭

ଧନ୍ୟବାଦ

ରାଧାମୋହନ ଥିଲେ ଏ କଥାଟି ଅତ୍ୟନ୍ତ ଶ୍ରଦ୍ଧାର ସହ ହୁଏତ ଲେଖିଥାନ୍ତେ- ଯେଉଁମାନେ ଏ ଚମତ୍କାର ବହିଟି ବାହାର କରିବାକୁ ଅଶେଷ ପରିଶ୍ରମ କରିଛନ୍ତି ଓ ଯେଉଁସବୁ ଖବରକାଗଜ ବା ପତ୍ରପତ୍ରିକାମାନେ ଏହି ଲେଖାମାନ ପ୍ରକାଶ କରି ଅନେକଙ୍କ ପାଇଁ ପଢ଼ିବାର ଓ ଚିନ୍ତା କରିବାର ସୁଯୋଗ ସୃଷ୍ଟି କରିଛନ୍ତି, ସେମାନଙ୍କୁ ଏହି ସଂକଳନ ମାଧ୍ୟମରେ ଅଶେଷ ଧନ୍ୟବାଦ ।

କିଏ କହିବ, କ'ଣ ହେବ ?

୧୯୮୩ ମସିହାରେ ରାଜ୍ୟ ସରକାର ବିଜ୍ଞାନ, କାରିଗରୀ ଓ ପରିବେଶ ବିଭାଗ ଆରମ୍ଭ କଲେ। ଜୁନ୍ ମାସ ପାଞ୍ଚ ତାରିଖ ୧୯୮୪ ମସିହା। ବିଭାଗ ତରଫରୁ ଭୁବନେଶ୍ୱରସ୍ଥିତ ସେତେବେଳର ସୂଚନାଭବନରେ ପ୍ରଥମ କରି ବିଶ୍ୱ ପରିବେଶ ଦିବସ ପାଳନ କରାଗଲା। ମୁଖ୍ୟମନ୍ତ୍ରୀ ମୁଖ୍ୟ ଅତିଥି। ଉଭୟ ଓଡ଼ିଆ ଓ ସଂସ୍କୃତରେ ଗଭୀର ପ୍ରବେଶ। ତାଙ୍କ ଭାଷଣ ଆରମ୍ଭ କଲେ ବେଦର ଶାନ୍ତି ମନ୍ତ୍ରରେ। ପରେପରେ ଦର୍ଶକମାନଙ୍କୁ ଲକ୍ଷ୍ୟ କରି ପଚାରିଲେ- 'ଯଦି ସବୁ ମୂଷାଙ୍କୁ ମାରି ଦିଆଯାଏ ତେବେ କ'ଣ କ୍ଷତି ହେବ ?' ଅବଶ୍ୟ ଉତ୍ତରକୁ ଅପେକ୍ଷା ନକରି ତାଙ୍କର ଭାଷଣ ଚାଲୁରଖିଲେ। ଏ ପ୍ରଶ୍ନ ଯଥାର୍ଥ ଉତ୍ତର ହେବ, କିଏ କହିବ କ'ଣ ହେବ ? ଏଭଳି ଉତ୍ତରର ଯଥାର୍ଥତା ତଳେ ଦିଆଯାଇଥିବା ଦୁଇଟି ଉଦାହରଣରୁ ସ୍ପଷ୍ଟ ହେବ।

ଏ ଘଟଣାଟି ଘଟିଥିଲା ପ୍ରାୟ ପଚାଶ ବର୍ଷ ତଳେ ଆମର ଅନ୍ୟତମ ପଡ଼ୋଶୀ ଦେଶ ଇଣ୍ଡୋନେସିଆରେ। ସେଇଠି ବର୍ଷସାରା ବର୍ଷା, ମଶା ଓ ମେଲେରିଆ ପ୍ରବଳ। ମେଲେରିଆ ନିୟନ୍ତ୍ରଣ ପାଇଁ ଡିଡିଟି ଘରମାନଙ୍କରେ ସ୍ପ୍ରେ କରାହେଲା। ସେତେବେଳେ ଇଣ୍ଡୋନେସିଆରେ ସାମରିକ ଶାସନ। ଘରର ସବୁ ଅଂଶରେ ତୁହାଇତୁହାଇ ଡିଡିଟି ସିଞ୍ଚନ ଫଳରେ ମଶା ସଂଖ୍ୟା ଦ୍ରୁତ ହାରରେ କମିଗଲା। ମଶାବଂଶ ପ୍ରାୟ ନିପାତ ହୋଇଗଲା। ମେଲେରିଆର ପ୍ରକୋପ ଚାଲିଗଲା। ଲୋକମାନେ ଆଶ୍ୱସ୍ତ ହେଲେ। ସରକାର ଖୁସି ହେଲେ।

କଥା କିନ୍ତୁ ଏତିକିରେ ରହିଲା ନାହିଁ। ବାରମ୍ବାର ଡିଡିଟି ସିଞ୍ଚନ ଫଳରେ ମଶା ତ ମଲେ, ତା' ସାଙ୍ଗକୁ ଘରର ମାଛିମାନେ ଛଟପଟ ହୋଇ ତଳେ ପଡ଼ିଲେ। ଝିଟିପିଟିଙ୍କର ମାଛି ଭୋଜି ଚାଲିଲା, କିନ୍ତୁ ମାଛିଗୁଡ଼ିକ ବିଷ ଜ୍ୱାଳାରେ ଛଟପଟ ହେଉଥିଲେ। ତା'କୁ ଖାଇ ଝିଟିପିଟିମାନେ କାନ୍ଥରୁ ତଳକୁ ଖସିପଡ଼ି ଛଟପଟ ହେବାକୁ ଲାଗିଲେ। ଏବେ

ବିଲେଇଙ୍କର ଭୋଜି ଆରମ୍ଭ ହେଲା । ଝିଟିପିଟିଙ୍କର ବିଷାକ୍ତ ମାଛି ଖାଇ ଯାହା ହୋଇଥିଲା, ଏବେ ବିଲେଇମାନଙ୍କର ସେଇ ଦଶା । ଧୀରେଧୀରେ ବିଲେଇ ବଂଶ ଶେଷ ହୋଇଗଲା । ସେମାନଙ୍କର ଅନୁପସ୍ଥିତିରେ ଏଥର ମୂଷାମାନଙ୍କ ପୂରା ରାଜତ୍ୱ ଆରମ୍ଭ ହୋଇଗଲା । ମୂଷାମାନଙ୍କର ସଂଖ୍ୟା ଏତେ ପରିମାଣରେ ବଢ଼ିଗଲା ଯେ କିଛିଦିନ ପରେ ପ୍ଲେଗ୍ ରୋଗ ଆରମ୍ଭ ହୋଇ ମହାମାରୀରେ ପରିଣତ ହେବାକୁ ଲାଗିଲା । ଏବେ ଉଭୟ ଲୋକ ଓ ସରକାର କିଂକର୍ତ୍ତବ୍ୟମିମୂଢ଼ । ବିଦେଶରୁ ଜରୁରୀକାଳୀନ ଭିତ୍ତିରେ ଇଣ୍ଡୋନେସିଆ ସରକାରଙ୍କୁ ବିଲେଇ ଆମଦାନୀ କରି ସେମାନଙ୍କୁ ପାରାଚ୍ୟୁଟ୍ ସାହାଯ୍ୟରେ ଇଣ୍ଡୋନେସିଆର ଶତାଧିକ ଦ୍ୱୀପମାନଙ୍କରେ ଛାଡ଼ିବାକୁ ହେଲା ମୂଷା ନିୟନ୍ତ୍ରଣ ପାଇଁ ।

ଆରମ୍ଭ ହେଲା ଡିଡିଟି ସିଞ୍ଚନ କରି ମଶାମାରି ମେଲେରିଆ ରୋଗ ନିୟନ୍ତ୍ରଣ କରିବା ପାଇଁ । ଶେଷ ହେଲା ପ୍ଲେଗ୍ ଭଳି ଭୟଙ୍କର ରୋଗ ଓ ବିଲେଇ ଆମଦାନୀରେ । ପ୍ରଥମେ ମେଲେରିଆ ରୋଗ ନିୟନ୍ତ୍ରଣ କଥା ବିଚାର କଲାବେଳେ ଏକଥା ଲୋକ, ସରକାର ଓ ବିଶେଷଜ୍ଞମାନେ ସ୍ୱପ୍ନରେ ସୁଦ୍ଧା କଳ୍ପନା କରିପାରିନଥିଲେ । ଆମର ଜୀବଜଗତ ଏଭଳି ଭାବେ ଛନ୍ଦାଛନ୍ଦି ହୋଇ ଚାଲିଛି ଯେ ଆମେ ଯେତେବେଳେ ଅମୁକ ପ୍ରାଣୀ ହାନିକାରକ ବୋଲି ତାକୁ ସମୂଳେ ମାରି ବସିବା, ତେବେ ଶେଷ ପରିଣାମ କ'ଣ ହେବ କହିବା କଷ୍ଟକର ହେବ । ସେ ମୂଷା ହେଉ ବା ମଶା ହେଉ ।

ପ୍ରକୃତରେ ସେହି ସମୟରେ ଭାରତରେ ମଧ୍ୟ ଡିଡିଟି ପ୍ରୟୋଗ ଚାଲିଥିଲା ଜାତୀୟ ମେଲେରିଆ ନିରାକରଣ କାର୍ଯ୍ୟକ୍ରମରେ, କିନ୍ତୁ ଆମର ତ ହୁଗୁଳା ଫୁଙ୍ଗୁଳା ଦେଶ । ଲୋକମାନେ ଘରର ବାରଣ୍ଡାରେ ଡିଡିଟି ପକେଇ ବିଦା କରି ଦେଉଥିଲେ ସମ୍ପୃକ୍ତ କର୍ମଚାରୀଙ୍କୁ । ଲୋକ ଖୁସି ଓ କର୍ମଚାରୀ ମଧ୍ୟ ଖୁସି । ଏଭଳି ନହେବାର ଥିଲେ ହୁଏତ ଇଣ୍ଡୋନେସିଆ ଦଶା ଆମକୁ ଭୋଗ କରିବାକୁ ପଡ଼ିଥାନ୍ତା । ହୁଗୁଳା ଶାସନର ତେବେ ସୁବିଧା ବି ଥାଏ !

ଏବେ ଆମେ ଦ୍ୱିତୀୟ ଉଦାହରଣକୁ ଯିବା । ତୃତୀୟ ପଞ୍ଚବାର୍ଷିକ ଯୋଜନା ଭିତରେ ଭାରତ-ଚୀନ୍ ଯୁଦ୍ଧ ଓ ଭାରତ-ପାକିସ୍ତାନ ଯୁଦ୍ଧ ହୋଇଗଲା । ଦେଶବ୍ୟାପୀ ମରୁଡ଼ି ଓ ଗୁରୁତର ଖାଦ୍ୟାଭାବ ଦେଖାଗଲା ୧୯୬୫ ମସିହା ବେଳକୁ । ଆମେରିକା ସେତେବେଳକୁ ମାଗଣା ଗହମ, ଚାଉଳ ଯୋଗାଣ ବନ୍ଦ କରିଦେଲା ଓ ଡଲାର ବା ସୁନା ଦେଇ ଚାଉଳ ଓ ଗହମ କିଣିବାକୁ କହିବାରୁ ଭାରତ ଗୁରୁତର ବୈଦେଶିକ ମୁଦ୍ରା ସଙ୍କଟ ଦେଇ ଗତିକଲା । ଶେଷରେ ପରିସ୍ଥିତି ଏମିତି ହେଲା ଯେ ବୈଦେଶିକ ମୁଦ୍ରା ଅର୍ଜନ ପାଇଁ ଆମକୁ ବେଙ୍ଗ ଗୋଡ଼ ରପ୍ତାନି କରିବାକୁ ହେଲା । ଆମକୁ ଯେମିତି ଛତୁ ଗୋଟେ ଡେଲିକାସି ବା ସୁସ୍ୱାଦୁ ଖାଦ୍ୟ, ସେହିପରି ଫ୍ରାନ୍ସ ଭଳି କେତେକ ଦେଶର

ଲୋକଙ୍କ ପାଇଁ ବେଙ୍ଗଗୋଡ଼ର ମାଂସ / ଝୋଳ ଅତି ସୁସ୍ୱାଦୁ। କେରଳରେ ବର୍ଷା ବେଶୀ, ଘରିଆଡ଼େ ପାଣି, ସେଥିପାଇଁ ବେଙ୍ଗ ବେଶୀ। କେରଳରୁ ସେଥିପାଇଁ ବେଙ୍ଗ ଗୋଡ଼ ରପ୍ତାନି ଆରମ୍ଭ ହେଲା। ବେଙ୍ଗ ବଂଶ ଲୋପ ପାଇବାକୁ ବସିଲା। ବେଙ୍ଗମାନେ ମଶା ଓ ଅନ୍ୟାନ୍ୟ ପୋକଜୋକ ସଂଖ୍ୟା ନିୟନ୍ତ୍ରଣ କରିଥାନ୍ତି। ଏବେ ବେଙ୍ଗ ସଂଖ୍ୟା କମିଯିବା ପରେ ମଶା ଓ ପୋକଜୋକ ସଂଖ୍ୟାରେ ଅସମ୍ଭବ ବୃଦ୍ଧି ହେଲା ଓ ମେଲେରିଆ ରୋଗ ତ ବଢ଼ିଲା, ଫସଲ ନଷ୍ଟ କରୁଥିବା ପୋକମାନଙ୍କ ସଂଖ୍ୟା ମଧ୍ୟ ବଢ଼ିଲା। ବେଙ୍ଗ ଗୋଡ଼ ରପ୍ତାନି କରି ଯାହା ବୈଦେଶିକ ଅର୍ଥ ଉପାର୍ଜନ କରିଥିଲେ ସେ ସବୁ ବାଦ୍ ଅଧିକ ପଇସା ଚାଲିଗଲା ଔଷଧ ଆମଦାନୀରେ ଓ ଫସଲ ନଷ୍ଟରେ।

ବେଙ୍ଗ ଗୋଡ଼ ରପ୍ତାନିରେ କେତେ ଲାଭ ଓ କେତେ କ୍ଷତିର ହିସାବ ବାଦ୍ ଅନ୍ୟ ଏକ ଦିଗ ମଧ୍ୟ ଅଛି। ବେଙ୍ଗ ସହ ଆମର ଗୋଟେ ଚମତ୍କାର ସାଂସ୍କୃତିକ ସମ୍ପର୍କ ଅଛି। ଋଗ୍ ବେଦର ଅନ୍ୟତମ ମନ୍ତ୍ରଦ୍ରଷ୍ଟା ମହର୍ଷି ବଶିଷ୍ଠ ବିଭିନ୍ନ ରଙ୍ଗ ଓ ଆକାର ପ୍ରକାରର ବେଙ୍ଗ ଦେଖି ଏତେ ମୁଗ୍ଧ ହୋଇଗଲେ ଯେ ସେମାନଙ୍କ ପାଇଁ ଗୋଟାଏ ସୂକ୍ତ ରଚନା କରିଦେଲେ ଯାହାକି ଋଗବେଦରେ ସ୍ଥାନ ପାଇଲା। ଆଶ୍ରମମାନଙ୍କର ଶିଷ୍ୟମାନେ ଯେତେବେଳେ ସମୂହ ଭାବେ ବେଦ ଗାନ କରନ୍ତି ତା'ସହ ବେଙ୍ଗମାନେ ଏକସ୍ୱରରେ ରଡ଼ି କରିବାର ତୁଳନା କରାଯାଇଛି। ଏସବୁ ବାଦ୍ ବେଙ୍ଗମାନଙ୍କୁ ନେଇ ଅନ୍ୟତମ ଶ୍ରେଷ୍ଠ ଉପନିଷଦ, ମାଣ୍ଡୁକ୍ୟ ଉପନିଷଦ ରଚିତ ହୋଇଯାଇଛି।

ଗାଁମାନଙ୍କରେ ବର୍ଷା ଅଭାବ ହେଲେ ପିଲାମାନେ ଦି'ପହର ଖରାରେ ଦେହରେ ତାଳପତ୍ର ବାନ୍ଧି ବେଙ୍ଗୁଲି ନାଚ କରିଥାନ୍ତି। ବରାବର ପରିବର୍ତ୍ତନଶୀଳ ପୃଥିବୀର କଥା କହିବାକୁ ଯାଇ ଆମେ 'ବେଙ୍ଗ କହେ ବେଙ୍ଗୁଲୀଲୋ ପୃଥ୍ୱୀ କ୍ଷଣକ୍ଷଣକେ ଆନ' କହିଥାଉ। ପିଲାମାନଙ୍କ ପାଇଁ ଛୁଆ ବେଙ୍ଗ ଓ ମା'ବେଙ୍ଗ କାହାଣୀ ଶୁଣାଇଥାଉ।

ଆମର ବିଶେଷଜ୍ଞମାନେ ବେଙ୍ଗ ଗୋଡ଼ ରପ୍ତାନି କରି ବୈଦେଶିକ ମୁଦ୍ରା ଅର୍ଜନ କରିବାକୁ ପରାମର୍ଶ ଦେଲାବେଳେ ଏସବୁ କଥା ବିଚାର କରିଥିଲେ କି?

ଏବେ ଆସିବା ବର୍ତ୍ତମାନର ସମସ୍ୟା ଓ ତା'ର ସମାଧାନ ପାଇଁ ବିଶେଷଜ୍ଞମାନଙ୍କ ପରାମର୍ଶ ସମ୍ପର୍କରେ। କୁହାଯାଏ ଦୁଃଖ ଏକାକୀ ଆସେନି, ତା'ର ସାଙ୍ଗସାଥୀମାନଙ୍କୁ ନେଇ ଆସେ। କରୋନା ମହାମାରୀକୁ ଏଣେ ପଙ୍ଗପାଳ ଭୟ। କରୋନା ସଂକ୍ରମଣ ଆରମ୍ଭରେ ପ୍ରାୟ ଦୁଇମାସ କାଳ ଚାଷୀକୁଳ ନାହିଁ ନଥିବା ଦୁର୍ଦ୍ଦଶାର ସମ୍ମୁଖୀନ ହେଲେ। ଠିକ୍ ସେତିକିବେଳକୁ ପଙ୍ଗପାଳ ଆକ୍ରମଣର ସମ୍ବାଦ।

ପଙ୍ଗପାଳ ଆସିଲେ ଗାଁଓ୍ୱାରୀ ଲୋକମାନେ ନିଆଁ ଓ ଧୂଆଁ କରି, ବାଜା ବାଡ଼େଇ ବା ବାଣ ଫୁଟେଇ ଘଉଡ଼ୋଉଥିଲେ, ଏବେ ମଧ୍ୟ ଲୋକମାନେ ସେଭଳି ଆରମ୍ଭ କଲେ।

କୃଷି ଅଧିକାରୀ ଓ ବିଶେଷତଃ କୀଟ ବିଶେଷଜ୍ଞମାନେ ସରକାରଙ୍କୁ ଅଲଗା ବାଟ ବତେଇଲେ। ଆକାଶମାର୍ଗରୁ ଡ୍ରୋନ୍ ବା ହେଲିକପ୍ଟର ସାହାଯ୍ୟରେ କ୍ଲୋରୋପାଇରିଫସ୍ ଓ ମାଲାଥିଅନ୍ ଭଳି ବିପଜ୍ଜନକ କୀଟନାଶକ ବିଷ ପଙ୍ଗପାଳ ଦଳମାନଙ୍କ ଉପରେ ବର୍ଷା କରିବାକୁ ବିଶେଷଜ୍ଞମାନେ ସରକାରଙ୍କୁ ପରାମର୍ଶ ଦେଲେ। ଆକାଶମାର୍ଗରୁ ପଙ୍ଗପାଳମାନଙ୍କ ଉପରେ ବିଷ ବର୍ଷା ହେଲେ କ'ଣ କେବଳ ପଙ୍ଗପାଳ ମରିବେ? କାଉ ଓ କୋଇଲି, କଜଳପାତି ଓ ହଳଦୀବସନ୍ତ, ଚୁଲିଆ ଓ ମହୁଖିଆ, ପାରା, ବଗ ଓ ଚିଲ, ଶୁଆ ଓ କିରା ଇତ୍ୟାଦି ପକ୍ଷୀମାନଙ୍କ ଦଶା କ'ଣ ହେବ? ହଜାରହଜାର ସଂଖ୍ୟାରେ ପଙ୍ଗପାଳ ଛଟପଟ ହୋଇ ବା ମରି ତଳେ ପଡ଼ିଲେ ସେସବୁ ଖାଇ ବେଙ୍ଗ, ଏଣ୍ଡୁଅ, ଚମ୍ପେଇନେଉଳ, ଗୋଧି, କୁକୁର, ବିଲେଇ, ସାପ, ନେଉଳ ଇତ୍ୟାଦି ଜୀବମାନେ କିପରି ବଞ୍ଚିବେ ବା ଯେଉଁ ପକ୍ଷୀମାନେ ବିଷ ବର୍ଷା ଅଞ୍ଚଳରେ ନଥିଲେ ବୋଲି ରକ୍ଷା ପାଇଯାଇଥିଲେ, କିନ୍ତୁ ପରେ ତଳେ ପଡୁଥିବା ପଙ୍ଗପାଳମାନଙ୍କୁ ଖାଇ ସେମାନେ ତିଷ୍ଠିପାରିବେ କି? ଏସବୁ ପକ୍ଷୀ ଓ ଅନ୍ୟାନ୍ୟ ଜୀବମାନେ ମଣିଷ ବା ଚାଷୀର ଶତ୍ରୁ କି? ପଙ୍ଗପାଳମାନଙ୍କ ସହ ଚାଷୀ ତାଙ୍କର ଅନେକ ମିତ୍ର ପ୍ରାଣୀଙ୍କୁ ହରେଇବେ କି ନାହିଁ? ଏସବୁ କୀଟପତଙ୍ଗମାନଙ୍କୁ ଖାଇ ଚାଷୀଙ୍କୁ ସାହାଯ୍ୟ କରୁଥିବା ଜୀବମାନେ ଚାଲିଗଲା ପରେ ଏବେ ଆଉ କିଏ ଚାଷୀ ପିଠିରେ ପଡ଼ିବ ବା ଫସଲ ବଞ୍ଚାଇବାରେ ସାହାଯ୍ୟ କରିବ?

ଏବେ ଦେଖିବା ଏ ବିଷର ପ୍ରଭାବ ମଣିଷ ଉପରେ କ'ଣ? କ୍ଲୋରୋପାଇରିଫସ୍ କ୍ୟାନସରକାରକ ଓ ଶରୀର ଉପରେ ଅନେକ ହାନିକାରକ ପ୍ରଭାବ ପକାଏ। ସେଇଥିପାଇଁ ଆମେରିକାରେ ନିଷିଦ୍ଧ କରିବା ପାଇଁ କୋର୍ଟ ନିର୍ଦ୍ଦେଶ ଦେଇଛି। ମାଲାଥିଅନ୍ ମଧ୍ୟ ମଣିଷମାନଙ୍କ କ୍ଷେତ୍ରରେ କ୍ୟାନସର୍ ରୋଗ ସୃଷ୍ଟି କରିବା ଦେଖାଯାଇଛି। ମାଲାଥିଅନ୍ ଦେହ ଭିତରକୁ ଗଲେ ବା ଆକାଶରୁ ସିଞ୍ଚନ କଲାବେଳେ କୂଅ, ପୋଖରୀ ଇତ୍ୟାଦି ଜଳ ଥିବା ଅଞ୍ଚଳରେ ପଡ଼ିଲେ ତା'ର ବିଷଗୁଣ ଷାଠିଏ ଗୁଣରୁ ଅଧିକ ବଢ଼ିଯାଏ।

ଏସବୁ ବିଷମାନଙ୍କର ସୁଦୂର ପ୍ରସାରୀ କୁପ୍ରଭାବ ବିଷୟରେ ଆଲୋଚନା ପାଇଁ ଭିନ୍ନ ପ୍ରବନ୍ଧ ଆବଶ୍ୟକ। ତେବେ ଏତିକି କହିବା ଯେ କେନ୍ଦ୍ର ସରକାର ସତେଇଶଟି କୀଟନାଶକ ବିଷ ନିଷିଦ୍ଧ କରିବା ପାଇଁ ପ୍ରସ୍ତୁତ ହେଲାବେଳକୁ ପଙ୍ଗପାଳ ସମସ୍ୟା ପହଞ୍ଚିଗଲା ଓ କୀଟନାଶକ କମ୍ପାନୀମାନେ ସେମାନଙ୍କର ବିଷ ବିକ୍ରି କରିବା ପାଇଁ ସୁଯୋଗ ପାଇଗଲେ। ବିଶେଷଜ୍ଞ ଓ କମ୍ପାନୀମାନଙ୍କ ପରାମର୍ଶ ଗ୍ରହଣ କଲେ ପ୍ରକୃତ କିଏ କହିବ, ଶେଷ ପରିଣାମ କ'ଣ ହେବ?

■

ସମାଜ, ୨୨ ଜୁନ୍ ୨୦୨୦

ପୃଥିବୀର ଜଳବାୟୁ ପରିବର୍ତ୍ତନ: ପରିଣତିର ବିଭିନ୍ନ ଦିଗ

ପୃଥିବୀର ଜଳବାୟୁରେ ଏବେ ଯେଉଁଭଳିଭାବେ ପରିବର୍ତ୍ତନ ଘଟିବାକୁ ଯାଉଛି ସେ ବିଷୟରେ ଆମେ ଊଣାଅଧିକେ ଜାଣିଲେଣି। ଅବଶ୍ୟ ପୃଥିବୀର କେଉଁ ଅଂଚଳ କିଭଳି ଓ କେତେ ପରିମାଣରେ ଜଳବାୟୁ ପରିବର୍ତ୍ତନ ଦ୍ୱାରା ପ୍ରଭାବିତ ହେବ ସେ ବିଷୟରେ ସୁନିର୍ଦ୍ଦିଷ୍ଟ ଭାବେ ଜଣାପଡିନାହିଁ। ବିଭିନ୍ନ ପ୍ରକାର ହିସାବ କିତାବ କରି ଆନ୍ଦାଜ କରାଯାଉଛି; ଯେପରିକି ଗୋଟେ ହିସାବ ଅନୁଯାୟୀ କୁହାଯାଉଛି ଯେ ଯଦି ବର୍ତ୍ତମାନ ଭଳି ପୃଥିବୀର ପାଣିପାଗରେ ପରିବର୍ତ୍ତନ ଅବ୍ୟାହତ ରହେ ତେବେ ଆମେରିକାରେ କମ୍ ବର୍ଷା ହେବ ଓ ଯୁକ୍ତରାଷ୍ଟ୍ର ଆମେରିକା ଶୁଷ୍କ ହୋଇଯିବ, ୟୁରୋପରେ ଅଧିକରୁ ଅଧିକ ଗରମ ଅନୁଭୁତ ହେବ, ସାଇବେରିଆର ବିସ୍ତୃତ ବରଫ ଅଂଚଳ ତରଳିଯିବ ଓ ଚାଷଯୋଗ୍ୟ ହୋଇଯିବ; ଭାରତରେ ଅଧିକ ବର୍ଷା ହେବ, ସମୁଦ୍ରକୂଳ ଲଂଘିବ ଓ ଅତି ଭୟଙ୍କର ସାମୁଦ୍ରିକ ଝଡ଼ ଦେଖାଯିବ। ଏସବୁ ବ୍ୟତୀତ ଅଧିକ ଗରମ ଓ ବର୍ଷା ଯୋଗୁଁ ଜଳବାହିତ ରୋଗ ଯଥା ଝାଡ଼ା, ନାଳଝାଡ଼ା, ଟାଇଫଏଡ୍, ଜଣ୍ଡିସ୍ ଇତ୍ୟାଦି ବେମାର ଭାରତରେ ଅଧିକ ହେବ। ତା' ସହ ମ୍ୟାଲେରିଆ, ଫାଇଲେରିଆ, ଡେଙ୍ଗୁ, ଚିକୁନ୍‌ଗୁନିଆ ଭଳି ମଶା ବାହିତ ରୋଗର ପ୍ରାବଲ୍ୟ ବୃଦ୍ଧି ପାଇବ।

ଏଠି ଅବଶ୍ୟ କୁହାଯାଇଛି ଯେ ୟୁରୋପରେ ଅଧିକ ଗରମ ଅନୁଭୁତ ହେବା ଫଳରେ ମଶା, ମାଛିମାନେ ଆହୁରି ଉତ୍ତରକୁ ଯିବେ ଓ ୟୁରୋପରେ ମଶା, ମାଛିମାନଙ୍କର ବଂଶବୃଦ୍ଧି ହେବା ଦ୍ୱାରା ସେଠି ମଧ୍ୟ ମ୍ୟାଲେରିଆ, ଫାଇଲେରିଆ, ଡେଙ୍ଗୁ, ଝାଡ଼ା, ନାଳଝାଡ଼ା, ଟାଇଫଏଡ୍ ଓ ଜଣ୍ଡିସ୍ ଇତ୍ୟାଦି ବେମାରର ପ୍ରାଦୁର୍ଭାବ

ଦେଖାଦେବ । ତେବେ ଧନୀ ଦେଶମାନଙ୍କରେ ଯେଉଁଠି ଜନସଂଖ୍ୟା ଏକ ପ୍ରକାର ସ୍ଥିର ରହିଛି ବା କମିଯାଇଛି, ସେଇଠି ଯଦି ଏସବୁ ବେମାରର ପ୍ରାଦୁର୍ଭାବ ବଢ଼ିବ, ତେବେ ଖୁବ୍ ଶୀଘ୍ର ମ୍ୟାଲେରିଆ ଓ ଫାଇଲେରିଆ ଭଳି ବେମାରମାନଙ୍କ ପାଇଁ ପ୍ରତିଷେଧକ ଟୀକା ବାହାରି ପଡ଼ିବ । ଗରିବ ଦେଶର ଲୋକମାନଙ୍କର ଜୀବନ ଅପେକ୍ଷା ସେମାନଙ୍କର ଜୀବନ ବହୁତ ମୂଲ୍ୟବାନ ତ ! ସେ ଯାହାହେଉ, ସେଭଳି ଟୀକାର ଉଦ୍ଭାବନ ଆମମାନଙ୍କ ପାଇଁ ବେଶ୍ ଲାଭଦାୟକ ହେବ । ତାହାହେଲେ ଜଳବାୟୁ ପରିବର୍ତ୍ତନର କିଛି ଲାଭ ବି ଅଛି ।

ଏଠି ଆଉ ଗୋଟିଏ କଥା କହିବା ଜରୁରୀ । ମୋର ମନେଅଛି ୧୯୧୦ ରୁ ୭୫ ମସିହା ଭିତରେ ଆମର ମରୁଡ଼ି ଜନିତ ଖାଦ୍ୟାଭାବ ଯୋଗୁଁ ‘ଖାଦ୍ୟ ବଦଳରେ କାମ’ ଯୋଜନା ଚାଲିଥିଲା; କିନ୍ତୁ ଗହମ ଖାଇବାକୁ ପସନ୍ଦ କରୁନଥିଲେ ଲୋକମାନେ । ସେଥିପାଇଁ ସରକାରଙ୍କ ତରଫରୁ ଗହମକୁ କେମିତି ଖାଇହେବ ପ୍ରଚାରପତ୍ର ମାଧ୍ୟମରେ ବୁଝାଯାଇଥିଲା । ଗାଁ ମାନଙ୍କରେ କାହିଁକି ଏପରିକି ସହରମାନଙ୍କରେ ରାତିଓଲା ଯିଏ ଗହମର ରୁଟି ଖାଉଥିଲେ, ଲୋକମାନେ ତାକୁ ନ୍ୟୁନ ଚକ୍ଷୁରେ ଦେଖୁଥିଲେ । ସେ ଚାଉଳ କିଣି ନ ପାରିବାରୁ ସରକାରୀ ଗହମ କିଣି ଶୁଖିଲା ରୁଟି ଖାଇ ପାଣି ପିଆ ପେଟ ପୁରୋଉଛି ବୋଲି କହୁଥିଲେ । ଏବେ କିନ୍ତୁ ଓଲଟା ହୋଇଗଲାଣି । ସହରରେ ତ ଯିଏ ରୁଟି ଖାଉନି ରାତିରେ, ତାକୁ ନ୍ୟୁନ ଚକ୍ଷୁରେ ଦେଖୁଛେଣି; ରୁଟି ଓ ଉପମା ଇତ୍ୟାଦି ଖାଇବା ପୁରା ଅଭ୍ୟାସରେ ପରିଣତ ହୋଇଗଲାଣି ।

ଏସବୁ କହିବାର ଉଦ୍ଦେଶ୍ୟ କ’ଣ ? ଆମେ ବର୍ଷସାରା ଧାନ ଆଦାୟ ହୋଇପାରୁଥିବା ବିହନ ବାହାର କରିଦେଇଛେ । ଦିନ ଛୋଟ ହେଉ ବା ବଡ଼ ହେଉ, ଖରା ତାତି କମ୍ ବା ବେଶୀ ହେଉ, ବିଭିନ୍ନ କିସମର ଧାନ ବିଭିନ୍ନ ସମୟ ପାଇଁ ବାହାରିଯାଇଛି । କିନ୍ତୁ ଗହମ କ୍ଷେତ୍ରରେ ତାହା ହୋଇନି । ଶୀତଦିନେ ଉଭାପ ବଢ଼ିଗଲେ ଆଉ ଗହମ ହୋଇପାରିବନି । ତେବେ ସମଗ୍ର ଉତ୍ତର ଭାରତରେ ହେଉଥିବା ଗହମ ଚାଷ ଉଭେଇଯିବ । ରୁଟି, ପାଉଁରୁଟି, ପରଟା, ଉପମା ଓ ହାଲୁଆ ସବୁ ଜଳବାୟୁ ପରିବର୍ତ୍ତନ ସହ ଉଭେଇଯିବେ । ସେତେବେଳେ ଲୋକେ କହିବେ ଆଉ ରୁଟି ଖାଇବ କେମିତି ? ଆରେ ରଣ୍ଡା, ବୁଲି ବୁଲି ସେଇ ଅଗଣା । ପୁଣି ସେଇ ଭାତ, ସକାଳେ, ଦି’ପହରେ ଓ ରାତିରେ ମଧ୍ୟ । ଠିକ୍ ଯେମିତି ତାମିଲନାଡ଼ୁ ଓ କେରଳ ଲୋକମାନଙ୍କର ଖାଦ୍ୟାଭାସ । ଦକ୍ଷିଣ ଓ ଉତ୍ତର ଭାରତ ଖାଦ୍ୟରେ ଫରକ ରହିବନି ସେତେବେଳେ । ଅବଶ୍ୟ ଆମେ ମନକୁ ବୁଝେଇବା ଯେ ଦକ୍ଷିଣୀମାନେ ଦିନରାତି ଭାତ ଖାଇ କେଉଁଠୁରେ କମ୍ ଯେ ?

୨୦ | ରାଧାମୋହନ

ଏ'ତ ଗଲା ରୁଟି କଥା। ଆଳୁ, ପିଆଜ, ବନ୍ଧାକୋବି, ଫୁଲକୋବି, ଗାଜର, ମଟରମାନେ ଯିବେ କୁଆଡ଼େ? ପୃଥିବୀର ତାତି ଯେତେ ବଢ଼ିବ, ଶୀତଦିନିଆ ଫସଲସବୁ ବିସ୍ତୃତ ଅଂଚଳରୁ ଉଭେଇଯିବ। ଅତ୍ୟୁଚ୍ଚ ପାହାଡ଼ିଆ ଅଂଚଳରେ ଖୁବ୍ କମ୍ ଜାଗାରେ କେବଳ କିଛି ବିହନ ରହିପାରେ। ଶୀତଦିନର ଆଳୁ, ବନ୍ଧାକୋବି ତରକାରୀ ବା ଫୁଲକୋବିର ଭଜା ଅତି ମହାର୍ଘ ହୋଇଯିବ ଓ ଅନେକ ଲୋକଙ୍କ ପାଇଁ ଅସମ୍ଭବ ହୋଇପଡ଼ିବ। ଏବେ ଆମର ଦୈନିକ ଖାଦ୍ୟରେ ଆଳୁ, ପିଆଜର ଯେଉଁ ଆଧିପତ୍ୟ ଅଛି, ସେ ଆଉ ରହିବନି। ଅବଶ୍ୟ ଉତ୍ତର ଭାରତ ଅପେକ୍ଷା ଦକ୍ଷିଣ ଭାରତରେ ଆଳୁର ବ୍ୟବହାର ଯଥେଷ୍ଟ କମ୍ । ତେବେ ଶୀତଦିନିଆ ପରିବାପତ୍ରର ଦାମ୍ କ'ଣ ହେବ? ସେତେବେଳେ ଆଳୁ, ଅଟା, ପିଆଜର ମୂଲ୍ୟ ଅତିକମ୍‌ରେ ୨୦୦ରୁ ୪୦୦ ଟଙ୍କା କେ.ଜି. ପିଛା ହୋଇଯିବାର ବିଶେଷ ସମ୍ଭାବନା ଦେଖାଦେବ। ଏବେ ଆଳୁ ଓ ପିଆଜର ମୂଲ୍ୟ କେ.ଜି ପିଛା ୨୦ ରୁ ୨୪ ଟଙ୍କା ହୋଇଗଲା ବୋଲି ବେଶ୍ କିଛି ହଇଚଇ ହେଲା, କିନ୍ତୁ ଆମପାଇଁ ଆଳୁ ପିଆଜ ଯେ ଭବିଷ୍ୟତରେ ଦୁର୍ମୁଲ୍ୟ ହୋଇଯିବ ସେଥିପାଇଁ ବୋଧହୁଏ ପ୍ରସ୍ତୁତି ପର୍ବ ଆରମ୍ଭ ହୋଇଗଲା।

ଏ'ତ ଗଲା ଶୀତଦିନିଆ ପନିପରିବା ଅବସ୍ଥା। ଲାଲ ଟହ ଟହ ଲିଚୁ ପେନ୍ଥାର ଅବସ୍ଥା କ'ଣ ହେବ? ସବୁ ବୟସର ଲେକମାନଙ୍କ ପାଇଁ ମିଠା ଲିଚୁ ବେଶ୍ ପ୍ରିୟ। ସାବିତ୍ରୀ ଅମାବାସ୍ୟାରେ ଲିଚୁର ଦାମ ତ ଏବେ କେ.ଜି. ପିଛା ଷାଠିଏରୁ ଅଶୀଟଙ୍କା, ଲିଚୁ ୨ଟା ଥାଳିରେ ନଥିଲେ ସୁନ୍ଦର ଦେଖାଯିବନି।

ଲିଚୁ ଗୋଟିଏ ଫସଲ ଯିଏକି ଉତ୍ତାପ ପ୍ରତି ଅତି ସମ୍ବେଦନଶୀଳ। ପୃଥିବୀର ଉତ୍ତାପ ବୃଦ୍ଧି ସହ ଲିଚୁ ଯାଇ କେଉଁ ଉଚ୍ଚା ପାହାଡରେ ଲୁଚି ରହିବ ଠିକଣା ନାହିଁ। ଲିଚୁ କଥା ଯାହା ସେଓ କଥା ମଧ୍ୟ ତାହା। କାଶ୍ମୀର ବା ହିମାଚଳର ସେଓ ହୁଏତ ଆଉ ମିଳି ନ ପାରେ, ଆମକୁ ରୁଷିଆ ବା କାନାଡ଼ାର ଉତ୍ତର ଭାଗରେ ବା ନ୍ୟୁଜିଲାଣ୍ଡର ଦକ୍ଷିଣ ଭାଗରେ ହେଉଥିବା ସେଓ ଆମଦାନୀ କରିବାକୁ ହେବ ଓ ତାହା କେବଳ ଅତି ଧନାଢ୍ୟ ବ୍ୟକ୍ତିଙ୍କର ଆହାର ହେବ।

ଏସବୁ ଗଲା ପନିପରିବା ଓ ଫଳ କଥା। ଫୁଲମାନଙ୍କ କଥା କ'ଣ ହେବ? ଗେଣ୍ଡୁ, ସେବତୀ ଓ ଡାଲିଆ – କେତେ ପ୍ରକାରର କେତେ ଆକାରର ଓ ଆଉ କେତେ ରଙ୍ଗର – ବଗିଚାରେ ଏସବୁ ଫୁଲମାନଙ୍କର ସମ୍ଭାର ଦେଖିଲେ ଖୁସିଲାଗେ ନି? ଫୁଲ ପ୍ରଦର୍ଶନୀମାନଙ୍କରେ ଯାହାର ଡାଲିଆ ଯେତେ ବଡ ଓ ବର୍ଣ୍ଣିଳ ସେ ସେତେ ପୁରସ୍କାରର ବିଜୟୀ ବା ବିଜୟୀନୀ, ଆଉ ତାଙ୍କର ସେତେ ଗର୍ବ ଓ ଗୌରବ ମଧ୍ୟ।

ଉତ୍ତାପ ବଢ଼ିବା ସହ ସେବତୀ ଓ ଡାଲିଆମାନେ କୁଆଡ଼େ ଯିବେ ? କାହାକୁ ନେଇ ଗର୍ବ ଓ ଗୌରବ କରିବେ ଫୁଲ ସୌଖୀନ ଲୋକମାନେ ? ଅବଶ୍ୟ ଗନ୍ଧହୀନ ଡ଼ାଲିଆ ବା ସେବତୀ ବଦଳରେ ବର୍ତ୍ତମାନର ଶୀତଦିନ ସମୟରେ ଅଧିକ ଉତ୍ତାପଯୋଗୁଁ ମଲ୍ଲୀଫୁଲ ପାଇବା । ପୁଷ୍ପେଷୁ ମଲ୍ଲୀ, ନଗରୀଷୁ ଦିଲ୍ଲୀ ।

ବଡ଼ ବଡ଼ ଗଛମାନଙ୍କର କ'ଣ ହେବ ? ଶୀତ ଅଞ୍ଚଳରେ ବଢୁଥିବା ଗଛମାନେ କୁଆଡ଼େ ଯିବେ ? ଶୀତ ଅଭାବରେ ଆମ୍ବଗଛରେ ଆଗୁଆ ବଉଳ ଆସିବ କି ? ଯଦି ଆଗୁଆ ଆମ୍ବ ହୋଇଯାଏ, ସାବିତ୍ରୀ ବ୍ରତ ବେଳକୁ ଆମ୍ବ ଥିବ କି ? ସେଭଳି ଶାଳ ବା ମହୁଲ ଗଛମାନଙ୍କର କ'ଣ ହେବ ? ଲଙ୍କା ଆମ୍ବ ଆଗୁଆ ହୋଇଯିବ କି ? ବାୟୁମଣ୍ଡଳରେ ଅଧିକ ଅଙ୍ଗାରକାମ୍ଳ ଯୋଗୁ ଗଛଗୁଡ଼ିକ ଅଧିକ ଖାଦ୍ୟ ସଂଗ୍ରହ କରି ଅଧିକ ଭଲ ବଢ଼ିବେ କି ? ଅଧିକ ଉତ୍ତାପ ଯୋଗୁଁ ବାୟୁମଣ୍ଡଳରେ ଅଧିକ ଜଳୀୟବାଷ୍ପ ଯୋଗୁଁ ଅଧିକ ବର୍ଷା ହେଲେ ଧାନ ମୁଗ ଓ ଅନ୍ୟାନ୍ୟ ଫସଲ ଉପରେ କ'ଣ ପ୍ରଭାବ ପଡିବ ? ଏଭଳି ଅନେକ ପ୍ରଶ୍ନ ମନକୁ ଆସୁଛି । ପ୍ରକୃତରେ ଏସବୁ ପ୍ରଶ୍ନ ବା ଆହୁରି ଅନେକ ପ୍ରଶ୍ନ ହୁଏତ ଉଠିପାରେ, ସେସବୁର ସଠିକ୍ ଉତ୍ତର ନିର୍ଣ୍ଣୟ କରିବା କଷ୍ଟକର କଥା । ଗଛପତ୍ର ସଂପର୍କରେ ଯେପରି ଅନେକ ପ୍ରଶ୍ନ ଉଠୁଛି ଠିକ ସେହିପରି ପ୍ରାଣୀ ଜଗତରେ କ'ଣ କ'ଣ ପରିବର୍ତ୍ତନ ହେବ ବର୍ତ୍ତମାନ ଠାରୁ କହିବା କାଠିକର ପାଠ । ଏ ସଂପର୍କରେ ପାଠକମାନଙ୍କୁ ଅନୁରୋଧ ସେମାନେ ନିଜେ ନିଜେ ଅନ୍ଦାଜ କରନ୍ତୁ ଭବିଷ୍ୟତରେ କ'ଣ ଘଟିପାରେ ।

ଏଠି କିନ୍ତୁ ଆଉ ଗୋଟିଏ ବିଷୟ ଉଲ୍ଲେଖ କରିବା ଆବଶ୍ୟକ ମନେକରୁଛି । ପୃଥିବୀର ଉତ୍ତାପ ବୃଦ୍ଧି ଫଳରେ ଉତ୍ତରମେରୁ ଅଂଚଳ ତଥା ହିମବାହମାନଙ୍କର ବରଫ ତରଳି ସମୁଦ୍ର ପତ୍ତନ ବୃଦ୍ଧି ପାଇବା ସହ ସମୁଦ୍ର କୂଳରେ ଥିବା ମହାନଗରୀଗୁଡିକ ଏବଂ ସମତଳ ଅଞ୍ଚଳରେ ଖୁନ୍ଦି ହୋଇ ରହିଥିବା ଗାଁ'ଗୁଡିକ ମଧ୍ୟ ଜଳମଗ୍ନ ହେବ । ଲକ୍ଷ ଲକ୍ଷ ନୁହେଁ, କୋଟି କୋଟି ଲୋକଙ୍କର ବାସସ୍ଥାନ ଓ ପ୍ରଚୁର ଅମଳ ମିଳୁଥିବା ଜମିଗୁଡିକ ମଧ୍ୟ ଜମଳଗ୍ନ ହେବ । ଏସବୁ ଲୋକମାନେ ଯିବେ କୁଆଡ଼େ ? ବଞ୍ଚିବେ କେମିତି ?

ଜୀବନ ବଞ୍ଚାଇବା ପାଇଁ ଅଧିକରୁ ଅଧିକ ଉଚ୍ଚସ୍ଥାନମାନଙ୍କୁ ଯିବା ପାଇଁ ବାଧ୍ୟ ହେବେ କୋଟି କୋଟି ଲୋକ । ସେଠାରେ କିନ୍ତୁ ଜମିର ଉତ୍ପାଦିକା ଶକ୍ତି କମ୍ ହୋଇଥିବା ଯୋଗୁଁ ସେଠାର ଲୋକସଂଖ୍ୟା କମ୍ ଅଛି । କୋଟି କୋଟି ଲୋକ ସେଠାରେ ପହଞ୍ଚିଲେ ଅବସ୍ଥା କ'ଣ ହେବ ? ଏବେ ଯଦି କେତେକ ଯୁବକ ଚାକିରୀ ପାଇଁ ଉପକୂଳ ଅଞ୍ଚଳରୁ ଯାଇ ଆଦିବାସୀ ଜିଲ୍ଲାମାନଙ୍କରେ ପହଞ୍ଚିବେ, ତେବେ କ'ଣ

ଅବସ୍ଥା ହେବ ? ଲକ୍ଷ ଲକ୍ଷ କୋଟି କୋଟି ସଂଖ୍ୟାରେ ଯଦି ଲୋକମାନେ ପହଞ୍ଚିବେ ଅବସ୍ଥା ପ୍ରକୃତରେ ଅସମ୍ଭାଳ ହେବ । ସାମାଜିକ, ଅର୍ଥନୈତିକ ଓ ରାଜନୈତିକ ମହାସଂଘର୍ଷ ସୃଷ୍ଟି ହେବ ଏବଂ କେତେ ଯେ ପ୍ରାଣହାନୀ ହେବ ତା'ର ହିସାବ ରହିବ ନାହିଁ । ସେ ଭୟାବହ ପରିଣତି ବିଷୟରେ ଚିନ୍ତା କରିହେଉନି । ତା'ର ସମସ୍ତ ଦିଗ ବିଷୟରେ ଅଧିକ ଚିନ୍ତା ତଥା ସମାଲୋଚନା କରିବା ପାଇଁ ପାଠକମାନଙ୍କୁ ଅନୁରୋଧ କରି ସମାପ୍ତ କରୁଛି ।

"ଆହ୍ୱାନ", ୫ମ ବର୍ଷ, ନଭେମ୍ବର, ୨୦୦୯, ନବମ ସଂଖ୍ୟା,
'ନାଓ' ଓଡ଼ିଶାର ମୁଖପତ୍ରରେ ପ୍ରକାଶିତ

ଚାଷୀଭାଇ, ତୁମର କ'ଣ ମୁକ୍ତି ନାହିଁ

ଖଲ୍ଲିକୋଟ କଲେଜରେ ଥିବାବେଳେ କିଛି ଛାତ୍ର ଓ ସହକର୍ମୀଙ୍କ ସହ ଚାଲିଚାଲି ଚିକିଟି ପାଖରେ ଥିବା ନୂଆଗାଁରେ ପହଞ୍ଚିଲୁ। ସ୍କୁଲ ଘରେ ରାତି କଟେଇଲୁ। ଖରାଦିନିଆ ବର୍ଷା ଅସରାଏ ପରେ ଆକାଶ ପରିଷ୍କାର ହୋଇଯାଇଥାଏ। ଦୋଳ ପୂର୍ଣ୍ଣିମା ସମୟ। ନିତ୍ୟକର୍ମସାରି ସକାଳୁସକାଳୁ ଚିକିଟି ଯିବାର ଥାଏ। ପାଖରେ ଥିବା ନଈକୁ ଗଲୁ। ଚାରିଆଡ଼େ ଜହ୍ନ ଆଲୁଅ ବିଛେଇ ହୋଇଥାଏ ଓ ସକାଳର ପାଗ ବେଶ୍ ଆରାମଦାୟକ ଥାଏ। ନଈକୂଳରେ କିଛିଦୂରରେ ଦୁଇଜଣ କାମ କରୁଥିବା ଦେଖିଲି। ଏତେ ସକାଳୁ ରାତି ନପାହୁଣୁ ଏଠି କ'ଣ କାମ କରୁଛ ପଚାରିବାରେ ଉତ୍ତରରେ କହିଲେ- 'ଆମ ଗରିବ ଲୋକ, ଦିନ ମଜୁରି କଲେ ଚଳୁ। ଏଇଠି ଆମର ଖଣ୍ଡିଏ ଜମି ଅଛି, କୂଅଟେ ଖୋଳି ଦେଲେ, କିଛି ଫସଲ କରିବୁ, ଦି'ପଇସା ପାଇବୁ। ଦିନ ବେଳା ତ ଅନ୍ୟର କାମକଲେ ପେଟ ପୋଷିବୁ, ସେଇଥିପାଇଁ କାମକୁ ଯିବା ପୂର୍ବରୁ କୂଅଟି ଖୋଳୁଛୁ। କେତେ ଦିନରେ ଖୋଳା ହୋଇଯିବ।' ଏ କଥା ଶୁଣି ବହୁତ ପ୍ରଶଂସା କଲି। ବ୍ରହ୍ମପୁର ଫେରି ଛତ୍ରପୁର ଯାଇ ବର୍ତ୍ତମାନର ଡିଆରଡିଏର ପୂର୍ବ ଅବତାର ଏସ୍‌ଏଫ୍‌ଡିଏର ମୁଖ୍ୟଙ୍କୁ ଭେଟି କୂଅଖୋଳା କଥାଟି କହିଲି। କୂଅଖୋଳା କାମ ପୁରା ହୋଇଯିବାର ଖବର ନେଇ ବ୍ଲକ ଇଞ୍ଜିନିୟରଙ୍କୁ ପଠାଇ ହିସାବ କରିସାରିବା ପରେ କୂଅଖୋଳା ପାଇଁ ସେ ଯାହା ସାହାଯ୍ୟ ପାଇବା କଥା ତାଙ୍କୁ ଦେବା ପାଇଁ ଅନୁରୋଧ କଲି। ସେ ହସିଲେ ଓ କହିଲେ 'ସେ ପ୍ରଶଂସନୀୟ କାମ ପାଇଁ ଧନ୍ୟବାଦ ଦେଇହେବ, ସରକାରୀ ସାହାଯ୍ୟ ଦେଇହେବନାହିଁ। ବ୍ୟାଙ୍କରୁ ଋଣକରି କୂଅ ଖୋଳିଲେ ହିଁ ସାହାଯ୍ୟ ପାଇବେ। ଯେମିତି କି ଜଣେ ଚାଷୀ କଷ୍ଟେମଷ୍ଟେ ଚଳି ପଇସା ସଞ୍ଚୟକରି ଜଳସେଚନ ପାଇଁ ପମ୍ପସେଟ୍‌ଟେ ନିଜ ପଇସାରୁ କିଣିଲେ, ସାହାଯ୍ୟ ପାଇବେ ନାହିଁ। କେବଳ ବ୍ୟାଙ୍କରୁ ଋଣ କଲେହିଁ ସରକାରୀ ସାହାଯ୍ୟ ମିଳିବ।' ସୀମାନ୍ତରେ ଦେଶର ସୁରକ୍ଷା ପାଇଁ କାମ କରୁଥିବା

ସୈନିକଙ୍କର କାମ ଦେଶ ପାଇଁ ଯେତିକି ଗୁରୁତ୍ୱପୂର୍ଣ୍ଣ, ନୂଆଗାଁର ଚାଷୀ ଦମ୍ପତିଙ୍କର କାମ ସେତିକି ଗୁରୁତ୍ୱପୂର୍ଣ୍ଣ ମନେ ହୁଏ। ସେଇଥିପାଇଁ ତ ଶସ୍ତ୍ରୀଜୀ କହିଲେ 'ଜୟଜବାନ, ଜୟ କିଷାନ।' ଅନ୍ୟ ପକ୍ଷରେ ମହାଭାରତରେ 'ସୁଖୀ କିଏ ସଂସାରରେ?' ପ୍ରଶ୍ନର ଉତ୍ତରରେ 'ଯିଏ ଋଣ କରିନାହିଁ ସିଏହିଁ ସୁଖୀ' ବୋଲି ଯୁଧିଷ୍ଠିର କହିଥିଲେ। ଫ୍ରାନ୍ସରେ ଗୋଟିଏ ଲୋକକଥା ହେଲା- 'ଫାଶୀଖୁଣ୍ଟରେ ଝୁଲୁଥିବା ଲୋକକୁ ତଳେ ପଡ଼ିଯିବାରୁ ଯେପରି ଦଉଡ଼ିଟି ସାହାଯ୍ୟ କରେ, ଚାଷୀକୁ ଋଣ ସେଇଭଳି ସାହାଯ୍ୟ କରେ।'

ଆଜି ଚାଷୀମାନେ ଋଣଭାର ଯୋଗୁଁ ହିଁ ଆତ୍ମହତ୍ୟା କରୁଥିବା ଦେଖାଯାଉଛି। ଏ ସବୁ ସତ୍ତ୍ୱେ ଆମେ କଳେବଳେ କୌଶଳେ ଚାଷୀମାନଙ୍କୁ ଋଣ ଜାଲରେ ଛନ୍ଦି ଦେଉଛୁ।

ନୂଆଗାଁର ଚାଷୀ ଦମ୍ପତିଙ୍କର ହେଉ ବା ଅନ୍ୟ କୌଣସି ଲୋକ, ନିଜେ ଉଦ୍ୟମ କରି ନିଜ ଗୋଡ଼ରେ ଛିଡ଼ା ହେବାର ଉଦ୍ୟମକୁ ସରକାରୀ ପ୍ରୋତ୍ସାହନ ଦେବା ପାଇଁ ଅତୀତର ବା ବର୍ତ୍ତମାନର କୃଷି ନୀତିରେ କିଛି ବ୍ୟବସ୍ଥା ଅଛି କି? ପ୍ରାଣୀ ସଂପଦ ବିଭାଗୀୟ କର୍ମକର୍ତ୍ତାଙ୍କର ସୁପାରିସରେ ବ୍ୟାଙ୍କରୁ ଋଣନେଇ ଗାଈଟିଏ କିଣିଲେ ସାହାଯ୍ୟ ଅଛି, ନିଜେ ଦେଶୀ ଗାଈଟେ କିଣି ଦିନକୁ ଦୁଇଲିଟର କ୍ଷୀର ପାଇ ଲିଟରେ ଘରେ ପିଲାଙ୍କ ପାଇଁ, ଆଉ ଲିଟରେ ପଡ଼ିଶାଘରେ ପିଲାଙ୍କ ପାଇଁ ବିକ୍ରି କଲେ ସରକାରୀ ପ୍ରୋତ୍ସାହନ ଅଛିକି? ଏ ସବୁ କଥା ଆମର ସରକାର ନହେଲେ ମଧ୍ୟ କୌଣସି ଚାଷୀ ସଂଗଠନ ଉଠାନ୍ତି କି? ଚାଷୀ ଋଣ କଲେ ସିନା ଋଣ ଶୁଝିବା ପାଇଁ ଆଦାୟ ହେଉହେଉ ଦର ଯାହା ଥାଉନା କାହିଁକି ଜିନିଷ ବିକ୍ରି କରିବାକୁ ବାଧ୍ୟ ହେବୁ, ଆଉ ଆମେ ଚାଷ ସହ ସମ୍ପର୍କ ନଥିବା ଲୋକ ଶସ୍ତାରେ ପାଇବେ ଓ ବ୍ୟବସାୟୀ ଲାଭ ପାଇବେ। ହେ ଚାଷୀଭାଇ! ତେଣୁ ତୁମର କ'ଣ ଋଣ ଜାଲରୁ ମୁକ୍ତି ନାହିଁ? ଶୁଖୁଆ ଗନ୍ଧରେ ମୂଷା ଯନ୍ତାରେ ପଡ଼ିଲାପରି ସବ୍‌ସିଡି ଆଶାରେ ତୁମେ ତ ସହଜରେ ଋଣ ଯନ୍ତାରେ ପଡ଼ିଯାଅ। ଆଉ ମୂଷାର ଦଶା ଯାହା ହୁଏ, ତୁମର ଶେଷ ପରିଣତି ସେଇଆ। ଋଣର ଆକର୍ଷଣକୁ ଛାଡ଼ିବା ହିଁ ମଙ୍ଗଳ।

ଏବେ ଆସିବା ବିହନକୁ। ଶହଶହ ହଜାରହଜାର ବର୍ଷଧରି ଅନେକ ବଛାବଛି ପରେ ନିଜ ଅଞ୍ଚଳର ପାଣିପାଗ, ନିଜ ଜମି କିସମକୁ ଚାହିଁ ଧାନ ହେଉ, ମୁଗବିରି ହେଉ, ବାଇଗଣ ହେଉ ବା ଭେଣ୍ଡି କଖାରୁ ହେଉ, ଶିମ୍ବ ହେଉ କି ଜହ୍ନି ଝୁଡ଼ଙ୍ଗ ହେଉ, ନିଜ ବିହନ ନିଜେ ସାଇତୁ ଥିଲେ। ବିହନ ଅଭାବ ହେଲେ ସାଇ ପଡ଼ିଶା ବନ୍ଧୁ ବାନ୍ଧବଙ୍କଠାରୁ ବଦଳାଇ ଆଣୁଥିଲେ। ବିଭିନ୍ନ ପ୍ରକାର ବିହନର ଭିନ୍ନଭିନ୍ନ ଗୁଣଥିଲା। କିଏ ଅଧିକ ସୁଆଦିଆ, ଆଉ କିଏ ଅଧିକ ଫଳ ଦେଉଥିଲା ତ ଆଉ କିଏ ସଅଳ

କିଏ କହିବ, କ'ଣ ହେବ? | ୨୫

ଆମଦାନୀ ଓ କିଏ ଔଷଧୀୟ ଗୁଣର ଅଧିକାରୀ ଥିଲା। ଧାନ ତ ହଜାରହଜାର ପ୍ରକାରର ଥିଲା। କିଏ ପବନ ସହୁଥିଲା, କିଏ ପାଣି ସହୁଥିଲା, ପାଣି ଯେତେ ବଢ଼ିଲା ଧାନ ଗଛ ତା' ଉପରକୁ ଉଠିଲା। କାହାର ବାସ୍ନା ଅଧିକ, ଆଉ କିଏ ଅଧିକ ମିଠା। କିଏ ପଖାଳ ପାଇଁ, କିଏ ଗରମ ପାଇଁ, କିଏ ସରୁ, ଅତି ସରୁ ଓ କିଏ ମୋଟା। କିଏ ମୁଢ଼ି ପାଇଁ, କିଏ ଖଇ ପାଇଁ ଓ ଆଉ କିଏ ଚୁଡ଼ା ପାଇଁ। କିଏ ଖିରି ବା ପାୟସ୍ ପାଇଁ, କିଏ ଧୋବ ଫରଫର, କିଏ ନାଲି ତ ଆଉ କିଏ କଳା। କିଏ ବେଶୀ ବଢ଼େ ଓ ଅଧିକ ନଡ଼ା ପାଳ ଦିଏ, ଆଉ କିଏ ଗେଡ଼ା। କିଏ ମରୁଡ଼ି ସହଣି ତ ଆଉ କିଏ ରୋଗପୋକ ପ୍ରତିରୋଧ କରେ। କାହାର ପିଲ କମ୍ କିନ୍ତୁ କେଣ୍ଡା ବଡ଼ ଆଉ କାହାର ପିଲ ବେଶୀ ତ କେଣ୍ଡା ଛୋଟ। କିଏ ଷାଠିଏ ଦିନରେ ପାଚେ, ନୂଆଖାଇ ପର୍ବରେ ଲାଗେ, ଆଉ କିଏ ହୁଏତ ଶହେ ଷାଠିଏ ଦିନ ନିଏ। ଏଭଳି ବିଭିନ୍ନ ପ୍ରକାର ଧାନର ମହିମା ଭିନ୍ନଭିନ୍ନ। ସେହିଭଳି ବାଇଗଣ ଆମର ଏକ ପ୍ରିୟ ପରିବା। କେତେ ରଙ୍ଗର, କେତେ ଆକୃତିର ଓ କେତେ ସ୍ୱାଦର। ଏସବୁ ଚାଷୀ ହରେଇ ବସିଲେ। କାଁ ଭାଁ କେଉଁଠି କେମିତି କାହା ପାଖରେ କିଛି ରହିଯାଇଛି, ସିଏ ବି ବେଶୀଦିନ ରହି ପାରିବନି।

ଏସବୁ ଦେଶୀ ବିହନ ଗଲା କୁଆଡ଼େ? ନାନା ଫନ୍ଦିଫିକର କରି ଲୋକଙ୍କ ହାତରୁ ବିହନ ବୁଡ଼େଇ ଦେଲେ। କେବଳ ଅମୁକ ପ୍ରକାରର ଧାନ ସରକାର ବା ତାଙ୍କର ଏଜେଣ୍ଟ ମଣ୍ଡିରେ କିଣିବେ। ସମୁକ ପ୍ରକାର ଧାନ ଧାଡ଼ିରୁଆ କଲେ ସରକାରୀ ଧାନ ବା କମ୍ପାନୀ ଧାନର ଦାମ ଖୁବ୍ ବେଶି ଓ ଅଧିକ ଅମଳକ୍ଷମ ହୋଇପାରେ; କିନ୍ତୁ ଅଧିକ ଅମଳ ତା' ଛାଏଁ ହୁଏନି। ଅଧିକ ସାର ଓ ସାରର ସାଥୀ ନାନା ପ୍ରକାର ରସାୟନର ପ୍ରୟୋଗ। ଆୟବେଶୀ, ଖର୍ଚ୍ଚମଧ୍ୟ ବେଶି। ଏଇଠି ଦୁଇଟି କଥା। ପ୍ରଥମ ହେଲା ଅଧିକ ଆୟ ପାଇଁ ପ୍ରଥମେ ଅଧିକ ଖର୍ଚ୍ଚ କରିବାକୁ ହେବ, ଖର୍ଚ୍ଚ କରିସାରିଲା ପରେ ରୋଗପୋକ ଓ ଝଡ଼ ବାତ୍ୟାରେ ମରୁଡ଼ି ଇତ୍ୟାଦିରେ ଫସଲ ନଷ୍ଟ ହେଲେ କ୍ଷତି ହିଁ ସାରହୁଏ। ସେଇଥିପାଇଁ ତ ଚାଷୀଙ୍କୁ ଋଣ ଯୋଗାଇ ଦେଇଥିବା ବ୍ୟାଙ୍କର, ବିହନ ଦେଇଥିବା ବ୍ୟବସାୟୀ ବା ସରକାରୀ ଲୋକ ବା ନୂଆ ବିହନ ଓ ସାର ଇତ୍ୟାଦି ପ୍ରୟୋଗ କରିବାପାଇଁ ପ୍ରବର୍ତ୍ତେଇଥିବା ସରକାରୀ ଲୋକ ଫସଲ ଫେଲ ମାରିଲେ ଆତ୍ମହତ୍ୟା କରନ୍ତି ନାହିଁ, ଚାଷୀ ହିଁ ଋଣ ଶୁଝି ନପାରି ମରେ। ଦ୍ୱିତୀୟ କଥା ହେଲା ଅଧିକ ଅମଳକ୍ଷମ ଧାନ ବା ପନିପରିବା ଇତ୍ୟାଦି ବୈଜ୍ଞାନିକମାନେ ଶୂନ୍ୟରୁ ସୃଷ୍ଟି କରନ୍ତି ନାହିଁ। ଅଧିକ ଅମଳକ୍ଷମ ଦେଶୀ ଧାନ ବିହନ ଓ ଗେଡ଼ା ଧାନ ବିହନର ଜିନ୍ ବା ଗୁଣସୂତ୍ରକୁ ମିଶାଣ ଫେଡ଼ାଣ କରି ବାହାର କରିଥାନ୍ତି। ସେଇଥିପାଇଁ ବିଭିନ୍ନ ଉପାୟରେ ବୈଜ୍ଞାନିକମାନେ ଚାଷୀମାନଙ୍କଠାରୁ କୌଶଳ କରି ପ୍ରଲୋଭନ ଦେଖାଇ

ନେଇଯାଇ ନୂଆ କିସମର ବିହନ ବାହାର କରିବାର ଗୌରବ ଅର୍ଜନ କରନ୍ତି। ହାତରୁ ସବୁ ପ୍ରକାର ଦେଶୀ ବିହନ ହରେଇଲା ପରେ ଏବେ କମ୍ପାନୀ ଓ ସରକାରୀ ବିହନରୁ ଚାଷୀଭାଇ ତୁମର ମୁକ୍ତି କାହିଁ? ଆମର କୃଷିନୀତିରେ ମୁକ୍ତିର ବାଟ ଅଛି କି? ଚାଷୀ ସଂଗଠନମାନେ ଏଥିପାଇଁ ଚିନ୍ତିତ କି?

ଏବେ ଆସିବା ଯନ୍ତ୍ରପାତି ଓ ରାସାୟନିକ ସାର ଓ ବିଷର ବ୍ୟବହାର ଉପରକୁ। ଉନ୍ନତ ବିହନର ଅର୍ଥହେଲା ଅଧିକ ରାସାୟନିକ ସାର ଓ ତା'ର ସାଥି ବିଷର ବ୍ୟବହାର ଯାହାକି ମାଟି, ପାଣି ଓ ପବନକୁ, ଯାହାକୁ ନେଇ ଜୀବଜଗତ ଗଢ଼ି ଉଠିଲା, ନଷ୍ଟ କରିବାରେ ଲାଗିଲା। ମାଟି ଧୀରେଧୀରେ ପଥର ହେଲା। ତା'କୁ ଚାଷ କରିବା ପାଇଁ ଟ୍ରାକ୍ଟର ଦରକାର ହେଲା। ଟ୍ରାକ୍ଟର ଚାଷ ପରେ ବଳଦର ଆବଶ୍ୟକତା କମିଗଲା। ଗାଈଗୋରୁ କମିଯିବା ଫଳରେ ଗୋବର ଖତ କମିଗଲା ଓ ରାସାୟନିକ ସାର ଉପରେ ନିର୍ଭରଶୀଳତା ବଢ଼ିଗଲା।

ଏ ପ୍ରକ୍ରିୟାଟିକୁ ସରକାରୀ ନୀତି ତ୍ୱରାନ୍ୱିତ କଲା। କେବଳ କେନ୍ଦ୍ର ସରକାର କୃତ୍ରିମ ସାର ପାଇଁ ପଞ୍ଚସ୍ତରି ହଜାର କୋଟି ଟଙ୍କା କମ୍ପାନୀମାନଙ୍କୁ ଦେଲେ, ତା'ହେଲେ ଚାଷୀ ସବ୍‌ସିଡାଇଜ୍ ବା କମ୍ ଦରରେ ସାର ପାଇବେ। ଜମିରେ ଗୋବର ଖତ ପକାଇବା ପାଇଁ ସରକାର ସବ୍‌ସିଡ୍ ଦେଲେକି? ଖତ ବରଷେ, ପଙ୍କ ପୁରୁଷେ। ଗାଁକୁ କିଛି ଦୂରରେ ଥିବା ପୋଖରୀର ପୁନରୁଦ୍ଧାର ସମୟରେ ସେଇଠୁ ପଙ୍କ ଆଣି ଜମିରେ ପକାଇବା ପାଇଁ ସରକାର ସାହାଯ୍ୟ କଲେ କି? ଆମ କୃଷି ନୀତିରେ ଏଥିପାଇଁ କିଛି ବ୍ୟବସ୍ଥା ହୋଇଛି କି? ଚାଷୀମାନଙ୍କ କଲ୍ୟାଣ ପାଇଁ ନୂଆକରି ଆସିଥିବା ଓ ହୁଲୁସ୍ଥୁଲ କରୁଥିବା ଓ ଗଣମାଧ୍ୟମରେ ବିଶେଷଭାବେ ଆସୁଥିବା ଚାଷୀ ସଂଗଠନଟି ଏସବୁ ବିଷୟରେ କିଛି ମତ ରଖିଛି କି ବା ସରକାରଙ୍କ ନିକଟରେ ଉପସ୍ଥାପିତ କରୁଥିବା ଦାବିମାନଙ୍କ ଭିତରେ ଏସବୁ ବିଷୟ ସ୍ଥାନ ପାଇଛି କି? ଯେମିତି ସରକାରୀ/କମ୍ପାନୀ ବିହନରୁ ନିସ୍ତାର ନାହିଁ, ସେହିଭଳି ରାସାୟନିକ ସାର, ବିଷ, ଟ୍ରାକ୍ଟରରୁ ମଧ୍ୟ ଚାଷୀଙ୍କର ଆଉ ମୁକ୍ତି ନାହିଁ। ଚାଷୀଙ୍କ ପାଇଁ ଆଉ ଗୋଟେ ବଡ଼ ବିପଦ ହେଲାଣି ମାଙ୍କଡ଼ ଉପଦ୍ରବ। ହାତୀଙ୍କ ଉପଦ୍ରବ ଆଗରୁ ଥିଲା। ଫସଲ ହାନି, ଜୀବନ ହାନି ଇତ୍ୟାଦି ପାଇଁ ଯତ୍‌କିଞ୍ଚିତ୍ ସାହାଯ୍ୟ ମିଳେ ହାତୀମାନଙ୍କ କ୍ଷେତ୍ରରେ। ମାଙ୍କଡ଼ ମଣିଷ ମାରିପାରେ, କିନ୍ତୁ ମଣିଷ ମାଙ୍କଡ଼ ମାରିପାରିବ ନାହିଁ। ମାଙ୍କଡ଼ ଫସଲ ନଷ୍ଟ କଲେ କ୍ଷତି ପୂରଣ ନାହିଁ। ଅନେକ ଅଞ୍ଚଳରେ ସେମାନଙ୍କ ଉପଦ୍ରବରେ ଚାଷୀମାନେ ଫସଲ, ବିଶେଷତଃ ରବି ଫସଲ ଛାଡ଼ି ଦେଲେଣି। ଘର ବାରିର କଖାରୁ ବା ଅମୃତଭଣ୍ଡା ମଧ୍ୟ ଛାଡ଼ ପାଉନି। ଲଙ୍ଗଳ ଚାଷ ଓ ଶଗଡ଼ ଚାଲିଯିବାପରେ ଅଣ୍ଡିରା ବାଛୁରୀମାନେ ଷଣ୍ଢ ହୋଇ

ବୁଲୁଛନ୍ତି। କେତେ ସ୍ଥାନରେ ଷଣ୍ଢ ଉପଦ୍ରବ ତ ଅନେକ ସ୍ଥାନରେ ବାର୍‌ହାମାନଙ୍କ ଉପଦ୍ରବ। ଏସବୁରେ ଚାଷୀ ନାଚାର। ବନ୍ୟଜନ୍ତୁ ସଂରକ୍ଷଣ ଆଇନ୍ ତ ବଡ଼ କଠୋର, ଏଣେ ସେମାନଙ୍କର ସଂଖ୍ୟାର ନିୟନ୍ତ୍ରଣ ପାଇଁ କିଛି ବ୍ୟବସ୍ଥା ନାହିଁ। ବନ୍ୟଜନ୍ତୁଙ୍କଠାରୁ ଚାଷୀଙ୍କର ସତେ ଯେପରି ମୁକ୍ତି ନାହିଁ। ଏଥିପାଇଁ ଅତୀତ ବା ବର୍ତ୍ତମାନର କୃଷି ନୀତିରେ ନା କିଛି ବ୍ୟବସ୍ଥା ଥିଲା ନା ଅଛି।

ତେବେ ସୁଖର କଥା କେବଳ ଓଡ଼ିଶା ବା ଭାରତ ନୁହେଁ, ପୃଥିବୀର ବିଭିନ୍ନ ସ୍ଥାନରେ ଚାଷୀମାନଙ୍କର ମୁକ୍ତିର ବାଟ ବିଭିନ୍ନ ବ୍ୟକ୍ତି ତଥା ଅନୁଷ୍ଠାନ ବାହାର କରିବାରେ ଲାଗିଛନ୍ତି।

■

ସମାଜ, ୯ ସେପ୍ଟେମ୍ବର, ୨୦୧୯

ଏବେ ପବନ ଖାଇ ରହିବୁ ଆଜ୍ଞା !

ଗତବର୍ଷ ଏଇ ସମୟରେ ଉତ୍ତର ବାଲେଶ୍ୱରର ଡଗରା ସମୁଦ୍ର କୂଳରୁ ଫେରିବା ବାଟରେ କୋଷ୍ଟ କେନାଲଠାରେ ଓହ୍ଲେଇ ସ୍ଥାନୀୟ ଲୋକଙ୍କ ସହ ବିଭିନ୍ନ ବିଷୟରେ ଆଲୋଚନା ଭିତରେ ସେ ଅଞ୍ଚଳରେ ମାଙ୍କଡ଼ ସମସ୍ୟା କଥା ପଚାରିଲି । 'ଆମର ଏ ବାଲିଆପାଳ ଅଞ୍ଚଳରେ ଦଶଲକ୍ଷ ମାଙ୍କଡ଼ ଥିବେ । ସେମାନଙ୍କ ଦୌରାତ୍ମ୍ୟରେ ଅନେକ ଗାଁ ରବି ଫସଲ ଛାଡ଼ି ଦେଲେଣି ।' ଏଇ ଥିଲା ଜଣେ ଲୋକଙ୍କର ମନ୍ତବ୍ୟ । ଏ ସଂଖ୍ୟାରେ ହୁଏତ କିଛି ଅତିରଂଜନ ଥାଇପାରେ । ଗଞ୍ଜାମ ଜିଲ୍ଲାର ଛତ୍ରପୁର ଅଞ୍ଚଳରେ ଜଣେ ଚାଷୀ ବ୍ୟତିବ୍ୟସ୍ତ ହୋଇ କହିଲେ- 'ପଦର ଜମିରେ କିଛି ରଖେଇ ଦେଲେନି, ଏବେ ଧାନ ଜମିରୁ ଧାନ ପୁଡ଼ା ଟାଣି ଖାଇଲେଣି; ଏବେ ପବନ ଖାଇ ରହିବୁ ଆଜ୍ଞା ।' କନ୍ଧମାଳର ଜଣେ ଆଦିବାସୀ ଚାଷୀ କହିଲେ- 'ଆମ ଅଞ୍ଚଳରେ ମାଙ୍କଡ଼ ନ ଥିଲେ, ଏବେ ତିନି ଚାରି ବର୍ଷ ହେଲା ମାଙ୍କଡ଼ ଆସି ଘର ବାରିରେ କିଛି ରଖେଇ ଦେଉ ନାହାନ୍ତି ।'

ଦିଲ୍ଲୀଠୁ ପଲ୍ଲୀ ଯାଏଁ ମାଙ୍କଡ଼ ମାନଙ୍କ ଉତ୍ପାତରେ ଅନେକ ସ୍ଥାନରେ ଲୋକ ତ୍ରାହି ତ୍ରାହି ଡାକିଲେଣି । ଘର ବାରିରେ ଅମୃତଭଣ୍ଡା ବା କଖାରୁ କଷିଟାଏ ରଖିଲେନି, ରବି ଫସଲ ଉଜୁଡ଼େଇ ଦେଲେଣି । ଘଉଡ଼େଇଲେ ସଂଘବଦ୍ଧ ଭାବେ ଆକ୍ରମଣ କଲେଣି, ଘରେ ପଶି ଭାତହାଣ୍ଡି ଲେଉଟେଇ ଖାଇଲେଣି । ଧାନ ପୁଡ଼ାରୁ ଟାଣି ଖାଇଲେଣି ତ କେଉଁଠି ସ୍କୁଲକୁ ପିଲା ଯିବା ପାଇଁ ଡରିଲେଣି ଓ କେଉଁଠି ଘରର ଟାଇଲି ବା ଆଜ୍‌ବେଷ୍ଟସ୍ ଛପର ଡିଆଁ ଉକୁଟରେ ଭାଙ୍ଗିଲେଣି ।

ଅନ୍ୟ ପକ୍ଷରେ କଠୋର ବନ୍ୟଜନ୍ତୁ ସଂରକ୍ଷଣ ଆଇନର ଦଣ୍ଡ ଭୟ । ଏ ପରିପ୍ରେକ୍ଷୀରେ ମାଙ୍କଡ଼ଙ୍କ ସଂଖ୍ୟା ନିୟନ୍ତ୍ରଣ କରିବା ବା ସରଳ ଭାବେ କହିଲେ ମାଙ୍କଡ଼ ନିୟନ୍ତ୍ରଣ କରିବା ବା ସରଳ ଭାବେ କହିଲେ ମାଙ୍କଡ଼ ମାରିବାକୁ ନେଇ ଏକ ବିତର୍କର

କିଏ କହିବ, କ'ଣ ହେବ ? | ୨୯

ଆବଶ୍ୟକତା ଓ ଆବଶ୍ୟକ କାର୍ଯ୍ୟାନୁଷ୍ଠାନର ସମୟ ଆସିଛି। ନିମ୍ନରେ ମାଙ୍କଡ଼ ମାରିବା ବିପକ୍ଷରେ ଓ ସପକ୍ଷରେ ଯୁକ୍ତ ଉପସ୍ଥାପନ କରାଯାଇଛି।

ମାଙ୍କଡ଼ ମାରିବା ବିପକ୍ଷରେ ଯୁକ୍ତି

ପ୍ରଥମ କଥା ହେଲା, ଏ ପୃଥିବୀ ସବୁ ପ୍ରାଣୀଙ୍କର, ଏଠାରେ ବଞ୍ଚିବାର ସମାନ ଅଧିକାର ସମସ୍ତଙ୍କର, ମଣିଷମାନଙ୍କର କୌଣସି ସ୍ୱତନ୍ତ୍ର ଅଧିକାର ନାହିଁ ଅନ୍ୟ ପ୍ରାଣୀଙ୍କୁ ମନଇଚ୍ଛା ହତ୍ୟା କରିବାର। ସବାଶେଷରେ ପୃଥିବୀକୁ ଆସି ସଂସାରଟା କେବଳ ମଣିଷର ଓ ତା'ର ଯିଏ କ୍ଷତି କରିବ, ତା'କୁ ସିଏ ହତ୍ୟା କରିପାରିବ- ଏଭଳି ଯୁକ୍ତି ଗ୍ରହଣୀୟ ନୁହେଁ। ମଣିଷ ଅନେକ ପ୍ରାଣୀଙ୍କୁ ନିଶ୍ଚିହ୍ନ କରିସାରିଲାଣି ଓ ଆଜି ମଧ୍ୟ ଅନେକ ପ୍ରାଣୀଙ୍କର ଅଶେଷ କ୍ଷତି କରୁଛି ମଣିଷ। ତା'ହେଲେ ଅନ୍ୟ ପ୍ରାଣୀଙ୍କର କ'ଣ ମଣିଷଙ୍କୁ ନିପାତ କରିବାର ଅଧିକାର ନାହିଁ, ସେହି ଯୁକ୍ତି ବଳରେ ?

ଦ୍ୱିତୀୟ କଥା ଯେ ଚାରିଆଡ଼େ ପ୍ରାକୃତିକ ଜଙ୍ଗଲ ରିହଥିଲା। ଅନ୍ୟ ବନ୍ୟପ୍ରାଣୀମାନଙ୍କ ଭଳି ମାଙ୍କଡ଼ମାନଙ୍କ ପାଇଁ ମଧ୍ୟ ବର୍ଷ ସାରା ନାନା ପ୍ରକାର ଫଳ, ଫୁଲ, ପତ୍ର ଇତ୍ୟାଦି ପେଟପୁରା ଭୋଜନ ପାଇଁ ପ୍ରକୃତି ବ୍ୟବସ୍ଥା କରିଥିଲା। ମଣିଷ ଜଙ୍ଗଲ ସଫା କରିବା ଫଳରେ ମାଙ୍କଡ଼ମାନଙ୍କର ରହିବା ଓ ଖାଇବାର ବ୍ୟବସ୍ଥାଟି ନଷ୍ଟ ହେଲା, ତେଣୁ ସେମାନେ ଏବେ ଗାଁ/ସହର ମୁହାଁ ଓ ବାଧ୍ୟ ହେଉଛନ୍ତି ଫସଲ ଖାଇବା ପାଇଁ। ମାଙ୍କଡ଼ ସମସ୍ୟା ମଣିଷର ସୃଷ୍ଟି ଓ ମଣିଷ ନିଜ କର୍ମଫଳ ଭୋଗୁଛି।

ତୃତୀୟରେ ମାତା ସୀତାଙ୍କୁ ଅଶୋକ ବନରେ ଠାବ କରିବା, ସେତୁ ବନ୍ଧ ବାନ୍ଧିବା ଓ ଯୁଦ୍ଧରେ ଯଥାଶକ୍ତି ଯୋଗଦାନ କରି ଶ୍ରୀରାମଙ୍କୁ ବିଜୟୀ କରିବାରେ ସେମାନଙ୍କର ଭୂମିକା ଯୋଗୁଁ ଆଜି ହନୁମାନ ଚାଳିଶା, ହନୁମାନ ପୂଜା ଇତ୍ୟାଦି କରୁଛେ। ମାଙ୍କଡ଼ମାନଙ୍କ ସହ ଆମର ଏକ ସାଂସ୍କୃତିକ ସମ୍ପର୍କ ରହିଛି।

ଚତୁର୍ଥ କଥା, ସେମାନେ ଆମଭଳି କଥା କହି ପାରୁନାହାନ୍ତି, ବା ସେମାନଙ୍କର କୌଣସି ସଂଘ ନାହିଁ ଓ ସେମାନଙ୍କର ଭୋଟ ଦେବାର କ୍ଷମତା ନାହିଁ। ସେଇଥି ପାଇଁ ସେମାନଙ୍କୁ ମାରିବା ପାଇଁ ଆମେ କହି ପାରୁଛୁ। ଅବଶ୍ୟ ସେମାନଙ୍କ ପାଇଁ କିଛି ଲୋକ ଚିନ୍ତା କରୁଛନ୍ତି ଓ ସେଇଥିପାଇଁ ବନ୍ୟ ଜନ୍ତୁ ସଂରକ୍ଷଣ ଆଇନ ରହିଛି। ଯେଉଁମାନେ ଏଭଳି ଯୁକ୍ତି ସବୁ କରୁଛନ୍ତି ସେମାନେ ହେଲେ ବନ୍ୟପ୍ରାଣୀ/ପ୍ରାଣୀ ପ୍ରେମୀ ଓ ବନ ବିଭାଗରେ କେତେକ କାର୍ଯ୍ୟରତ ବା ଅବସରପ୍ରାପ୍ତ ବନ ଅଧିକାରୀ।

ମାଙ୍କଡ଼ ମାରିବା ସପକ୍ଷରେ ଯୁକ୍ତି

ମାଙ୍କଡ଼ମାନଙ୍କ ଉପଦ୍ରବରେ ଅତିଷ୍ଠ ଚାଷୀ ଓ ମହିଳା ଯେଉଁମାନେ ଘରବାରିରେ ପରିବାର ପାଇଁ ପରିବାପତ୍ର କରି ଗୁଜୁରାଣ ମେଣ୍ଟଉଛନ୍ତି, ସେମାନେ

୩୦ | ରାଧାମୋହନ

ମାଙ୍କଡ଼ ମାରିବା ସପକ୍ଷରେ ଅଛନ୍ତି। ସେମାନଙ୍କ ସହ ଆଲୋଚନା ବେଳେ ମାଙ୍କଡ଼ ମାରିବା ବିପକ୍ଷରେ ଯେଉଁମାନେ ଯୁକ୍ତି କରୁଛନ୍ତି ସେମାନଙ୍କୁ ଅତି କଟୁ ଭାଷାରେ ସମାଲୋଚନା କରନ୍ତି। ସେଇ ଭାଷାରେ କିଛି ସୁଧାର ଆଣି ନିମ୍ନରେ ତାଙ୍କର ଯୁକ୍ତିଗୁଡ଼ିକ ଉପସ୍ଥାପିତ କରାଯାଇଛି।

ଚାଷୀମାନେ ସେମାନଙ୍କର ପକ୍ଷ ରଖିବାବେଳେ କେତେକ ଅନୁଭୂତି ପ୍ରଥମେ କହିଥାନ୍ତି। ସେଥିରୁ ମାତ୍ର ଅଳ୍ପ କେତୋଟି କଥା କୁହାଯାଇଛି। "ରାତିର ଥିବା ପଖାଳ ଖାଇ ଓ ଦି'ପହର ଖାଇବା ପାଇଁ ରାନ୍ଧି ଦେଇ ସ୍ୱାମୀ ସ୍ତ୍ରୀ କାମକୁ ବାହାରି ଗଲେ। କାମ ସାରି ଘରକୁ ଫେରିଲା ବେଳକୁ ଉଚ୍ଛୁର ହେଲାଣି। କେମିତି ଚଞ୍ଚଳ ଖାଇଲେ ଉପରବେଳା କାମକୁ ଯିବେ। ଘରେ ପଶିଲା ବେଳକୁ ପଲେ ମାଙ୍କଡ଼ ପଛପାଖ ନୂଆଁଣିଆ ଟାଇଲି ଛାତରୁ ଟାଇଲି ବାହାର କରି ଭାତହାଣ୍ଡି ଲେଉଟାଇ ଖାଇବାରେ ଲାଗିଛନ୍ତି। ଘରେ ପଶି ଏମାନଙ୍କୁ ଦେଖି ଖିଙ୍କାରି ଗୋଡ଼େଇଲେ। ଭୋକରେ ସ୍ୱାମୀ ସ୍ତ୍ରୀଙ୍କର ପେଟ ଖାଁ ଖାଁ।" ବ୍ୟାଗ ଧରି ହାଟ ବଜାରରୁ ପରିବା କିଣିବା ପାଇଁ ସାମର୍ଥ୍ୟ ନାହିଁ। ବଜାର ପରିବା କୋଉ ସୁଆଦ ଅବା। ଘରେ ଅମୃତଭଣ୍ଡା, ସଜନା ଓ ଋତୁକୁ ଚାହିଁ ଶିମ୍ବ ଦିନେ ଶିମ୍ବ, କଲରା, କଖାରୁ, ଟମାଟୋ, ଛଚିନ୍ଦ୍ରା, ଜହ୍ନି ଇତ୍ୟାଦି ଲଗାଇ ପରିବା ଖର୍ଚ୍ଚ କରନ୍ତି। ଏବେ ତିନି ଚାରିବର୍ଷ ହେଲା ମାଙ୍କଡ଼ ଗାଁକୁ ଆସିଲାଠୁ ଏସବୁ ଗଲା। ଏବେ କେବଳ ଲୁଣ ଆମ୍ବୁଲ ସାହା। ଏଣେ ଆଶା ଦିଦି କହୁଛନ୍ତି ଅପପୁଷ୍ଟି ଦୂର କରିବାକୁ ଘରେ ସଜନା ଓ ଭଣ୍ଡା ଗଛ ନିଶ୍ଚେ ରଖିବ।

ସ୍କୁଲ ପାଠପଢ଼ାରେ ଡୋରି ବାନ୍ଧି ଝିଅଟି ବିଲରେ ମୁଗ ଫସଲ ଜଗୁଥିଲା। ପଲେ ମାଙ୍କଡ଼ ପହଞ୍ଚିଲେ। ତା'ର ବା ବଳ କେତେ, ବଳ ବା ଆସିବ କୋ'ଠୁ? ହୋ ହା କରି ଟେକାଟିଏ ଛାଡ଼ିଦେଲା। ସେତିକି ଯଥେଷ୍ଟ। ଦଳଟା ଯାକ ମାଙ୍କଡ଼ ଆକ୍ରମଣ ଆରମ୍ଭ କରିଦେଲେ। ଖଣ୍ଡିଆ ଖାବରା ହୋଇ ଫେରିଲା। ଡାକ୍ତରଖାନାରେ ପଡ଼ିଲା, ମରୁ ମରୁ ବଞ୍ଚିଗଲା। ତେଣେ ମୁଗ ଫସଲ ବି ଗଲା।

ଏଭଳି ଅନେକ କାହାଣୀ ଚାଷୀମାନେ କହନ୍ତି ଓ ପଚାରନ୍ତି ଯେ ଯେଉଁ ବାବୁ ଭାୟାମାନେ ଏ ସଂସାର ସବୁ ପ୍ରାଣୀଙ୍କର, ସମସ୍ତଙ୍କର ବଞ୍ଚିବାର ଅଧିକାର ଅଛି ବୋଲି କହନ୍ତି, ସେମାନେ ଏସବୁ ଭୋଗନ୍ତି କି, ନାଁ ଭୋଗୁଥିବା ଲୋକଙ୍କର ଦୁଃଖ ବୁଝନ୍ତି? ଯେଉଁମାନଙ୍କର ଆୟ ଓ ଖାଇବା ନିଶ୍ଚିତ ଥାଏ, ସେମାନେ ଏ ତତ୍ତ୍ୱ ବଖାଣନ୍ତି, କୋଠାଘରେ ଆରାମରେ ବସି। ସେମାନେ ଆମଭଳି ଭୋଗୁଥିଲେ ମାଙ୍କଡ଼ମାନେ କୋଉକାଳୁ ନିଶ୍ଚିହ୍ନ ହୋଇଯାଆନ୍ତେଣି, ତତ୍ତ୍ୱ ବଖାଣିବାକୁ ବେଳ ନ ଥାନ୍ତା। ଏହା ହେଲା ପ୍ରଥମ କଥା।

କିଏ କହିବ, କ'ଣ ହେବ? | ୩୧

ଦ୍ୱିତୀୟରେ ମାଙ୍କଡ଼ମାନେ ଜଙ୍ଗଲ ଜନ୍ତୁ, ଜଙ୍ଗଲ ସରିଗଲା, ସେଥିପାଇଁ ଗାଁ/ ସହରକୁ ଭୋକ ବିକଳରେ ଚାଲି ଆସୁଛନ୍ତି କହିବା ଭୁଲ। ଦିନ ଥିଲା କୁକୁର, ଗାଈଗୋରୁ, ଘୋଡ଼ା ଇତ୍ୟାଦି ପ୍ରାଣୀମାନେ ଜଙ୍ଗଲ ଜନ୍ତୁ ଥିଲେ। ଏବେ ମଧ୍ୟ ବିଭିନ୍ନ ଜାଗାରେ ସେମାନେ ଜଙ୍ଗଲରେ ଅଛନ୍ତି। ସେମାନଙ୍କୁ ଏବେ ଜଙ୍ଗଲ ଜନ୍ତୁ କହି ହେବ କି ? ସେଇଭଳି ମାଙ୍କଡ଼ମାନେ ଆଉ ଜଙ୍ଗଲ ଜନ୍ତୁ ହୋଇ ରହିନାହାନ୍ତି, ବା ସେମାନଙ୍କ ସଂଖ୍ୟା ବିପଜ୍ଜନକ ଭାବେ କମି ଯାଇନାହିଁ ଯେ ସେମାନଙ୍କର ସଂରକ୍ଷଣ ଆବଶ୍ୟକ।

ସ୍ୱାଧୀନତା ପରେ ପରେ ଯେତେବେଳେ ଦେଶରେ ଗୁରୁତର ଖାଦ୍ୟାଭାବ ହେଲା ଓ ମାଙ୍କଡ଼ମାନେ ଫସଲ ନଷ୍ଟ କରୁଥିବା ଦେଖାଗଲା ସରକାରଙ୍କ ତରଫରୁ ସେମାନଙ୍କୁ ମାରିବାର ବ୍ୟବସ୍ଥା କରାଗଲା। ତା'ପୂର୍ବରୁ ମଧ୍ୟ ଫସଲ ନଷ୍ଟ କଲେ ସେମାନଙ୍କୁ ମାରିବା ପାଇଁ ଅହିଂସାର ପୂଜାରୀ ଗାନ୍ଧୀ ପରାମର୍ଶ ଦେଇଥିଲେ। ସେତେବେଳେ ତ ଜଙ୍ଗଲ କମ ନ ଥିଲା। ଅସଲ କଥା ହେଲା ସେମାନଙ୍କ ସଂଖ୍ୟାରେ ଅହେତୁକ ବୃଦ୍ଧି ଘଟିଛି ଓ ଜଙ୍ଗଲରେ ଦଶ ପନ୍ଦର କିଲୋମିଟର ଦିନକୁ ବୁଲିଲେ ପେଟ ପୁରୁଥିଲା, ଏବେ ଚାଳରୁ କଖାରୁଟେ, କଦଳୀ କାନ୍ଦିରୁ ଫେଣାଏ, ଅମୃତଭଣ୍ଡା ଦି ଚାରିଟା ପାଇଗଲେ ପେଟପୂରା ଭୋଜନ। ଏ ସହଜ ଉପାୟ ଛାଡ଼ି କାହିଁକି ଜଙ୍ଗଲରେ ପରିଶ୍ରମ କରିବେ ?

ତୃତୀୟ କଥା, ବନ୍ୟପ୍ରାଣୀ ବିଶାରଦମାନେ ଆମକୁ କହନ୍ତି ଯେ ହରିଣମାନଙ୍କ ମଙ୍ଗଳ ପାଇଁ ତାଙ୍କୁ ମାରି ଖାଉଥିବା ବାଘ ବଣରେ ରହିବା ଆବଶ୍ୟକ, ନଚେତ୍ ହରିଣମାନଙ୍କ ସଂଖ୍ୟା ହୁ ହୁ ହୋଇ ବଢ଼ିଯିବ ଓ ଖାଦ୍ୟାଭାବ ଯୋଗୁ ସମସ୍ତେ ମରିଯିବେ। ମାଙ୍କଡ଼ମାନଙ୍କର ପ୍ରକୃତିରେ ଥିବା ଶିକାରୀ ଯେମିତିକି ବାଘ, କଲରା ପତରିଆ, ବଡ଼ ବଡ଼ ସାପ ଇତ୍ୟାଦି ଆଉ ନ ଥିବାରୁ ସେମାନଙ୍କ ସଂଖ୍ୟାରେ ଆଉ ନିୟନ୍ତ୍ରଣ ନାହିଁ। ଯେମିତି ଅଷ୍ଟ୍ରେଲିଆରେ କଙ୍ଗାରୁ, ବା ୟୁରୋପରେ କୋକିଶିଆଳୀ ବା ଅନ୍ୟ ପ୍ରାଣୀମାନଙ୍କର ସଂଖ୍ୟା ଆବଶ୍ୟକତାଠୁ ବଳିଗଲେ କିଛି ଭାଗକୁ ମାରି ଦିଆଯାଉଛି ବା ବିହାର, ଉତ୍ତରପ୍ରଦେଶରେ ନୀଳଗାଈକୁ ମରାଗଲା। ଏଠି ଏବେ ମାଙ୍କଡ଼ ଓ ସ୍ଥଳ ବିଶେଷରେ ଅନ୍ୟ ପ୍ରାଣୀ ଯଥା ବାରହାମାନଙ୍କୁ ମଧ୍ୟ ମାରିବାର ଆବଶ୍ୟକତା ରହିଛି।

ଚତୁର୍ଥ କଥା ହେଲା, ମଣିଷ ଭଳି ଅନ୍ୟ ପ୍ରାଣୀମାନଙ୍କର ଏ ପୃଥିବୀରେ ବଞ୍ଚିବାର ସମାନ ଅଧିକାର କଥା ଯେଉଁମାନେ କହୁଛନ୍ତି, ଚାଷୀମାନେ ପଚାରୁଛନ୍ତି, ସେମାନେ କ'ଣ ସମସ୍ତେ ନିରାମିଷାଶୀ, ମାଛ, ମାଂସ ଛୁଅନ୍ତି ନାହିଁ ନା ମାଛ, ଛେଳି, କୁକୁଡ଼ା, ବତକ, ଘୁଷୁରିଙ୍କର ବଞ୍ଚିବାର ଅଧିକାର ନାହିଁ ? ମାଙ୍କଡ଼ମାନଙ୍କ କ୍ଷେତ୍ରରେ ସେମାନେ କାହିଁକି ଅଲଗା କଥା କହନ୍ତି ?

ପଞ୍ଚମ କଥା, ମାତା ସୀତାଙ୍କୁ ଅଶୋକ ବନରେ ଠାବ କରିବାଠୁ ଆରମ୍ଭ କରି ତାଙ୍କର ଉଦ୍ଧାର ପାଇଁ ମାଙ୍କଡ଼ମାନଙ୍କ ଅବଦାନ ଯୋଗୁଁ ସେମାନଙ୍କୁ ମାରିବାରେ ଗୋଟାଏ ମାନସିକ ପ୍ରତିବନ୍ଧ ରହୁଛି।

ଷଷ୍ଠ କଥା, ତେବେ ସୀତାଦେବୀଙ୍କ ପ୍ରତି ଅଶାଳୀନ ବ୍ୟବହାର ପାଇଁ ହନୁମାଙ୍କଡ଼ମାନଙ୍କର ମୁହଁ କଳା ହୋଇଯାଇଛି ବୋଲି କୁହାଯାଏ। ଆଉ ଏବର ପାତିମାନେ ସୁଗ୍ରୀବ ଓ ଅନୁମାନଙ୍କର ଦାୟାଦ ନ ହୋଇ ବାଳିର ଦାୟାଦ କାହିଁକି ହୋଇ ନ ଥାଇ ପାରନ୍ତି ବୋଲି ଚାଷୀମାନେ ପଚାରନ୍ତି। ତେବେ ଯେଉଁମାନେ ସାହାଯ୍ୟ କରିଥିଲେ ସେମାନେ ସିନା ପୂଜ୍ୟ, ଏବର ମାଙ୍କଡ଼ମାନଙ୍କୁ କାହିଁକି ପୂଜା କରାଯିବ? ଶେଷରେ ବନ୍ୟଜନ୍ତୁ ସଂରକ୍ଷଣ ଆଇନ ବନ୍ୟଜନ୍ତୁମାନଙ୍କର ପରିଚାଳନା କଥା କହେ, ତା ଅର୍ଥ ଆବଶ୍ୟକ ହେଲେ ସେମାନଙ୍କ ସଂଖ୍ୟାକୁ ନିୟନ୍ତ୍ରଣ କରିବାକୁ ହେବ।

ଚାଷ ଓ ସମସ୍ତଙ୍କ ମଙ୍ଗଳ ପାଇଁ ଏବେ ମାଙ୍କଡ଼ ଓ ସ୍ଥାନ ବିଶେଷରେ ବାରହା ମାରିବା ବେଳ। ଏବେ ସେ ନିୟନ୍ତ୍ରଣ ଜରୁରୀ ହୋଇପଡ଼ିଛି ଓ ସେ ନିୟନ୍ତ୍ରଣ ଅଧିକାର ପଞ୍ଚାୟତମାନଙ୍କୁ ଦିଆଯାଇପାରେ; ନଚେତ ପରିବାପତ୍ର ଦାମ ବଢ଼ି ବଢ଼ି ଯିବ ଓ ଶେଷରେ ଲୋକ ପବନ ଖାଇବେ।

■

ସମ୍ବାଦ, ୨୩ ଡିସେମ୍ବର, ୨୦୧୯

ପୋକମରା ନା ଲୋକମରା

ଏଇ କିଛି ଦିନତଳେ ଜୈବିକ ଚାଷ ଉପରେ ଏକ ତାଲିମ ଶିବିରରେ ଯୋଗଦେବାର ସୁଯୋଗ ମିଳିଥିଲା । ଚାଷୀମାନଙ୍କ ସହ ଆଲୋଚନା ପରେ ଜଣା ପଡ଼ିଲା ଯେ ଚାଷରେ ରୋଗପୋକ ନିୟନ୍ତ୍ରଣ ପାଇଁ ଯେଉଁ ସବୁ ବିଷ, (ଯାହାକୁ ଭୁଲରେ ଔଷଧ ବୋଲି କୁହାଯାଉଛି), ପ୍ରୟୋଗ କରାଯାଉଛି ସେଗୁଡ଼ିକ ଖାଲି ପୋକ ମାରୁ ନାହାନ୍ତି, ଲୋକମାନଙ୍କୁ ମଧ୍ୟ ମାରୁଛନ୍ତି, କ୍ୟାନସର ଭଳି ବିଭିନ୍ନ ଅସାଧ୍ୟ ରୋଗ ସୃଷ୍ଟି କରି ।

ସହରମାନଙ୍କରେ ଲୋକସଂଖ୍ୟା ବଢ଼ିଲା, ସହରୀ ଲୋକଙ୍କର ଗାଁ ଲୋକଙ୍କ ଅପେକ୍ଷା ଅଧିକ ଆୟ ଓ ସମସ୍ତେ କିଣିଖିଆ । ସେମାନଙ୍କର ଚାହିଦା ମେଣ୍ଟେଇବା ପାଇଁ ବିକ୍ରି ଉଦ୍ଦେଶ୍ୟରେ ଶାଗଠୁ ଆରମ୍ଭ କରି ପନିପରିବା, ଡାଲି, ଚାଉଳ ଇତ୍ୟାଦି ଅଧିକରୁ ଅଧିକ ଉତ୍ପାଦନ କରିବା ଆବଶ୍ୟକ ହେଲା ଓ ସହରର ଆଖପାଖ ଗାଁଗଣ୍ଡାରେ ଚାଷୀମାନେ ନିଜନିଜ ଜମିରୁ କିପରି ଅଧିକ ଉତ୍ପାଦନ କରିବେ ଓ ବର୍ଷସାରା ଚାଷୀମାନେ ଗୋଟାଏ ପରେ ଗୋଟାଏ ଫସଲ କରି ଦି'ପଇସା ପାଇବେ ସେଥିପାଇଁ ଉଦ୍ୟମ କଲେ । ତା' ବ୍ୟତୀତ ବର୍ଷସାରା ପନିପରିବା ଓ ବିଭିନ୍ନ ପ୍ରକାର ଫଳର ଚାହିଦା ବଢ଼ିବା ସହ ଦୂରଦୂରାନ୍ତରୁ ସେ ସବୁ ଆମଦାନୀ ହେଲା । ଏ ସବୁ ବାଦ୍ ପନିପରିବାଗୁଡ଼ିକୁ ଆକର୍ଷଣୀୟ କରିବାପାଇଁ ଓ ବହୁ ଦୂରରୁ ଗାଡ଼ି ମୋଟରରେ ଆସିଲା ଭିତରେ ଯେପରି ନଷ୍ଟ ନ ହେବ ସେଥିପାଇଁ ନାନା ପ୍ରକାର କୃତ୍ରିମ ରଂଗ ଓ ରାସାୟନିକ ଦ୍ରବ୍ୟ ବ୍ୟବହାର କରାଗଲା । ଆଉ କିଛି ଫଳରୁ ଜେଲି, ଜାମ, ସ୍କ୍ୱାସ୍, କେଚଅପ୍ ଇତ୍ୟାଦି ତିଆରି ପାଇଁ ମଧ୍ୟ ଅନେକ ପ୍ରକାର ରାସାୟନିକ ଦ୍ରବ୍ୟ ବ୍ୟବହୃତ ହେଲା ।

ଅଧିକ ଲାଭ ଆଶାରେ ଗୋଟିଏ ଜମିରୁ ବାରମ୍ବାର ଫସଲ ଆଦାୟ ପାଇଁ ଆଖିବୁଜା ରାସାୟନିକ ସାର ପ୍ରୟୋଗ କରାଗଲା । ତା' ଫଳରେ ମାଟି ରୁଗ୍ଣ

ହୋଇଗଲା । ରୁଗ୍ଣମାଟିରୁ ରୁଗ୍ଣ ଫସଲ ହେଲା । ମୁଖ୍ୟତଃ ସେଥିପାଇଁ ରୁଗ୍ଣ ଫସଲକୁ ବଞ୍ଚାଇବାକୁ ଯାଇ କୀଟନାଶକ ବିଷ ପ୍ରୟୋଗର ଆବଶ୍ୟକ ହେଲା । ତା'ସହ ଅଧିକ ନାଇଟ୍ରୋଜେନ ଜାତୀୟ ସାର ବ୍ୟବହାର ଫଳରେ ଗଛ ତାକୁ ପୂରା ଗ୍ରହଣ କରି ଫଳରେ ରୂପାନ୍ତରିତ କରି ନପାରି ପତ୍ରରେ ଓ କିଛି ଅଂଶ ଫଳରେ ରହିଲା । ପତ୍ରପୋଷା ପୋକମାନଙ୍କର ପ୍ରାଦୁର୍ଭାବ ସେଥିପାଇଁ ବଢ଼ିଲା । ଅଧିକ ଧନ ସମ୍ପତ୍ତି ଯେପରି ଭିଜିଲାନ୍ସ, ଆୟକର ଅଫିସରଙ୍କ ବ୍ୟତୀତ ଚୋର, ଡକାୟତମାନଙ୍କୁ ଘରେ ପଶିବାକୁ ଉତ୍ସାହିତ କରେ ସେହିଭଳି ପତ୍ରରେ ଗଚ୍ଛିତ ଅଧିକ ଶର୍କରା ବିଭିନ୍ନ ପ୍ରକାର ପୋକମାନଙ୍କୁ ଏକ ପ୍ରକାର ନିମନ୍ତ୍ରଣ କରେ । ଦ୍ୱିତୀୟ ମୁଖ୍ୟ କାରଣ ହେଲା ଜମିରେ ବାରମ୍ବାର ଫସଲ ହେବା ଫଳରେ ଜମିକୁ ଜଳସେଚନ ଦରକାର ହେଲା, ମାଟି ଓ ହିଡ଼ ଓଦା ରହିଲା । ମାଟି ଖାଲି ରହି ନଶୁଖିବା ଫଳରେ ଓ ବରାବର ଫସଲରୁ ଖାଦ୍ୟ ମିଳିବା ଯୋଗୁଁ ପୋକମାନଙ୍କର ଜୀବନଚକ୍ରରେ ବାଧା ହେଲାନି ଓ କ୍ରମାଗତଭାବେ ସୁବିଧା ସୁଯୋଗ ପାଇ ସେମାନଙ୍କର ସଂଖ୍ୟା ବଢ଼ିବାରେ ଲାଗିଲା ।

ଅନ୍ୟ ଏକ କାରଣ ହାଇବ୍ରିଡ଼ ବିହନର ବ୍ୟବହାର । ହାଇବ୍ରିଡ଼ ବିହନରୁ ତା ଛାଏଁ ଅଧିକ ଉତ୍ପାଦନ ହୋଇଯାଏ ନାହିଁ, ସେଥିପାଇଁ ଅଧିକ ରାସାୟନିକ ସାର ଆବଶ୍ୟକ ହୁଏ । ଅଧିକରୁ ଅଧିକ ସାର ବ୍ୟବହାର ଯୋଗୁଁ ରୋଗପୋକ ଅଧିକ ଓ ସେଥିପାଇଁ ଅଧିକ କୀଟନାଶକ ବିଷ ଆବଶ୍ୟକ ।

ବିଷ ବ୍ୟବହାରର ଅନ୍ୟ ଦିଗଟି ହେଲା ପ୍ରଥମେପ୍ରଥମେ ଫସଲରେ ଥରେ ଅଧେ ପକେଇଲେ ଚଳୁଥିଲା । ଧୀରେଧୀରେ ବାରମ୍ବାର ବିଷ ବ୍ୟବହାର କରିବାକୁ ହେଲା, କାରଣ ହେଲା, ଯେତେବେଳେ ପ୍ରଥମେ ଫସଲରେ ପୋକ ଆକ୍ରମଣ ହେଲା ଓ ବିଷ ପକାହେଲା, ହୁଏତ ଶତକଡ଼ା ନବେଭାଗ ମରିଗଲେ ଆଉ ଦଶଭାଗ ଉପରେ ବିଷ ଛୁଏଁ ନ ଛୁଏଁ ହୋଇ ତରିଗଲେ । ଏହିଭଳି ଆସ୍ତେଆସ୍ତେ ଦେହସୁଆ ହେଲେ । ସେମାନଙ୍କର ଜନ୍ମ, ବୃଦ୍ଧି ଓ ମୃତ୍ୟୁ ଏତେ ଶୀଘ୍ରଶୀଘ୍ର ହୁଏ ଯେ ପିଢ଼ିପରେ ପିଢ଼ି ପୋକମାନଙ୍କୁ ବାରମ୍ବାର ଓ ଆହୁରିଆହୁରି ଅଧିକ ବିଷାକ୍ତ ବିଷ ଦରକାର ହେଲା । ଜଣେ ବାଇଗଣ ଚାଷୀ କହିଲେ- 'ଆଜ୍ଞା ! ଗାଁର ଅନ୍ୟମାନେ ପ୍ରତି ଛଅ ଦିନରେ ଔଷଧ ପକାଉଛନ୍ତି । ମୁଁ କିନ୍ତୁ ପନ୍ଦର ଦିନରେ ଥରେ ପକାଉଛି । ଅର୍ଥାତ୍ ଆଉ କିଛି ଦିନ ପରେ ସେ ମଧ୍ୟ ପ୍ରତି ଛ'ଦିନରେ ବିଷ ପ୍ରୟୋଗ କରିବେ । ଶେଷରେ ପରିସ୍ଥିତି ଏପରି ହେବ ଯେ ଯେତେ ଯାହା କଲେ ପୋକମାନଙ୍କୁ ନିୟନ୍ତ୍ରଣ କରିହେବନି ଓ ସେତେବେଳେ ଉଭୟେ କୃଷି ବିଜ୍ଞାନୀ ଓ ଚାଷୀ ହାତଟେକି ଦେବେ । ଚକଡ଼ା ପୋକ କ୍ଷେତ୍ରରେ ସେଇଆହିଁ ହେଲା ।

ଅନ୍ୟ ଏକ ବିପଜ୍ଜନକ ଦିଗ ହେଲା ଯେଉଁ ବିଷଗୁଡ଼ିକ ଧନୀ ଦେଶମାନଙ୍କରେ ଫସଲରେ ବ୍ୟବହାର ପାଇଁ ନିଷିଦ୍ଧ ବା ଖୁବ୍ ସଂକୁଚିତ କରାଯାଇଛି ସେଗୁଡ଼ିକ ଏଠି ଅବାଧରେ ବ୍ୟବହୃତ ହେଉଛି। ସ୍ୱାଧୀନ ଗବେଷଣା ଅନୁଷ୍ଠାନମାନେ ସେଠାରେ ଗବେଷଣା କରି ଯେତେବେଳେ ଜାଣିପାରୁଛନ୍ତି ଯେ କୌଣସି ଗୋଟିଏ କୀଟନାଶକ ବିଷର ମଣିଷ ତଥା ଅନ୍ୟ ପ୍ରାଣୀ ଓ ପରିବେଶ ଉପରେ ବହୁତ କ୍ଷତିକାରକ ପ୍ରଭାବ ପଡୁଛି ଓ ଜୀବନହାନି କରୁଛି ସେତେବେଳେ ଜନସାଧାରଣଙ୍କ ତରଫରୁ ପ୍ରବଳ ଚାପ ପଡ଼େ। କମ୍ପାନୀମାନେ ଯେତେ ପାରନ୍ତି ଦିନ ଗଡ଼େଇ ଦିଅନ୍ତି, କିନ୍ତୁ ଶେଷରେ ସରକାର ବାଧ୍ୟ ହୋଇଥାନ୍ତି ସେଗୁଡ଼ିକ ନିଷିଦ୍ଧ କରିବା ପାଇଁ। ସେଠାରେ ନିଷିଦ୍ଧ ହେଲେ ଆମଭଳି ଦେଶମାନଙ୍କରେ ଯେଉଁଠି ସବୁ ହୁଗୁଳା ଓ ସହଜରେ ସରକାରୀ କଳକୁ ହାତେଇ ହେବ, କମ୍ପାନୀମାନେ ଏଇଠି ସେସବୁର ପ୍ରଚଳନ ଖାଲି କରନ୍ତିନି, ସେଠାର କ୍ଷତି ଏଇଠି ଭରଣା କରିଦିଅନ୍ତି। ଏତିକିରେ ଶେଷ ହେଲାନି। ଚାଷୀମାନେ ସାଧାରଣତଃ ସ୍ଥାନୀୟ ଦୋକାନରୁ କୀଟନାଶକ ବିଷ କିଣିଥାନ୍ତି। ଅନେକ ସମୟରେ ସେମାନେ ବାକିରେ ଆଣିଥାଆନ୍ତି। ତେଣୁ କମ୍ ବିଷାକ୍ତ ବିଷ ଯେଉଁଠି ଚଳିଥାଆନ୍ତା, ସେଇଠି ଦୋକାନୀ ଅଧିକ ବିଷାକ୍ତ କୀଟନାଶକ ଦେଲେ ମଧ୍ୟ ଚାଷୀ ବାଧ୍ୟ ହୋଇଥାନ୍ତି କିଣିବା ପାଇଁ। ତେବେ ଆମର ଜଣାଶୁଣା କୀଟନାଶକ ବିଷ ଭିତରେ ଡିଡିଟି ଓ ସେଇ କୁଟୁମ୍ବର ଅନ୍ୟ ବିଷ ହେଲା ଆଲଡ୍ରିନ୍, ଡାଏଲଡ୍ରିନ୍, ଏଣ୍ଡ୍ରିନ୍, ହେପ୍ଟାକୋର, କ୍ଲୋରଡେନ, ଏଣ୍ଡୋସଲଫାନ୍, ମାଇରେକ୍ସ, ବିଏଚସିର ଓ ଲିଣ୍ଡେନ ଇତ୍ୟାଦି। ୧୯୬୨ ମସିହାରେ ପ୍ରଥମେ ଆମେରିକାର ରାଚେଲ କାରସନ ତାଙ୍କର ଲେଖାମାନଙ୍କରେ ପ୍ରମାଣସହ ଦର୍ଶାଇଥିଲେ ଯେ ଡିଡିଟି ବିଭିନ୍ନ ପ୍ରକାର କର୍କଟ ରୋଗ ସୃଷ୍ଟି କରେ। ତା' ବ୍ୟତୀତ ଶରୀରର ବିଭିନ୍ନ ରସକ୍ଷରଣରେ ଏପଟସେପଟ କରେ। ଫଳରେ ଡାଇବେଟିସ, ଥାଇରଏଡ ସମସ୍ୟା, କିଡ୍‌ନୀ କାମ ନ କରିବା, ଅତ୍ୟଧିକ ଝାଳ ବୋହିବା, ଉଚ୍ଚ ରକ୍ତଚାପ, ଦୃଷ୍ଟିଶକ୍ତି କମିଯିବା ବା ଗୋଟିଏ ଜିନିଷ ଦୁଇଟା ଦେଖାଯିବା, ସ୍ତନ କର୍କଟ, ଜନ୍ମବେଳେ ଅଂଗପ୍ରତ୍ୟଙ୍ଗ ତ୍ରୁଟି, ଗରମ ସହି ନପାରିବା ଭଳି ବ୍ୟାଧି ସୃଷ୍ଟି କରେ। ଦେହରେ କାଲସିୟମ ଗ୍ରହଣ ହୁଏନି ବା କମିଯାଏ। ଫଳରେ ଆଣ୍ଠୁ ଗଣ୍ଠିରେ କଷ୍ଟ ହୁଏ। ଏସବୁ ଜଣା ପଡ଼ିବା ପରେ ଉପରୋକ୍ତ ଅର୍ଗାନୋକ୍ଲୋରିନ୍ ଜାତୀୟ ବିଷର ବ୍ୟବହାର କମେଇ ଅର୍ଗାନୋଫସ୍‌ଫେଟ୍ ଜାତୀୟ ବିଷ ବ୍ୟବହାର ଆରମ୍ଭ ହେଲା। ଏ ପରିବାରରେ ରହିଲେ ମାଲାଥିଅନ୍, ପାରାଥିଅନ୍, ଡିଆଜିନନ, କ୍ଲୋରୋପାଇରୋଫସ ଓ ଟର୍‌ବୋଫସ ଇତ୍ୟାଦି। ଏବେ ଦେଖାଯାଉଛି ଯେ ଏସବୁ ଥାଇରଏଡ୍ କ୍ୟାନସର, ଫୁସ୍‌ଫୁସ୍‌ରେ କ୍ୟାନସର, ରକ୍ତ କର୍କଟ, ଏନ.ଏଚ.ଏଲ, ପ୍ରୋଷ୍ଟେଟ୍ କ୍ୟାନ୍‌ସର, ସ୍ତନ

କର୍କଟ, ମୂତ୍ରାଶୟ କ୍ୟାନସର ଭଳି ପ୍ରାଣ ନାଶ କରୁଥିବା ବ୍ୟାଧି ସୃଷ୍ଟି କରୁଛି। ଏହା ବ୍ୟତୀତ ପୁଅଝିଅ ନିଶ୍ଚୟ କରୁଥିବା ହରମୋନ୍ କ୍ଷରଣରେ ତ୍ରୁଟି ଯୋଗୁ ପୁଅମାନଙ୍କଠାରେ ଝିଅ ଲକ୍ଷଣ ଓ ଝିଅମାନଙ୍କଠାରେ ପୁଅଲକ୍ଷଣ (ଫେମିନାଇଜେସନ ଅଫ୍ ମେଲ୍ ଓ ମାସ୍କ୍ୟୁଲାଇଜେସନ ଅଫ ଫିମେଲ) ପରିଦୃଷ୍ଟ ହେବାରେ କେତେକ କୀଟନାଶକ କାମ କରୁଛି।

ଏବେ ସେଭିନ ନାମକ କୀଟନାଶକ ବିଷ କାର୍ବାରିଲ ଓ ବାଭିଷ୍ଟିନ ଇତ୍ୟାଦି ନାଁରେ ବ୍ୟାପକଭାବେ ବ୍ୟବହାର କରାଯାଉଛି। ଏହା ଜିଆ, ମହୁମାଛି ଓ ମାଛ ଇତ୍ୟାଦିଙ୍କୁ ମାରିବାସହ, ମାଂସପେଶୀ ଫଙ୍ଫଙ୍ ଡେଇଁବା ତଥା କିଡ୍‌ନୀ ଓ ଲିଭର କ୍ୟାନସର ରୋଗ ସୃଷ୍ଟି କରୁଥିବା ଜଣାଯାଉଛି। ଅଥଚ ଉପରୋକ୍ତ କୀଟନାଶକ ବିଷ ସବୁ ଆମର ପ୍ରିୟ ପରିବା ବାଇଗଣ, ଟମାଟୋ, କଲରା ଆଦି, ସବୁପ୍ରକାର କୋବି, ଲଙ୍କା, ପିଆଜ, ଆଳୁ, କଖାରୁ ଓ ଶାଗ ଇତ୍ୟାଦିରେ ବ୍ୟବହାର କରାଯାଉଛି। ଯଥାର୍ଥରେ ଏଗୁଡ଼ିକ ପୋକମରା କେବଳ ନୁହନ୍ତି, ଲୋକମରା ମଧ୍ୟ।

ସମାଜ, ୭ ଜାନୁଆରୀ, ୨୦୨୦

ଏକ ଅଦ୍ଭୁତ ଦୁନିଆରେ ପ୍ରବେଶ

ମଣିଷ ଜାଗାରେ ଅଧିକରୁ ଅଧିକ ରୋବୋଟ ତଥା କୃତ୍ରିମ ବୁଦ୍ଧିର ପ୍ରୟୋଗ ଫଳରେ ଡ୍ରାଇଭର, ଡାକ୍ତର ଓ ଅଧ୍ୟାପକମାନଙ୍କର ଜୀବିକା ଚାଲିଯିବ; ତାହା ସହ ଖଣିଖାଦାନ, କଳକାରଖାନା, ହୋଟେଲ ଓ ହସପିଟାଲ ଇତ୍ୟାଦି କେହି ବାଦ୍ ପଡ଼ିବେନି। ନାଚ, ଗୀତ, ଖେଳ, ବ୍ୟାଙ୍କ, ପୋଷ୍ଟଅଫିସ, କୁସ୍ତି କସରତ, ସିକ୍ୟୁରିଟି, ଯୁଦ୍ଧ ଇତ୍ୟାଦିରେ ରୋବୋଟର ପ୍ରୟୋଗ ବଢ଼ିଚାଲିବ। ଏଇ ଆସନ୍ତା ମାତ୍ର କେତେଟା ବର୍ଷ ଭିତରେ ଶତକଡ଼ା ଅଶିରୁ ନବେଭାଗ କାମର ସଂପୂର୍ଣ୍ଣ ଯନ୍ତ୍ରୀକରଣ ହୋଇଯିବା ଓ ଏସବୁ ସ୍ୱୟଂକ୍ରିୟ ହୋଇଯିବା ଫଳରେ ଲୋକମାନେ ହାତ ଗୋଡ଼ ବାନ୍ଧି ବସିବେ। ଅଥଚ ଉତ୍ପାଦନ ବହୁତ ବଢ଼ିଯିବ ଓ ଜିନିଷ ଶସ୍ତା ମଧ୍ୟ ହୋଇଯିବ। ଏ ବ୍ୟବସ୍ଥାଟି ଶିଳ୍ପପତିମାନଙ୍କୁ ଅଧିକ ସୁହାଇବ। ରୋବୋଟିକ୍ସ, ସାଇବରନେଟିକ୍ସ, ଆର୍ଟିଫିସିଆଲ ଲର୍ଣ୍ଣିଂ, ମେସିନ ଲର୍ଣ୍ଣିଂ ଇତ୍ୟାଦି କ୍ଷେତ୍ରରେ ଯେଉଁମାନେ ପ୍ରଭୂତ ବ୍ୟୁତ୍ପତ୍ତି ହାସଲ କରିବେ କେବଳ ସେହିମାନେ ହିଁ କିଛି ହାତଗଣତି ଲୋକ ଅତି ଉଚ୍ଚା ଦରମା ପାଇ ରହିବେ, ଯେଉଁମାନେ କି ବାର ଚଉଦ ଘଣ୍ଟା କାମ କରିବାରେ ଆପତ୍ତି କରିବେନାହିଁ। ବାକି କାମ ରୋବୋଟ କରିବ।

ରୋବୋଟଗୁଡ଼ିକ ଅଧିକରୁ ଅଧିକ ଉତ୍ପାଦନ କରିବେ ଓ ଏଣେ ଲୋକସବୁ ବେକାର ବସିବେ ଓ ତାଙ୍କର ରୋଜଗାର ପନ୍ଥା କିଛି ନଥିବ, ତେବେ ସେ ଜିନିଷସବୁ କିଣିବ କିଏ ? କିଣିବା ପାଇଁ ପଇସା ଲୋକଙ୍କ ପାଖରେ ଆସିବ କେଉଁଠୁ ? ସେଥିପାଇଁ କିଛି ଅର୍ଥଶାସ୍ତ୍ର ଓ ରାଜନୀତିଜ୍ଞ ଗୋଟେ ଉପାୟ ବାହାର କରିଛନ୍ତି। ଉପାୟଟି ହେଲା, ୟୁନିଭର୍ସାଲ ବେସିକ୍ ଇନ୍‌କମ୍, ଅର୍ଥାତ୍ ସବୁ କାମ ହରେଇବା ଲୋକ ସରକାରଙ୍କଠାରୁ ଚଳିବାପାଇଁ ଭତ୍ତା ପାଇବେ। ଭତ୍ତା ପାଇଁ ପଇସା ପୁଣି ଆସିବ କେଉଁଠୁ। ରୋବୋଟ ଟାକ୍ସ ଦେବନି। ସେଥିପାଇଁ ରୋବୋଟର ମାଲିକମାନେ ଅର୍ଥାତ୍ ଶିଳ୍ପପତି ଓ ଖୁବ୍

୩୮ | ରାଧାମୋହନ

ମୋଟା ଦରମା ପାଇ ଚଳୁଥିବା ଲୋକମାନେ ଟିକସ ଦେବେ ଓ ସେଥିରୁ ଭତ୍ତା ପଇସା ଆସିଲେ ସର୍ବସାଧାରଣ ବଂଚିବେ।

ଅଳ୍ପ ଖର୍ଚ୍ଚରେ ଅଧିକ ଉତ୍ପାଦନ ବ୍ୟବସ୍ଥା ହେବାଭଳି ନୂଆ ନୂଆ କାରିଗରୀ କୌଶଳ ପ୍ରୟୋଗ ହେଲାବେଳେ ସାଧାରଣତଃ ପୁଅ-ଝିଅ ଭିତରେ, ଗାଁ ସହର ଭିତରେ ଓ ମୋଟାମୋଟି ଭାବେ ସମାଜରେ ଅର୍ଥନୈତିକ, ସାମାଜିକ, ରାଜନୈତିକ ବୈଷମ୍ୟ ବଢ଼ିଯାଏ। ଏବେ ରୋବୋଟିକ୍ସର ବ୍ୟାପକ ପ୍ରୟୋଗ ଫଳରେ ବୈଷମ୍ୟ ବହୁ ମାତ୍ରାରେ ବଢ଼ିଯିବ। ରୋବୋଟ ଉତ୍ପାଦନକାରୀ ଓ ରୋବୋଟ ବ୍ୟବହାରକାରୀ କଂପାନୀମାନେ ବିପୁଳ ଅର୍ଥର ଅଧିକାରୀ ହେଲାବେଳେ ଅନ୍ୟମାନେ ବା ସମାଜର ବେଶୀ ଭାଗ ଲୋକ ଭତ୍ତା ଖାଇ ରହିବେ। ସେତେବେଳେ ମଣିଷମାନେ କ'ଣ କରିବେ? ବିନା କାମରେ କେବଳ ପରସ୍ପରକୁ ଅନାଅନି ହେବେ, ନା ହଣାହଣି ହେବେ? କିଏ କହିବ କ'ଣ ହେବ? ଅକ୍ଷୟଯଶା ରୁଷୀୟ ଲେଖକ ଫିଓଡ଼ୋର ଡଷ୍ଟୋଭସ୍କି ମୃତ୍ୟୁଦଣ୍ଡରୁ ମୁକୁଳି ସାଇବେରିଆରେ ନିର୍ବାସନ ଦଣ୍ଡ ଭୋଗିଲାବେଳେ ଲେଖିଲେ ମଣିଷ ପାଇଁ ସବୁଠୁ ବଡ଼ ଦଣ୍ଡ ହେଲା ବିନା କାମରେ ରହିବା ଓ ତାହା ସହ ସେ ଲେଖିଲେ ଯଦି ଗୋଟେ ବୋତଲରେ ଦୁଇଟି ବୁଢ଼ିଆଣୀ ବିନା କିଛି କାମରେ ରହିବେ ସେ ପରସ୍ପରକୁ ଖାଇଯିବେ। ହାୟ! ମଣିଷ ତିଆରି ଯନ୍ତ୍ର ରୋବୋଟ ଶେଷରେ ମଣିଷର କାଳ ହେବ।

ଆଜିକୁ ଠିକ୍ ଦୁଇଶହ ବର୍ଷ ତଳେ ୧୮୧୮ ମସିହାରେ ପ୍ରଖ୍ୟାତ ବ୍ରିଟିଶ କବି ଶେଲିଙ୍କର ଭଉଣୀ ମାରିଶେଲି ଫ୍ରାଙ୍କେନେଷ୍ଟାଇନ ନାମକ ଏକ ଉପନ୍ୟାସ ଲେଖିଲେ। ଉପନ୍ୟାସର ବିଷୟବସ୍ତୁ ହେଲା- ଜଣେ ବୈଜ୍ଞାନିକ ଚେଷ୍ଟାକଲେ ଜଣେ ଅତିମାନବ ସୃଷ୍ଟି କରିବାପାଇଁ, କିନ୍ତୁ ଫଳ ଓଲଟା ହେଲା, ମଣିଷ ରୂପରେ ଏକ ସର୍ବଗ୍ରାସୀ କରାଳ ଦାନବ ସୃଷ୍ଟିହେଲା। ଅବଶ୍ୟ ଏହାର ବହୁ ପୂର୍ବରୁ ଆମର ଭସ୍ମାସୁର ଗପ ରହିଛି। ଏବେ ଆମର ବିଜ୍ଞାନୀ ପୁରୁଷମାନେ ଏଇ ଭସ୍ମାସୁର ବଂଶ ବୃଦ୍ଧିରେ ଲାଗିଛନ୍ତି।

ରୋବୋଟିକ୍ସ ଓ କୃତ୍ରିମ ବୁଦ୍ଧିର ସଂଯୋଗରେ ଏବେ ରୋବୋଟ ବା ଯନ୍ତ୍ର ମଣିଷଟି ନିଜେ ଭାବିପାରିବେ, କଥା ହୋଇପାରିବ, ମଣିଷକୁ ଚିହ୍ନଟ କରିପାରିବ, ବୁଝିପାରିବ ଓ ଆଦେଶ ମୁତାବକ କାର୍ଯ୍ୟ କରିପାରିବ। ଏହାକୁ ନେଇ କିଛିଦେଶ ଲାଗିପଡ଼ିଛନ୍ତି ଯୁଦ୍ଧରେ କିପରି ରୋବୋଟସବୁ ବ୍ୟବହାର କରିହେବ। ଆମେ ଶ୍ରୀକୃଷ୍ଣଙ୍କର ସୁଦର୍ଶନ ଚକ୍ର କଥା ଜାଣିଛେ। ଏବେ ଡ୍ରୋନ୍‌ଗୁଡ଼ିକ ସେଇ ଚକ୍ର ଭଳି ଯିବେ, ଫେସବୁକ ଓ ଆଧାର କାର୍ଡ ଭଳି କାଗଜପତ୍ରରୁ ଫଟୋର ନକଲ ନେଇ ଲକ୍ଷ୍ୟରେ ଥିବା ମଣିଷକୁ ଚିହ୍ନଟ କରି ହତ୍ୟାକରି ଚାଲିଆସିବେ। ସେ ବିରୋଧୀ

ରାଜନୈତିକ ନେତା ହୁଅନ୍ତୁ ବା ଯାହାକୁ ଶତ୍ରୁ ବା ବିରୋଧୀ ଭାବେ ବିବେଚନା କରାଯିବ ତାକୁ ମୃତ୍ୟୁମୁଖକୁ ଠେଲିଦେବା ଡ୍ରୋନ୍ ପକ୍ଷରେ ସହଜ ହୋଇଯିବ। ବିରୋଧୀ ପକ୍ଷର ସଭା/ରାଲି ଇତ୍ୟାଦିକୁ ଭଣ୍ଡୁର କରିବା, ନାଚ ଗୀତର ଆସର, ଖେଳ ବା କୌଣସି ଶୋଭାଯାତ୍ରାକୁ ଭଣ୍ଡୁର କରିବା ଡ୍ରୋନ୍ ଆକ୍ରମଣ ଦ୍ୱାରା ସହଜ ହୋଇଯିବ।

ଆତଙ୍କବାଦୀ ଓ ଡକାୟତମାନେ ଅନେକ ସମୟରେ ମୁହଁରେ ମୁଖା ପିନ୍ଧିଥାନ୍ତି ଓ ଧରାପଡ଼ିବାରୁ ରକ୍ଷା ପାଇଯାଇଥାନ୍ତି। ତା'ର ମୁକାବିଲା କଂପ୍ୟୁଟର ସାହାଯ୍ୟରେ କିଭଳି ମୁହଁରେ ମିଛ ଦାଢ଼ି, ମୁଖା, ଓଢ଼ଣି ଇତ୍ୟାଦିକୁ ଭେଦକରି ଠିକ୍ ଭାବେ ମଣିଷକୁ ଚିହ୍ନଟ କରିହେବ ସେଥିପାଇଁ ଗବେଷଣା ଚାଲିଛି। ଏଭଳି ଏକ ଗବେଷଣା ଭାରତ ସରକାରଙ୍କ ଅନୁଦାନରେ କିଛି ବୈଜ୍ଞାନିକ ଇଂଲଣ୍ଡର କାମ୍ବ୍ରିଜ ବିଶ୍ୱବିଦ୍ୟାଳୟ ସହଯୋଗରେ କରୁଥିବା ଜଣାଯାଇଛି। ସେ ଯାହାହେଉ, ଯଦି ଯୁଦ୍ଧ କ୍ଷେତ୍ରରେ ଏଭଳି ସ୍ୱୟଂକ୍ରିୟ ରୋବୋଟମାନଙ୍କର ବ୍ୟବହାର କରାଯିବ ଅବାରିତ ଭାବେ, ତେବେ ସାଧାରଣ ନାଗରିକ ଓ ମଣିଷ ସମାଜ ଘୋର ବିପଦାପନ୍ନ ହେବ। ସେଥିପାଇଁ ଆନ୍ତର୍ଜାତିକ କ୍ଷେତ୍ରରେ ଏବେ ଘୋର ଉଦ୍‌ବେଗ ପ୍ରକାଶ ପାଉଛି।

ରୋବୋଟିକ୍ସ ଓ କୃତ୍ରିମ ବୁଦ୍ଧିର ସମ୍ମିଶ୍ରଣ ପରିବାର ଉପରେ ସୁଦୂରପ୍ରସାରୀ ପ୍ରଭାବ ପକାଇବାକୁ ଯାଉଛି। ବିଭାହେବ କାହିଁକି ଓ ଜଣେ ଝିଅକୁ ଜୀବନସାରା ଖୁସି କରିବାକୁ ଉଦ୍ୟମ କରିବ କାହିଁକି? ଦିନସାରା କାମ ସାରି ଘରକୁ ଫେରିଲାବେଳେ ସ୍ତ୍ରୀ ଏଡ଼େ ମୁହଁକରି ବସିଛନ୍ତି ବୋଲି ଦେଖିବାକୁ ମିଳିବନାହିଁ। ଠିକ୍ ସେହିଭଳି ସମସ୍ତଙ୍କ ମନ ଧରି ଚଳିବା ସତ୍ତ୍ୱେ ତରକାରିଟା କାହିଁକି ଲୁଣିଆ ହୋଇଗଲା, ରୋଷେଇ କାହିଁକି ଡେରି ହେଲା, ଘରଟା ଏଭଳି କାହିଁକି ପଡ଼ିଛି, ଏତେ ଟଙ୍କା ଖର୍ଚ୍ଚ କଲେ କେମିତି ଚଳିବ, ବାପା, ମାଆ, ଭାଇ ଭଉଣୀଙ୍କୁ ଦେବା ନେବାରେ, ଖାଇବାକୁ ଦେବାରେ ଏତେ ବେପରୁଆ ଭାବ କାହିଁକି ଇତ୍ୟାଦି କହିବାକୁ ପଡ଼ିବନାହିଁ। କିଛି ନଥିଲେ ଚା'ଟା ଭଲ ହୋଇନି- ସ୍ୱାମୀ ଓ ପରିବାର ଲୋକଙ୍କ ପାଇଁ ଯେତେ ଯାହା କଲେ ପ୍ରଶଂସା ଟିକିଏ ନାହିଁ, ବରଂ ସଦାବେଳେ ଗାଳି ଓ ନାଲିଆଖି। ରାଗରୁଷା, ମାନ ଅଭିମାନ- ଏସବୁରୁ ମୁକ୍ତି, ଯୌତୁକରୁ ମୁକ୍ତି ଦେବ କଳ-ପୁରୁଷ ଓ କଳ-ସ୍ତ୍ରୀ।

ଘରକୁ ଫେରିଲାବେଳେ ରୋବୋଟିକ୍ସ ସ୍ତ୍ରୀ ହସି ଖୁସିରେ ଆଜି ଅଫିସରେ ଦିନଟି କେମିତି କଟିଲା, ଅନେକ ସମୟ ଧରି ତୁମକୁ ଅପେକ୍ଷା କରିଛି, ତୁମକୁ ଏତେ ଭଲପାଏ ଏଭଳି କହିବ ଓ ଘରକୁ ପାଛୋଟି ନେବ। ଲୁଗାପଟା କିଣା ହୋଇନି, ଘରେ ପଇସା ନାହିଁ, ପିଲାର ଜର, ଡାକ୍ତର ଡକାଅ ଔଷଧ ଶୀଘ୍ର ଆଣ- ଏସବୁ ଶୁଣିବାକୁ ମିଳିବନି। ସୋ ରୁମରୁ କଳ-ସ୍ତ୍ରୀଟି କେଉଁ ରଂଗର ହେବ ଚୁଟି, ଆଖିଡୋଳାର

ରଂଗ, ନାକଟି ଆକାର, ସ୍ତନ ଓ ସ୍ତନାଗ୍ରର ଆକାର, ଉଚ୍ଚତା, ମୋଟାମୋଟି ଢଙ୍ଗଢାଙ୍ଗ ବାଛି ଆଣିହେବ। କିଛିଦିନ ପରେ ମୋବାଇଲ ଫୋନ୍ ଟେଲିଭିଜନ ଓ କାର୍ ବଦଳେଇଲା ଭଳି ପୁଣି ଦୋକାନରୁ ଆଉ ଏକ ମନଲାଖି କଳ-ସ୍ତ୍ରୀ ବା ରୋବୋଟିକ୍ ସ୍ତ୍ରୀ ଆଣିହେବ ବା ଅନ୍‌ଲାଇନ୍ ଅର୍ଡର କରିହେବ। କଳ-ସ୍ତ୍ରୀଗୁଡ଼ିକର ଯୌନ ଆବେଗ ରହିବ ଓ ଯୌନ ଆବଶ୍ୟକତା ମେଣ୍ଟାଇବାରେ କିଛି ଅସୁବିଧା ରହିବନାହିଁ। ବରଂ ଆଜି ଜ୍ୱର, ବା ଆଜି ପୂର୍ଣ୍ଣିମା, ଏକାଦଶୀ, ଉପବାସ, ଋତୁମତୀ- ଏସବୁ କିଛି ପ୍ରତିବନ୍ଧକ ନଥିବ ଏବଂ ଠିକ୍ ସେହିଭଳି ତରୁଣୀ ଜଣକ ରୋବୋଟିକ୍ ସ୍ୱାମୀ/ପୁରୁଷ ମଧ୍ୟ ନିଜ ମନଲାଖି କିଣିପାରିବେ; ଯେ କି ହୁକୁମାତି ବା ନାଲିଆଖି ଦେଖେଇବାର ସୁଯୋଗ ପାଇବନି ଅଥଚ ତରୁଣୀ ଜଣକର ଯୌନଲାଳସା ମଧ୍ୟ ଚରିତାର୍ଥ ହେଉଥିବ। ଏବେ ଜାପାନ/କୋରିଆ ଇତ୍ୟାଦି ଦେଶମାନଙ୍କରେ କଳ-ସ୍ୱାମୀ ଓ କଳ-ସ୍ତ୍ରୀର ପ୍ରଚଳନ ହେଲାଣି ଓ ଜାପାନର ଜନସଂଖ୍ୟା କମିବାରେ ଏହା ଏକ ଅନ୍ୟତମ କାରଣ।

ଦୋକାନରୁ କିଣି ବା ଅନ୍‌ଲାଇନ୍ ଅର୍ଡର କରି ଜୀବନସାଥୀଟିଏ ପାଇ ଯୌନପିପାସା ମେଣ୍ଟାଯାଇପାରେ, କିନ୍ତୁ ସନ୍ତାନସନ୍ତତି କଥା କ'ଣ ହେବ? ସେଥିରେ ରୋବୋଟିକ୍ସ ଅପେକ୍ଷା ବା ଇଲୋଟେକ୍ନୋଲୋଜି ସାହାଯ୍ୟ କରିବ। ଶରୀର ପାଇଁ ରକ୍ତ ଆବଶ୍ୟକ ହେଲେ ଆମେ ବ୍ଲଡ ବ୍ୟାଙ୍କ ବା ରକ୍ତଭଣ୍ଡାରକୁ ଯାଇ ଆବଶ୍ୟକ ହେଲେ ଆମେ ବ୍ଲଡ ବ୍ୟାଙ୍କ ବା ରକ୍ତଭଣ୍ଡାରକୁ ଯାଇ ଆବଶ୍ୟକ ପଡୁଥିବା ରକ୍ତ ଆଣୁ। ଏବେ ଅଳ୍ପଦିନ ଭିତରେ ବ୍ଲଡ଼ ବ୍ୟାଙ୍କ ଭଳି ଏମ୍ବ୍ରିଓ ବା ଭ୍ରୁଣ ବ୍ୟାଙ୍କ ପ୍ରତିଷ୍ଠିତ ହୋଇଯିବ। ଜଣେ ଅବିବାହିତ ପୁରୁଷ ବା ସ୍ତ୍ରୀ ବା ବିବାହିତ ଦମ୍ପତି ଭ୍ରୂଣ ବ୍ୟାଙ୍କରୁ ଯାଇ ଭ୍ରୂଣ ବାଛିପାରିବେ। ଚାହୁଁଥିବା ଛୁଆଟି ପୁଅ ବା ଝିଅ ବାଛିପାରିବେ ଓ ତାହା ସହ ପିଲାଟି ବଡ଼ ହେଲେ କିପରି ହେବା ଚାହୁଁଛନ୍ତି ସେ ଗଠନରେ, ରୁଚିରେ, ବୁଦ୍ଧିରେ, ରଂଗରେ କିଭଳି ହେବା ଦରକାର ସେଇ ଅନୁଯାୟୀ ବାଛିପାରିବେ। ଉଦାହରଣ ସ୍ୱରୂପ ଉଚ୍ଚତା ଏତିକି ହେବ, ମୁଣ୍ଡର ଚୁଟିର ରଂଗ, ଚୁଟି ସିଧା ବା କୁଞ୍ଚୁକୁଞ୍ଚିଆ ହେବ, ଚେହେରା ପୂରା ସଫା ବା ଶ୍ୟାମଳ ହେବ, ପିଲାଟିର ଅଙ୍କରେ, ସଂଗୀତରେ, ଖେଳରେ ବା ବିଜ୍ଞାନ ବା ସାହିତ୍ୟରେ ରୁଚି ରହିବ, ଓଠ ବା ଭୂଲତାଟି ଏଭଳି ହେବ, ବେକ ଏତିକି ଲମ୍ବ ରହିବ ଇତ୍ୟାଦି ଇତ୍ୟାଦି। ତାହା ବାଦ୍ ଭ୍ରୁଣରୁ ଡାଇବେଟିସ, ଶ୍ୱାସ ଭଳି କେତେକ ରୋଗ ସୃଷ୍ଟିରେ ସାହାଯ୍ୟ କରୁଥିବା ଜିନ୍‌ଗୁଡ଼ିକୁ ବାହାର କରାଯାଇଥିବ- ଏଭଳି ଭ୍ରୂଣଟିଏ ବ୍ୟାଙ୍କରୁ ଆଣି ମହିଳା ଜଣକ ନିଜ ଗର୍ଭାଶୟରେ ରୋପଣ କରିପାରିବେ ବା ଗର୍ଭଧାରଣ ଓ ଗର୍ଭବେଦନା ନିଜେ ନଚାହୁଁଥିଲେ ଅନ୍ୟ ଜଣେ ମହିଳାଙ୍କର ଗର୍ଭାଶୟ ଭଡ଼ାରେ ନେଇପାରିବେ।

କିଏ କହିବ, କ'ଣ ହେବ? | ୪୧

ଏଭଳି ଭ୍ରୁଣ ବ୍ୟାଙ୍କରୁ ଆସି ବଢ଼ିଥିବା ପିଲାର ବାପା କିଏ? ମାଆ କିଏ? ଏବେ ଅନେକ ବୈଜ୍ଞାନିକ ତଥା ରାଜନୈତିକ ନେତା ଏ ବ୍ୟବସ୍ଥା କେତେ ନୀତିସଂଗତ ବୋଲି ପ୍ରଶ୍ନ ଉଠାଇଛନ୍ତି। ଆମେ ବାସ୍ତବିକ କେବଳ ୨୦୧୮ ମସିହାରେ ପ୍ରବେଶ କରିନେ, ଏକ ଅଦ୍ଭୁତ ଦୁନିଆରେ ପ୍ରବେଶ କରୁଛେ।

■

ପ୍ରମେୟ, ୨୪ ଫେବୃୟାରୀ, ୨୦୧୮

ଏବେ ସବୁ ମହଙ୍ଗା, କିନ୍ତୁ କ୍ୟାନ୍ସର ଫ୍ରି

ଦୈନନ୍ଦିନ ଖାଇବାରେ ଭାତ ଡାଲି ସହ ଶାଗ, ସାଲାଡ ବା ତରକାରିରେ ପଡୁଥିବା ବିଭିନ୍ନ ପରିବାର ଉତ୍ପାଦନ, ସଂରକ୍ଷଣ ଓ ଗାଡ଼ିମୋଟରରେ ଦୂରଦୂରାନ୍ତକୁ ପଠାଇବା ଭିତରେ ଏତେପ୍ରକାର କୀଟନାଶକ, ଫିମ୍ପିନାଶକ ଓ ବାଲୁଙ୍ଗାନାଶକ ଇତ୍ୟାଦି ରାସାୟନିକ ଦ୍ରବ୍ୟ ବା କେମିକାଲ ବ୍ୟବହାର କରୁଛେ ଯେ, କ୍ରମାଗତ ଭାବେ ବର୍ଷ ପରେ ବର୍ଷ ସେସବୁ ଖାଇଲେ କ୍ୟାନ୍ସର ରୋଗରେ ଆକ୍ରମିତ ହେବାର ସମ୍ଭାବନା ବଢ଼ିଯାଏ। ଆଜି ସେଥିପାଇଁ ଗାଁଗଣ୍ଡା ବା ସହର ସବୁଠି କ୍ୟାନ୍ସର ରୋଗର ପ୍ରାଦୁର୍ଭାବ ଦେଖିବା। କେତେକ ସ୍ଥାନରେ ତ କ୍ୟାନ୍ସର ମହାମାରୀ ରୂପ ନେଲାଣି।

ପ୍ରତିବର୍ଷ ଫେବ୍ରୁଆରୀ ୪ ତାରିଖ ବିଶ୍ୱ କର୍କଟ ରୋଗ ଦିବସ ରୂପେ ପାଳିତ ହେଉଛି। ଏବର୍ଷ ସୋଆ ବିଶ୍ୱବିଦ୍ୟାଳୟ ଅନ୍ତର୍ଗତ ମେଡିକାଲ କଲେଜ ଓ ହସପିଟାଲ ତରଫରୁ ବିଶ୍ୱ କର୍କଟ ଦିବସ ଉପଲକ୍ଷେ ଆୟୋଜିତ ସଭାରେ ଯୋଗଦେବା ପାଇଁ ନିମନ୍ତ୍ରଣ ପାଇ ଯାଇଥିଲି। ସେଠାରେ ଉପସ୍ଥିତ କର୍କଟ ରୋଗରେ ଚିକିତ୍ସିତ ହେଉଥିବା ଓ ଭଲ ହୋଇଥିବା ବ୍ୟକ୍ତିମାନଙ୍କଠାରୁ ବେଶ୍ କିଛି ଉତ୍ସାହପ୍ରଦ କାହାଣୀମାନ ଶୁଣିବାକୁ ପାଇଲି। କିନ୍ତୁ କର୍କଟ ବିଭାଗକୁ ଯିବା ଭିତରେ ପାଞ୍ଚ/ଛଅ ମାସର ଶିଶୁଠାରୁ ଆରମ୍ଭକରି ବର୍ଷେ ଦି'ବର୍ଷ ଓ ଆଠ/ଦଶ ବର୍ଷର ପିଲାମାନେ ସଂସାର ଜାଣିବା ପୂର୍ବରୁ କ୍ୟାନ୍ସର ରୋଗରେ ପଡ଼ିଥିବା ଦେଖି ମର୍ମାହତ ହେଲି। ଖାଲି ସେତିକି ନୁହେଁ, ଝିଅଟିର ବୟସ ମାତ୍ର ୧୪-୧୫, ଅଥଚ ସେ ସ୍ତନକର୍କଟ ରୋଗରେ ଆକ୍ରାନ୍ତ। ଆମର ଧାରଣା ଥିଲା, ସ୍ତ୍ରୀଲୋକମାନଙ୍କର ୫୦ବର୍ଷ ପରେ ବା ଆହୁରି ଅଧିକ ବୟସ ପରେ ସ୍ତନକର୍କଟ ହେବାର ଅଧିକ ସମ୍ଭାବନା ଥାଏ। ତାହାହେଲେ ଏତେ କମ୍ ବୟସରୁ କାହିଁକି ଝିଅମାନେ ସେ ରୋଗରେ ପଡ଼ିବେ? ବର୍ଷେ ଦି'ବର୍ଷର ପିଲା କାହିଁକି ରକ୍ତକର୍କଟ ଭୋଗିବ? ପିଲାମାନେ ତ କର୍କଟ ରୋଗର ଭୟଙ୍କର ଯନ୍ତ୍ରଣା ଭୋଗୁଥିବେ, ବାପା

କିଏ କହିବ, କ'ଣ ହେବ? | ୪୩

ମାଆଙ୍କର ମାନସିକ ଅବସ୍ଥା କ'ଣ ହେଉଥିବ ? ଯଦି ଅଭାବୀ ପରିବାରର ହୋଇଥିବେ, ବ୍ୟୟବହୁଳ କର୍କଟ ରୋଗର ଚିକିତ୍ସା କରିବେ କିପରି ? ଏଥିପାଇଁ ଥିବା ସରକାରୀ ସାହାଯ୍ୟ ଏତେ ସହଜ କି ? ତାହା ଯଥେଷ୍ଟ କି ?

ପ୍ରକୃତରେ ବିଭିନ୍ନ ପ୍ରକାର କର୍କଟ ରୋଗ ସହ ଅନ୍ୟ ଅନେକ ବେପାରର ମୂଳଦୁଆ ପଡ଼େ ଛୁଆ ମାଆ ପେଟରେ ଥିଲାବେଳୁ। ବଜାରର ଡାଲି ଚାଉଳ ଓ ପନିପରିବାରେ ଯେତେ ପ୍ରକାର ଓ ଯେତେ ପରିମାଣର ସାଂଘାତିକ କୀଟନାଶକ ବିଷ ପ୍ରୟୋଗ କରାଯାଇଥାଏ, ମାଆ ଦେହରେ ସେସବୁ ରହି ପେଟ ଭିତର ଛୁଆକୁ ଆକ୍ରମିତ କରିଥାଏ। ବିଷର ପରିମାଣ ଅଧିକ ହେଲେ ମଲାଛୁଆ ବା ବିକଳାଙ୍ଗ ହୋଇ ଜନ୍ମ ନେଇଥାଏ। ଯଦି ଠିକ୍‌ଭାବେ ଜନ୍ମହେଲା, ତେବେ ପରବର୍ତ୍ତୀ ଅବସ୍ଥାରେ ମାଆକ୍ଷୀରରେ ସବୁ ବିଷ ଯାଇ ଛୁଆ ଦେହରେ ରହେ ଓ ରକ୍ତକର୍କଟ ଭଳି ବିଭିନ୍ନ ପ୍ରକାର କର୍କଟ ରୋଗ ସହ ଅନ୍ୟାନ୍ୟ ରୋଗର ମଧ୍ୟ କାରଣ ହୋଇଥାଏ। ବିଡ଼ମ୍ବନା ଯେ, ଯେଉଁ ମାଆ କ୍ଷୀର ପିଲାପାଇଁ ଅମୃତ ସମାନ, ସେ ଆଜି ବିଷାକ୍ତ।

ପିଲା ବଡ଼ ହେଲେ ଭାତ ଡାଲି ତରକାରି ଇତ୍ୟାଦି ଖାଇ ଶିଖିଲେ ବୟସ୍କ ଲୋକର ଦେହର ଓଜନ ତୁଳନାରେ ଅଧିକ ବିଷ ଗ୍ରହଣ କରିଥାଏ। ଖାଲି ଖାଇବା କାହିଁକି, ପାଣି ପିଇବା ଓ ନିଃଶ୍ୱାସ ପ୍ରଶ୍ୱାସ ପ୍ରକ୍ରିୟାରେ ଅଧିକ ପବନ ଗ୍ରହଣ କରିବା ସ୍ୱାଭାବିକ ହୋଇଥାଏ। ସେତେବେଳେ ଦୂଷିତ ପାଣି ଓ ପ୍ରଦୂଷିତ ପବନ ଅପେକ୍ଷାକୃତ ଅଧିକ ଗ୍ରହଣ କରେ। ଶରୀର ଭିତରର କ୍ରିୟା ଯଥା- ହୃତପିଣ୍ଡର ବେଗ ଓ ଫୁସଫୁସ ଇତ୍ୟାଦି ବୟସ୍କ ଲୋକଙ୍କ ତୁଳନାରେ ପିଲାମାନଙ୍କର ଅଧିକ ଓ ଦ୍ରୁତଗତିରେ କାମ କରୁଥିବା ଯୋଗୁ କୀଟନାଶକ ବିଷଗୁଡ଼ିକ ଶୀଘ୍ର ଶରୀରର ସମସ୍ତ ଅଙ୍ଗକୁ ସଂଚରି ଯାଇଥାଏ।

ଚାଷବାସ କରୁଥିବା ପରିବାରର ବାପା ମାଆଙ୍କ ସହ ଅନେକ ସମୟରେ ପିଲାମାନେ କ୍ଷେତକୁ ଯାଇଥାନ୍ତି ଓ ଉଭୟ ମାଆ ଓ ପିଲା ଫସଲରେ ବିଷ ପ୍ରୟୋଗ ସମୟରେ ସଂସ୍ପର୍ଶରେ ଆସିଥାନ୍ତି। ଘରେ ମଧ୍ୟ କୀଟନାଶକ ବିଷଡବା ଥାଏ, ତାହା ସଂସ୍ପର୍ଶରେ ଆସନ୍ତି ଓ କେତେକ ସମୟରେ ବ୍ୟବହୃତ ଡବାକୁ ଖେଳନା କରି ବ୍ୟବହାର କରିଥାନ୍ତି। ଅସାବଧାନତାବଶତଃ କେତେବେଳେ ବିଷ ଖାଇଦେଇଥାନ୍ତି ମଧ୍ୟ। ଲଙ୍କାଚାଷ ଓ କପାଚାଷରେ ଶିଶୁଶ୍ରମିକ ଭାବେ ବିଶେଷତଃ ଝିଅମାନେ କାମ କଲାବେଳେ ବିଭିନ୍ନ ପ୍ରକାର କୀଟନାଶକ ସଂସ୍ପର୍ଶରେ ଆସିଥାନ୍ତି ଓ ଯଦି କ୍ଷେତକୁ ଲାଗିକରି ରହିବା ଘର ଥାଏ ଓ କ୍ଷେତରେ ବର୍ଷସାରା ପନିପରିବା ଚାଷ ହେଉଥାଏ, ତେବେ କୀଟନାଶକ ବିଷ ଉଡ଼ିଆସି ପିଲାମାନଙ୍କର ଅଧିକ କ୍ଷତି କରିଥାଏ। ବାରମ୍ବାର କୃତ୍ରିମ ସାର ଓ

କୀଟନାଶକ ପ୍ରୟୋଗ ଫଳରେ କୂଅ ଓ ନଳକୂଅର ପାଣି ମଧ୍ୟ ବିଷାକ୍ତ ହୋଇଥାଏ ଓ ସେସବୁ ପିଲାମାନଙ୍କର ଅଧିକ କ୍ଷତି କରିଥାଏ।

ଏସବୁ ବାଦ୍ ଘର ଭିତରେ ମୂଷାମରା, ଅସରପାମରା ଓ ଉଇମରା ବିଷ ପ୍ରୟୋଗ କରାଯାଇଥାଏ। ପିଲାମାନେ ସେସବୁ ସଂପର୍କରେ ଆସିଥାନ୍ତି। ଯଦି ଘରେ ଲନ୍ ଥାଏ, ତେବେ ଲନ୍‌ରେ ବ୍ୟବହୃତ କୀଟନାଶକ ମଧ୍ୟ ପିଲାମନଙ୍କ ପାଇଁ ଅତ୍ୟନ୍ତ ହାନିକାରକ ହୋଇଥାଏ। ଏଠାରେ ଉଲ୍ଲେଖଯୋଗ୍ୟ ଯେ, ମଣିଷ ଶରୀର କେଉଁ ରାସାୟନିକ ବିଷ ସର୍ବୋଚ୍ଚ କେତେ ପରିମାଣରେ ଦୈନିକ ସମ୍ଭାଳି ପାରିବ ବା ତା'ର ନିରାପଦ ପରିମାଣ କେତେ, ସେ ସଂପର୍କରେ ମାନଦଣ୍ଡ ଠିକ୍ କଲାବେଳେ ସେଥିପାଇଁ ଯେଉଁସବୁ ସଂସ୍ଥା ଅଛନ୍ତି ସେମାନେ କେବଳ ବୟସ୍କ ଲୋକଙ୍କ କଥା ଦେଖିଥାନ୍ତି ଓ ସେଇ ଅନୁଯାୟୀ ନିର୍ଣ୍ଣୟ କରିଥାନ୍ତି; କିନ୍ତୁ ଛୋଟ ପିଲାମାନଙ୍କ ପାଇଁ ସେ ନିର୍ଣ୍ଣୟ ହୁଏନାହିଁ। ଅବଶ୍ୟ ସେହିଭଳି ନିର୍ଣ୍ଣୟର ମାନେ କିଛି ନାହିଁ, କାରଣ ବିଭିନ୍ନ ସ୍ଥାନରେ ମାଟିରେ, ପାଣିରେ, ପବନରେ, ଖାଦ୍ୟରେ କେଉଁ ବିଷ କେତେ ପରିମାଣର ଅଛି, ତାକୁ କିଏ ଦେଖୁଛି, ଦେଖିଲେ ଅବା ତା'ର ପ୍ରତିକାର ବ୍ୟବସ୍ଥା କ'ଣ?

କେଉଁ କେଉଁ କୀଟନାଶକ କ୍ୟାନ୍ସରକାରକ ପରେ ଆଲୋଚନା କରାଯିବ। କିନ୍ତୁ କ୍ୟାନ୍ସର ବାଦ୍ ଆମର ଭବିଷ୍ୟତ ବଂଶଧର ଅର୍ଥାତ୍ ପିଲାମାନେ ବିଭିନ୍ନ ପ୍ରକାର କୀଟନାଶକ ଫିମ୍ପିନାଶକ ଓ ବାଲୁଙ୍ଗାନାଶକର ଅବିଚାରିତ ବ୍ୟବହାର ଫଳରେ କେଉଁଭଳି ମାରାତ୍ମକ ବେମାର ଓ କିଭଳି ଭାବେ ବିକଳାଙ୍ଗ ହୋଇଯାଉଛନ୍ତି ସେ ବିଷୟରେ କିଛି ଉଲ୍ଲେଖ କରିବା ଉଚିତ ହେବ। ଖାଲି ଯେ ବର୍ତ୍ତମାନ ପିଢ଼ିର ଶିଶୁମାନେ ମାରାତ୍ମକ ବେମାରରେ ଆକ୍ରାନ୍ତ ହେଉଛନ୍ତି, ତାହା ନୁହେଁ, ସେସବୁ ବିଷର ପ୍ରଭାବ ପୁରୁଷ ପୁରୁଷ ଧରି ରହିବାର ମଧ୍ୟ ଆଶଙ୍କା ରହିଛି; ତା'ର କାରଣ ହେଲା ଯେଉଁ ଯେଉଁ ଜିନ୍ ବା ଗୁଣସୂତ୍ରକୁ ନେଇ ଜଣେ ମଣିଷର ସୃଷ୍ଟି ଓ ଯେଉଁଥିପାଇଁ ପ୍ରକୃତିକୁ କେତେ କୋଟି ବର୍ଷ ଲାଗିଗଲା, ଆଜି ଅଧିକ ଖାଦ୍ୟ ଉତ୍ପାଦନ ନାଁରେ ଫସଲରେ ସାଂଘାତିକ ବିଷ ପ୍ରୟୋଗ ଫଳରେ ସେଇ ଗୁଣସୂତ୍ରଗୁଡ଼ିକରେ ପରିବର୍ତ୍ତନ ହେବାର ଆଶଙ୍କା ନିଶ୍ଚିତ ଅଛି।

ଏଠାରେ ଗୋଟେ ଉଦାହରଣ ଦେଲେ ଠିକ୍ ହେବ। ଧରାଯାଉ, ଫସଲରେ ମାରରତ୍ମକ କୀଟନାଶକ ବିଷ ପ୍ରୟୋଗ ଫଳରେ ଗୁଣସୂତ୍ର ବା ଜିନ୍‌ରେ ପରିବର୍ତ୍ତନ ହୋଇ ପିଲାଟିଏ ଜନ୍ମହେଲା। କିନ୍ତୁ ପିଲାଟି ଜଡ଼ା, ବେଡ଼ା ହେଲା, ବା ଅନ୍ଧ ହେଲା, ତେବେ ତା'ର ସନ୍ତାନସନ୍ତତି ମଧ୍ୟ ସେଇଭଳି ପୁରୁଷାନୁକ୍ରମେ ହେବାର ସମ୍ଭାବନା ରହିବ। ଗୁଣସୂତ୍ରର ପରିପ୍ରକାଶ ବା ଜିନ୍ ଏକ୍ସପ୍ରେସନରେ ସ୍ଥାୟୀ ପରିବର୍ତ୍ତନ ଯୋଗୁ

ଏଭଳି ଅଘଟଣ ଘଟିଥାଏ। ଆଜିକାଲି ଅବଶ୍ୟ ଜିନ୍‌ଥେରାପି କଥା କୁହାଯାଉଛି, ଏବେ ସେସବୁ ପରୀକ୍ଷାମୂଳକ ଭାବେ ଅଛି ଓ ସେ ବ୍ୟବସ୍ଥା ଅତି ଧନୀଙ୍କ ପାଇଁ। ମାରାତ୍ମକ ବିଷ ପ୍ରୟୋଗ କରିବୁ କାହିଁକି ଓ ପୁରୁଷ ପୁରୁଷ ଧରି ବିକଳାଙ୍ଗ ସନ୍ତାନ ଜନ୍ମ କରିବୁ କାହିଁକି ?

ସେଇଭଳି ଛୁଆ ମାଆ ପେଟରେ ଥିଲାବେଳେ ମାଆର ଖାଇବାରେ ମାତ୍ରାଧିକ କୀଟନାଶକ ବିଷ ଯାଇଥାଏ। ତେବେ ପରବର୍ତ୍ତୀ ଅବସ୍ଥାରେ ଶରୀରର ବିଭିନ୍ନ ରସ ବା ହରମୋନ୍ କ୍ଷରଣରେ ଏପଟସେପଟ ହୋଇଯାଏ। ଫଳରେ ଶରୀରରେ ଗ୍ଲୁକୋଜ ଗ୍ରହଣ ଇନସୁଲିନ୍ କ୍ଷରଣରେ ମଧ୍ୟ ଏପଟସେପଟ ହୁଏ, ସେଥିଯୋଗୁ ଛୁଆର ଓଜନ ଖୁବ୍ କମ୍ ହେବା ବା ଅଧିକ ହୋଇଯିବା ଓ ପରେ ପରେ ପିଲା ଖୁବ୍ ମୋଟା ହୋଇଯିବା ଓ ଅଳ୍ପ ବୟସରୁ ଅତିମାତ୍ରାରେ ଡାଇବେଟିସ ରୋଗରେ ପଡ଼ିବା ଦେଖାଯାଏ।

ପାଟିରେ ଚୋବେଇ ଖାଇବାଠୁ ଆରମ୍ଭକରି ରକ୍ତରେ ପରିଣତ ହେବା ଓ ଶେଷରେ ଝାଡ଼ା ହେବା ପର୍ଯ୍ୟନ୍ତ ଦେହରେ ଗୋଟାଏ ବ୍ୟବସ୍ଥା ଅଛି। ସେହିଭଳି ପାଣିରେ ପବନରେ ଓ ଖାଇବାରେ ବିଭିନ୍ନ ପ୍ରକାର ଜୀବାଣୁ ଥିଲେ ମଧ୍ୟ ଆମକୁ ସଦାବେଳେ ବେମାର ହୁଏନାହିଁ। ଶରୀରର ରୋଗ ପ୍ରତିରୋଧକ ବ୍ୟବସ୍ଥା ବା ଇମ୍ୟୁନ ସିଷ୍ଟମ ଯୋଗୁ ତାହା ହୁଏ। କେତେକ କୀଟନାଶକ ବିଷ ବ୍ୟବହାର ଦ୍ୱାରା ସେହି ବ୍ୟବସ୍ଥାଟି ଭଲ କାମ ନକରିବା ଫଳରେ ବିଭିନ୍ନ ପ୍ରକାର ରୋଗ ମାଡ଼ିବସେ।

ଛୁଆ ପେଟରେ ଥିଲାବେଳେ ଯେତେବେଳେ ତା'ର ମସ୍ତିଷ୍କଟିର ବିକାଶ ଘଟୁଥାଏ, ଠିକ୍ ସେଇ ଘଡ଼ିସନ୍ଧି ସମୟରେ ଯଦି କେତେକ ବିଷ ମାଆର ରକ୍ତ ଜରିଆରେ ଯାଏ, ତେବେ ତା'ର ମସ୍ତିଷ୍କ ଠିକ୍ ଭାବେ ଗଢ଼ି ହୁଏନାହିଁ। ସେଥିଯୋଗୁ ଜନ୍ମ ହେଲାପରେ ବଡ଼ ହେଲେ ପିଲା ସବୁ କଥାକୁ ବୁଝିନପାରିବା, ମନେରଖି ନପାରିବା କି ପିଲାଟି ବିଭିନ୍ନ ରଙ୍ଗର ଜିନିଷ ଚିହ୍ନିନପାରିବା, ଭୋକ ଶୋଷ ନଜାଣିବା, ଝାଡ଼ା ପରିସ୍ରା ନଜାଣିବା, କେଉଁଥିରେ ବିପଦ ଅଛି ଓ କିଏ ନିରାପଦ ଇତ୍ୟାଦି ବୁଝିପାରେନି। ହାତ ଉପରକୁ ନଉଠିବା, ବଡ଼ ହେଲେ ହାତ ଥରିବା ଇତ୍ୟାଦି ସ୍ନାୟବିକ ରୋଗସବୁ ମଧ୍ୟ ଦେଖାଦିଏ।

ପରବର୍ତ୍ତୀ ଲେଖାଟିରେ କେଉଁ ଫସଲରେ କି କି ବିଷ ପ୍ରୟୋଗ ହେଉଛି ଓ ସେଗୁଡ଼ିକ କେଉଁ କେଉଁ ପ୍ରକାର କ୍ୟାନ୍ସର ଓ ଉପରବର୍ଣ୍ଣିତ ରୋଗମାନଙ୍କର କାରଣ ଦର୍ଶାଯିବ।

ପ୍ରମେୟ, ୧୫ ଜୁନ୍, ୨୦୧୯

ଏବେ ସବୁ ମହଙ୍ଗା, କିନ୍ତୁ କ୍ୟାନ୍ସର ଫ୍ରି -୨

ଅଳ୍ପଦିନ ତଳେ ଓଡ଼ିଶାରେ କ୍ୟାନ୍ସର ରୋଗ ସମ୍ପର୍କରେ ଏକ ସର୍ଭେରୁ ଜଣାପଡ଼ିଲା ଯେ ପ୍ରାୟ ଅଠର ଲକ୍ଷ ଲୋକଙ୍କ ଭିତରେ ସଇଁତିରିଶହଜାର ଲୋକ ବିଭିନ୍ନ ପ୍ରକାର କ୍ୟାନ୍ସର ରୋଗ ଭୋଗୁଛନ୍ତି। ସାରା ଓଡ଼ିଶାର ଲୋକଙ୍କ ଭିତରେ ଏଇ ହାରରେ ଆଠ ଲକ୍ଷରୁ ଅଧିକ ଲୋକ କ୍ୟାନ୍ସର ରୋଗ ଭୋଗୁଥିବେ। ଏଥିରେ ଅତି ଛୋଟ ପିଲାଠୁ ଆରମ୍ଭକରି ବୟସ୍କ ଲୋକ ଓ ଉଭୟ ପୁରୁଷ ମହିଳା ଥିବେ। ଆଜି ଆଠଲକ୍ଷ ଓ କାଲି ହୁଏତ ଦଶଲକ୍ଷ ହେବ। କିନ୍ତୁ ଏସବୁ ଗୋଟେଗୋଟେ ଶୁଷ୍କ ଅଙ୍କ ମାତ୍ର। ଏ ଅଙ୍କ ପଛରେ ଅନେକ କରୁଣ କାହାଣୀ ସଙ୍ଗେ ସଙ୍ଗେ ମନକୁ ଆସେନି।

ପ୍ରଥମ କଥା ହେଲା, ଯେତେବେଳେ ଜଣେ ଲୋକର ରୋଗ କ୍ୟାନ୍ସର ବୋଲି ଜଣାଗଲା, ରୋଗୀ ମନରେ କ'ଣ ହୁଏ ? ଯଦି କ୍ୟାନ୍ସର ବେଶ୍ ଆଗେଇ ଯାଇଛି ଓ ବିଶେଷ କିଛି ଆଉ କରିହେବନି ବୋଲି କହିଦିଆଗଲା, ସେତେବେଳେ ସତେଯେମିତି ମୃତ୍ୟୁଦଣ୍ଡ ଘୋଷଣା କରିଦିଆଗଲା। ରୋଗ ଆରମ୍ଭ ପର୍ଯ୍ୟାୟରେ ଥିଲେ ଓ ଆବଶ୍ୟକୀୟ ଚିକିତ୍ସା କଲେ ରୋଗ ଭଲହୋଇଯିବାର ସମ୍ଭାବନା ଥିଲେ ମଧ, ଥରେ ଜଣେ କ୍ୟାନ୍ସର ରୋଗରେ ପୀଡ଼ିତ ବୋଲି ଜାଣିବା ପରେ ତାଙ୍କର ମନ ଦବିଯାଏ, ବଞ୍ଚିବା ନେଇ ସନ୍ଦେହହୁଏ, ନିଜ ଜୀବନ ପ୍ରତି ଏକ ତୁଚ୍ଛ ଓ ଉଦାସ ମନୋଭାବ ଆସେ, ସବୁ କଥାରେ ଉତ୍ସାହ କମିଯାଏ ମନରେ ନାନାପ୍ରକାର ପ୍ରଶ୍ନ ଉଠେ। ଚିକିତ୍ସା ଖର୍ଚ୍ଚ ତୁଲେଇବେ କିପରି ଓ ନିଜର ଜୀବନସାଥୀ ଓ ପିଲାମାନଙ୍କ କଥା ବାରମ୍ବାର ମନକୁ ଆସେ। ଦ୍ୱିତୀୟରେ, ପରିବାରର ଲୋକମାନେ ସାଇପଡ଼ିଶା ଓ ଯଦି ଅଫିସରେ କାର୍ଯ୍ୟ କରୁଥାନ୍ତି, ତେବେ ସହକର୍ମୀମାନେ ସମସ୍ତେ ତାଙ୍କୁ ଭିନ୍ନଦୃଷ୍ଟିରେ ଦେଖୁଛନ୍ତି ବୋଲି ମନକୁ ଆସେ। ଆତ୍ମସମ୍ମାନ କମିଯାଏ, ରୋଗ ଭଲ ହୋଇଯିବାର ଯଥେଷ୍ଟ ସମ୍ଭାବନା ଅଛି

କିଏ କହିବ, କ'ଣ ହେବ ? | ୪୭

ବୋଲି ବାରମ୍ବାର ଆଶ୍ୱାସନା ପାଇଲେ ମଧ୍ୟ ମନରେ ବେଶୀଦିନ ବଞ୍ଚିବା ନେଇ ସନ୍ଦେହ ଆସିଥାଏ।

ତେବେ କାହିଁକି ଆଜି ସବୁ ବୟସର, ସବୁ ବର୍ଗର ଓ ଗାଁ ସହର ନିର୍ବିଶେଷରେ ଲକ୍ଷ ଲକ୍ଷ ଲୋକ ଲୋକ କ୍ୟାନ୍ସର ରୋଗ ଭୋଗୁଛନ୍ତି ? ଆମ ଦେହ ସଜେଇବାରେ, ରଙ୍ଗେଇବାରେ ଯେଉଁସବୁ ପ୍ରସାଧନ ସାମଗ୍ରୀ ବ୍ୟବହାର କରୁଛେ, ଖାଦ୍ୟକୁ ଅଧିକ ଆକର୍ଷଣୀୟ ଓ ଅଧିକ ଦିନ ରଖିବାରେ ଯେଉଁସବୁ ରାସାୟନିକ ଦ୍ରବ୍ୟ ବ୍ୟବହାର କରୁଛେ ସେମାନଙ୍କ ମଧ୍ୟରୁ ଅନେକ ଦାୟୀ। ତାହାସହ ଡିଜେଲ ଗାଡ଼ିର ଧୂଆଁ, କଳ କାରଖାନା ଧୂଆଁ, ପ୍ଲାଷ୍ଟିକପୋଡ଼ା ଧୂଆଁ ମଧ୍ୟ ଦାୟୀ। ନଦୀନାଳ, କୂଅ ପୋଖରୀ, ନଳକୂଅ - ଏ ସମସ୍ତ ଉତ୍ସର ପାଣିରେ ମାଟିରୁ ଧୋଇ ହୋଇଯାଇ ମିଶୁଥିବା, ମ୍ୟୁନିସିପାଲିଟିର ଆବର୍ଜନା ଓ କଳକାରଖାନାରୁ ନିର୍ଗତ ଆବର୍ଜନା ମଧ୍ୟରେ ଥିବା ସାଙ୍ଘାତିକ ରାସାୟନିକ ଦ୍ରବ୍ୟଗୁଡ଼ିକ କ୍ୟାନ୍ସର ରୋଗ ସୃଷ୍ଟି କରିବାରେ ସାହାଯ୍ୟ କରିଥାନ୍ତି।

ଏସବୁ ବ୍ୟତୀତ ଆମେ ବଞ୍ଚିବା ପାଇଁ ଡାଲି ଚାଉଳ ଠାରୁ ଆରମ୍ଭ କରି ପନିପରିବା, କ୍ଷୀର ଓ କ୍ଷୀରଜାତ ଦ୍ରବ୍ୟ କ୍ୟାନ୍ସର ରୋଗ ସୃଷ୍ଟି କରିବାରେ ବିଶେଷ ଭାବେ ସାହାଯ୍ୟ କରିଥାନ୍ତି। ଏ ବିଷୟରେ ସବିଶେଷ ଆଲୋଚନା କରିବା।

ପ୍ରଥମେ ଭାତ ବା ରୁଟି ଓ ଡାଲି କଥା ଦେଖିବା। ଧାନଚାଷରେ ଆଗରୁ ଚାଷୀମାନେ ଘାସର ପ୍ରାଦୁର୍ଭାବ କମେଇବା ପାଇଁ ବୁଣିବା ବା ରୋଇବା ପୂର୍ବରୁ ବାରମ୍ବାର ଚାଷ କରୁଥିଲେ, ବେଉଷଣ କରୁଥିଲେ ଓ ଥରେ ଓ ଆବଶ୍ୟକତା ଅନୁଯାୟୀ ଏକାଧିକ ବାର ଜମିରୁ ଘାସ/ବାଲୁଙ୍ଗା ବଛାବଛି କରି ତାକୁ ଜମିରେ ପୋତି ଦେଉଥିଲେ। ସମୟକ୍ରମେ ସେସବୁ ପଚି ମାଟିରେ ମିଶିଯାଇ ଖତ ହୋଇଯାଉଥିଲା। ଏବେ ଚାଷପାଇଁ ଗାଁରେ ଲୋକ ଅଭାବ ଏବଂ ମଜୁରି ମଧ୍ୟ ବେଶୀ। ଏସବୁ ସମସ୍ୟାର ସମାଧାନ ପାଇଁ ଜମିରେ ଘାସନାଶକ ବିଷ ବା ହରବିସାଇଡ୍/ଉଇଡିସାଇଡ ବ୍ୟବହାର କରାଯାଉଛି। ବହୁଳ ଭାବେ ବ୍ୟବହାର କରାଯାଉଥିବା ଘାସନାଶକ ହେଲା ଗ୍ଲାଇଫୋସେଟ, ପାରାକ୍ୱେଟ, ଆଟ୍ରାଜିନ, ସିମାଜିନ ଓ ସିଆନଜିନ। ସମୟେ ସମୟେ ସମସ୍ତ ପ୍ରକାର ଘାସ ମରିବା ସୁନିଶ୍ଚିତ କରିବାପାଇଁ ଏଥିରୁ ଏକାଧିକ ଘାସନାଶକ ଏକସଙ୍ଗରେ ବ୍ୟବହାର କରାଯାଏ ଏବଂ କେବଳ ଯେ ଧାନ ବା ଗହମ ଚାଷ ନୁହେଁ, ଅନ୍ୟାନ୍ୟ ଫସଲ ପାଇଁ ମଧ୍ୟ ଏହି ବିଷଗୁଡ଼ିକ ଘାସ ଓ ଫସଲ ବ୍ୟତୀତ ଅନ୍ୟାନ୍ୟ ଗଛକୁ ଜମିରୁ ନିପାତ କରିବା ପାଇଁ ବ୍ୟବହାର କରାଯାଇଥାଏ।

ଦୁଃଖ ଓ ଘୋର ପରିତାପର ବିଷୟ ଯେ, ଯୋଉ ଭାତ ବା ରୁଟି, କିଛି

ତରକାରି, ଶାଗ, ବାଇଗଣ ଭରତା ଖଟା ଇତ୍ୟାଦି ଜୀବନ ବଞ୍ଚାଇବା ପାଇଁ ଖାଉଛେ ତାହାହିଁ ସ୍ତନକର୍କଟ, ଡିମ୍ବାଶୟ ବା ଓଭାରିଆନ କ୍ୟାନ୍ସର, ଲିଭର, କିଡନୀ, ମଳଦ୍ୱାର, ଅଣ୍ଡକୋଷ ଓ ବ୍ରେନ, ପ୍ରୋଷ୍ଟେଟ ଇତ୍ୟାଦି କ୍ୟାନ୍ସର ସୃଷ୍ଟି କରିବାରେ ଓ ତାହା ସହ ଜୀବନ ନେବାରେ ସାହାଯ୍ୟ କରେ। ଖାଦ୍ୟ ଅଭାବ ଦୂର କରିବାପାଇଁ ଆମେ ଯେତେବେଳେ ସବୁଜ ବିପ୍ଳବ ଆରମ୍ଭ କଲେ, ସେତେବେଳେ ଆମେ ମୁଖ୍ୟତଃ ଧାନ ଓ ଗହମରେ ଧ୍ୟାନ ଦେଲେ, ଫଳରେ ଡାଲିର ଘୋର ଅଭାବ ହେଲା ଓ ଏବେ ଆମେ ଅଷ୍ଟ୍ରେଲିଆ ଓ କାନାଡ଼ା ଭଳି ଦେଶରୁ ଡାଲି ଆମଦାନି କରୁଛେ। ସେ ଦେଶଗୁଡ଼ିକରେ ଘାସନାଶକ ହିସାବରେ ଗ୍ଲାଇଫୋସେଟ ଓ ତାହା ସହ ପାରାକୁଏଟ ବ୍ୟବହାର ହୋଇଥାଏ। ତେଣୁ ଖାଲି ଭାତ / ରୁଟି ନୁହେଁ, ତାହା ସହ ଡାଲି ଖାଇଲାବେଳେ ମଧ୍ୟ କ୍ୟାନ୍ସର ସୃଷ୍ଟିକାରୀ ବିଷକୁ ଗ୍ରହଣ କରିଥାଉ। ପାରାକୁଏଟ କିଡନୀ ଫେଲ୍ୟୁଏର ଓ ହାତ ଥରିବା ମଧ୍ୟ କରିଥାଏ।

ଯଦିଓ ଆଳୁ ଆମ ଦେଶର ପରିବା ନଥିଲା, ଏବେ ପରିସ୍ଥିତି ଏଭଳି ହୋଇଛି ଯେ, ଆମର ଅନ୍ନମୟ ପିଣ୍ଡ ନହୋଇ ଆଳୁମୟ ପିଣ୍ଡ ହୋଇଯାଇଛି। ପରିବା ବ୍ୟାଗରେ ଆଳୁ ନିଶ୍ଚୟ ଆସିବ। ଆମେ ଅନେକ ସମୟରେ ମାଆମାନଙ୍କଠୁ ଶୁଣୁଛେ ଯେ, ପିଲାଟି କେବଳ ଭାତ ଓ ଆଳୁ ଖାଉଛି, ପରିବା ଛୁଉଁନି। କିନ୍ତୁ ବଜାରରେ ବିକ୍ରି ହେଉଥିବା ଆଳୁ ଉତ୍ପାଦନ କରିବାପାଇଁ ଅନେକ ପ୍ରକାର ବିଷ ବ୍ୟବହାର କରାଯାଉଛି। ଥରେ ଜଣେ ବଙ୍ଗଳାର ଚାଷୀ କହିଲେ ଯେ, ଗୋଟେ କେଜି ଆଳୁ ପାଇଁ ସାତଶହ ଗ୍ରାମର ସାର ଓ ବିଷ ପ୍ରୟୋଗ ହେଉଛି। ଏଥିରେ କିଛି ଅତିରଞ୍ଜନ ଥାଇପାରେ। କିନ୍ତୁ ଖୋଦ୍ ଯୁକ୍ତରାଷ୍ଟ୍ର ଆମେରିକାରେ ଯେତେ ଆଳୁ ଉତ୍ପାଦନ ହୁଏ, ତା'ର ତିରିଶ ଭାଗ କେବଳ ଇଦାହୋ ରାଜ୍ୟରେ ହୋଇଥାଏ। ସେଠାରେ ଚାଷୀମାନେ ଆଳୁ ଫସଲରେ ପଇଁତିରିଶରୁ ପଇଁଚାଳିଶ ପ୍ରକାର ବିଷ ପ୍ରୟୋଗ କରିଥାନ୍ତି ଓ ସେଥିରୁ ସାତରୁ ଚଉଦ ପ୍ରକାର ବିଷ କ୍ୟାନ୍ସର ରୋଗ ସୃଷ୍ଟିକାରୀ।

ଏଠି ଆମେ ଇଦାହୋ ଚାଷୀଙ୍କଠୁ ବେଶୀ ପଛରେ ନାହୁଁ। ମାଟିରେ ଥିବା ଅବସ୍ଥାରେ ଆଳୁକୁ ଉଇ, ପିମ୍ପୁଡ଼ି ଓ ଅନ୍ୟାନ୍ୟ କୀଟମାନଙ୍କଠାରୁ ନିରାପଦ ରଖିବା ପାଇଁ, ଆଳୁକୁ ଚିକ୍କଣ ଓ ସୁନ୍ଦର ଦେଖାଯିବା ପାଇଁ ଆଲଡ୍ରିନ, ଡାଏଲଡ୍ରିନ, ଲିଣ୍ଡେନ, ହେପ୍ଟାକ୍ଲୋର, ଡିଡିଟି ଓ ଗାମାକ୍ସିନ ଭଳି ବିଷ ପ୍ରୟୋଗ କରିଥାଉ। ବିହନ ଲଗେଇବା ପୂର୍ବରୁ ବିଶୋଧନ ପାଇଁ ବାଭିଷ୍ଟିନ ବା କାର୍ବାଣ୍ଡାଜିମ ବ୍ୟବହାର କରୁ। ଆଳୁ ଗଛ ହେଇଗଲା ପରେ ଗଛକୁ ରୋଗ ପୋକରୁ ମୁକ୍ତ ରଖିବାପାଇଁ ମାଲାଥିଅନ୍, କ୍ଲୋରୋପାଇରିଫସ୍, କ୍ୱିନାଲଫସ ଭଳି ବିଷ ପ୍ରୟୋଗ କରୁ। ଉପରୋକ୍ତ ସମସ୍ତ

ବିଷର କ୍ୟାନ୍ସର ସୃଷ୍ଟି କରିବାର କ୍ଷମତା ରହିଛି। କୃଷିକ୍ଷେତ୍ରରେ ଡିଡିଟିର ବ୍ୟବହାର ବନ୍ଦ କରାଯାଇଥିଲେ ମଧ୍ୟ ଶସ୍ତା ହୋଇଥିବା ଯୋଗୁ ଚାଷୀମାନେ ଡିଡିଟି ବ୍ୟବହାର କରିଥାନ୍ତି। ଡିଡିଟି ବ୍ୟବହାର ନକଲେ ମଧ୍ୟ ସେଇ ଏହା କୁଟୁମ୍ବର ଆଲଡ୍ରିନ, ଡାଏଲଡ୍ରିନ, ଲିଣ୍ଡେନ, ଗାମାକ୍ସିନ ଓ ହେପ୍ଟାକ୍ଲୋର ବିଷ ବ୍ୟବହାର ମଧ୍ୟ ହେଉଛି। ଏ ବିଷଗୁଡ଼ିକ ଦେହରୁ ସହଜରେ ଯାଏନାହିଁ, ଦେହରୁ ସହଜରେ ନିଷ୍କାସିତ ନହେବା ଫଳରେ ବିଭିନ୍ନ ଅଙ୍ଗ ପ୍ରତ୍ୟଙ୍ଗରେ ଜମିରହେ ଓ ଶେଷରେ କ୍ୟାନ୍ସର ସୃଷ୍ଟି କରିଥାଏ। ଆଳୁ ପାଇଁ ଯାହା, ଅନ୍ୟାନ୍ୟ ମୂଳଫସଲ ଗାଜର, ବିଟ୍ ପାଇଁ ମଧ୍ୟ ସେଇଆ। ତଫାତ୍ ଏତିକି ଯେ, ଗାଜର ମାଟିରେ ରହିଯାଇଥିବା ଗାମାକ୍ସିନ, ଆଲଡ୍ରିନ, ଡାଇପୋଥିଏନ ଭଳି ବିଷକୁ ଅଧିକ ଗ୍ରହଣ କରିଥାଏ। ଗାଜରର ମାହାତ୍ମ୍ୟ ଖବରକାଗଜରୁ ପଢ଼ିଲାବେଳେ ଏଇ କଥାଟି ଲେଖାଯାଇନଥାଏ।

ଆମର ଅନ୍ୟଏକ ପ୍ରିୟ ପରିବା ବାଇଗଣ କଥା ଦେଖିବା। ଖୁବ୍ କମ୍ ଲୋକ ପୋକଲାଗି କଣା ହୋଇଯାଇଥିବା ବାଇଗଣ କିଣନ୍ତି। ଅଧିକାଂଶ ଲୋକ ଆଖିକୁ ସୁନ୍ଦର ଦେଖାଯାଉଥିବା ଚିକ୍କଣଚକଣ ଓ ଡଉଲଡାଉଲ ଦିଶୁଥିବା ବାଇଗଣ ବାଛିଥାନ୍ତି। ସେଭଳି ବାଇଗଣରେ ଯେ ଅଧିକ ରାସାୟନିକ ସାର ଓ ବିଷ ପ୍ରୟୋଗ କରାଯାଇଛି ସେ କଥା ଭୁଲିଯାଉ। ପୁରୁଣାକାଳିଆ କଣ୍ଟା ଥିବା ବାଇଗଣ ପ୍ରାୟ ଉଭେଇ ଗଲାଣି, ଏବେ ଅଧିକାଂଶ ବାଇଗଣ ହାଇବ୍ରିଡ। ସେମାନଙ୍କ ଲକ୍ଷଣ ହେଲା ଅଧିକ ସାର ଓ ଅଧିକ ବିଷ ଆବଶ୍ୟକ କରିବା। ଆମେ ଜାଣିଲେ ଆଶ୍ଚର୍ଯ୍ୟ ହେବା ଓ ଆମକୁ ଦୁଃଖ ମଧ୍ୟ ଲାଗିବ ଯେ, ଆମର ପ୍ରିୟ ପରିବା ବାଇଗଣରେ ମାଲାଥିଅନ, ପାରାଥିଅନ, କ୍ଲୋରୋପାଇରିଫସ, କାର୍ବାରିଲ, ଆଲଡିକାର୍ବ ଭଳି କ୍ୟାନ୍ସର ସୃଷ୍ଟିକାରୀ ବିଷ ସହ ପ୍ରାୟ ଦଶ ପ୍ରକାର ବିଷ ବାଇଗଣ ଫସଲ ଆରମ୍ଭରୁ ଶେଷଯାଏ ଦଶରୁ ପନ୍ଦର ଥର ପ୍ରୟୋଗ କରାଯାଇଥାଏ। ତେଣେ ବାଇଗଣ ନଆଣିଲେ ନଚଳେ।

ଆମର ଅନ୍ୟ ଏକ ପ୍ରିୟ ପରିବା ହେଲା ଟମାଟୋ ବା ବିଲାତିବାଇଗଣ ବା ପାତଳଘଣ୍ଟ। ଆଳୁ ଭଳି ଇଏ ମଧ୍ୟ ଆମେରିକାରୁ ଆସିଛି, କିନ୍ତୁ ଆମର ଅତି ପ୍ରିୟ ହୋଇଯାଇଛି। ଏବେ ବର୍ଷସାରା ବିଲାତିବାଇଗଣ ମିଳୁଛି। ବିଲାତିବାଇଗଣରେ କାର୍ବେଣ୍ଡାଜିମ, କାର୍ବାମେଟ, ଡାଇମୋଥିଏଟ, ସାଇପରମେଥ୍ରିନ, କ୍ଲୋରୋପାଇରିଫସ ଭଳି କ୍ୟାନ୍ସର ସୃଷ୍ଟିକାରୀ ବିଷ ପ୍ରୟୋଗ କରାଯାଇଥାଏ ଦଶରୁ ବାରଥର। ଟମାଟୋ କିନ୍ତୁ ଛାଡ଼ି ପାରିବାନି। ଅନ୍ୟ ପନିପରିବା କଥା ପରବର୍ତ୍ତୀ ଲେଖାରେ।

■

ପ୍ରମେୟ, ୬ ଜୁଲାଇ ୨୦୧୯

କୃଷି, ରସାୟନ ଓ କ୍ୟାନ୍ସର

କେବଳ ଆଳୁ, ବାଇଗଣ ଓ ଟମାଟୋ ଭଳି ବହୁଳ ଭାବେ ବ୍ୟବହୃତ ପରିବା ନୁହେଁ, ଅନ୍ୟ ପରିବା ଯଥା ବନ୍ଧା ଓ ଫୁଲକୋବି, ବ୍ରୋକୋଲି, ବିନ୍ସ, ଝୁଡ଼ୁଙ୍ଗ, ଭେଣ୍ଡି ଏପରିକି ଛତୁ, ମୂଳା, ଗାଜର, ବିଟ୍, କଖାରୁ, ଶାଗ, ସାରୁ, ପିଆଜ, ରସୁଣ, ଅଦା, ହଳଦୀ, ତରଭୁଜ, ବାହାରୁ ଆସୁଥିବା ଅମୃତଭଣ୍ଡା ଓ ସଜନା ଛୁଇଁ କେହି ବାଦ୍ ପଡ଼ିନାହାନ୍ତି ବିପଜ୍ଜନକ କୀଟନାଶକ ବିଷ ବ୍ୟବହାରରୁ। ମହାଭାରତର କେଉଁ ରଥି ଗଦା ଚାଳନାରେ ଓ ଅନ୍ୟ କିଏ ତୀର ଚାଳନାରେ ପାରଦର୍ଶୀ ଭଳି କୀଟନାଶକ ବିଷମାନଙ୍କ ମଧ୍ୟରେ କିଏ କ୍ୟାନ୍ସର ଓ ଅନ୍ୟ କିଏ ଡାଇବେଟିସ୍ ରୋଗ ସୃଷ୍ଟି କରିବାରେ ସକ୍ଷମ। ଆଉ କେତେକ ଅଛନ୍ତି, ଯେଉଁମାନେ କ୍ୟାନ୍ସର ଓ ଡାଇବେଟିସ ସହ ସ୍ନାୟୁଜନିତ ରୋଗ-ଗୋଡ଼ ହାତ ଥରିବା, ଆଗରେ ଗାଈ ଦେଖିଲେ ଗାଡ଼ିର ଗତି କମେଇବା ବା ବ୍ରେକ୍ ଦେବା କାର୍ଯ୍ୟରେ ବିଳମ୍ବ ହେବା ଓ ସେଇ ଯୋଗୁ ଦୁର୍ଘଟଣା ଘଟିବା (ଡିଲେଡ ରେସ୍ପନ୍ସ) ଏବଂ ଶରୀରର ରୋଗ ପ୍ରତିରୋଧକ ଶକ୍ତି କମେଇଦେବା ଇତ୍ୟାଦି ସୃଷ୍ଟି କରିଥାନ୍ତି।

ଆଜିକାଲି ଡାଇବେଟିସ ରୋଗର ପ୍ରସାର ସହ ପରିବା ବଜାରରେ କଲରା ବେଶି ବିକ୍ରି ଓ ବର୍ଷସାରା ମଧ୍ୟ କଲରା ମିଳୁଛି। କଲରାର ତ ଅନେକ ଭଲ ଗୁଣ ଅଛି ଓ ସମସ୍ତେ ଖାଇବା ଉଚିତ୍, କିନ୍ତୁ କଲରା ଚାଷରେ ଜଉପୋକ ଓ କାଙ୍କେଡ଼ା ପୋକ ନିୟନ୍ତ୍ରଣ ପାଇଁ ସେଭିନ (କାର୍ବାରିଲ)ର ବ୍ୟବହାର ଅଧିକ କରାଯାଇଥାଏ। କଲରାର ଦ୍ରବ୍ୟଗୁଣ ଊଣାଅଧିକେ ଆମକୁ ଜଣା, କିନ୍ତୁ ସେଭିନର ଗୁଣ ବା ଅବଗୁଣ ବିଷୟରେ ଆମେ ପ୍ରାୟତଃ ଅଜ୍ଞ। ପ୍ରକୃତରେ ସେଭିନ ଉଭୟ ଗୁଣ୍ଡ ବା ପାଣି ଆକାରରେ ଅତି ବ୍ୟାପକ ଭାବେ ବ୍ୟବହୃତ ହୁଏ। ଅନେକ ପ୍ରକାର କୀଟ ପତଙ୍ଗଙ୍କ ଦାଉରୁ ରକ୍ଷାକରିବା ପାଇଁ ସେଭିନ ବ୍ୟବହାର କରିବା ପାଇଁ କୃଷି ବିଶେଷଜ୍ଞମାନେ ପରାମର୍ଶ ଦେଇଥାନ୍ତି।

କିନ୍ତୁ ସେଭିନ (କାର୍ବାରିଲ) ବରାବର ବ୍ୟବହୃତ ହେଉଥିବା ପନିପରିବା

କ୍ରମାଗତ ଭାବେ ଖାଇଲେ ଆମର ଗୁଣସୂତ୍ରଗୁଡ଼ିକ ପ୍ରଭାବିତ ହୁଏ, କିଡନୀ ନଷ୍ଟହୁଏ, ଉଭୟ ପୁରୁଷ ଓ ସ୍ତ୍ରୀମାନଙ୍କ କ୍ଷେତ୍ରରେ ପ୍ରଜନନ ପ୍ରକ୍ରିୟାରେ ପରିବର୍ତ୍ତନ ହୋଇଥାଏ, ଆମର ଦୈନନ୍ଦିନ ବ୍ୟବହାରରେ ପରିବର୍ତ୍ତନ ଆସେ, ସାମାନ୍ୟ କଥାରେ ରାଗିଯାଏ ମଣିଷ, ଅନେକ ଖୁଣ ଥିବା ସନ୍ତାନ ଜନ୍ମ ବା ମୃତଶିଶୁ ଜନ୍ମ ବା ବହୁ ପୂର୍ବରୁ ସନ୍ତାନ ଜନ୍ମ ଇତ୍ୟାଦି ଦେଖାଦିଏ। ବୟସ୍କ ଲୋକ ଓ ଶିଶୁମାନଙ୍କୁ କ୍ୟାନ୍ସର ଓ ଏନଏଚଏଲ ବା ପ୍ରଥମେ ଗୋଟି ବା ଗଣ୍ଠି ହୋଇ କ୍ୟାନ୍ସରରେ ପରିଣତ ହେବା ମଧ୍ୟ ସେଭିନ ଯୋଗୁ ହେଉଥିବା କୁହାଯାଉଛି।

କେବଳ ସେତିକି ନୁହେଁ, ଯେଉଁ ଜମିରେ ସେଭିନ ପ୍ରୟୋଗ କରାଯାଏ ସେଇଥିରେ ଥିବା ଉପକାରୀ ବ୍ୟାକ୍ଟେରିଆ, ଜିଆ, ଗେଣ୍ଡା, ଶାମୁକା, କଙ୍କଡ଼ା, ମାଛ ଓ ବେଙ୍ଗ ମଧ୍ୟ ମରିଯାଆନ୍ତି। ମହୁମାଛି ଓ ବଡ଼ ପକ୍ଷୀ ମଧ୍ୟ ସେଭିନ ପ୍ରଭାବରୁ ରକ୍ଷା ପାଇପାରନ୍ତିନାହିଁ। ଅଥଚ କଲରା ସହ ଅନେକ ପନିପରିବାରେ ସେଭିନର ବ୍ୟାପକ ବ୍ୟବହାର।

ଫଳ ଭିତରେ ରାଜା ଆମ୍ବ କଥା ଦେଖିବା। ଏବେ ତ ଆମ୍ବ ଋତୁ ଶେଷ ହେବା ଉପରେ, ତେବେ ଯେଉଁମାନେ ଅଧିକ ଲାଭ ଆଶାରେ ଆମ୍ବଚାଷ କରୁଛନ୍ତି ସେମାନେ ପ୍ରାୟତଃ କ'ଣ କରନ୍ତି। ଆମ୍ବଗଛରେ ଯେପରି ଅଧିକ ବଉଳ ଆସିବ ସେଥିପାଇଁ ରାସାୟନିକ ସାର ସହ ହରମୋନ ଛିଞ୍ଚିଥାନ୍ତି। ବଉଳ ଆସିଲା ପରେ କୁହୁଡ଼ି ହେଲେ ଯେପରି ବଉଳ ନଷ୍ଟ ହେବନି ସେଥିପାଇଁ କୀଟନାଶକ ପ୍ରୟୋଗ, ତାହାପରେ ବଉଳଗୁଡ଼ିକ ରହି ଯେମିତି ଅଧିକ ଆମ୍ବ ରହିବ ସେଥିପାଇଁ ହରମୋନ, ଆମ୍ବ ହୋଇସାରିଲା ପରେ ଫଳବିନ୍ଧା ପୋକ ନହେବା ପାଇଁ କୀଟନାଶକ, ଆମ୍ବଗୁଡ଼ିକ ବଡ଼ ହେବ ଓ ଚିକ୍କଣ ଦିଶିବ ସେଥିପାଇଁ କେମିକାଲ ପ୍ରୟୋଗ, ଗାଡ଼ିମୋଟରରେ ଲମ୍ବାରାସ୍ତା ଯିବାବେଳେ ଖରାପ ନହେବା ପାଇଁ ଓ ଶେଷରେ ଶୀଘ୍ର ପାଚିବା ପାଇଁ କାର୍ବାଇଡର ପ୍ରୟୋଗ। ଆମ୍ବ ନପଚିବା ପାଇଁ ଫର୍ମାଲିନ ଓ କଞ୍ଚା ପାକଳ ହୋଇନଥିବା ଆମ୍ବକୁ ପାଚିଲା ଆମ୍ବର ରଙ୍ଗ ପାଇଁ କାର୍ବାଇଡ। ଏହା ବ୍ୟତୀତ ବିଭିନ୍ନ ପ୍ରକାର ରୋଗପୋକ ଦମନ ପାଇଁ କ୍ଲୋରୋପାଇରିଫସ୍, ମନୋକ୍ରୋଟଫସ, ସାଇପରମେଥ୍ରିନ, ଡାଇମୋଥିଏଟ ଭଳି ବିଷ ପ୍ରୟୋଗ କଯାଇଥାଏ। ଏଥିରୁ ଦୁଇଟି କ୍ୟାନ୍ସରକାରକ। ଅଙ୍ଗୁର କଥା ନକହିଲେ ଭଲ, ଅଙ୍ଗୁର କେବଳ ଖଟା ନୁହେଁ, ବିଷାକ୍ତ ମଧ୍ୟ। ଅନ୍ୟ ଫଳ ଯଥା କମଳା, ପାଚିଲା କଦଳୀ ଓ କମଳା, ବେଦନା ମଧ୍ୟ ନାନାପ୍ରକାର କୀଟନାଶକ, ଫିମ୍ପିନାଶକ ବିଷରେ ବିଷାକ୍ତ ହୋଇଥାଏ।

ଯଦି ପନିପରିବା, ଫଳମୂଳ ଅର୍ଥାତ୍ ନିରାମିଷ ଖାଦ୍ୟରେ ଏତେପ୍ରକାର

ଅତିମାତ୍ରାରେ ହାନିକାରକ ବିଷର ପ୍ରୟୋଗ ହେଉଛି, ତେବେ ତ ଆମିଷ ଭୋଜନ ଭଲ। କଥା କିନ୍ତୁ ତାହା ନୁହେଁ। ଯେତେବେଳେ ଆଳୁ ଫସଲରେ ଲିଣ୍ଡେନ, ଆଲଡ୍ରିନ, ଗାମାକ୍ସିନ ବା ବାଦାମ ଫସଲରେ ସମ୍ବାଳୁଆ ନିୟନ୍ତ୍ରଣ ପାଇଁ ବିଏଚସି ପକେଇଥାଉ, ସେଥିରୁ କିଛି ଅଂଶ ମାଟିରେ ପଡ଼େ, ବର୍ଷା ପାଣିରେ ଧୋଇ ହୋଇଯାଇ ନାଳରେ, ନଦୀରେ ବା ପୋଖରୀରେ ପଡ଼େ। ପାଣିରେ ଥିବା ପ୍ଲାଙ୍କଟନ, ଯାହାକୁ ଖାଇ ମାଛ ବଢ଼ିଥାନ୍ତି, ଯଦି ସେଇ ପ୍ଲାଙ୍କଟନରେ ହାରାହାରି ଗୋଟିଏ ପିଛା ଦଶଟି ଆଲଡ୍ରିନ / ଗାମାକ୍ସିନ / ବିଏଚସି କଣା ଲାଖିରହେ ଓ ଗୋଟିଏ ଛୋଟ ମାଛ ସେଥିରୁ ହଜାରେ ପ୍ଲାଙ୍କଟନ ଖାଏ, ତେବେ ସିଧାସଳଖ ତା' ଦେହରେ ଦଶହଜାର ଓ ଛୋଟ ମାଛରୁ ଦଶଟି ଗୋଟେ ବଡ଼ ମାଛ ଖାଏ, ତେବେ ତା' ଦେହକୁ ଏକଲକ୍ଷ ଗାମାକ୍ସିନ କଣା ଗଲା ଓ ଆମେ ସେଥିରୁ ଗୋଟିଏ ବଡ଼ମାଛ ଖାଇଲେ ଆମ ଦେହରେ ଏକଲକ୍ଷ କଣିକା ରହିଲା ଓ ଦେହପାଇଁ ଅତ୍ୟନ୍ତ ହାନିକାରକ ହେଲା। ସେହିଭଳି କୁକୁଡ଼ାକୁ କୁକୁଡ଼ା ଖାଦ୍ୟ ସହ ଆଣ୍ଟିବାୟୋଟିକ ଦିଆଯାଇଥାଏ। କୁକୁଡ଼ା ଖାଦ୍ୟ ଉତ୍ପାଦନରେ ଯେଉଁସବୁ କୀଟନାଶକ ଇତ୍ୟାଦି ବ୍ୟବହୃତ ହୋଇଥିଲା ତାହାସହ ଆଣ୍ଟିବାୟୋଟିକ ମଧ୍ୟ ଆମ ଶରୀରକୁ ଗଲା। ତେଣୁ କେବଳ ଦେହକୁ ବିଷ ଗଲାନି, ତାହା ସହ ବେମାରରେ ପଡ଼ିଲେ ଆଣ୍ଟିବାୟୋଟିକର ପ୍ରଭାବ ମଧ୍ୟ କମିଗଲା। କୁକୁଡ଼ା ପାଳନରେ ଯାହା, ବ୍ୟାବସାୟିକ ଭିତ୍ତିରେ ଲାଭ ପାଇଁ ହେଉଥିବା ଗୋପାଳନରେ ମଧ୍ୟ ସେୟା। କିଣାଯାଉଥିବା ଗୋଖାଦ୍ୟ ଉତ୍ପାଦନରେ ବ୍ୟବହୃତ ବିଷ ସହ ବିଭିନ୍ନ ପ୍ରକାର ହରମୋନ ଓ ଔଷଧର ଅବଶିଷ୍ଟାଂଶ କ୍ଷୀର ସହ ଆମ ଦେହକୁ ଆସିଥାଏ। ତେଣୁ ନା ପରିବା ବା ଫଳମୂଳ ବା ଚିକେନ ବା କ୍ଷୀର, କେଉଁଥିରେ ମଧ୍ୟ ତ୍ରାହି ନାହିଁ।

ତେବେ ଏଇଠି ଗୋଟେ ପ୍ରଶ୍ନ ମନକୁ ଆସେ। ଯଦିଓ ଡାଇବେଟିସ ରୋଗ ଏବେ ଘରେଘରେ ଓ ପୁଣି ବିଭିନ୍ନ ବୟସର ଲୋକ ଆକ୍ରାନ୍ତ ଓ କର୍କଟ ରୋଗର ଅତି ଦ୍ରୁତଗତିରେ କାୟାବିସ୍ତାର ହେଉଛି, ତେବେ ଏତେପ୍ରକାର ବିଷମିଶା ଖାଦ୍ୟ ଖାଇଲେ ସମସ୍ତେ ତ ଡାଇବେଟିସ ଓ କର୍କଟ ରୋଗ ସହ ଅନ୍ୟ ରୋଗରେ ପଡ଼ନ୍ତେ, କେହି ତ ଛାଡ଼ ପାଆନ୍ତେନି। ତାହା କାହିଁକି ହେଉନି ? ଉତ୍ତରରେ ଗୋଟେ ସରଳ ଉଦାହରଣ ଦେବା। ଯଦି ଆଖିଧରା ରୋଗ ବ୍ୟାପିଲା, ତେବେ ଘରେ ପାଞ୍ଚଜଣ ଥିଲେ ହୁଏତ ତିନି ଜଣଙ୍କର ଆଖି ଧରିଲା, କିନ୍ତୁ ଦୁଇଜଣ ରକ୍ଷା ପାଇଗଲେ। କାରଣ ସେଇ ଦୁଇଜଣଙ୍କର ଆଖିଧରା ଭାଇରସକୁ ପ୍ରତିହତ କରିବାପାଇଁ ଜିନ୍ ବା ଗୁଣସୂତ୍ର ରହିଛି। ତେବେ ସହଜରେ ସେ ବେମାରରେ ମଣିଷ ପଡ଼ିବନାହିଁ। କିନ୍ତୁ କେତେକ କୀଟନାଶକ ବିଷର ଆମର ଗୁଣସୂତ୍ର ବା ଜିନ୍‌କୁ ନଷ୍ଟ କରିଦେବାର କ୍ଷମତା ରହିଚି ଓ ଯଦି

ପ୍ରତିରୋଧକାରୀ ଜିନ୍‌ଗୁଡ଼ିକ ନଷ୍ଟ ହୋଇଗଲେ, ମଣିଷ କ୍ୟାନ୍ସର ଓ ଡାଇବେଟିସ ଓ ଅନ୍ୟାନ୍ୟ ବେମାରରେ ପଡ଼ିବା ସହଜ ହୋଇଯାଏ।

ଏବେ ଆମ ଆଗରେ ଏକ ବଡ଼ ପ୍ରଶ୍ନ। ବର୍ତ୍ତମାନ ପରିସ୍ଥିତିରେ ଓ ଆମର ଲୋକସଂଖ୍ୟା ଯେତିକି ହେଲାଣି ସେଥିରେ କ'ଣ ବିଷମୁକ୍ତ ଚାଷ ସମ୍ଭବ, ବିନା ରାସାୟନିକ ସାର ଓ ବିଭିନ୍ନ ପ୍ରକାର ରୋଗପୋକରୁ ଫସଲକୁ ବିନା କୀଟନାଶକ, ଫିମ୍ପିନାଶକ ଇତ୍ୟାଦି ବ୍ୟବହାର ନକରି ଆମେ କ'ଣ ଏତେ ଲୋକଙ୍କର ଚାହିଦା ମେଣ୍ଟେଇ ପାରିବା ? ଆଗେ ତ ସବୁ ଜୈବିକ ଚାଷ ହିଁ ହେଉଥିଲା। ଜେଜେବାପା ଓ ଜେଜେଅଜା ଅମଳରେ ତ କୃତ୍ରିମ ସାର ବା ବିଷର ବ୍ୟବହାର ନଥିଲା। ସେଥିରେ କିନ୍ତୁ ଅଧିକ ଲୋକଙ୍କୁ ସମ୍ଭାଳି ହେଲାନି ଓ ବାହାରୁ ଖାଦ୍ୟ ଆମଦାନୀ ନହେଲେ ଅନେକ ଘରେ ଚୁଲି ଜଳୁନଥିଲା ବୋଲି ତ ଦେଶୀ ବିହନ ଛାଡ଼ି ହାଇବ୍ରିଡ ବିହନ, ଚାଷରେ ବିଭିନ୍ନ ପ୍ରକାର ଯନ୍ତ୍ରପାତି ବ୍ୟବହାର ସହ ଫସଲକୁ ନିରୋଗ ରଖିବାପାଇଁ ବିଭିନ୍ନ ପ୍ରକାର କୀଟନାଶକ ଇତ୍ୟାଦିକୁ ବ୍ୟବହାର କରିବାକୁ ବାଧହେଲୁ। ତେଣୁ ପଛକୁ ଫେରିଯିବାକୁ କହିବା ଓ କେବଳ ଜୈବିକ ଉପାୟରେ ଚାଷ କରିବା ଅବାସ୍ତବ ଓ ଅସମ୍ଭବ ଜଣାପଡୁଛି। ସେଥିରେ ପୁଣି ହାଇବ୍ରିଡ ବିହନ ଛାଡ଼ି ଦେଶୀ ବିହନରେ। ଏଥିରେ କୋଟି କୋଟି ଲୋକ ଭୋକ ଉପାସରେ ମରିଯିବା ଥୟ। ଏଭଳି ଯୁକ୍ତି ଆମ ମନକୁ ଏପରି ପାଇଯାଇଛି ଯେ, ଆମେ ଅନ୍ୟ କଥା ଚିନ୍ତା କରୁନାହୁଁ। ସାରା ପୃଥିବୀର ବିଭିନ୍ନ ଦେଶରେ ବର୍ତ୍ତମାନର ତଥାକଥିତ ବୈଜ୍ଞାନିକ କୃଷି ପଦ୍ଧତିର ଭୟଙ୍କର ଫଳାଫଳକୁ ନେଇ ଚିନ୍ତା ପ୍ରକଟ କରାଯାଉଛି ଓ ଖୁବ୍ ଫଳପ୍ରଦ ଉପାୟମାନ ବାହାରିବାରେ ଲାଗିଛି। ବିନା ରାସାୟନିକ ସାର, ହାଇବ୍ରିଡ ବିହନ ଓ ବିଷ ବ୍ୟବହାରରେ ଅଧିକ ଉତ୍ପାଦନ ଓ ଶରୀର ତଥା ପରିବେଶ ପାଇଁ ଅନୁକୂଳ ଚାଷ ସମ୍ଭବ- ଏକଥା ପରୀକ୍ଷା ନିରୀକ୍ଷା କରି ଦେଖେଇ ଦିଆଯାଉଛି। ବିଷମୁକ୍ତ ଚାଷ ଓ ଋଣମୁକ୍ତ ଚାଷୀ ବିଷୟରେ ଆଗକୁ ଲେଖାଯିବ।

■

ପ୍ରମେୟ, ୩୧ ଜୁଲାଇ ୨୦୧୯

ବିନାଶ କାଳେ ବିପରୀତ ବୁଦ୍ଧି

ଏବେ ଅଳ୍ପଦିନ ତଳେ ବାଲେଶ୍ୱର ଓ ବାଲିଆପାଳ ଅଞ୍ଚଳର କିଛି ଚାଷୀମାନଙ୍କ ସହ ଚାଷର ଲାଭ-କ୍ଷତି ଓ ଅନ୍ୟାନ୍ୟ ସମସ୍ୟା ସମ୍ପର୍କରେ ଆଲୋଚନା ହୋଇଥିଲା। ଚାଷରେ ଦେଖାଦେଇଥିବା ସଂକଟ ଓ ସେଥିରୁ ଉଦ୍ଧାର ପାଇବାର ବାଟ ବିଷୟରେ ବିସ୍ତୃତ ଆଲୋଚନାବେଳେ ଜଣାପଡ଼ିଲା ଯେ, ବାଲେଶ୍ୱର ଅଞ୍ଚଳରେ ଗୋଟିଏ ଏକର ଜମିରେ ଧାନଚାଷ ପାଇଁ ମୋଟ୍ ଖର୍ଚ୍ଚ ତିରିଶରୁ ବତିଶ ହଜାର ହେଉଥିଲାବେଳେ ଆଦାୟ ଅତି ବେଶୀରେ ସେଇ ତିରିଶରୁ ବତିଶ ହଜାର। ଏଥିରେ ଚାଷୀ ଓ ତାଙ୍କର ପରିବାର ଲୋକଙ୍କର ଶ୍ରମର ମୂଲ୍ୟ ମିଶିନାହିଁ। ଯଦି ରୋଗପୋକ, ବନ୍ୟାବାତ୍ୟା ହେଲା, ହିସାବରୁ ଓଲଟପାଲଟ ହୋଇଯାଏ, ଅର୍ଥାତ୍ ରୋଗପୋକ ନିୟନ୍ତ୍ରଣ ପାଇଁ ଖର୍ଚ୍ଚ ବଢ଼ିଯାଏ ଓ ଆଦାୟ କମିଯାଏ। ଚାଷର ଖର୍ଚ୍ଚ ତୁଲେଇବା ପାଇଁ ଯାହା ଋଣ କରିଥିବେ ତାହା ଶୁଝିପାରନ୍ତି ନାହିଁ। ଯଦି କୌଣସି କାରଣରୁ ତା' ପରବର୍ଷ ସେଭଳି କିଛି ବିପ୍ରାତ ଘଟିଲା, ତେବେ ପରିସ୍ଥିତି ସଂଘାତିକ ହୋଇଯାଏ। ଅଧିକାଂଶ ପରିବାରରେ କିଏ ହେଲେ ଜଣେ ଚାକିରି ଓ ବ୍ୟବସାୟରେ ଥିବାରୁ ସେଭଳି ଦୁଃସ୍ଥିତିରୁ ଉଦ୍ଧାର ମିଳିଯାଏ।

କୃଷିରେ ଅଧିକ ଯନ୍ତ୍ରପାତି ବ୍ୟବହାର କଲେ ମଜୁରି ବାବଦ ଖର୍ଚ୍ଚ ଯଥେଷ୍ଟ କମିଯିବ ଓ ଚାଷ ଲାଭଜନକ ହେବ ବୋଲି ଅନେକଙ୍କର ଧାରଣା। ବାଲେଶ୍ୱର ଓ ବାଲିଆପାଳ ଅଞ୍ଚଳରେ କୃଷି ଯନ୍ତ୍ରପାତିର ବ୍ୟବହାର କିନ୍ତୁ ଅନ୍ୟାନ୍ୟ ଅଞ୍ଚଳ ଅପେକ୍ଷା ଯଥେଷ୍ଟ ଅଧିକ ବୋଲି ଶୁଣିଲି, କିନ୍ତୁ ସେଥିରେ ଲାଭ ବଢ଼ିବାର ସୂଚନା ମିଳିଲାନାହିଁ। ବର୍ଷକେ ଗୋଟିଏ ଜମିରୁ ଦୁଇ/ତିନିଥର ଫସଲ ଆଦାୟ କରୁଥିବା କଥା ବାଲିଆପାଳ ଅଞ୍ଚଳରେ ଚାଷୀମାନେ କହିଲେ, ସେଥିପାଇଁ ପ୍ରତିଥର ଜମିରେ ଯଥେଷ୍ଟ ପରିମାଣରେ କୃତ୍ରିମ ସାର ଓ ସାରର ସାଙ୍ଗ କୀଟନାଶକ ବିଷ ପ୍ରୟୋଗର ଆବଶ୍ୟକତା ରହୁଛି ବୋଲି ସେମାନେ ଦର୍ଶାଇଲେ। ସମାନ ପରିମାଣର ଧାନ ପାଇବାକୁ ହେଲେ ବର୍ଷକୁ

କିଏ କହିବ, କ'ଣ ହେବ? | ୫୫

ବର୍ଷ କୃତ୍ରିମ ସାର ଓ କୀଟନାଶକ ବିଷର ପରିମାଣ ବଢ଼େଇବାକୁ ପଡ଼େ, ତେଣୁ ସେ ବାବଦ ଖର୍ଚ୍ଚ ମଧ୍ୟ ବଢ଼ିଚାଲେ।

ସମାନ ପରିମାଣର ଫସଲ ଅମଳ କରିବାକୁ ହେଲେ କାହିଁକି ବର୍ଷକୁ ବର୍ଷ ଅଧିକ କୃତ୍ରିମ ସାର ପ୍ରୟୋଗ କରିବାକୁ ହୁଏ ସେ ବିଷୟ ପଚାରିବାରୁ ଚାଷୀମାନଙ୍କର ଉତ୍ତର ଥିଲା ଯେ ମାଟି ଦିନକୁ ଦିନ ଟାଣ ହୋଇଯାଉଛି। ଭଦ୍ରକ ଜିଲ୍ଲାର କାଁପଡ଼ା ଗାଁରେ କିଛିବର୍ଷ ତଳେ ଚାଷୀମାନଙ୍କ ସହ ଆଲୋଚନା ସମୟରେ ସେମାନେ କହିଲେ ଯେ, ମାଟି ଖପରା ହୋଇଗଲାଣି। ତା'ର ନାଁ ତ ସାର, ତା'ର ପ୍ରୟୋଗରେ ମାଟି କାହିଁକି ଟାଣ ବା ଖପରା ହୋଇଯାଉଛି ? ପ୍ରକୃତରେ ରାସାୟନିକ ସାର ଓ ତା'ର ସାଥୀ କୀଟନାଶକ ବିଷ ପ୍ରୟୋଗ ଫଳରେ ମାଟି ସୃଷ୍ଟି କରୁଥିବା ଓ ମାଟିକୁ ଉର୍ବର ତଥା ହାଲୁକା କରିବାରେ ସାହାଯ୍ୟ କରୁଥିବା କେଞ୍ଚୁଆ ବା ଜିଆମାନଙ୍କ ସହ ଅନେକ ପ୍ରକାର ସୂକ୍ଷ୍ମଜୀବ ବା ମାଇକ୍ରୋବ୍‌ସ ମରିଯାନ୍ତି। ମାଟି ନିଜସ୍ୱ ବଳ ହରେଇବସେ, ପ୍ରକୃତରେ ମାଟି ଅନୁର୍ବର ହୁଏ, କିନ୍ତୁ ତା'ର ନାଁ ସାର ବା ହିନ୍ଦୀରେ ଉର୍ବରକ। ଚାଷୀ ତା'ର ପରମବନ୍ଧୁ କେଞ୍ଚୁଆ ବା ଜିଆ ତଥା ଅନ୍ୟାନ୍ୟ ସୂକ୍ଷ୍ମଜୀବ ହରେଇ ବସିଲା ପରେ ବାଧ୍ୟହୁଏ ଆହୁରି ଅଧିକ କୃତ୍ରିମ ସାର ବ୍ୟବହାର କରିବାକୁ ଓ ସେ ବାବଦରେ ଅଧିକ ଖର୍ଚ୍ଚ କରିବାକୁ, ନିଶାଖୋର ଲୋକର ଦିନକୁ ଦିନ ନିଶା ପରିମାଣ ବଢ଼ିଲା ପରି ବା ଲାଞ୍ଚୁଆ ହାକିମ ସମୟକ୍ରମେ ଅଧିକରୁ ଅଧିକ ଲାଞ୍ଚ ଦାବି କଲାଭଳି ଏବେ ମାଟି ଚାହିଁରହେ କୃତ୍ରିମ ସାର ପ୍ରୟୋଗ ପାଇଁ। ମାଟି ନିଶାଗ୍ରସ୍ତ ଓ ଲାଞ୍ଚୁଆ, ବୋଧହୁଏ ସେଥିପାଇଁ ସେଇ ନିଶାଗ୍ରସ୍ତ ଓ ଲାଞ୍ଚୁଆ ମାଟିରୁ ଆଦାୟ ହେଉଥିବା ଖାଦ୍ୟ ଖାଇ ମଣିଷ ମଧ୍ୟ ମାଟି ପରି ହେଲାଣି ଲାଞ୍ଚୁଆ ଓ ନିଶାଗ୍ରସ୍ତ। ଉପକୂଳ ଅଞ୍ଚଳ ବା ପାହାଡ଼ିଆ ଆଦିବାସୀ ଅଞ୍ଚଳ, ଯଦି କୌଣସି ଗାଁକୁ ଯିବେ ଓ ଲୋକଙ୍କ ସହ କିଛି କଥାବାର୍ତ୍ତା ହେବାକୁ ଚାହିଁବେ, ଆପଣ ଶୁଣିବେ ଗୋଟିଏ କଥା- କ'ଣ ଆଣିଛ, କ'ଣ ଦେବ।

ଯେଉଁ ମାଟିରେ ଯେତେ ଅଧିକ କେଞ୍ଚୁଆ ଓ ସୂକ୍ଷ୍ମଜୀବ ଥାଆନ୍ତି, ସେ ମାଟି ସେତେ ଉର୍ବର, ଅନ୍ୟପକ୍ଷରେ ଯେଉଁ ମାଟିରେ ସେମାନଙ୍କ ସଂଖ୍ୟା ଯେତେ କମ୍, ସେ ମାଟି ସେତେ ଅନୁର୍ବର, ଆଉ ଉର୍ବର ମାଟିରୁ ଅଧିକ ଫସଲ ଓ ଅନୁର୍ବର ମାଟିରୁ କମ୍ ଫସଲ ଆମଦାନୀ ହେବ, ତେଣୁ ଚାଷୀମାନଙ୍କର କର୍ତ୍ତବ୍ୟ ହେଲା ମାଟିକୁ କିପରି ଅଧିକ ଉର୍ବର କରିବା, ଅର୍ଥାତ୍ ମାଟିରେ କେଞ୍ଚୁଆ ବା ଜିଆମାନଙ୍କ ସଂଖ୍ୟା ବଢ଼େଇବା ମାଟିକୁ ଅଧିକ ସଜୀବ କରିବା କିନ୍ତୁ ବିନାଶ କାଳେ ବିପରୀତ ବୁଦ୍ଧି ପରି ଚାଷୀମାନେ ଠିକ୍ ଓଲଟା କରୁଛନ୍ତି। ବାଲେଶ୍ୱରରୁ ନୟାଗଡ଼ ଆସିଲାବେଳେ ଦେଖିଲି ଅନେକ ଜାଗାରେ ଧାନ କାଟିସାରି ବିଲରେ ନଡ଼ା/ପାଳରେ ନିଆଁ ଲଗେଇ ଦେଉଛନ୍ତି। ସେ

୫୬ | ରାଧାମୋହନ

ନଡ଼ା/ପାଳକୁ ମାଟିରେ ମିଶେଇଦେଲେ ମାଟିର ଜୈବାଂଶ ବଢ଼ିଯାଆନ୍ତା, ଜିଆ ଓ ଅଣୁଜୀବମାନଙ୍କ ସଂଖ୍ୟା ବୃଦ୍ଧି ପାଇ ମାଟି ଉର୍ବରତା ରକ୍ଷା କରିହୁଅନ୍ତା। କୃତ୍ରିମ ସାରର ଆବଶ୍ୟକତା କମିଯାଆନ୍ତା ଓ ତା' ସହ ଚାଷର ଖର୍ଚ୍ଚ ମଧ୍ୟ କମିଯାଆନ୍ତା। ଖାଦ୍ୟର ଗୁଣ ମଧ୍ୟ ବଦଳି ଯାଆନ୍ତା।

ଆମ ଗାଁଗଣ୍ଡାରେ ଚାଷୀଘରମାନଙ୍କରେ ଗାଈଗୋରୁ ରହୁଥିଲେ, ନଡ଼ା/ପାଳ ସେମାନେ ଖାଉଥିଲେ ଓ ଗୋବରଖତ ଜମିକୁ ଯାଉଥିଲା। ଗାଈଗୋରୁ ଶେଷ ହୋଇଗଲା ପରେ ସେମାନଙ୍କ ପାଇଁ ଆଉ ନଡ଼ା/ପାଳର ଆବଶ୍ୟକତା ନାହିଁ ଓ ଚାଷପାଇଁ ଟ୍ରାକ୍ଟର ଉପରେ ନିର୍ଭର କରି ଓ ଟ୍ରାକ୍ଟର ସୁବିଧାରେ ଜମିରେ ଚାଲିବା ପାଇଁ ନଡ଼ା/ପାଳକୁ ପୋଡ଼ିଦିଅ- ଏଇ ହେଲା ପୋଡ଼ିବାର କାରଣ।

ଏଭଳି ପୋଡ଼ିବାର ସଂପୂର୍ଣ୍ଣ ଫଳାଫଳ ନଜାଣିଲେ ଏଭଳି ଅପକର୍ମ ଚାଲୁ ରହିବ। ରାସାୟନିକ ସାର, କୀଟନାଶକ ଓ ଘାସମରା ଅତ୍ୟାଚାରରେ ଜମିରୁ ଜିଆ ଓ ଅନ୍ୟ ସୂକ୍ଷ୍ମଜୀବମାନେ ମଲେ, ଯାହା ବା କିଛି ଅତ୍ୟାଚାର ସତ୍ତ୍ୱେ ରହିଲେ ସେମାନେ ନିଆଁରେ ମଲେ, ଜମି ଆହୁରି ଅନୁର୍ବର ହେଲା, ଟାଣ ହେଲା। ପ୍ରତିକାର ଭାବରେ ସାରର ପରିମାଣ ବଢ଼ିଲା ଓ ଖର୍ଚ୍ଚ ମଧ୍ୟ ବଢ଼ିଲା। ତା'ସହ ମାଟି ଅଧିକ ଟାଣ ହେଲା ଓ କୃଷିବିଜ୍ଞାନୀମାନେ ଟ୍ରାକ୍ଟରରେ ଆହୁରି ଗହୀର ଚାଷପାଇଁ ପରାମର୍ଶ ଦେଲେ। ତା'ଫଳରେ ମାଟିର ଉପରଅଂଶରେ ବଞ୍ଚୁଥିବା ଅଣୁଜୀବ ତ ଯାଇଥିଲେ, ଏବେ ମାଟିର ଗଭୀର ଅଂଶରେ ରହିପାରୁଥିବା ଅଣୁଜୀବଗୁଡ଼ିକ ଉପରକୁ ଆସି ଖରା ସହିନପାରି ମରିଗଲେ। ମାଟି ଆହୁରି ଅନୁର୍ବର ଓ ଆହୁରି ଟାଣ ହେଲା। ଫଳରେ କୃତ୍ରିମ ସାର ଉପରେ ନିର୍ଭରଶୀଳତା ଆହୁରି ବଢ଼ିଲା, ମାଟି ଅଧିକ ଟାଣହେବା ଫଳରେ ଲଙ୍ଗଳରେ ଚାଷ ଆଉ ସମ୍ଭବ ହେଲାନି ଓ ଟ୍ରାକ୍ଟର ଚାଷ ଜରୁରି ହୋଇପଡ଼ିଲା। କ୍ଷତି ଚାଷୀର, କ୍ଷତି ମାଟିର, ଲାଭ ସାର ଓ ଟ୍ରାକ୍ଟର କମ୍ପାନୀର, ସେମାନଙ୍କ ବିକ୍ରେତା ଓ ସେ କମ୍ପାନୀମାନଙ୍କର ଅନେକ ପ୍ରକାର ଅନୁଗ୍ରହୀତାମାନଙ୍କର।

କଥା ସେତିକିରେ ରହିଲା ନାହିଁ। ଏବେ ଶୀତଦିନ, ଥଣ୍ଡା ପବନ ତଳେ ରହେ। ନଡ଼ା/ପାଳରେ ନିଆଁ ଲଗେଇଦେବା ଫଳରେ ତା'ର ଧୂଆଁ ଉପରକୁ ନଯାଇ ବାୟୁମଣ୍ଡଳର ଆମେସବୁ ଚଳାଚଳ କରୁଥିବା ସ୍ତରରେ ରହେ ଓ ସେ ଧୂଆଁକୁ ଆମେ ପ୍ରଶ୍ୱାସରେ ଗ୍ରହଣ କରୁ। ସେଥିରେ କାର୍ବନ୍ ଡାଇଅକ୍ସାଇଡ୍, କାର୍ବନ ମନୋକ୍ସାଇଡ୍ ଓ ନାପ୍ ଭଳି ଆମ ପ୍ରତି ହାନିକାରକ ଦ୍ରବ୍ୟ ଥାଏ ଓ ଶ୍ୱାସନଳୀରେ ସଂକ୍ରମଣ ହୁଏ। କାଶ, ଶ୍ୱାସ ବା ଆଜ୍‌ମା ଭଳି ରୋଗର ପ୍ରାଦୁର୍ଭାବ ବଢ଼େ। ସହଜେ ଶୀତଦିନେ ଏସବୁ ବେମାର ଦେଖାଦିଏ, ଶିଶୁ, ଗର୍ଭବତୀ ମହିଳା ଓ ଅଧିକ ବୟସ୍କ ଲୋକମାନେ

ବେଶୀ କ୍ଷତିଗ୍ରସ୍ତ ହୋଇଥାନ୍ତି, କିନ୍ତୁ ସମସ୍ତଙ୍କ ପାଇଁ ଏ ପ୍ରଦୂଷଣ କ୍ଷତିକାରକ। ଆମେରିକାରେ ଅତୀତରେ ଏଭଳି ପରିସ୍ଥିତି ସୃଷ୍ଟି ହୋଇଥିଲା। ହଜାର ହଜାର ଏକରର ମକା ଡାଙ୍ଗ ସହ ଗହମର ନଡ଼ା ପୋଡ଼ିବା ଫଳରେ ପ୍ରଦୂଷଣ ମାତ୍ରା ଉତ୍କଟ ହେଲା ଓ ତା' ବିରୋଧରେ ପ୍ରବଳ ଜନମତ ସୃଷ୍ଟିହେଲା। ଟ୍ରାକ୍ଟର କମ୍ପାନୀମାନେ ବାଧ୍ୟହୋଇ ଫସଲର ଅବଶିଷ୍ଟାଂଶକୁ ଅତି ଛୋଟ ଛୋଟ କରି କାଟି ମାଟିରେ ମିଶେଇବା ଭଳି ଯନ୍ତ୍ରପାତି ବ୍ୟବହାର କରିବାକୁ ଲାଗିଲେ। ଏଠି ମଧ୍ୟ କମ୍ପାନୀମାନେ ତାହା କରିପାରିବେ।

ପଞ୍ଜାବ ଓ ହରିଆନାରେ ଧାନ ଚାଷ ଓ ଗହମ ଚାଷ ପରେ ଏଭଳି ପୋଡ଼ିବା ଫଳରେ ସେଠାର ଓ ସେଠୁ ଉତ୍ତରା ପବନରେ ଆସୁଥିବା ଧୂଆଁ ଯୋଗୁ ଦିଲ୍ଲୀ ସହର ଓ ଆଖପାଖ ଅଞ୍ଚଳର ବାୟୁ ଆଜି ଅତିମାତ୍ରାରେ ପ୍ରଦୂଷିତ ଓ ଚିନ୍ତାର କାରଣ ହୋଇଛି। ସେଠାରେ ନଡ଼ା/ପାଳ ପୋଡ଼ିବା ବିରୋଧରେ ଆଇନ ହୋଇଛି ଓ ଅନେକ ଚାଷୀ ଦଣ୍ଡିତ ହେଲେଣି। ଆମର ଏଠାରେ ସେଭଳି ଆଇନକୁ ବା ଦଣ୍ଡକୁ ଅପେକ୍ଷା ନକରି ଚାଷୀମାନେ ନଡ଼ା/ପାଳ ପୋଡ଼ନ୍ତୁ ନାହିଁ। ଜମିର ଗୋଟିଏ କୋଣରେ ତାକୁ ଜମାକରି ଟ୍ରାକ୍ଟର ଚାଷ ସରିଲା ପରେ ନଡ଼ା ଓ ପାଳକୁ ଜମିରେ ବିଛେଇଦେଲେ ମାଟିର ଓ ଚାଷୀଙ୍କର ଅନେକ ଉପକାର ହେବ। ସରକାରଙ୍କର କୃଷି ସଂପ୍ରସାରଣ ବିଭାଗ ଓ ଗଣମାଧ୍ୟମ ଏ ଦିଗରେ ସାହାଯ୍ୟ କରିପାରିବେ।

ପ୍ରମେୟ, ୨୬ ଡିସେମ୍ବର , ୨୦୧୮

ଚାଷୀକୁଳ, ନିଜକୁ ନିଜେ ରକ୍ଷାକର

୧୯୭୯ ମସିହା, ବ୍ରହ୍ମପୁରଠାରେ ଥିବା ଖଲ୍ଲିକୋଟ କଲେଜରେ ଅଧ୍ୟାପନା କରୁଥିବା ସମୟରେ ସେ ବର୍ଷର ଦୋଳଛୁଟିରେ ଆମେ ତିନିଜଣ ଅଧ୍ୟାପକ ଓ ଅଣଚାଳିଶ ଜଣ ଛାତ୍ର ଦିଗପହଣ୍ଡି ବ୍ଲକର ବିଭିନ୍ନ ଗାଁ ଓ ଚାଲି ଚାଲି ଯାଇ ନୂଆପଡ଼ା ଦେଇ ଟିକିଟିରେ ପହଞ୍ଚିଲୁ। ଚାଲିଲାବେଳେ ଓ ଗାଁମାନଙ୍କରେ ରାତିରେ ରହିଲାବେଳେ ବିଭିନ୍ନ ବିଷୟରେ ଆଲୋଚନା ହୁଏ। ବାଟରେ କେ. ନୂଆଗାଁରେ ରହଣି ସମୟରେ ପୂର୍ଣ୍ଣିମା ଜହ୍ନର ଆଲୁଅ ବିଛାଡ଼ି ହୋଇ ପଡ଼ିଥାଏ ଓ ରାତି ପାହିବା ପୂର୍ବରୁ ପାଖରେ ବୋହିଯାଉଥିବା ନଦୀକୁ ନିତ୍ୟକର୍ମ ସାରିବାକୁ ଯିବା ଅବସରରେ ଦୁଇଜଣ କିଛି ଖୋଳାଖୋଳି କରୁଥିବାର ଦେଖିଲି। ଏତେ ସକାଳୁ ଏଠି କ'ଣ କରୁଛ- ପଚାରିଲି। ଉତ୍ତରରେ ପୁରୁଷ ଜଣକ କହିଲେ- ଏଠି ଛୋଟିଆ ଜାଗା ଖଣ୍ଡେ ଅଛି, ସକାଳୁ ସକାଳୁ ଖୋଳିଦେଲେ କେତେଦିନରେ କୂଅଟି ଖୋଳି ହୋଇଯିବ ଓ ଆମେ କିଛି ଫସଲ କରି ଦି' ପଇସା ପାଇବୁ ବୋଲି ବିଚାର କରିଛୁ। ଆମେ ତ ଗରିବ ଲୋକ, ଦିନବେଳା ମଜୁରି ଖଟିଲେ ପେଟ ପୋଷିବୁ, ଏବେ ଏ କାମ ସାରି ଗଣ୍ଡେ ଖାଇ ଅନ୍ୟର ପାଇଟି କରିବାପାଇଁ ବାହାରିଯିବୁ।

ବ୍ୟାଙ୍କରୁ ଋଣ ବା ଅନ୍ୟ କାହାଠୁ କରଜବାଡ଼ି ନକରି ନିଜ ଗୋଡ଼ରେ ନିଜେ ଛିଡ଼ାହୋଇ ନିଜର ଭାଗ୍ୟ ବଦଳେଇବା ପାଇଁ ସ୍ୱାମୀ-ସ୍ତ୍ରୀଙ୍କର ଅକ୍ଳାନ୍ତ ଉଦ୍ୟମକୁ ପ୍ରଶଂସା କରି ଫେରିଲି। ବ୍ରହ୍ମପୁରରେ ପହଞ୍ଚିବା ପରେ ଛତ୍ରପୁର ଯାଇ ଏବର ଡିଆରଡିଏର ପୂର୍ବ ଅବତାର କ୍ଷୁଦ୍ର ଚାଷୀ ଉନ୍ନୟନ ସଂସ୍ଥା ବା ଏସଏଫଡିଏରେ ପ୍ରୋଜେକ୍ଟ ଡାଇରେକ୍ଟର ନର୍ସେୟାଙ୍କୁ ଭେଟିଲି ଓ କେ.ନୂଆଗାଁର ସ୍ୱାମୀ-ସ୍ତ୍ରୀଙ୍କର ଉଦ୍ୟମ ବିଷୟରେ କହିଲି, ମୋ ଭଳି ସେ ମଧ୍ୟ ବେଶ୍ ପ୍ରଶଂସା କଲେ। କିନ୍ତୁ ତାଙ୍କୁ ଯେତେବେଳେ ଅନୁରୋଧ କଲି ଯେ, ତାଙ୍କର କୂଅ ଖୋଳା ଶେଷ ହେଲାପରେ, ଆମେ ବ୍ଲକ ଇଂଜିନିୟର

ପଠାଇ ସରକାରୀ ହିସାବରେ କୂଅଟି ଖୋଳିଥିଲେ ଯାହା ପଇସା ଖର୍ଚ୍ଚ ହୋଇଥାନ୍ତା ତାର ଯାହା ସବସିଡି ପାଇଥାନ୍ତେ, ଆମେ ତାଙ୍କୁ ସେ ପଇସା ଦେଇଦେବା। ସେ ଜଣେ ଦରଦୀ, କର୍ମପ୍ରବଣ ଓ ଉତ୍ସାହୀ ହାକିମ ଥିଲେ। କିନ୍ତୁ ମୋ ପ୍ରସ୍ତାବରେ ସେ ହସିଲେ ଓ କହିଲେ- କୂଅଟି ଖୋଳିବାପାଇଁ ବ୍ୟାଙ୍କରୁ ଯଦି ଋଣ ନେଇଥାନ୍ତେ ତାହାହେଲେ ଆମେ ବ୍ୟାଙ୍କକୁ ସେ ସବସିଡି ପରିମାଣ ପଠାଇ ଦେଇଥାନ୍ତୁ ଓ ବାକି ଟଙ୍କା ସେ ଶୁଝିଥାନ୍ତେ। ଋଣ ନେଲେ ହିଁ ସବସିଡି ବା ସରକାରୀ ସାହାଯ୍ୟ ମିଳିବ- ଏହା ହିଁ ସରକାରୀ ବ୍ୟବସ୍ଥା।

ମୋର ପ୍ରସ୍ତାବ ଶୁଣି ସେ ଯେପରି ହସିଲେ, ସରକାରୀ ବ୍ୟବସ୍ଥା ଶୁଣି ମୁଁ ମଧ୍ୟ ଆଶ୍ଚର୍ଯ୍ୟ ହେଲି ଓ ପଚାରିଲି- ଯଦି ଜଣେ ଚାଷୀ କଷ୍ଟେମଷ୍ଟେ ଚଳି ପଇସା ସଂଚୟ କରି କରି ଗୋଟେ ପମ୍ପସେଟ୍ ଜଳସେଚନ ପାଇଁ କିଣିବେ ଓ ବ୍ୟାଙ୍କରୁ ଋଣ ନେବେନାହିଁ ସେ ତେବେ କିଛି ସରକାରୀ ସାହାଯ୍ୟ ପାଇବେନାହିଁ। ହଁ, ତାହା ଠିକ୍, ସରକାରୀ ସାହାଯ୍ୟ ପାଇବାକୁ ହେଲେ ବ୍ୟାଙ୍କରୁ ଋଣ ନେବାକୁ ହିଁ ହେବ- ଉତ୍ତର ମିଳିଲା।

ଆମେ ତାହାହେଲେ ଚାଷୀମାନଙ୍କୁ ନିଜ ଉଦ୍ୟମରେ ନିଜର ଭାଗ୍ୟ ବଦଳେଇବା କାର୍ଯ୍ୟକୁ ସରକାରୀ ଭାବେ ନିରୁତ୍ସାହିତ କରୁଛେ ଓ ଯେନତେନ ପ୍ରକାରେଣ ଚାଷୀମାନଙ୍କୁ ଋଣଜାଲରେ ଛନ୍ଦିଦେବାର ସମସ୍ତ ବ୍ୟବସ୍ଥା କରୁଛେ। ଆଉ ଋଣ ପରିସ୍ଥିତି ଚାଷୀମାନଙ୍କ ପାଇଁ ଯେତେବେଳେ ଅଣାୟତ୍ତ ହୋଇଯାଉଛି ଓ ନିଜର ନିର୍ବାଚନ ବୈତରଣୀ ପାରିହେବାରେ ସନ୍ଦେହ ଉପୁଜୁଛି, ସେତେବେଳେ ଋଣ ଛାଡ଼ ଘୋଷଣା କରି ଆମେ ମହାନତା ଦେଖାଉଛୁ; କିନ୍ତୁ ଚାଷୀ ଯେପରି ପୁଣି ଋଣଜାଲରେ ପଡ଼ିବେ ତା'ର ବନ୍ଦୋବସ୍ତ ମଧ୍ୟ କରିଦେଉଛୁ। 'ଛଅମାଣ ଆଠଗୁଣ୍ଠ'ର ଜମିଦାର ଭଗିଆକୁ ମରଣାନ୍ତକ ଆକ୍ରମଣର ବ୍ୟବସ୍ଥା କରିଦେଇ ଡାକ୍ତରଖାନାରେ ପହଞ୍ଚିଯାଇଥିଲେ ତା'ର ଚିକିତ୍ସାର ବ୍ୟବସ୍ଥା କରିବାପାଇଁ ଡାକ୍ତରଙ୍କୁ ଅନୁରୋଧ କରିବାକୁ। ଜମିଦାଙ୍କର ବର୍ତ୍ତମାନର ଅବତାରମାନେ ମଧ୍ୟ ସେୟା ହିଁ କରୁଛନ୍ତି।

କାହିଁକି ବ୍ୟାଙ୍କରୁ ଋଣ ନନେଲେ ସରକାରୀ ସାହାଯ୍ୟ ମିଳିବନାହିଁ ବ୍ୟବସ୍ଥା କରାଯାଇଛି ସେ ବିଷୟରେ ଅନୁଧ୍ୟାନ କରି ନିମ୍ନଲିଖିତ କେତୋଟି କଥା ମନକୁ ଆସୁଛି। ପ୍ରଥମ କଥା ହେଲା, ଯେଉଁମାନଙ୍କ ପାଖରେ ବଳକା ପଇସା ରହିଛି ସେମାନେ ବ୍ୟାଙ୍କରେ ପଇସା ରଖିବେ ଓ ବ୍ୟାଙ୍କ ସେମାନଙ୍କୁ ସୁଧ ଦେବ। ବ୍ୟାଙ୍କ ସୁଧ ଦେବାକୁ ହେଲେ ବ୍ୟାଙ୍କ ସେ ଡିପୋଜିଟ ବା ଜମାକୁ ଋଣ ଆକାରରେ ଲଗାଇବାକୁ ପଡ଼ିବ ଓ ଋଣ ଉପରେ ସୁଧ ଆଦାୟ କରିବାକୁ ହେବ। ଚାଷୀମାନେ ଜନସଂଖ୍ୟାର ଏକ ବଡ଼

୬୦ | ରାଧାମୋହନ

ଅଂଶ ହୋଇଥିବାରୁ ସେମାନେ ଋଣଜାଲରେ ନପଡ଼ିଲେ ବ୍ୟାଙ୍କମାନଙ୍କରେ ଜମା ହେଉଥିବା ବଳକା ପଇସା ଉପରେ ସେମାନେ ଜମାକାରୀଙ୍କୁ ସୁଧ ଦେଇପାରିବେନାହିଁ।

ଦ୍ୱିତୀୟ କାରଣ ହେଲା, ଚାଷୀ ଯଦି ଋଣ ନେଇଥିବେ ତେବେ ସେ ଋଣ ସାଧାରଣତଃ ମାର୍ଚ୍ଚ ମାସ ଶେଷ ପୂର୍ବରୁ ଶୁଝିବାକୁ ହେବ, ନହେଲେ ନାଲି ନୋଟିସ୍, ଘର କୋରଖ ଇତ୍ୟାଦି। ତା'ର ଅର୍ଥ ହେଲା ଚାଷୀ ଧାନ ହେଉ ବା ଆଳୁ, ପିଆଜ ହେଉ, ଫସଲ ଆଦାୟ ପରେ ପରେ ହିଁ କମ୍ ଦରରେ ବିକ୍ରି କରିବାକୁ ବାଧହେବେ ଓ ବ୍ୟବସାୟୀମାନେ ସେତେବେଳେ କମ୍ ଦରରେ କିଣି ପରେ ଅଧିକ ଦରରେ ବିକ୍ରି କରିବେ, ଅଥଚ ଚାଷୀ ନିଜ ପାଖରେ ଜିନିଷ ରଖି ପରେ ସୁବିଧା ଦେଖି ବିକ୍ରି କରି ଦି'ପଇସା ଅଧିକ ପାଇପାରିବେ ନାହିଁ। ଦି'ପଇସା ଅଧିକ ପାଇଲେ କାଳେ ଚାଷୀ ଋଣଜାଲରୁ ମୁକୁଳିଯିବେ।

ଅନ୍ୟ ଦିଗଟି ହେଲା, ସେ ଗାଁ ସୋସାଇଟି ହେଉ ବା ବ୍ୟାଙ୍କ ହେଉ, ସେଠୁ ଋଣ ପାଇବାକୁ ହେଲେ ଅନେକ ଲୋକଙ୍କୁ ଖୁସି କରେଇବାକୁ ହେବ ଓ ନିଜ ନିଜର ଶକ୍ତି ଅନୁଯାୟୀ ଯିଏ ଯାହାର ଭାଗ ନେଇଯିବେ ଋଣ ଟଙ୍କା ଚାଷୀ ହାତରେ ପଡ଼ିବା ପୂର୍ବରୁ। ସେଥିରେ ପୁଣି କେତେ ନେହୁରା ଓ କେତେ ଦୌଡ଼ାଦୌଡ଼ି।

ଋଣ ବ୍ୟବସ୍ଥାଟି ଏପରି ହୋଇଛି ଯେ ବର୍ଷକୁ ବର୍ଷ ଋଣଜାଲରେ ସୂତାଗୁଡ଼ିକ ମଜଭୁତ ହୁଏ, ରନ୍ଧ୍ରଗୁଡ଼ିକ ଛୋଟ ହୋଇଯାଏ, ଖସିବାର ବାଟ ଏକପ୍ରକାର ବନ୍ଦ ହୋଇଯାଏ। ଗୋଟିଏ ଉଦାହରଣ ଦେବା। ଧରାଯାଉ, ଜଣେ ଚାଷୀ ଦଶହଜାର ଟଙ୍କା ଋଣ କଲେ ଗଲା ବର୍ଷ, ଚଳିତବର୍ଷ ତାକୁ ସୁଧ ସହ ଏଗାର ହଜାର ଟଙ୍କା ଶୁଝିବାକୁ ହେବ। ଚଳିତ ବର୍ଷ ସେ ତେର ହଜାର ଋଣ କଲେ ଏଗାର ହଜାର ଶୁଝିବେ ଓ କାର୍ଯ୍ୟଟିକୁ ସୁରୁଖୁରୁରେ କରେଇବା ପାଇଁ ହଜାରେ ଖର୍ଚ୍ଚହେବ ଓ ତେର ହଜାର ଋଣରୁ ହଜାରେ ଟଙ୍କା ଚାଷୀଙ୍କ ହାତରେ ପଡ଼ିବ। ଆମେ କହିବା ଏବର୍ଷ ଚାଷୀମାନଙ୍କ ମଙ୍ଗଳ ପାଇଁ ଆମେ ଚାଷୀମାନଙ୍କ ପାଇଁ ଋଣ ପରିମାଣ ଶତକଡ଼ା ତିରିଶ ଭାଗ ବଢ଼େଇ ଦେଇଛୁ। ଏଇଭଳି ଋଣ ପରିମାଣ ବଢ଼ି ବଢ଼ିଯାଏ ଓ ଚାଷୀ ମୁକୁଳିବା ଅସମ୍ଭବ ହୋଇପଡ଼େ। ଅବଶ୍ୟ ବଡ଼ ଓ ଅତିବଡ଼ ମାଛମାନେ ଜାଲ ଛିଣ୍ଡେଇ ଚାଲିଯାଆନ୍ତି। ଏସବୁ ଦୃଷ୍ଟିରୁ ସେଇ କେ.ନୂଆଗାଁର ଗରିବ ଚାଷୀ ଦମ୍ପତି ଆମର ଆଦର୍ଶ ନୁହେଁ କି?

ଅନେକ ବର୍ଷ ତଳେ ଅଧିକ ଉତ୍ପାଦନ ପାଇଁ ସରକାର ଧଣିଚା ଚାଷ ଓ ଜାପାନୀ ପ୍ରଣାଳୀରେ ଧାନଚାଷ ଅର୍ଥାତ୍ ଧାଡ଼ିରୁଆ ପ୍ରବର୍ତ୍ତନ କରିଥିଲେ। ହାଇବ୍ରିଡ ଓ ଅଧିକ ଅମଳକ୍ଷମ ଧାନ ତଥା ରାସାୟନିକ ସାର ଓ ବିଷ (ଭୁଲ୍‌ରେ ତାକୁ ଔଷଧ

କିଏ କହିବ, କ'ଣ ହେବ? | ୬୧

କହୁଛୁ) ଆସିଗଲା ପରେ ଉଭୟ ସରକାର ଓ ଚାଷୀ ଧଣିଚା ଚାଷ ଓ ଧାଡ଼ିରୁଆ ଭୁଲିଗଲେ । ଏବେ ସରକାର ଧାଡ଼ିରୁଆ ପାଇଁ ପୁଣି ପ୍ରୋତ୍ସାହନ ଦେବା ଆରମ୍ଭ କରିଛନ୍ତି । ସେଥିରେ କିନ୍ତୁ ସରକାରୀ ବିହନ ଓ ରାସାୟନିକ ସାର ବିଷ ଇତ୍ୟାଦି ପ୍ରୟୋଗ କରିବା ପାଇଁ ସର୍ତ୍ତ ରଖାଯାଇଛି, ଧଣିଚା ଚାଷ କରି ସାର ନଦେଇ ଦେଶୀ ବିହନକୁ ଧାଡ଼ିରେ ରୋଇଲେ ସରକାରୀ ସାହାଯ୍ୟ ନାହିଁ । କିନ୍ତୁ କଂପାନୀ ତଥା ସରକାରଙ୍କ ଦ୍ୱାରା ପ୍ରବର୍ତ୍ତିତ ବିହନ ଚଢ଼ାଦରରେ କିଣି ସେଥିରେ ବେଶ୍ କିଛି ପଇସା ଖର୍ଚ୍ଚ କରି ସାର ଇତ୍ୟାଦି କିଣିଲେ ଯାଇ ସାହାଯ୍ୟ ମିଳିବ । ଅର୍ଥାତ୍ ଚାଷୀ ଯଦି ଋଣମୁକ୍ତ ରହିବେ, ଦେଶୀ ଧାନ ବିହନ ଓ ଧଣିଚା, କଂପୋଷ୍ଟ, ପୋଖରୀର ପଙ୍କ, ଗୋବର ଇତ୍ୟାଦି ଖତ ପ୍ରୟୋଗ କରିବେ ତେବେ ତାହା ପରିବେଶ ପାଇଁ ମଙ୍ଗଳକର ହେବ, ଖାଦ୍ୟ ବିଷମୁକ୍ତ ହେବ, କିନ୍ତୁ ସେଥିପାଇଁ ଆମେ ବିମୁଖ ।

ଏବେ ଅବଶ୍ୟ କୁନ୍ଥେଇ କରି ହେଲେ ମଧ୍ୟ ଉଭୟ କେନ୍ଦ୍ର ଓ ରାଜ୍ୟ ସରକାର ଦେଶୀ ବିହନ ଓ ଜୈବିକ ଚାଷ ଆଡ଼କୁ ମୁହଁ ବୁଲେଇଲେଣି; ସେଥିରେ ଅବଶ୍ୟ ଅନେକ କେଁ । ଗୋଟେ ଶୁଭ ସୂଚନା ହେଲା ଯେ, ଅନେକ ଚାଷୀ ଓ ସଂଗଠନ ଦେଶୀ ବିହନର ସୁରକ୍ଷା ଓ ପ୍ରସାର ପାଇଁ ଆଗେଇ ଆସିଲେଣି । ଦେଶୀ ବିହନ ଭିତରେ ଅଧିକ ଅମଳକ୍ଷମ, ରୋଗପୋକ ସହଣି, ପବନ ଓ ପାଣି ସହଣି ବିହନ ଅଛି । ମୋର ଜାଣିବାରେ ନୟାଗଡ଼ ଜିଲ୍ଲା ଓଡ଼ଗାଁ ନିକଟରେ ଥିବା ଏକ ଅନୁଷ୍ଠାନରେ ଅଧିକ ଉତ୍ପାଦନକ୍ଷମ ଓ ଲାଭଦାୟକ ବିହନ ଥିବା ଖବର ପାଇ ଆନ୍ଧ୍ର, କେରଳ, କର୍ଣ୍ଣାଟକ, ବଙ୍ଗଳା ଇତ୍ୟାଦି ରାଜ୍ୟମାନଙ୍କରୁ ଚାଷୀମାନେ ଆସି ବିହନ ସଂଗ୍ରହ କରୁଛନ୍ତି ଓ ଜୈବିକ ପ୍ରଣାଳୀରେ ଚାଷ ପାଇଁ ଅଧିକରୁ ଅଧିକ ଆଗ୍ରହ ପ୍ରକାଶ ପାଉଛି । ଅନ୍ୟ ଏକ ଆଶ୍ୱାସନା ଓ ଆନନ୍ଦର ବିଷୟ ଯେ, ଜୈବିକ ଉପାୟରେ ଉତ୍ପାଦିତ ଶସ୍ୟ ଓ ପନିପରିବା ପାଇଁ ଖାଉଟିମାନଙ୍କ ମଧ୍ୟରେ ମଧ୍ୟ ଆଗ୍ରହ ବଢୁଛି; କିନ୍ତୁ ଅଧିକ ଆନନ୍ଦର କଥା ଯେ ଏସବୁ ବିନା ସରକାରୀ ସାହାଯ୍ୟରେ ହେଉଛି । ଚାଷୀ ସ୍ୱାଧୀନ ହେବା ଓ ନିଜକୁ ନିଜେ ରକ୍ଷା କରିବାର ଏହା ହିଁ ପ୍ରକୃଷ୍ଟ ବାଟ ।

■

ପ୍ରମେୟ, ୭ ଜୁଲାଇ, ୨୦୧୮

କର୍କଟର କାୟାବିସ୍ତାର

'ଦୁଃସାଧ୍ୟ କର୍କଟ ରୋଗରେ ମାର୍କିନ ପରରାଷ୍ଟ୍ର ସଚିବ ଜନ୍ ଫଷ୍ଟର ଡଲେସ୍‌ଙ୍କ ମୃତ୍ୟୁ।' ଏହା ଥିଲା ସେତେବେଳେ ପ୍ରକାଶିତ ହେଉଥିବା ଦୈନିକ ଖବରକାଗଜ 'ମାତୃଭୂମି'ର ପ୍ରଥମ ପୃଷ୍ଠାରେ ମୁଖ୍ୟ ଶିରୋନାମା। ୧୯୫୯ ମସିହା ମେ' ମାସ ଶେଷ ସପ୍ତାହର ଦିନକର ସମ୍ବାଦ। କେଜାଣି କାହିଁକି ଏଇ ଶିରୋନାମାଟି ଆଜିଯାଏ ମନରୁ ଲିଭିନାହିଁ। ବୋଧହୁଏ କାରଣ ଏହା ହୋଇପାରେ ଯେ, କର୍କଟ ରୋଗ କିଭଳି ରୋଗ ଯେ ଆମେରିକାରେ ମଧ୍ୟ ଭଲ ହୋଇପାରିଲାନାହିଁ ଓ ଆମେରିକାର ବୈଦେଶିକ ମନ୍ତ୍ରୀଙ୍କର କ'ଣ ପଇସା ଅଭାବ ଥିଲା ଯେ ସେଥିରୁ ମୁକୁଳି ପାରିଲେନାହିଁ।

ମାଟ୍ରିକ୍ ପରୀକ୍ଷା ଦେଇ ଗାଁରେ ଥାଉ, ଫଳ ପ୍ରକାଶିତ ହେଲେ କଲେଜରେ ପଢ଼ିବାପାଇଁ ଦରଖାସ୍ତ କରିବୁ। ସତ କହିବାକୁ ଗଲେ, ଆଜିକାଲି ମାଟ୍ରିକ ପଢୁଥିବା ପିଲାମାନେ ଯେତେ କଥା ଜାଣୁଛନ୍ତି, ଆମେ ସେତେ କଥା ଜାଣୁନଥିଲୁ। ଘର ନୟାଗଡ଼ ଗଡ଼ଜାତର ଗୋଟେ ମଫସଲ ଗାଁରେ। ବଡ଼ ପୋଖରୀ ଦେଖିଲେ କହୁଥିଲୁ ଆମେ ସିନା ପହଁରି ପାର ହୋଇପାରିବାନି, ରାଜା ପହଁରି ପାରିବେନି! ଉଚ୍ଚା ଗଛ ଦେଖିଲେ କହୁଥିଲୁ ଆମେ ସିନା ଗଛ ଅଗକୁ ଚଢ଼ିପାରିବାନି, ରାଜା ଚଢ଼ିପାରିବେନି! ରାଜା ତାଳ ଗଛ ଚଢ଼ିପାରିବେ, ନଈ ପାର ହୋଇପାରିବେ, ଆମେ ଯାହା କରିପାରିବୁନି। ଠିକ୍ ସେଇ ନ୍ୟାୟରେ ଆମ ଭାରତରେ ସିନା କର୍କଟ ରୋଗ ଦୁଃସାଧ୍ୟ, ଆମେରିକାରେ କ'ଣ ଏଇ ବେମାରରେ ମୃତ୍ୟୁ ହୁଏ! ଆଉ ତା'ର ମନ୍ତ୍ରୀଙ୍କର ମଧ୍ୟ ଏଥିରେ ମୃତ୍ୟୁ ହେଲା! ପରେ ଜାଣିଲି ଯେ ଆମେରିକାର ସେତେବେଳର ରାଷ୍ଟ୍ରପତି ଆଇଜେନ୍‌ହାୱାର ଓ ବୈଦେଶିକ ମନ୍ତ୍ରୀ ଡଲେସଙ୍କର ସଂପର୍କ ଏତେ ନିବିଡ଼ ଥିଲା ଯେ, ଉଭୟ ବୈଦେଶିକ ନୀତି ଓ ସାମରିକ କୌଶଳ ନିର୍ଣ୍ଣୟରେ ଡଲେସ୍ ସର୍ବମୟ କର୍ତ୍ତା ଥିଲେ।

ଏତେ କଥା କହିବାର ଉଦ୍ଦେଶ୍ୟ ହେଲା, କର୍କଟ ବା କ୍ୟାନସର ଏଭଳି ଏକ

ରହସ୍ୟମୟ ବ୍ୟାଧି ଯେ ଆଜିଯାଏ ସମସ୍ତ ବୈଜ୍ଞାନିକ ଅଗ୍ରଗତି ସତ୍ତ୍ୱେ ଏହି ବ୍ୟାଧିଟିକୁ ସଂପୂର୍ଣ୍ଣ ଆୟତ୍ତ କରାଯାଇପାରିନାହିଁ ଏବଂ କର୍କଟ ବା କ୍ୟାନସର ରୋଗ କିଛି ସୀମା ସରହଦ ମାନେନାହିଁ। ଯେକୌଣସି ସମୟରେ ଯେକୌଣସି ଲୋକ ଏହି ରୋଗଦ୍ୱାରା ଆକ୍ରାନ୍ତ ହୋଇପାରନ୍ତି। ଥରେ ଶରୀରର ଗୋଟିଏ ସ୍ଥାନରୁ ଯାଇ ଅନ୍ୟ ଅଙ୍ଗ-ପ୍ରତ୍ୟଙ୍ଗକୁ ବ୍ୟାପିଗଲେ କର୍କଟ କବଳରୁ ମୁକୁଳିବା ଏକପ୍ରକାର ଅସମ୍ଭବ ହୋଇପଡ଼େ। ଇଏ ଏଭଳି ଏକ ବ୍ୟାଧି, ଯାହା ମଣିଷ/ପରିବାରକୁ ସର୍ବସ୍ୱାନ୍ତ କରିଦିଏ ଓ ଶେଷରେ ଜୀବନ ନେଇଯାଏ।

ତେବେ ଏ ବେମାରଟି କ'ଣ, କିପରି ହୁଏ ଓ କାହିଁକି ଏହାର ବିଶେଷ ଫଳପ୍ରଦ ଚିକିତ୍ସା ହୋଇପାରୁନାହିଁ? ମଣିଷର ଶରୀର ପ୍ରକୃତିର କେତେକ ନିୟମରେ ବନ୍ଧା। ସେଥିରୁ ଗୋଟିଏ ନିୟମ ହେଲା ଯେ, ପ୍ରତିମୁହୂର୍ତ୍ତରେ ଜୀବକୋଷମାନଙ୍କର ବିଭାଜନ ହେଉଥାଏ ଓ ଯେତେବେଳେ ଗୋଟିଏ ଜୀବକୋଷ ଦୁଇଭାଗରେ ବିଭକ୍ତ ହୋଇଯାଏ ସେତେବେଳେ ନୂତନ ଜୀବକୋଷଟି ପ୍ରଥମ ଜୀବକୋଷର ସମସ୍ତ ଗୁଣ/ଲକ୍ଷଣଗୁଡ଼ିକ ନେଇ ସୃଷ୍ଟିହୁଏ। ଏହିଭଳି ଦୈନିକ ଜଣେ ସୁସ୍ଥ ଲୋକର ଶରୀରରେ ବରାବର ବିଭାଜନ ଚାଲୁରହିଥାଏ ଓ ଶହ ଶହ କୋଟି ନୂତନ ଜୀବକୋଷ ସୃଷ୍ଟି ହୋଇଥାଏ। କିନ୍ତୁ ଏହି ବିଭାଜନ ପ୍ରକ୍ରିୟାଟି କେତେକ ନିୟମାନୁଯାୟୀ ହୋଇଥାଏ। ଯେତେବେଳେ ଗୋଟିଏ ଜୀବକୋଷ ନିୟମ ଲଂଘେ, ଅମାନିଆ ହୋଇଯାଏ ବା ବାଇଆ ହୋଇଯାଏ, ସେତେବେଳେ ଲଗାମଛଡ଼ା ହୋଇଯାଏ ଓ କିଛି ନିୟମ ନମାନି ବଢ଼ିଯାଏ, ଶେଷରେ ଅର୍ବୁଦ ବା ଟ୍ୟୁମରରେ ପରିଣତ ହୁଏ। ପରିସ୍ଥିତି ଏପରି ହୁଏ ଯେ, ଗୋଟିଏ ଜୀବକୋଷର ଲଗାମଛଡ଼ା ବୃଦ୍ଧି ଅନ୍ୟ ଜୀବକୋଶ ସୃଷ୍ଟିରେ ବାଧା ସୃଷ୍ଟିକରେ ଓ ଶରୀର ଦୁର୍ବଳ ହୋଇପଡ଼େ, ଯେମିତି କେବଳ ଗୋଟିଏ ପ୍ରାଣୀ ମଣିଷର ସଂଖ୍ୟାରେ ଅସମ୍ଭବ ବୃଦ୍ଧି ଫଳରେ ପୃଥିବୀର ଅନ୍ୟପ୍ରାଣୀମାନଙ୍କର ସଂଖ୍ୟା ଦ୍ରୁତଗତିରେ ହ୍ରାସପାଇବାରେ ଲାଗିଛି। ଠିକ୍ କେଉଁ କାରଣରୁ ଜୀବକୋଷଟିଏ ପ୍ରକୃତିର ନିୟମ ଲଂଘେ ଓ ଲଗାମଛଡ଼ା ବଢ଼େ ଓ ସେ ପୁଣି ଶରୀରର ଅନ୍ୟ ସ୍ଥାନକୁ ଗତିକରେ, ସେ ବିଷୟରେ ନିଶ୍ଚିତ ସିଦ୍ଧାନ୍ତରେ ଚିକିତ୍ସକ, ବୈଜ୍ଞାନିକ ଓ ଗବେଷକମାନେ ପହଞ୍ଚି ପାରିନାହାନ୍ତି। ଠିକ୍ ସେହିଭଳି କେବଳ ଲଗାମଛଡ଼ା ଜୀବକୋଷ ବା କ୍ୟାନ୍ସର ସେଲ୍‌ଟିକୁ ନଷ୍ଟକରି ଓ ଅନ୍ୟ ଜୀବକୋଷର କିଛି କ୍ଷତି ନକରିବା ଭଳି କୌଣସି ଫଳପ୍ରଦ ଉପାୟ ବର୍ତ୍ତମାନ ପର୍ଯ୍ୟନ୍ତ ବାହାରି ପାରିନାହିଁ।

କର୍କଟ ବା କ୍ୟାନ୍ସରର ଅବତାର ଅନେକ। ରକ୍ତ କର୍କଟ, ସ୍ତନ କର୍କଟ, ପ୍ରୋଷ୍ଟେଟ କର୍କଟ, ଲିଭର କର୍କଟ, ପାକସ୍ଥଳୀ, ମୂତ୍ରନଳୀ କର୍କଟ, ଫୁସ୍‌ଫୁସ୍ କର୍କଟ,

ଗଳା, ପାଟି ଓ ମସ୍ତିଷ୍କରେ କର୍କଟ, ଗର୍ଭାଶୟ, ଡିମ୍ବାଶୟ କର୍କଟ, ଅସ୍ଥି କର୍କଟ, ଅଣ୍ଡକୋଷ କର୍କଟ- ଶରୀରର ବିଭିନ୍ନ ଅଙ୍ଗରେ କର୍କଟ ରୋଗ ଦେଖାଯାଏ ଏବଂ ପ୍ରତ୍ୟେକ ପ୍ରକାର କର୍କଟର ଚରିତ୍ର କିଛି ଭିନ୍ନ।

ଏବେ ପ୍ରଶ୍ନ ଉଠୁଛି, ଆଜିକାଲି କାହିଁକି କର୍କଟ ରୋଗର ଅସମ୍ଭବ ବୃଦ୍ଧି ଘଟୁଛି। ସହର ନଗରରେ, ଗାଁଗଣ୍ଡାରେ ଆଜିକାଲି କର୍କଟ ରୋଗ ଅତି ଦ୍ରୁତଗତିରେ ବଢ଼ିବାରେ ଲାଗିଛି। କେତେକ ରାଜ୍ୟରେ ଓ କେତେକ ସ୍ଥାନରେ କର୍କଟ ରୋଗ ଅତି ଭୟାନକ ଆକାର ଧାରଣ କରିବାରେ ଲାଗିଛି।

କାହିଁକି ଗୋଟିଏ ଜୀବକୋଷ ଲଗାମଛଡ଼ା ହୋଇ ବଢ଼େ ତା'ର ନିର୍ଦ୍ଦିଷ୍ଟ କାରଣ ଜଣାନାହିଁ। ତେବେ ବିଭିନ୍ନ ଗବେଷଣା ଓ ଅନୁଧ୍ୟାନରୁ କେବଳ ଏତିକି ଜଣାଅଛି ଯେ ଶରୀରରେ କେତେକ ପରିସ୍ଥିତି ସୃଷ୍ଟିହେଲେ କ୍ୟାନସର ରୋଗ ପାଇଁ ଅନୁକୂଳ ପରିବେଶ ସୃଷ୍ଟିହୁଏ। ଯେପରିକି ଅତ୍ୟଧିକ ବିଡ଼ି, ସିଗାରେଟ ସେବନ କଲେ ଗଳା, ମୁଖ ଓ ଫୁସଫୁସରେ କର୍କଟ ରୋଗର ସମ୍ଭାବନା ବଢ଼େ, ସେହିପରି ଅତ୍ୟଧିକ ମଦ୍ୟପାନ କଲେ ଲିଭରରେ କ୍ୟାନ୍ସର ରୋଗର ଅନୁକୂଳ ପରିବେଶ ସୃଷ୍ଟିହୁଏ। ତେବେ ମାତ୍ର ପନ୍ଦର ବର୍ଷର ଝିଅର କାହିଁକି ସ୍ତନକର୍କଟ ହେବ, ଯାହା ସାଧାରଣତଃ ପଚାଶ ଷାଠିଏ ବର୍ଷ ପରେ ଦେଖାଯାଇଥାଏ ? କାହିଁକି ଆଠ/ଦଶ ବର୍ଷର ପିଲାର ରକ୍ତକର୍କଟ ହେବ ? ଏବେ ଦେଖିବା ଆମେ ଯାହା ଖାଉଛେ, ଯେଉଁ କ୍ଷୀର/ପାଣି ଇତ୍ୟାଦି ପିଉଛେ, ଯେଉଁ ବାୟୁ ଗ୍ରହଣ କରୁଛେ, ସେସବୁର କିଛି ଭୂମିକା ଅଛି କି କର୍କଟ ରୋଗକୁ ଏତେ ପ୍ରସାର କରିବାରେ।

ଆଳୁରୁ ଆରମ୍ଭ କରିବା। ପ୍ରଥମେ ପର୍ତ୍ତୁଗୀଜ ଓ ସ୍ପେନୀୟମାନେ ଦକ୍ଷିଣ ଆମେରିକାରୁ ୟୁରୋପକୁ ଓ ପରେ ବିଲାତବାଲା ବିଲାତରୁ ଭାରତକୁ ଆଣିଥିଲେ ଆଳୁ। ସେଥିପାଇଁ ପ୍ରଥମେ ବିଲାତିଆଳୁ ଓ ଏବେ କେବଳ ଆଳୁ ନାମରେ ପରିଚିତ। ଆମର ଦୈନନ୍ଦିନ ରୋଷେଇରେ ଆଳୁର ବ୍ୟବହାର ଏତେ ଯେ ଆମ ଶୀରରକୁ ଅନ୍ନମୟ ପିଣ୍ଡ ନକହି ଆଳୁମୟ ପିଣ୍ଡ କହିଲେ କିଛି ଅତ୍ୟୁକ୍ତି ହେବନାହିଁ। ସେଥିପାଇଁ ତ ଆଳୁର ଦର ବଢ଼ିଲେ ଏତେ ହଇଚଇ। ବିଧାନସଭାରେ ଆଳୁ ତାତି ବା ଆଳୁ ବଜାରରେ ନିଆଁ ଭଳି ଖବର ଆମେ ଦେଖୁ। ଆଳୁ ଫସଲରେ ଚାଷୀମାନେ ପ୍ରଥମେ ବାଲୁଙ୍ଗା ବା ଅନାବନା ଘାସ ମାରିବାପାଇଁ ଗ୍ଲାଇଫୋସେଟ୍, ଯାହାର ବଜାର ନାଁ ରାଉଣ୍ଡଅପ୍ ବ୍ୟବହାର କରିଥାନ୍ତି। ତା'ପରେ ଆଳୁକୁ ଉଇ ଓ ମାଟିରେ ଥିବା ଅନ୍ୟ କୀଟମାନଙ୍କଠୁ ରକ୍ଷାକରିବା ପାଇଁ ଡିଡିଟି, ଆଲଡ୍ରିନ, ଡାଏଲଡ୍ରିନ, କ୍ଲୋରଡେନ ଇତ୍ୟାଦି ବିଷ ପ୍ରୟୋଗ କରିଥାନ୍ତି। ଏମାନେ ଅନେକ ଦିନ ଧରି ମାଟିରେ ରହନ୍ତି ଓ ସହଜରେ

ନଷ୍ଟ ହୁଅନ୍ତିନାହିଁ। ଏ ସମସ୍ତ ବିଷ ଆଳୁ ମଧ୍ୟରେ ଆସି ଆମ ଦେହରେ ଧୀରେ ଧୀରେ ଆସ୍ଥାନ ଜମାନ୍ତି ଓ ଦେହରୁ ଝାଡ଼ା ପରିସ୍ରା ବା ଝାଳ ଆକାରରେ ବାହାରିନଯାଇ ଚର୍ବି ଓ ମାଂସପେଶୀରେ ରହନ୍ତି ଏବଂ ଆସ୍ତେ ଆସ୍ତେ ଶରୀରର ଅନ୍ୟ ଅଙ୍ଗ ପ୍ରତ୍ୟଙ୍ଗଙ୍କୁ ଯାଇଥାନ୍ତି। ଗୋଟେ ନିର୍ଦ୍ଦିଷ୍ଟ ସୀମା ପାରି ହୋଇଗଲେ ଏହି ବିଷଗୁଡ଼ିକ କର୍କଟର ବିଭିନ୍ନ ଅବତାରମାନଙ୍କ ରୂପ ଧାରଣ କରିଥାନ୍ତି ଓ ମହିଳାମାନଙ୍କ କ୍ଷେତ୍ରରେ ସ୍ତନକର୍କଟର କାରଣ ହୋଇଥାନ୍ତି। ଏମାନଙ୍କ ମଧ୍ୟରୁ କ୍ଲୋରଡ଼େନ ଡାଇବେଟିସ୍ ରୋଗର ସୂତ୍ରପାତ କରିଥାଏ। ଆଳୁରେ ଥିବା ଶର୍କରା ଅପେକ୍ଷା ଡାଇବେଟିସ୍ ପାଇଁ ଏହି କ୍ଲୋରଡ଼େନ୍ ଅଧିକ ଦାୟୀ ହୋଇଥାଏ। କନ୍ଦମୂଳ, ଗାଜର କ୍ଷେତ୍ରରେ ଏହା ହିଁ ହୋଇଥାଏ। ଆଳୁ ଭଳି ପିଆଜ, ଟମାଟୋ, ବାଇଗଣ, ବନ୍ଧାକୋବି, ଫୁଲକୋବି, ବ୍ରୋକୋଲି, କାକୁଡ଼ି ଓ ଅନ୍ୟାନ୍ୟ ପନିପରିବା କ୍ଷେତ୍ରରେ ସେହିଭଳି କାରଣମାନ ନିହିତ।

ଆମର ମୁଖ୍ୟ ଖାଦ୍ୟ ଧାନ ଓ ଗହମ କଥା ଦେଖିବା। ସେଥିରେ କାର୍ବାରିଲ ମାଲାଥିଅନ, କ୍ଲୋରୋପାଇରୋଫସ୍, ଏଣ୍ଡୋସଲଫାନ, ଡିଆଜିନନ, କାର୍ବୋଫୁରାନ ଭଳି ବିଷ ପ୍ରୟୋଗ କରାଯାଇଥାଏ। ଏଗୁଡ଼ିକ ଓ ବାଲୁଙ୍ଗା ମାରିବା ପାଇଁ ଗ୍ଲାଇଫୋସେଟ ଏକକୁ ଆରେକ ବଳୀୟାର ବିଭିନ୍ନ ଅସାଧ୍ୟ ରୋଗ ଓ ଶେଷରେ କ୍ୟାନ୍ସର ସୃଷ୍ଟି କରିବାପାଇଁ। ଏହାବାଦ୍ ଚାଉଳ ଓ ଗହମକୁ ବଡ଼ ବଡ଼ ଗୋଦାମରେ ସାଇତିବା ପାଇଁ ପରମାଣୁ ବିକିରଣ ବ୍ୟବହାର କରାଯାଇଥାଏ। ଗାଁମାନଙ୍କରେ ମୁଗ, ବିରି, କୋଳଥ ଇତ୍ୟାଦି ସାଇତିବା ବେଳେ ଗାମାକ୍ସିନ, ସେଭିନ ଭଳି ମାରାତ୍ମକ କ୍ୟାନ୍ସର ସୃଷ୍ଟିକାରୀ ବିଷ ପ୍ରୟୋଗ କରିଥାନ୍ତି। ଦିନସାରା ତେଲକଡ଼େଇରେ ଛଣା ହେଉଥିବା ବରା, ସିଙ୍ଗଡ଼ା ବା ରଙ୍ଗଦିଆ ଜଲବି ହେଉ ବା ଭୋଜିଭାତରେ ରଙ୍ଗଦିଆ ତରକାରି, ବା ବିଷବୋଳା ଅଙ୍ଗୁର ଓ ସେଓ ହେଉ, ବା ସୁନ୍ଦର ଦିଶିବା ପାଇଁ ଓ ଅଧିକ ଦିନ ରହିବାପାଇଁ କେମିକାଲଦିଆ ସ୍କାସ, କେଚପ୍, ଫଳରସ ଇତ୍ୟାଦି ହେଉ, ଏ ସମସ୍ତେ ଆପାତତଃ କର୍କଟକାରକ। ସେହିଭଳି ପୋଟଳ, ଭେଣ୍ଡି, ଜହ୍ନି ଇତ୍ୟାଦି ଫଳରେ ରଙ୍ଗ ବା ଫୁଲକୋବି ଓ ଲାଉ ଇତ୍ୟାଦି ଫଳକୁ ତୁରନ୍ତ ବଡ଼କରିବା ପାଇଁ ବା ଆମ୍ବରେ ବଉଳ ହେବା ଓ ବଉଳ ରହିବା, ଅଧିକ ଫଳ ହେବା ଇତ୍ୟାଦି ପାଇଁ ବ୍ୟବହୃତ କେମିକାଲ୍ସ କର୍କଟ ରୋଗକାରକ ହୋଇପାରନ୍ତି।

ଏବେ ଅବଶ୍ୟ ସରକାର ଜୈବିକ କୃଷି କଥା କହୁଚନ୍ତି, କିନ୍ତୁ ସେ ଉଦ୍ୟମ ଅତି କ୍ଷୀଣ ଓ ଗତି ଅତି ମନ୍ଥର। ଉତ୍ତାଳ ତରଙ୍ଗ ଆଗରେ ଛୋଟ ବାଲିବନ୍ଧ ପରି। ରାସାୟନିକ ସାର ଓ ବିଷ ପ୍ରୟୋଗର ପ୍ରସାର ବେଳେ କର୍ମଚାରୀମାନଙ୍କ ମଧ୍ୟରେ

ଯେଉଁ ଉତ୍ସାହ ଉଦ୍ଦୀପନା ଦେଖାଯାଏ, ଜୈବିକ କୃଷି କଥା କହିବାବେଳେ ସେସବୁ ଉଦ୍ଦୀପନା ଦେଖାଯାଏ ନାହିଁ। ଏଥର ବାୟୁ ବା ପ୍ରାଣବାୟୁ କଥା କହିବା। ଆମେ ଓ ମ୍ୟୁନିସିପାଲିଟି କର୍ମଚାରୀମାନେ ଯେତେବେଳେ ପଲିଥିନ ପୋଡୁ, ଆମେ ଜାଣୁନାହୁଁ ଯେ ପଲିଥିନ ପୋଡ଼ିଲେ ଡାଇଅକ୍ସିନ ନାମକ ଏକ ଗ୍ୟାସ ନିର୍ଗତ ହୁଏ, ଯାହା କ୍ୟାନ୍ସର ସୃଷ୍ଟି କରିବାରେ ନିଶ୍ଚିତଭାବେ ସାହାଯ୍ୟ କରେ। ସେହିଭଳି ଡିଜେଲ ଗାଡ଼ିର ଧୂଆଁରେ କ୍ୟାନ୍ସର ସୃଷ୍ଟିକାରୀ ଅନେକ ଉପାଦାନ ରହିଛି।

ଆମେ କିନ୍ତୁ କରୁଛେ କ'ଣ ? ଯେଉଁ ଯେଉଁ କାରଣ ଯୋଗୁ କର୍କଟ ରୋଗର ଦ୍ରୁତ ପ୍ରସାର ଘଟୁଛି; ସେସବୁ ଦୂର ନକରି ଅଧିକ ଡାକ୍ତରଖାନା, ଆହୁରି ବଡ଼ ଡାକ୍ତରଖାନା ଓ ମାଗଣା କେମୋ ପାଇଁ ବ୍ୟବସ୍ଥା କରୁଛୁ। ପତିତ ରହିଲେ ସିନା ପତିତପାବନ ବାନା ଫରଫର ଉଡ଼ିବ।

■

ପ୍ରମେୟ, ୫ ଜୁନ୍, ୨୦୧୮

ଦେଶ ସ୍ୱାଧୀନ, କିନ୍ତୁ ଚାଷୀ ପରାଧୀନ

ଅନେକ ଦିନର ସଂଗ୍ରାମ ପରେ ଅଗଷ୍ଟ ୧୫, ୧୯୪୭ ମସିହାରେ ଆମେ ସ୍ୱାଧୀନ ହେଲୁ। ସଂଗ୍ରାମ ପ୍ରଥମେ ଆରମ୍ଭ ହେଲା କିଛି ବଡ଼ବଡ଼ିଆ, ସହରୀ ଅତି ପାଠୁଆ ଲୋକଙ୍କୁ ନେଇ, କିନ୍ତୁ ଗାନ୍ଧିଜୀ ଦେଖିଲେ ଯେ ଏତେ ସୀମିତ ଲୋକଙ୍କୁ ନେଇ ଭାରତ ସ୍ୱାଧୀନ ହୋଇପାରିବ ନାହିଁ। ସଂଗ୍ରାମରେ ସାଧାରଣ ଲୋକ, ଦଳିତ, ଆଦିବାସୀ, ଚାଷୀ ମୂଲିଆ, ହିନ୍ଦୁମାନଙ୍କ ସହ ମୁସଲମାନ, ଖ୍ରୀଷ୍ଟିଆନ- ଏପରି ସବୁ ବର୍ଗର, ସବୁ ଧର୍ମର ଲୋକମାନେ ସାମିଲ ହେବା ଆବଶ୍ୟକ। ଚାକିରି, ଉଚ୍ଚ ପଦପଦବିରେ ରହିବାପାଇଁ ବଡ଼ବଡ଼ିଆମାନେ ଆନ୍ଦୋଳନ କରୁଥିଲେ। ସବୁ ଲୋକ ସାମିଲ ହେବାପାଇଁ ସେମାନଙ୍କୁ କୁହାଗଲା ଯେ, ଥରେ ଭାରତରୁ ବିଲାତବାଲା ଚାଲିଗଲେ ଦେଶରେ ଖାଦ୍ୟାଭାବ ରହିବନାହିଁ, ଭୋକିଲା କେହି ରହିବେନାହିଁ, ଚାଷୀମାନଙ୍କ ଉପରେ ଚାଲିଥିବା ଜୁଲୁମ ଓ ଶୋଷଣ ଲୋପ ହେବ, ଆଦିବାସୀମାନେ ନିଜ ନିଜର ଜମି ଫେରିପାଇବେ, ମଦ ପ୍ରସାର ବନ୍ଦ ହେବ, ଅସ୍ପୃଶ୍ୟତା ଲୋପ ପାଇବ- ଚୁମ୍ବକରେ କହିଲେ ଲୋକେ ଖୁସିରେ ରହିବେ ଓ ଦେଶରେ ଘିଅ ମହୁ ଭାସିବ। ଏଥିରେ ଉଦ୍‌ବୁଦ୍ଧ ହୋଇ ମୂଷା ମଲିକ, ରଘୁ ଦିବାକର ଓ ଲକ୍ଷ୍ମଣ ନାଏକଙ୍କ ଭଳି ସାଧାରଣ ଲୋକ ଶହୀଦ ହୋଇଗଲେ।

ଦେଶ ସ୍ୱାଧୀନ ହେଲାବେଳକୁ ନିଅଣ୍ଟ ସମ୍ଭାଳିବା ପାଇଁ ଦେଶରେ ଯାହା ଖାଦ୍ୟଶସ୍ୟ ମହଜୁଦ ଥିଲା ତାହା ଉଭେଇଯାଇଥିଲା। ଦ୍ୱିତୀୟ ମହାଯୁଦ୍ଧରେ ବିଭିନ୍ନ ଦେଶରେ ଲଢୁଥିବା ସୈନିକମାନଙ୍କର ଖୋରାକି ପାଇଁ ବିଲାତ ସରକାର ବଳକା ଖାଦ୍ୟକୁ ବ୍ୟବହାର କରିସାରିଥିଲେ, ତାହା ସହ ଗହମ ଉତ୍ପାଦନ ଅଞ୍ଚଳ ପଞ୍ଜାବର କିଛି ଅଂଶ ସହ ସିନ୍ଧୁ ଉପତ୍ୟକାର ଉର୍ବର ଅଞ୍ଚଳ ଓ ପୂର୍ବରେ ଗଙ୍ଗା ଓ ବ୍ରହ୍ମପୁତ୍ରର ପଟୁରେ ଉର୍ବର ହୋଇଥିବା ଧାନ ଆଦାୟର ମୁଖ୍ୟ ଅଂଶ ପାକିସ୍ତାନକୁ ଚାଲିଗଲା।

ଏହା ସହ ଲାଗ ଲାଗ ଦୁଇ ତିନିବର୍ଷ ପାଣିପାଗ ଅନିଶ୍ଚିତ ହୋଇଗଲା। ବିଲାତବାଲା ଦେଶରୁ ଚାଲିଗଲେ ଦେଶ ଘିଅ ମହୁରେ ଭାସିବା ତ ଦୂରର କଥା, ବରଂ ଘୋର ଖାଦ୍ୟାଭାବର ସମ୍ମୁଖୀନ ହେଲା ଦେଶ। ଦେଶର ନେତାମାନେ ବଳକା ଖାଦ୍ୟ ଉତ୍ପାଦନ କରୁଥିବା ଦେଶମାନଙ୍କୁ ଗଲେ ଚାଉଳ ଗହମ ପାଇଁ।

ପୃଥିବୀ କିନ୍ତୁ ସେତେବେଳେ ଦୁଇଟି ଶିବିରରେ ବିଭକ୍ତ ହୋଇସାରିଥାଏ, ଗୋଟିଏ ପାଖେ ଆମେରିକା ନେତୃତ୍ୱରେ ପୁଞ୍ଜିବାଦୀ ଦେଶମାନେ ଏକାଠି ହୋଇଥାନ୍ତି, ଅନ୍ୟପକ୍ଷରେ ବର୍ତ୍ତମାନର ରୁଷିଆ ଓ କେତେକ ମଧ୍ୟ ଏସିଆ ଓ ପୂର୍ବ-ୟୁରୋପର ଦେଶମାନଙ୍କୁ ନେଇ ଗଠିତ ସୋଭିଏତ ୟୁନିଅନ ନେତୃତ୍ୱ ନେଉଥାଏ ସାମ୍ୟବାଦୀ ଗୋଷ୍ଠୀର। ଆୟତନରେ ବୃହତ୍ତମ ସୋଭିଏତ ୟୁନିଅନ ସହ ସାମିଲ ହୋଇଗଲା ଜନସଂଖ୍ୟାରେ ବୃହତ୍ତମ ଚୀନ। ନୂଆ ନୂଆ ସ୍ୱାଧୀନ ହେଉଥିବା ଅନେକ ଏସୀୟ ଓ ଆଫ୍ରିକୀୟ ଦେଶ ରୁଷିଆ ଆଡ଼କୁ ଢଳୁଥାନ୍ତି। ଏ ପରିସ୍ଥିତିରେ ଭାରତ କୌଣସି ଏକ ଗୋଷ୍ଠୀରେ ନମିଶି ନିରପେକ୍ଷ ରହିବାପାଇଁ ସ୍ଥିର କଲା। ତେବେ ସମାଜବାଦୀ ଢାଞ୍ଚାରେ ସମାଜ ଗଠନ, ପଞ୍ଚବାର୍ଷିକ ଯୋଜନାମାନ କଥା ଦେଖି ଆମେରିକା ଭାରତକୁ ସଦାବେଳେ ସନ୍ଦେହ ଚକ୍ଷୁରେ ଦେଖିଲା। ଯେଉଁଠି କିନ୍ତୁ ଶୋଷଣ ସହ ଉତ୍କଟ ଦାରିଦ୍ର୍ୟ ଓ କ୍ଷୁଧା ରହିଥାଏ ସେଠାରେ ସାମ୍ୟବାଦ ପ୍ରତି ଅଧିକ ଆକର୍ଷଣ ଥାଏ। ଚୀନ ୧୯୪୯ ମସିହାରେ କମ୍ୟୁନିଷ୍ଟ ହୋଇଗଲା ପରେ କ୍ଷୁଧା ଓ ଦାରିଦ୍ର୍ୟ ଯୋଗୁ ଭାରତର ଜନସାଧାରଣ ବିଦ୍ରୋହୀ ହୋଇପଡ଼ିବେ ଓ ଦେଶ କମ୍ୟୁନିଷ୍ଟ ହେଇଯିବ ସେଇ ଡର ଆମେରିକାର ଥାଏ। ସେଥିପାଇଁ ଭାରତକୁ ଯେତେ ଚାଉଳ ଗହମ ଦରକାର ହେବ ସେସବୁ ପିଏଲ୪୮୦ ଯୋଜନା ଅନୁଯାୟୀ ଯୋଗାଇ ଦିଆଯିବ ଓ ଭାରତକୁ ଆମେରିକୀୟ ମୁଦ୍ରା ଡଲାର ଆକାରରେ ଦେବାକୁ ପଡ଼ିବନାହିଁ। ଭାରତୀୟ ମୁଦ୍ରା ଟଙ୍କା ଆକାରରେ ସେ ମୂଲ୍ୟ ଦେବ ଭାରତ ଓ ସେ ଅର୍ଥର ଗୋଟେ ପାଣ୍ଠି ହେବ, ସେ ପାଣ୍ଠି ଭାରତର ରାସ୍ତାଘାଟ, ବନ୍ଦର, କୃଷି ବିଶ୍ୱବିଦ୍ୟାଳୟ ସ୍ଥାପନ ଓ ଅନ୍ୟାନ୍ୟ ଉଚ୍ଚ ଶିକ୍ଷାନୁଷ୍ଠାନମାନ ପ୍ରତିଷ୍ଠା ଇତ୍ୟାଦିରେ ଖର୍ଚ୍ଚହେବ। ଅର୍ଥାତ୍ ଗହମ ଓ ଚାଉଳ ପୂରା ମାଗଣାରେ ଭାରତ ପାଇବ।

ମାଗଣା ଚାଉଳ ଓ ଗହମ ବ୍ୟବସ୍ଥା ଆମକୁ ବହୁତ ସୁହାଇଲା, ନେତୃବୃନ୍ଦ ଆଶ୍ୱସ୍ତ ହେଲେ। ଆମେରିକା ମଧ୍ୟ ନିଶ୍ଚିତ ହେଇଗଲା ଯେ ଭାରତ ମାଗଣା ଚାଉଳ ଗହମ ଖାଇ ବେଶ୍ ଖାପଚାରେ ରହିବ। କିନ୍ତୁ ଏ ବ୍ୟବସ୍ଥା ଫଳରେ କୃଷିରେ ଉନ୍ନତି କରି ନିଜେ ଖାଦ୍ୟରେ ସ୍ୱାବଲମ୍ବୀ ହେବାର ଉଦ୍ୟମ ସରକାରୀ ସ୍ତରରେ ରହିଲାନାହିଁ। ମାଗଣା ଗହମ ଚାଉଳ ଆସିବା ଫଳରେ ଖାଦ୍ୟଶସ୍ୟ ଦରଦାମ ଅହେତୁକ ଭାବେ

କମ୍ ରହିଲା, ଚାଷୀମାନେ ବହୁତ କ୍ଷତିଗ୍ରସ୍ତ ହେଲେ । ଏଇଠୁ ଚାଷ ଓ ଚାଷୀର ଦୁର୍ଦ୍ଦଶାର ପର୍ବ ଆରମ୍ଭ ହେଇଗଲା । ୧୯୬୫ ମସିହା । ଶାସ୍ତ୍ରୀଜୀ ପ୍ରଧାନମନ୍ତ୍ରୀ । ଦେଶସାରା ମରୁଡ଼ି । ପାକିସ୍ତାନ ସହ ଯୁଦ୍ଧରେ ଆମେରିକା ତା'ର ବନ୍ଧୁରାଷ୍ଟ୍ର ପାକିସ୍ତାନକୁ ବିଶେଷକିଛି ସାହାଯ୍ୟ କରିପାରିଲାନି । ତେଣେ ଭିଏତନାମ ଯୁଦ୍ଧ ଭୀଷଣ ଆକାର ଧାରଣ କରିଥାଏ । ଆମେରିକାର ବୋମା ମାଡ଼ରେ ଭିଏତନାମରେ ଅନେକ ଧନଜୀବନ ହାନି ଘଟୁଥାଏ । ପୃଥିବୀର ଜନମତ ଓ ଆମେରିକାରେ ମଧ୍ଯ ଜନମତ ଭିଏତନାମରେ ବୋମା ମାଡ଼ ବିରୋଧରେ ଯାଉଥାଏ । ଭାରତ ଆମେରିକା ବିରୋଧରେ ଜାତିସଂଘରେ ଭୋଟ ଦିଏ । କୌରବଙ୍କର ଖାଇ ପାଣ୍ଡବଙ୍କର ଗାଇବା ଚଳିଲା ନାହିଁ । କ୍ରୋଧିତ ଆମେରିକା ଭାରତକୁ ମାଗଣା ଗହମ ଚାଉଳ ଯୋଗାଣ ବନ୍ଦ କରିଦେଲା । ଏଣିକି ଖାଦ୍ୟଶସ୍ୟ ପାଇଁ ଡଲାର ବା ସୁନା ଆକାରରେ ଦେବାକୁ ହେବ ବୋଲି ଆମେରିକା ଭାରତକୁ ଜଣାଇଦେଲା । ଗୋଟେପଟେ ଉତ୍କଟ ମରୁଡ଼ି, ଏଣେ ମାଗଣା ଗହମ ଚାଉଳ ବନ୍ଦ ହେଇଗଲା । ବର୍ଷ ବର୍ଷ ଧରି ମାଗଣା ଖାଇ ଚାଷ ଓ ଚାଷୀଙ୍କୁ ଅବହେଳା କରାହେଲା । ଶାସ୍ତ୍ରୀଜୀ 'ଜୟ ଯବାନ ଜୟ କିଷାନ' ସ୍ଲୋଗାନ ଦେଲେ, ସପ୍ତାହରେ ଗୋଟେ ଓଳି ଉପବାସ ପାଇଁ ଆହ୍ୱାନ ଦେଲେ । ସୋମବାର ଉପରଓଳି ସାରା ଭାରତରେ ହୋଟେଲ, ହଷ୍ଟେଲ ବନ୍ଦ ରହିଲା, କୋଟି କୋଟି ଜନସାଧାରଣ ଉପବାସରେ ଯୋଗଦେଲେ । ଶାସ୍ତ୍ରୀଜୀ କିନ୍ତୁ ଆମ ପାଖରୁ ଅସମୟରେ ଚାଲିଗଲେ । ଭାରତରେ ବୈଦେଶିକ ମୁଦ୍ରାର ଘୋର ନିଅଣ୍ଟିଆ ଅବସ୍ଥା । ଭାରତ ଆଣ୍ଠେଇପଡ଼ିଲା । ପଞ୍ଚବାର୍ଷିକ ଯୋଜନା ଘୁଞ୍ଚେଇ ଦିଆଗଲା । ଭାରତର ଜନସାଧାରଣ ଢୋକେ ପିଇ ଦଣ୍ଡେ ଜିଇ ଅବସ୍ଥାରେ ରହିଲେ । ଠିକ୍ ସେହି ସମୟରେ କିଛି ବିଶେଷଜ୍ଞ ଆମେରିକା ସରକାରକୁ ପରାମର୍ଶ ଦେଲେ ଯେ ସରକାର ଆମେରିକାର ଚାଷୀମାନଙ୍କୁ କିଛି ଜମି ଖାଲି ରଖି ଉତ୍ପାଦନ କମ୍ କରିବାକୁ କହନ୍ତୁ, ତାହାହେଲେ ଅଧିକ ଉତ୍ପାଦନ ହେବନାହିଁ ଓ ବଳକା ଖାଦ୍ୟଶସ୍ୟକୁ କିଣି ମାଗଣା ବାଣ୍ଟିବା ଦରକାର ପଡ଼ିବନାହିଁ । ଖାଲି ରଖିବା ଜମିରୁ ଯାହା ଲାଭ ପାଇଥାନ୍ତେ, ଚାଷୀ ସେମାନଙ୍କୁ ସିଧାସଳଖ ଆମେରିକା ସରକାର ସେ ଅର୍ଥ ଦେଇଦେବେ । ଏ ବ୍ୟବସ୍ଥା ଆମେରିକାକୁ ସୁହାଇଲା ।

ଏ ପରିସ୍ଥିତିରେ ଆମର ଖାଦ୍ୟ ଓ କୃଷିମନ୍ତ୍ରୀଙ୍କୁ ଦେଶ ଦେଶ ଭିକ୍ଷାଥାଳ ଧରି ବୁଲିବାକୁ ହେଲା ଖାଦ୍ୟଶସ୍ୟ ପାଇଁ । ଏତିକିବେଳେ ଆମେରିକାର କିଛି ସାର ବ୍ୟବସାୟୀ ପହଞ୍ଚିଗଲେ ଓ ଗୋଟେ କେଜି ସାର ଆମଦାନୀ କଲେ ଦଶ କେଜି ଖାଦ୍ୟ ଆମଦାନୀ ଆବଶ୍ୟକ ହେବନାହିଁ । ତେଣୁ ଖାଦ୍ୟ ଆମଦାନୀ ନକରି ସାର ଆମଦାନୀ କରିବା ଅଧିକ ବିଜ୍ଞତାର କାମହେବ । ଏ କଥା ଆମ ମନକୁ ପାଇଗଲା ।

ଯୋଗକୁ ସେତିକିବେଳେ ବାଙ୍ଗରା ଧାନ ଓ ବାଙ୍ଗରା ଗହମ ବାହାରିଗଲା, ଯାହାକି ସଦାବେଳେ ଭୋକିଲା ଓ ସଦାବେଳେ ଶୋଷିଲା, କିନ୍ତୁ ଅଧିକ ଫଳ ଦେଲା। ଧୀରେ ଧୀରେ ସାରର ବ୍ୟବହାର ବଢ଼ିଲା। ଓଡ଼ିଶା ଭଳି ରାଜ୍ୟମାନଙ୍କରେ ସାର ବ୍ୟବହାର ବଢ଼େଇବା ପାଇଁ ପ୍ରତି ପଞ୍ଚାୟତରେ ଗ୍ରାମସେବକ ଓ ସେମାନଙ୍କର ରହିବା ପାଇଁ ଘର ତିଆରି ପାଇଁ ବିଶ୍ୱବ୍ୟାଙ୍କ ଋଣ ଦେଲା। ସେମାନେ ଲୋକମାନଙ୍କୁ ବୁଝେଇ କଳେବଳେ କୌଶଳେ ଅଧିକ ନୂଆ କିସମର ବିହନ ଓ ତାହାସହ ଅଧିକ ସାର ଓ ସାରର ସାଥୀ କୀଟନାଶକ ବ୍ୟବହାର ବଢ଼େଇଲେ। ଏଥିରେ ସାହାଯ୍ୟ କଲେ ଆମେରିକା ପଇସାରେ ସ୍ଥାପିତ କୃଷି ବିଶ୍ୱବିଦ୍ୟାଳୟମାନଙ୍କରୁ ବାହାରୁଥିବା ବିଶେଷଜ୍ଞମାନେ ଓ ମୂଳରୁ ଚୁଳଯାଏ ସରକାରୀ କଳ। ଏ ସମସ୍ତ ଉଦ୍ୟମ ଫଳରେ ସାର ବ୍ୟବହାର ଯେତେବେଳେ ଗୋଟେ ସୀମାରେ ପହଞ୍ଚିଗଲା, ଆମେରିକାରୁ ଆଉ ଦଳେ ଲୋକ ପହଞ୍ଚିଗଲେ। ସାର ତିଆରି ପାଇଁ ଯେଉଁ ଯନ୍ତ୍ରପାତି ଆବଶ୍ୟକ ସେସବୁ ତିଆରି କରୁଥିବା କମ୍ପାନୀମାନେ ପହଞ୍ଚି ସାର ଆମଦାନୀରେ ପଇସା ଖର୍ଚ୍ଚ ନକରି ନିଜେ ସାର ତିଆରି କର, ଯନ୍ତ୍ରପାତି ଯାହା ଆବଶ୍ୟକ ଋଣ ଜରିଆରେ ସେସବୁ ଯୋଗାଇ ଦିଆଯିବ ଓ ଭାରତ ନିଜେ ସାର ତିଆରି କରିବା କଥା ବୁଝାଇଦେଲେ। ଏ କଥା ମଧ୍ୟ ମନକୁ ବେଶ୍ ପାଇଲା ଓ ସାର କାରଖାନାମାନ ବସାହେଲା।

ଏବେ ଆସିଗଲେ ହାଇବ୍ରିଡ ବିହନ କମ୍ପାନୀ। ଏଭଳି ବିହନ ବାହାର କଲେ, ଯେପରିକି ପ୍ରତିବର୍ଷ କଂପାନୀ ବିହନ ହିଁ କିଣିବାକୁ ହେବ ଓ ସେ ବିହନ ପ୍ରୟୋଗ କଲେ ନିର୍ଦ୍ଦିଷ୍ଟ ପରିମାଣରେ ସାର, କୀଟନାଶକ, ବାଲୁଙ୍ଗାନାଶକ ଓ ଯନ୍ତ୍ରପାତି ବ୍ୟବହାର କରିବାକୁ ହେବ। ସେଥିରେ ଖର୍ଚ୍ଚ ଅଧିକ, ତେଣୁ ଋଣ ମଧ୍ୟ ଅଧିକ। ହାଇବ୍ରିଡ ବିହନରୁ ଅଧିକ ଆଦାୟ ହେଲା, ଲୋଭ ହେଲା, ଆହୁରି ଆହୁରି ଧାନଠୁ ଆରମ୍ଭ କରି ପନିପରିବା ବିହନ କଂପାନୀ ଯୋଗାଇଲା। ନିଜର ଯୁଗ ଯୁଗ ଧରି ସାଇତିଥିବା ବିହନ ଲୋପ ପାଇଲା। ଯନ୍ତ୍ରପାତିର ବ୍ୟବହାର ଯୋଗୁ ଗାଈଗୋରୁଙ୍କର ଆବଶ୍ୟକତା ରହିଲାନାହିଁ।

ଘୋର ବନରେ ହରିଣ ଯେପରି ଗୋଟେ ପାଖେ ଜାଲ, ଗୋଟେ ପାଖେ ନିଆଁ, ଅନ୍ୟ ପାଖରେ କୁକୁର ଓ ବ୍ୟାଧର ସମ୍ମୁଖୀନ ହୋଇଥିଲା ଆଜି ସେହିପରି ଚାଷୀ ଗୋଟେ ପାଖେ ଋଣ ଲଗାଣକାରୀ ସଂସ୍ଥା ଓ ବ୍ୟକ୍ତି, ଅନ୍ୟ ପାଖରେ ସାର ବିହନ, କୀଟନାଶକ, ଯନ୍ତ୍ରପାତି ବ୍ୟବସାୟୀ ଓ ସଂସ୍ଥା। ଅନ୍ୟପାଖରେ ବିଶେଷଜ୍ଞ ଦଳ ଓ ସରକାରୀ କଳ, ଶେଷରେ ଚାଷର ସମସ୍ତ ଉତ୍ପାଦିତ ଜିନିଷର କ୍ରୟ ସଂସ୍ଥା ଓ ବ୍ୟକ୍ତି- ଏଭଳି ଏକ ସଂକଟପୂର୍ଣ୍ଣ ବ୍ୟୂହରେ ପଡ଼ି ନିଜର ସ୍ୱାଧୀନତା ହରାଇଲା ଓ ସଂପୂର୍ଣ୍ଣ ପରାଧୀନ ହୋଇଗଲା। ଜୈବିକ ପଦ୍ଧତିରେ ଚାଷ ଓ ଦେଶୀ ବିହନର

ପୁନରୁଦ୍ଧାର ଚାଷୀଙ୍କୁ ସ୍ୱାଧୀନତା ଦେଇପାରିବ। ଏସବୁ ତ କିନ୍ତୁ ଥିଲା, ସେଥିରେ ଖାଦ୍ୟ ଅଭାବ ପୂରଣ ହୋଇପାରିଲାନି ବୋଲି ତ ଚାଷୀ କଂପାନୀ ବିହନ ଇତ୍ୟାଦି ଆପଣେଇଲେ। ତେବେ ସୌଭାଗ୍ୟକ୍ରମେ ଏବେ ଜୈବିକ ପଦ୍ଧତିରେ ଅନେକ ନୂଆ ନୂଆ କୌଶଳ ବାହାରି ସାରିଲାଣି ଓ ଅଧିକ ଅମଳ ଦେଉଥିବା ଦେଶୀ ବିହନ ସବୁ ଠାବ କରାଗଲାଣି। ଜଳବାୟୁ ପରିବର୍ତ୍ତନ ସହ ଖାପଖୁଆଇବାରେ, ବଢ଼ି, ମରୁଡ଼ି ଇତ୍ୟାଦି ସମ୍ଭାଳିବାରେ ଦେଶୀ ବିହନ ଓ ଗୋବର ଖତ କମ୍ପୋଷ୍ଟ ଇତ୍ୟାଦି ଅଧିକ ଉପଯୋଗୀ ଜଣାପଡ଼ିଲାଣି।

ଆନନ୍ଦର କଥା, ବିଳମ୍ବରେ ଓ କ୍ଷୀଣ ଭାବେ ହେଲେ ମଧ୍ୟ ସରକାର ପାରମ୍ପରିକ କୃଷି ପଦ୍ଧତିର ପୁନଃପ୍ରଚଳନ ପାଇଁ ଅଣ୍ଟାଭିଡ଼ିଛନ୍ତି। ଆମର ଆଶା, ସରକାର ଅଧିକ ସାହାଯ୍ୟ ସହଯୋଗ କରି ଏହାର ପ୍ରଚାର ପ୍ରସାର କରିବେ ଓ ଚାଷୀମାନଙ୍କ ମଧ୍ୟରେ ହଜିଯାଇଥିବା ସ୍ୱାଧୀନତା ଫେରେଇବାରେ ସାହାଯ୍ୟ କରିବେ।

■

ପ୍ରମେୟ, ୨୨ ଜୁଲାଇ, ୨୦୧୭

ଭଦଭଦଳିଆମାନେ ଗଲେ କୁଆଡ଼େ ?

ସମ୍ଭବତଃ ଏହା ଏକ ସଂପୂର୍ଣ୍ଣ ସଂଯୋଗ ହୋଇପାରେ, କିନ୍ତୁ ଘଟଣାଟି ଏଭଳି ଘଟିଲା । ପ୍ରାୟ ତିରିଶ ବର୍ଷ ତଳେ ଏବର ନୟାଗଡ଼ ଜିଲ୍ଲାର ଦକ୍ଷିଣ ପାଖେ ଶେଷମୁଣ୍ଡରେ ଥିବା ରୋହିବାଙ୍କ ଓ ନାଉଖାଲ ଗାଁରେ ଥିବା ପଡ଼ିଆ ଜମିରେ ପହଞ୍ଚିଲୁ । ଶୀତ ଛାଡ଼ିବାକୁ ନାରାଜ, ଖରା ଧସେଇ ପଶୁଛି; ଫେବ୍ରୁଆରୀ ମାସ ମଝାମଝି । ସାଙ୍ଗରେ ସ୍ଥାନୀୟ ଲୋକ ଦୁଇଜଣ ଥାଆନ୍ତି । ରାସ୍ତାରୁ ଖସି ପଡ଼ିଆ ଭିତରକୁ ଅଳ୍ପ ବାଟ ଯାଇଛୁ, ସାମନାରେ ଅଳ୍ପ ଉଚ୍ଚରେ ଗୋଟେ ଭଦଭଦଳିଆ ଚଢ଼େଇ ତା'ର ସଂପୂର୍ଣ୍ଣ ନିଜସ୍ୱ ଢଙ୍ଗରେ ରଡ଼ି କରି କରି ଚାଲିଗଲା । ସ୍ଥାନୀୟ ଲୋକମାନେ ସ୍ୱତଃ କହି ପକାଇଲେ- ଆଜ୍ଞା, ଇଏ ଶୁଭ ଲକ୍ଷଣ । ଆଉ ସେଇ ଶୁଭ ମୁହୂର୍ତ୍ତରେ ନିଷ୍ପତ୍ତି ନେଲୁ ଜୈବିକ ଚାଷର ପରୀକ୍ଷା ନିରୀକ୍ଷା ସେଇଠି ଆରମ୍ଭ କରିବା ।

ପଶୁପକ୍ଷୀମାନଙ୍କ ସହ ଏତେ ନିବିଡ଼ ଭାବେ ସଂପର୍କ ରଖି ଯୁଗ ଯୁଗ ଧରି ମଣିଷ ଚଳିଥିଲା ଯେ, କାହାର ଉପସ୍ଥିତି ଶୁଭ ଓ କାହାକୁ ଦେଖିଲେ ଅଶୁଭ ହେବ ବୋଲି ଭାବୁଥିଲା କେବଳ ତାହା ନୁହେଁ, ସେମାନଙ୍କର ହାବଭାବ, ଗତିବିଧି ମଧ ଭବିଷ୍ୟତ ବିଷୟରେ ସୂଚନା ଦେଉଥିଲା ବୋଲି ମଣିଷ ଧରି ନେଇଥିଲା । କାଉଟିଏ ଅଗଣାରେ ବାରମ୍ବାର ବୋବେଇଲେ ଘରକୁ କୁଣିଆ ଆସିବେ ଭାବି ଏ ସୁସମ୍ବାଦ ପାଇଁ ତାକୁ କିଛି ଖାଇବାକୁ ଦେଉଥିଲା । ଅବଶ୍ୟ ଏ ଦୁଃସମ୍ବାଦ ପାଇଁ କାଉକୁ ଘଉଡ଼େଇ ଦିଆଯିବ ଆଜିକାଲି । ଆକାଶରେ ଗେଣ୍ଡାଳିଆମାନେ ଚକିଦେଲେ ବା ଚଟିଆମାନେ ଧୂଳି ଗାଧେଇଲେ ତାହା ବର୍ଷାର ସଂକେତ ବୋଲି ମଣିଷ ବିଚାରୁଥିଲା । ସେହଭଳି ସକାଳେ ପରୀକ୍ଷା ପାଇଁ ସ୍କୁଲକୁ ବାହାରିବା ବେଳେ ଶଙ୍ଖଚିଲଟିଏ ବୋବେଇଲେ ବାପା ମାଆ କହୁଥିଲେ ପରୀକ୍ଷାରେ ଭଲ ହେବ । ନେଉଳ ବା ବାଁପାଖେ ବିଲୁଆ ଦେଖିଲେ ତ ନିଶ୍ଚୟ ଶୁଭ ଅଛି । ଗାଁରେ କିଏ ବେମାରରେ ପଡ଼ିଛି ଓ ରାତିରେ ଉଲ୍ଲୁକ

ବା ପେଚା ରଡ଼ି କଲେ ମୃତ୍ୟୁ ପ୍ରାୟ ଆସନ୍ନ ବୋଲି ବିଚାର କରାଯାଉଥିଲା। ଏସବୁ କଥାକୁ ଆମେ ସଂପୂର୍ଣ୍ଣ ନିରାଧାର ଓ ଅନ୍ଧବିଶ୍ୱାସ ବୋଲି କହିପାରିବା। କିନ୍ତୁ ଏଥିରୁ ଜୀବଜଗତ ସହ ମଣିଷ ନିଜକୁ କେତେ ଘନିଷ୍ଠ ଭାବେ ଯୋଡ଼ିଥିଲା ତାହା ଅନୁମାନ କରିହେବ।

ଏବେ ଭଦଭଦଳିଆ ପାଖକୁ ଫେରିବା। ଦେଖିବାକୁ ସୁନ୍ଦର। ଅଳ୍ପ ଉଚ୍ଚରେ ଉଡୁଥିବାରୁ ତା'ର ସୌନ୍ଦର୍ଯ୍ୟ ଭଲଭାବେ ଜଣାପଡ଼େ। ଗାଁ ପାଖ ବୁଦୁବୁଦିଆ ଜଂଗଲ ତା'ର ବାସସ୍ଥାନ। ଭାରତର ଜାତୀୟ ପକ୍ଷୀ ତ ମୟୂର, ଓଡ଼ିଶାର ରାଜ୍ୟପକ୍ଷୀର ମାନ୍ୟତା ପାଇଛି ଭଦଭଦଳିଆ। ଓଡ଼ିଶା ଭଳି କର୍ଣ୍ଣାଟକ ମଧ୍ୟ ଭଦଭଦଳିଆକୁ ରାଜ୍ୟପକ୍ଷୀର ମାନ୍ୟତା ଦେଇଛି। କୀଟ ପତଙ୍ଗ, ପୋକଜୋକ ଭଦଭଦଳିଆର ମୁଖ୍ୟ ଖାଦ୍ୟ। ଜମିବାଡ଼ିରେ ଫସଲ ନଷ୍ଟ କରୁଥିବା କୀଟପତଙ୍ଗ ଖାଇଯାଉଥିବାରୁ, ଗାଁ ପାଖଆଖରେ ରହୁଥିବାରୁ ଓ ଦେଖିବାକୁ ସୁନ୍ଦର ଦେଖାଯାଉଥିବା ଯୋଗୁ ବୋଧହୁଏ ଭଦଭଦଳିଆ ପକ୍ଷୀକୁ ଦେଖିଲେ ଶୁଭ କୁହାଯାଉଛି।

ଦୁଃଖର କଥା, ଏଇମାତ୍ର କେତେବର୍ଷ ମଧ୍ୟରେ ସେମାନଙ୍କ ସଂଖ୍ୟା ଦ୍ରୁତଗତିରେ ହ୍ରାସପାଇ ଏବେ ଆଉ ଦେଖିବାକୁ ମିଳୁନାହାନ୍ତି। ଆମ ରାଜ୍ୟପକ୍ଷୀର ଏଇ ଦୁର୍ଦ୍ଦଶା। ତେବେ ଏଇ ଲୁପ୍ତପ୍ରାୟ ଅବସ୍ଥାର କାରଣ କ'ଣ ହୋଇପାରେ ? ଯେଉଁ ଯେଉଁ କାରଣ ଯୋଗୁ ଶଙ୍ଖଚିଲ ଚାଲିଗଲେ, ଘରଚଟିଆ ଆଉ ଦିଶିଲେନି, ଘୁଙ୍କାଳିକାମାନେ ବିଦାୟ ନେଲେ ସମ୍ଭବତଃ ସେଇ କାରଣ ଯୋଗୁ ଭଦଭଦଳିଆମାନେ ମଧ୍ୟ ସମଦଶା ଭୋଗିଲେ। କିଛି ଲୋକ ଉପରୋକ୍ତ ଚଢ଼େଇମାନଙ୍କର ଏଇ ବିଲୁପ୍ତପ୍ରାୟ ଅବସ୍ଥା ପାଇଁ ପୃଥିବୀର ଜଳବାୟୁରେ ଘଟୁଥିବା ପରିବର୍ତ୍ତନକୁ ଦାୟୀ କରୁଛନ୍ତି। କିନ୍ତୁ ମଣିଷ ଏଇ ପୃଥିବୀକୁ ଆସିବାର ବହୁ ଲକ୍ଷ ବର୍ଷ ପୂର୍ବରୁ ଏ ଚଢ଼େଇମାନେ ସଂସାରକୁ ଆସିଛନ୍ତି ଓ ଥରେଅଧେ ନୁହେଁ, ଅନେକବାର ପୃଥିବୀର ପାଣିପାଗରେ ପରିବର୍ତ୍ତନ ମଧ୍ୟ ଦେଇ ସମାନେ ଆସିଥିବେ। କେତେ ତାତି, କେତେ ଥଣ୍ଡା, କେତେ ଅତିବୃଷ୍ଟି ଓ ଅନାବୃଷ୍ଟି, କେତେ ଝଡ଼ବତାସ ସେମାନଙ୍କର ପୂର୍ବଜମାନେ ଅନୁଭବ କରିଥିବେ। ତେଣୁ ପୃଥିବୀରେ ଜଳବାୟୁରେ ପରିବର୍ତ୍ତନ ଏଥିପାଇଁ ଦାୟୀ ହେବା ସମ୍ଭାବନା କମ୍।

ପୃଥିବୀର ବିଭିନ୍ନ ଅଞ୍ଚଳରେ ଅନେକ ପ୍ରକାର କୀଟପତଙ୍ଗ, ମହୁମାଛି, ପ୍ରଜାପତି ଓ ପକ୍ଷୀ ତଥା ଅନ୍ୟ ପ୍ରକାର ପ୍ରାଣୀମାନଙ୍କର ସଂଖ୍ୟାରେ ଦ୍ରୁତ ହ୍ରାସ ଲକ୍ଷ୍ୟକରି ବୈଜ୍ଞାନିକମାନେ ମତ ଦେଉଛନ୍ତି ଯେ ଏବେ ଘରେ, ବାହାରେ ଘାସର ଲନ୍ ଓ ଧାନ ଗହମଠାରୁ ଆରମ୍ଭକରି ସବୁପ୍ରକାର ଫସଲରେ ଯୋଉଭଳି ଅଧିକରୁ ଅଧିକ ବିଷାକ୍ତ ରାସାୟନିକ ବିଷ ପ୍ରୟୋଗ କରାଯାଉଛି, ତାହାଫଳରେ ପ୍ରାଣୀଜଗତ ଆଜି ବିପଦାପନ୍ନ

ହୋଇପଡ଼ିଛି। ଜନସଂଖ୍ୟା ଯେଭଳି ଭାବେ ହୁ ହୁ ବଢ଼ିଲା, ସେଥିପାଇଁ ଅଧିକ ଖାଦ୍ୟ ଉତ୍ପାଦନର ଆବଶ୍ୟକତା ମଧ୍ୟ ବଢ଼ିଲା ଓ ସେଥିପାଇଁ ଅଧିକରୁ ଅଧିକ ଅମଳକ୍ଷମ ବିହନର ବ୍ୟବହାର ଆବଶ୍ୟକ ହେଲା। ନୂଆ କିସମର ବିହନ ପାଇଁ ଆବଶ୍ୟକ ହେଉଥିବା କଳକୌଶଳ କିଛି କମ୍ପାନୀ ହାତେଇନେଲେ। ଧାନ, ଗହମ, ମକା ଓ ଆଳୁ ଭଳି କେତେକ ମୁଖ୍ୟ ଖାଦ୍ୟ ଫସଲର କେଉଁ ଅନାଦିକାଳୁ ରହିଆସୁଥିବା ଦେଶୀ ବିହନକୁ କଳେବଳେ କୌଶଳେ ନିଜର କରିନେଇ ସେଥିରେ ଥିବା ଗୁଣସୂତ୍ରଗୁଡ଼ିକର ମିଶାଣ ଫେଡ଼ାଣ ଦ୍ୱାରା ଅଧିକ ଆଦାୟ ଦେଇପାରୁଥିବା ବିହନ ବାହାର କରି ବିହନ ବଜାରକୁ ନିର୍ଦ୍ଦିଷ୍ଟ କେତେକ କମ୍ପାନୀ ନିଜର କବଜାକୁ ନେଇଗଲେ। ସେସବୁ ବିହନ ବ୍ୟବହାର ଫଳରେ ଅଧିକ ଆଦାୟ ହେଲା ସତ, କିନ୍ତୁ ସେଥିପାଇଁ ଆମକୁ ବହୁତ ମୂଲ୍ୟ ଦେବାକୁ ପଡୁଛି। ନୂଆ କିସମର ବିହନରୁ ଅଧିକ ଆଦାୟ ତା' ଛାଏଁ ହେଉଯାଉନାହିଁ, ସେଥିପାଇଁ ଅଧିକ ରାସାୟନିକ ସାର, ସାର ସହ ଅଧିକ ପାଣି ଓ କୀଟନାଶକ ବିଷର ପ୍ରୟୋଗ ଆବଶ୍ୟକ ହେଲା। ଏବେ ପରିସ୍ଥିତି ଏମିତି ହୋଇଛି ଯେ, ଯେଉଁ କମ୍ପାନୀ ନୂଆ ବିହନ ବାହାର କରୁଛି, ସେଇ କମ୍ପାନୀ ତାହାସହ ନୂଆ ନୂଆ ବିଷ ବି ବାହାର କରୁଛି।

ସାରା ପୃଥିବୀରେ ଆଜି କ୍ଷେତରେ ଯେତେପ୍ରକାର ଓ ଯେତେ ପରିମାଣର ମାରାତ୍ମକ ବିଷ ପ୍ରୟୋଗ କରାଯାଉଛି ଅତୀତରେ କୌଣସି ସମୟରେ ତାହା କରାଯାଉନଥିଲା। ଗରମ ଓ ଥଣ୍ଡା, ଅତି ବୃଷ୍ଟି ବା ଅନାବୃଷ୍ଟି, ଲଘୁଚାପ ବା ଗୁରୁଚାପ, ବାତ୍ୟା ବା ମହାବାତ୍ୟା କୀଟ ପତଙ୍ଗମାନଙ୍କର ପୂର୍ବଜମାନେ ସମ୍ଭାଳିଥିଲେ, ଆଜିର ଜହର ଯାହା ମାଟି, ପାଣି ପବନକୁ ଅତିମାତ୍ରାରେ ବିଷାକ୍ତ କରିସାରିଲାଣି ଓ କେବେହେଲେ ସେମାନେ ଅତୀତରେ ସାମନା କରିନଥିଲେ। ଆଜି ସେଇଥିପାଇଁ ପୃଥିବୀରେ ହଜାର ହଜାର ପ୍ରଜାତିର ପ୍ରାଣୀ ଲୋପ ପାଇଲେଣି ବା ଲୋପ ପାଇବାକୁ ବସିଲେଣି।

ଫସଲରେ ସାର ପ୍ରକୋପରେ ଗଛର ଖାଦ୍ୟରେ ଅସଙ୍ଗତି ଦେଖାଦିଏ ଓ ପୋକ ଆକ୍ରମଣ ପାଇଁ ସୁଯୋଗ ସୃଷ୍ଟିକରେ। ପୋକ ଲାଗିଲେ କୃଷି ବିଶେଷଜ୍ଞମାନେ ଯେଉଁସବୁ ବିଷ ପ୍ରୟୋଗ ପାଇଁ ପରାମର୍ଶ ଦିଅନ୍ତି ସେଥିରୁ କିଏ ନ୍ୟୁରୋଟକ୍ସିନ ବା ସ୍ନାୟୁଗୁଡ଼ିକୁ ଅକାମି କରିଦିଏ, ଫଳରେ ପୋକଟି କିଛି ଖାଇପାରେନି, ପାରାଲିସିସରେ ଆକ୍ରାନ୍ତ ହୋଇ ପଡ଼ିଯାଏ ଓ ମରିଯାଏ। ଆଉ କେଉଁ ବିଷ ପୋକର ପ୍ରଜନନ କ୍ଷମତାକୁ ନଷ୍ଟ କରିଦିଏ ଓ ତା'ର ବଂଶ ବୃଦ୍ଧି ହୁଏନି।

ଆମ ସମସ୍ତଙ୍କର ଅନୁଭୂତି ଥିବ ଏଇ ଦଶ କୋଡ଼ିଏ ବର୍ଷ ତଳେ ରାତିହେଲେ

ବିଶେଷତଃ ଆଶ୍ୱିନ କାର୍ତ୍ତିକ ମାସରେ ଗାଡ଼ି ଚଳେଇଲାବେଳେ ଗାଡ଼ି ଆଲୁଅ ଯୋଗୁ କାର୍ ବସ୍ କାଚରେ ଛୋଟ ବଡ଼ ଅସଂଖ୍ୟ ପୋକ ବାଡ଼େଇ ହୁଅନ୍ତି ଓ ମୋଟର ସାଇକେଲରେ ଆଖିଆଗରେ ଘୋଡ଼େଇବା ପାଇଁ ବ୍ୟବସ୍ଥା ନଥିଲେ ଗାଡ଼ି ଚଳେଇବାରେ ବହୁତ ଅସୁବିଧା ହୁଏ। ଏବେ ତାହା ନାହିଁ ବା ବହୁତ କମିଯାଇଛି। ଦିଆଲି ପୋକମାନଙ୍କର ସଂଖ୍ୟା ଅନେକ ପରିମାଣରେ କମିଯାଇଥିବା ଆମେ ଲକ୍ଷ୍ୟ କରିଥିବା।

ଆମର ସୁନ୍ଦର ରାଜ୍ୟପକ୍ଷୀ ଭଦଭଦଳିଆ ପକ୍ଷୀ ଉପରେ ଏହାର ପ୍ରଭାବ ମୁଖ୍ୟତଃ ତିନି ପ୍ରକାର ପଡ଼ିଥାଏ। ପ୍ରଥମ ହେଲା, ପୋକଜୋକ ମରିଗଲା ପରେ ତା'ର ଖାଦ୍ୟ ଚାଲିଗଲା, ଆହାର ଅଭାବରେ ସେ ଚାଲିଗଲା। ଦ୍ୱିତୀୟ ହେଲା ବିଷ ଜ୍ୱାଳାରେ ଛଟପଟ ହେଉଥିବା ବା ମୁମୂର୍ଷୁ ଅବସ୍ଥାରେ ପଡ଼ିଥିବା ପୋକକୁ ଖାଇ କିଛିଦିନ ଚଳିଗଲା, କିନ୍ତୁ ତା' ଦେହରେ ଧୀରେ ଧୀରେ ବିଷର ପରିମାଣ ବୃଦ୍ଧିହୋଇ ଶେଷରେ ସେ ନିଜେ ଛଟପଟ ହୋଇ ଚାଲିଗଲା। ତୃତୀୟ ଦିଗଟି ହେଲା କେତେକ ବିଷର ପ୍ରଭାବ ହେଲା ଯେ, ଦେହରେ କ୍ୟାଲସିୟମ ଗ୍ରହଣ କରିବାର ଯେଉଁ ବ୍ୟବସ୍ଥା ଅଛି ସେ ବ୍ୟବସ୍ଥାଟି କାମ କରିବାରେ ଅସୁବିଧା ସୃଷ୍ଟିକରେ। ତେଣୁ ଚଢ଼େଇର ଅଣ୍ଡା ଖୋଳଟି ଅତି ପତଳା ହୋଇଥାଏ ଓ ଅଣ୍ଡାଟି ମା' ଦେହରୁ ତଳକୁ ଖସିଲା କ୍ଷଣି ଫାଟିଯାଏ ଓ ସେଥିରୁ ଆଉ ଛୁଆ ହୋଇପାରେନି। ଫଳରେ ଆଉ ବଂଶରକ୍ଷା ହୋଇପାରେନି। ଯଦି ଛୁଆଟି କୌଣସି ପ୍ରକାରେ ହୋଇଯାଏ, ତେବେ ଜହର ଜର୍ଜରିତ ପୋକ କେତୋଟି ମା' ଚଢ଼େଇ ଛୁଆକୁ ଦେଲାପରେ ଛୁଆଟି ସମ୍ଭାଳି ନପାରି ଚାଲିଯାଏ ଅକାଳରେ।

ଆଜି ଯେଉଁ ପ୍ରକ୍ରିୟାରେ ଶାଗୁଣା, ଶଙ୍ଖଚିଲ, ଘୁକାଳିଆ, ଚଟିଆ ଓ ଭଦଭଦଳିଆ ଚାଲିଗଲେ ଓ ହୁଏତ ଆଗାମୀ କିଛି ଦିନ ପରେ କାଉ, ତା'ପରେ ପାରା ଓ ବଗ ଇତ୍ୟାଦି ଚାଲିଯିବେ। ଆମେ କେବେ ଭାବିଛେ କି ସେ ପ୍ରକ୍ରିୟାରେ ପରିବର୍ତ୍ତନ ନହେଲେ, କାଲି ଆମ ପାଳି ପଡ଼ିବ ଓ ସେତେବେଳେ କିଛି କରିବାର ନଥିବ। ବେଳ ଥାଉ ଥାଉ ବନ୍ଧ ବାନ୍ଧିବା, ଠିକଣା ବିକଳ୍ପ ଖୋଜିବା ବୁଦ୍ଧିମାନର କାର୍ଯ୍ୟ ହେବ।

■

ପ୍ରମେୟ, ୨୦ ଅକ୍ଟୋବର, ୨୦୧୯

ମାଟି

॥ ପ୍ରଥମ ଭାଗ ॥

ଆମେ ବଞ୍ଚିବା ପାଇଁ ଯେଉଁ କେତେକ ଜିନିଷ ନିହାତି ଆବଶ୍ୟକ ସେଥିରୁ ଗୋଟିଏ ହେଲା ଖାଦ୍ୟ; ଆଉ ଖାଦ୍ୟ ହିସାବରେ ଆମେ ଯାହା ସବୁ ଖାଉଛେ - ଭାତ, ରୁଟି, ଜାଉ, ଡାଲି, ତରକାରୀ ଇତ୍ୟାଦି, ସେ ସବୁ ଜିନିଷ ଏଇ ମାଟିରୁ ହିଁ ଆଦାୟ ହୋଇଥାଏ। ଧାନ, ଗହମ, ମାଣ୍ଡିଆ, ଆମ୍ବ, ପଣସ ଓ ପନିପରିବା ଚାଷ ପାଇଁ ମାଟି ଦରକାର। କ୍ଷୀର, ଦହି, ଛେନା ବା ମାଂସ ପାଇଁ ମଧ୍ୟ ମାଟି ଆବଶ୍ୟକ। ଘାସ, ଦାନା ଓ ଗଛପତ୍ରର ଡ଼ାଳ ଇତ୍ୟାଦି ଖାଇ ଗାଈ, ଗୋରୁ, ଛେଳି, ମେଣ୍ଢା ଆଦି ବଢ଼ିଥାନ୍ତି ଓ ସେଇଥିରୁ ହିଁ ଆମେ କ୍ଷୀର, ଦହି ଓ ମାଂସ ଇତ୍ୟାଦି ପାଇଥାଉ। ମା' ଖୁଆଇ ପିଆଇ ବଢ଼ାଇଥାଏ ଏବଂ ଆମର ସମସ୍ତ ଖାଦ୍ୟ ପଦାର୍ଥ ମାଟିରୁ ପାଉଥିବା ଯୋଗୁଁ ମାଟିକୁ ମା' କୁହାଯାଏ। ଆମ ମା' ଯେମିତି ସବୁ ଜଞ୍ଜାଳ ଦୁଃଖ ସହିଥାଏ, ଠିକ୍ ସେହିଭଳି ମାଟି ମଧ୍ୟ ଆମର ସକଳ କର୍ଷଣ ଓ କଷଣ ସହିଥାଏ।

ଆମର ମା' ଭଳି ଏଇ ମାଟି ବିଷୟରେ ଟିକିଏ ଅଧିକ ଜାଣିବା ଆବଶ୍ୟକ ଭାବି ଏ ଲେଖାଟି ଲେଖାଯାଇଛି।

ଆମେ ଯେତେ ଯାହାକଲେ ମଧ୍ୟ ପୃଥିବୀ ପୃଷ୍ଠରେ ମାତ୍ର ଶତକଡ଼ା ୧୧ ଭାଗ ଜମିରେ ଚାଷ ହୋଇପାରିବ। ଏବେ ଦେଖିବା ଏଇ ୧୧ ଭାଗର ଅବସ୍ଥା କ'ଣ ହେଉଛି।

ଆମ ଜନସଂଖ୍ୟା ଯେପରି ବଢୁଛି, ଗାଁ ଗଣ୍ଡା ଓ ସହର ବଜାର ମଧ୍ୟ ସେପରି ବଢୁଛି। ଚାଷ ଜମିରେ ଘରଦ୍ୱାର କରିବା ଫଳରେ ଚାଷ ଜମି କମି କମି ଆସୁଛି। ଚାଷ ଜମିରେ ଘରଦ୍ୱାର ନକରିବା ପାଇଁ ଆଇନଗତ ବ୍ୟବସ୍ଥା ହୋଇଛି ଏବଂ ସେଥିରେ

ମଧ୍ୟ ବ୍ୟବସ୍ଥା ଅଛି ଯେ ଅନୁମତି ନେଇ ଓ କିଛି ପଇସା ଦେଇ ଚାଷ ଜମିରେ ଘରଦ୍ୱାର କରିହେବ। ତେଣୁ ପ୍ରକୃତରେ ସେଭଳି ବ୍ୟବସ୍ଥାର କିଛି ଅର୍ଥ ନାହିଁ। ଆମେ ସେଥିପାଇଁ ରାସ୍ତାରେ ଗାଡ଼ିମୋଟରରେ ଗଲାବେଳେ ଦେଖୁଛେ ଲୋକେ ମୂଳ ଗାଁରୁ ଆସି ରାସ୍ତା କଡ଼ରେ ଚାଷ ଜମିରେ ଘର କରୁଛନ୍ତି। ସହରମାନେ ଯେଭଳି ବଢୁଛନ୍ତି ଶହ ଶହ ଏକର ଚାଷ ଜମି ସତେ ଯେମିତି ଗିଳି ପକାଉଛନ୍ତି।

ଏବେ ଆମକୁ ଆଉ ଗୋଟିଏ ନିଶା ଧରିଛି - କଳ କାରଖାନାର ନିଶା। ଗୋଟେ ଗୋଟେ କାରଖାନା ପାଇଁ ହଜାର ହଜାର ଏକର ଜମି ଆବଶ୍ୟକ ହେଉଛି। ଅନେକ ସମୟରେ ଏଥିରେ ଭଲ ଚାଷ ଜମି ମଧ୍ୟ ରହୁଛି, କିନ୍ତୁ ସମସ୍ତ ଜମି ଚାଷ ଯୋଗ୍ୟ ଓ ଶତକଡ଼ା ୧୧ ଭାଗର ଅନ୍ତର୍ଭୁକ୍ତ। ପ୍ରକୃତରେ କାରଖାନା ପାଇଁ ଯେତେ ଜମି ଆବଶ୍ୟକ, ତା'ଠାରୁ ବହୁ ଅଧିକ ଜମି କାରଖାନା ମାଲିକମାନେ ବିଭିନ୍ନ ଆଳରେ ନିଜ ଅକ୍ତିଆରରେ ରଖୁଛନ୍ତି। ସେହିଭଳି ବିଶ୍ୱବିଦ୍ୟାଳୟ ଓ ଅନ୍ୟ ଶିକ୍ଷାନୁଷ୍ଠାନ ପାଇଁ ମଧ୍ୟ ଆବଶ୍ୟକତାଠାରୁ ଅଧିକ ଜମି ଯୋଗାଇ ଦିଆଯାଉଛି।

ଶିଳ୍ପ ନିଶାଭଳି ଖଣି ଖାଦାନ ନିଶା ମଧ୍ୟ ଆମକୁ ଘାରିଛି। ଖଣି ଖାଦାନ ପାଇଁ ଜଙ୍ଗଲ ଓ ଜମି ତ ଯାଉଛି, ତା'ସହ କଳକାରଖାନା ଓ ଖଣିଖାଦାନର ଉଚ୍ଛିଷ୍ଟ / ବର୍ଜ୍ୟବସ୍ତୁ ଅନେକ ଚାଷ ଜମିକୁ ମଧ୍ୟ ନଷ୍ଟ କରୁଛି।

ବଡ଼ ବଡ଼ ନଦୀବନ୍ଧ ଯୋଜନାରେ ହଜାର ହଜାର ଏକର ଜମି ବୁଡ଼ି ଯାଉଛି ଓ କେନାଲ ଖୋଳାରେ ମଧ୍ୟ ବହୁତ ଜମି ଯାଉଛି। କେନାଲ ପାଣିରେ କିଛି ଅଧିକ ଜମିରେ ଏକାଧିକ ଫସଲ ହେଉଛି ସତ, କିନ୍ତୁ ଯେତିକି ଜମିରେ ପାଣି ମାଡୁଛି, ତା'ର ଶତକଡ଼ା ୧୦ ଭାଗ ଜମିରେ ପାଣି ଜମି ରହୁଛି ଓ ଚାଷ ଯୋଗ୍ୟ ହୋଇପାରୁନାହିଁ। ଜଳ ନିଷ୍କାସନର ଠିକଣା ବ୍ୟବସ୍ଥା ନହେବା ଯୋଗୁଁ ଏଭଳି ଅବସ୍ଥା ସୃଷ୍ଟି ହେଉଛି।

ନଦୀବନ୍ଧ ଜଳସେଚନ ଯୋଗୁଁ ଆଉ ଗୋଟିଏ ଅବସ୍ଥା ସୃଷ୍ଟି ହେଉଛି। ପଚାଶ ଶହେ ବର୍ଷ ପାଣି ମାଡ଼ିଲା ପରେ ଜମିରେ ଧିରେ ଧିରେ ଲୁଣ ଅଂଶ ବୃଦ୍ଧି ପାଇ ଶେଷରେ ମାଟି ଏଭଳି ଭାବେ ଲୁଣ ଦ୍ୱାରା ପ୍ରଭାବିତ ହୁଏ ଯେ ସେଥିରେ ଫସଲ ହେବା କଷ୍ଟକର ହୋଇପଡ଼େ। ଏଇ ପ୍ରକ୍ରିୟାରେ ଅତୀତରେ ବାବିଲୋନ୍ ଓ ସିନ୍ଧୁ ସଭ୍ୟତା ଭଳି ଅନେକ ସଭ୍ୟତା ଲୋପ ପାଇଯାଇଛି।

ଭାରତର ଥର୍ ମରୁଭୂମି ହେଉ ବା ଆଫ୍ରିକାର ସାହାରା ମରୁଭୂମି ହେଉ, ଏବେ କୁହାଯାଉଛି ଯେ, ସେଠି ଅତୀତରେ ଜଙ୍ଗଲ ଥିଲା; ସେ ଅଞ୍ଚଳ ଗଛପତ୍ରରେ ଭରି ହୋଇ ରହିଥିଲା। ଆଜି କିନ୍ତୁ ବିସ୍ତୃତ ଅଞ୍ଚଳ ମରୁଭୂମି ପାଲଟିଛି। ଏଇ ମରୁ ଅଞ୍ଚଳ, ସାରା ପୃଥିବୀରେ ବିଭିନ୍ନ ସ୍ଥାନରେ ଅଧିକରୁ ଅଧିକ ଦିନୁଦିନ ପ୍ରସାରିତ

ହେବାରେ ଲାଗିଛି। ପୃଥିବୀରେ ବିଭିନ୍ନ ସ୍ଥାନରେ ଅତି ଉର୍ବର ଚାଷ ଜମି ମରୁଭୂମି ଗ୍ରାସ କରିବାରେ ଲାଗିଛି। ଜଙ୍ଗଲ ଧ୍ୱଂସ, ବର୍ଷା ପରିମାଣ ହ୍ରାସ, ଗୋଟିଏ ପ୍ରକାର ଫସଲର ସଘନ ଚାଷ, ମୃତ୍ତିକା ସଂରକ୍ଷଣ ଉପାୟ ସବୁ ଅବଲମ୍ବନ ନ କରିବା, ଗାଈ ଗୋରୁ, ଛେଳି, ମେଣ୍ଢା ଇତ୍ୟାଦି ପଶୁମାନଙ୍କର ଚାରଣ ଭୂମି ଉପରେ ଅତ୍ୟଧିକ ଚାପ ମରୁଭୂମି ସୃଷ୍ଟି କରିବାରେ ସାହାଯ୍ୟ କରେ। ମରୁଭୂମିର କ୍ରମାଗତ ସଂପ୍ରସାରଣ ଯୋଗୁଁ ପାଖାପାଖି ୬୦ ରୁ ୭୦ କୋଟି ଲୋକଙ୍କ ଜୀବିକା ଅର୍ଜନ ଉପରେ କୁପ୍ରଭାବ ପଡୁଛି।

ଏସବୁ ବ୍ୟତୀତ ରାସ୍ତା ଘାଟ ତିଆରି ଓ ତା'ର ସଂପ୍ରସାରଣ, ରେଳ ଲାଇନ୍ ତିଆରି ଓ ସେ ସବୁର ସଂପ୍ରସାରଣ ଦ୍ୱାରା ମଧ୍ୟ ଅନେକ ଚାଷ ଜମି ନଷ୍ଟ ହେଉଛି।

ସେହିଭଳି ଆମେ ଲକ୍ଷ୍ୟ କରିଥିବା ଛୋଟ ବଡ଼ ନଦୀ ଓ ନାଳରେ ବର୍ଷା ଦିନେ ବଢ଼ି ଆସିଲା ବେଳେ ଉଭୟ ପାଖରୁ ବିରାଟ ବିରାଟ ଅତଡ଼ା ଖସି ମାଟି ସମୁଦ୍ରକୁ ଚାଲିଯାଏ। ଉପର ମୁଣ୍ଡରେ ଜଙ୍ଗଲ ଶେଷ ହୋଇଯିବା ଫଳରେ ପ୍ରବଳ ଝଡ଼ି ବର୍ଷା ସମୟରେ ବର୍ଷା ପାଣି ଜଙ୍ଗଲରେ ଅଟକି ପାରେନା ଓ ଲଣ୍ଡା ପାହାଡ଼ରୁ ପ୍ରବଳ ବେଗରେ ଅଧିକ ପାଣି ଚାଲିଆସିବା ଫଳରେ ନଦୀ ନାଳମାନଙ୍କର ଯେତିକି ପାଣି ବୋହିବାର ଶକ୍ତିଥିଲା, ତା'ଠାରୁ ବେଶୀ ହୋଇଯାଏ ଏବଂ କୂଳରୁ ମାଟି ଖାଇଯାଏ। ଏସବୁ ଧିରେ ଧିରେ ଘଟୁଥିବାରୁ ଆମେ ଏଭଳି ଘଟଣାଗୁଡ଼ିକୁ ସାଧାରଣତଃ ଗୁରୁତ୍ୱ ଦେଇନଥାଉ; କିନ୍ତୁ ଶତକଡ଼ା ୧୧ ଭାଗରୁ ହିଁ ମାଟି ଧୋଇ ହୋଇଚାଲିଯାଏ ଓ ଜମିର ପରିମାଣ କମିଯାଏ।

ନଇରେ ଯେଉଁ ପାହାଡ଼ / ପର୍ବତରୁ ପଟୁ ମାଟି ଆସି ଜମିକୁ ଉର୍ବର କରୁଥିଲା ଏବେ ଅନେକ ସମୟରେ ଆଉ ପଟୁ ଆସୁନାହିଁ। ପାହାଡ଼ ପର୍ବତ ଲଣ୍ଡା ହୋଇଯିବା ଫଳରେ ଡ଼ାଳ ପତ୍ର ପଚି ସଢ଼ି ହୋଇଥିବା ପଟୁ ଆସିବା ବନ୍ଦ ହୋଇଯାଇଛି। ଆମେ ଲକ୍ଷ୍ୟ କରିଥିବା କେତେକ ପାହାଡ଼ / ପର୍ବତ ସୀମାଞ୍ଚଳ ବା ତିରୁପତିରେ ଲଣ୍ଡା ହୋଇ ଫେରୁଥିବା ଲୋକମାନଙ୍କର ମୁଣ୍ଡ ଭଳି ଦେଖାଯାଉଛି। ବର୍ଷା ସମୟରେ ସେଥିରୁ ପଟୁ କ'ଣ ଆସିବ, ବରଂ ଗୋଡ଼ି ପଥର ଆସି ଶେଷ ମୁଣ୍ଡକୁ ବାଲିରେ ପରିଣତ ହୋଇ ଶହ ଶହ ଏକର ଅତି ଉର୍ବର ଜମି ବାଲୁଚର ହୋଇଯାଉଛି। ନଦୀରେ ଏତେ ପରିମାଣରେ ବାଲି ଜମା ହେଉଛି ଯେ କେତେକ ଜାଗାରେ ନଦୀ ଉପରେ ଓ ସହର ତଥା ଗାଁ ଗଣ୍ଡା ନଦୀ ପତ୍ତନ ତଳେ ରହୁଛି। ସେଥିରେ ଯଦି କୌଣସି ସ୍ଥାନରେ ନଦୀବନ୍ଧ ଭାଙ୍ଗିଲା ତେବେ ଆଖପାଖ ଜମି ବାଲିରେ ପୋତି ହୋଇ ପଡ଼ିବା ସ୍ୱାଭାବିକ। ଯେଉଁ ଜମିସବୁ ଶହ ଶହ ବର୍ଷର ପଟୁରେ ତିଆରି ଆଜି ସିଏ ବାଲିରେ ଭର୍ତ୍ତି।

॥ ଦ୍ୱିତୀୟ ଭାଗ ॥

ଆମେ ପ୍ରଥମ ଭାଗରେ ଜାଣିଲେ ଯେ ପୃଥିବୀର ମୋଟ ଭୂଭାଗର (ଆଣ୍ଟାର୍କଟିକାକୁ ଛାଡ଼ି) ମାତ୍ର ଶତକଡ଼ା ୧୧ ଭାଗ ଚାଷ ଯୋଗ୍ୟ; ତା'ର ଅର୍ଥ ହେଲା ଶତକଡ଼ା ୮୯ ଭାଗରେ କୌଣସି ପ୍ରକାର ଚାଷବାସ କରି ହେବ ନାହିଁ। ସେଇ ୧୧ ଭାଗ ପୁଣି ଜନସଂଖ୍ୟା ବୃଦ୍ଧି ଯୋଗୁଁ ଗାଁ ଓ ସହରମାନଙ୍କର ସଂପ୍ରସାରଣ, କଳ କାରଖାନା, ଖଣି ଖାଦାନ, ବୃହତ ନଦୀ ବନ୍ଧ ଯୋଜନା, କେନାଲ, ରାସ୍ତା, ରେଲ୍ ଲାଇନ୍, ମରୁଭୂମିର ସଂପ୍ରସାରଣ ଇତ୍ୟାଦି କାରଣ ଯୋଗୁଁ କ୍ରମାଗତ ଭାବେ କମିବାରେ ଲାଗିଛି; ଅଥଚ ଜମିର ପରିମାଣ କମି କମି ଆସୁଥିବା ବେଳେ ଜନସଂଖ୍ୟା ବରାବର ବଢ଼ି ଚାଲିଥିବା ଯୋଗୁଁ ଅଧିକରୁ ଅଧିକ ଖାଦ୍ୟର ଆବଶ୍ୟକତା ରହୁଛି। ଏବେ ଦେଖିବା କ୍ରମାଗତ ଭାବେ ଶତକଡ଼ା ୧୧ ଭାଗ ଜମି କମି ଆସୁଥିବା ବେଳେ ମାଟିର ଉର୍ବରତା ବଢୁଛି ନା କମୁଛି। ଜମି ପରିମାଣ କମୁଥିବା ବେଳେ ଯଦି ମାଟିର ଉର୍ବରତା ବଢୁଥା'ନ୍ତା ତେବେ କିଛି ପରିମାଣରେ କ୍ଷତିପୂରଣ ହୋଇପାରନ୍ତା; କିନ୍ତୁ ଦୁଃଖର କଥା, ମାଟିର ଉର୍ବରତା ବଢ଼ିବା ପରିବର୍ତ୍ତେ, କମିବାରେ ଲାଗିଛି। ଏଣେ ଆଜି ୬୦୦ କୋଟି ତ କାଲି ୭୦୦ ଓ ପରେ ୮୦୦ କୋଟି - ଏଇ ଭଳି ଅଧିକରୁ ଅଧିକ ଲୋକଙ୍କର ଅନ୍ନ ସଂସ୍ଥାନ ଏଇ ମାଟିରୁ ହିଁ କରିବାକୁ ପଡ଼ିବ।

ମାଟିର ଉର୍ବରତା କମିବାର କାରଣଗୁଡ଼ିକ ବିଷୟରେ ଏବେ ଆଲୋଚନା କରିବା। ମୃତ୍ତିକା ବିଜ୍ଞାନୀମାନେ ଆମକୁ କହନ୍ତି ଯେ, କୋଟି କୋଟି ବର୍ଷର ନାନା ପ୍ରାକୃତିକ କାରଣ ଯୋଗୁଁ ବିଭିନ୍ନ ପ୍ରକାର ଶିଳା ଚୂର୍ଣ୍ଣଭୂତ ହୋଇ ମାଟିରେ ପରିଣତ ହୁଏ, ପରେ ସେଥିରେ ଗଛ ପତ୍ର ବଢ଼ିଥାଏ ଓ ସେସବୁ ପୁଣି ମାଟିରେ ମିଶେ। ଏହି ପ୍ରକ୍ରିୟାରେ ଧୀରେ ଧୀରେ ଉର୍ବର ମାଟି ସୃଷ୍ଟି ହୋଇଥାଏ।

ଆମେ ଗୋଟେ କଥା ଲକ୍ଷ୍ୟ କରିଥିବା; ଢ଼ିପ ଜମି କଥା ଛାଡ଼ନ୍ତୁ, ଅସଲ ମଝି ଗହୀରରେ ଯଦି କିଏ କୂଅ ଖୋଳୁଥାଏ, ଦେଖିବା ଉପରେ ମାତ୍ର ୮-୧୦ ଇଞ୍ଚ ଭଲ ମାଟି ଥାଏ, ତା'ପରେ ତଳକୁ ହଳଦିଆ ମାଟି ବାହାରିଥାଏ, ବା କେଉଁଠି କେଉଁଠି ବାଲି, ଗୋଡ଼ି ଓ ପଥର ଇତ୍ୟାଦି ବାହାରିଥାଏ।

ଏଥିରୁ ଆମେ ଗୋଟିଏ କଥା ବୁଝିବା। ଭୂ-ପୃଷ୍ଠର ମାତ୍ର ୧୧ ଭାଗ, ସେ ପୁଣି କମି କମି ଆସୁଛି ଓ ତାହାର ମାତ୍ର ୮-୧୦ ଇଞ୍ଚ ଉପର ମାଟିରୁ ଆମେ ସବୁ ଖାଦ୍ୟ ପଦାର୍ଥ ଆମଦାନୀ କରୁଛୁ। ସେହି ୮-୧୦ ଇଞ୍ଚ ମାଟି ହେବା ପାଇଁ କେତେ ଯେ ବର୍ଷ ଯାଉଛି କିଏ କହିବ? ବିଶେଷଜ୍ଞମାନେ ମତ ଦିଅନ୍ତି ଯେ, ମାତ୍ର ୧୦

୮୦ | ରାଧାମୋହନ

ମିଲିମିଟର ମାଟି ସୃଷ୍ଟି ହେବା ପାଇଁ ସ୍ଥଳ ବିଶେଷରେ ଶହେରୁ ଚାରିଶହ ବର୍ଷ ଲାଗିଯାଏ ଓ କୌଣସି ସ୍ଥାନରେ ଚାଷଯୋଗ୍ୟ ମାଟି ସୃଷ୍ଟି ପାଇଁ ତିନି ହଜାରରୁ ବାର ହଜାର ବର୍ଷ ଲାଗିଯାଏ। ଯେମିତି ଘର ଖଣ୍ଡେ କରିବାକୁ କେତେ ମାସ ଲାଗିଯାଏ, କିନ୍ତୁ ପୋଡ଼ି ଯିବା ପାଇଁ ମାତ୍ର କେତେ ମିନିଟ୍ ଲାଗେ। ସେହିପରି ଶହ ଶହ, ହଜାର ହଜାର ବର୍ଷ ଲାଗି ଯେଉଁ ମାଟି ସୃଷ୍ଟି ହୋଇଛି, ମାତ୍ର ବର୍ଷ କେତେଟାରେ ସେ ସବୁ ବର୍ଷା ପବନରେ ଧୋଇ ହୋଇ ନାଳ, ନାଳରୁ ନଦୀ ଓ ନଦୀରୁ ମହାନଦୀ ଆଉ ସେଇଠୁ ସମୁଦ୍ରକୁ ଚାଲିଯାଏ। ଲୁଣିପାଣିର ସଂସ୍ପର୍ଶରେ ଆସି ମାଟି ଲୁଣା ହୋଇଯାଏ। "କୋଇଲିଲୋ ଗଲା ପୁତ୍ର ବାହୁଡ଼ି ନୋହିଲା" ନ୍ୟାୟରେ ସମୁଦ୍ରରେ ପଡୁଥିବା ମାଟି ଯେଉଁଠୁ ଯାଇଥିଲା ଆଉ ସେଠିକି ଫେରିପାରେନି। କେବଳ ଭାରତରେ ବର୍ଷକୁ ୬୦୦ କୋଟି ଟନ୍ ମାଟି ଏଭଳି ଭାବେ ଧୋଇଯାଇ ସମୁଦ୍ରରେ ମିଶୁଛି ବୋଲି ହିସାବ କରାଯାଇଛି। ଆଉ ସେଥିରେ ଗଛ ପତ୍ର ବଢ଼ିବା ପାଇଁ ଯେଉଁ ସାର ଆବଶ୍ୟକ, ସେ ସବୁର ପରିମାଣ ହେଲା ଭାରତର ସବୁ ସାର କାରଖାନାରେ ତିଆରି ହେଉଥିବା ସାରର ପରିମାଣ ସହ ସମାନ! "ଗୋଦରା କୋଡ଼େ ଯେତେ ମାଡ଼େ ସେତେ।" ଏ କଥାଟି ଅତି ମନ୍ଥର ଭାବେ ଘଟୁଥିବା ଯୋଗୁଁ ଆମର ଦୃଷ୍ଟି ଆକର୍ଷଣ କରେ ନାହିଁ, କିନ୍ତୁ ଅନେକ ଜମି, ବିଶେଷତଃ ଢ଼ାଲୁ ଜମି, ଯେଉଁଠି ଦିନେ ଭଲ ଫସଲ ହେଉଥିଲା, ସେ ଜମି ଟାଙ୍ଗରା ପଡ଼ିଆ ହୋଇଯାଏ, ପଥର ବାହାରି ଯାଏ, ସେଥିରେ ଶେଷରେ ଧୋଡ଼ା ହୋଇ ଚାଷ ପାଇଁ ପୂରା ଅଯୋଗ୍ୟ ହୋଇଯାଏ। ଭାରତରେ ଓ ଆମ ଓଡ଼ିଶାରେ ଏହି କାରଣ ଯୋଗୁଁ ଲକ୍ଷ ଲକ୍ଷ ଏକର ଜମି ପଥୁରିଆ ବା ଟାଙ୍ଗରା ହୋଇ ଉତ୍ପାଦନ ଶକ୍ତି ହରେଇବାରେ ଲାଗିଛି। ମୃତ୍ତିକା ସଂରକ୍ଷଣ ବିଭାଗ ତରଫରୁ ଏହି ପ୍ରକ୍ରିୟାକୁ ରୋକିବାକୁ କିଛି କିଛି ଉଦ୍ୟମ କରାଯାଉଛି, କିନ୍ତୁ ସେ ସମୁଦ୍ରକୁ ଶଙ୍ଖେ ଭଳି।

ବର୍ତ୍ତମାନ ଦ୍ୱିତୀୟ କାରଣକୁ ଯିବା। ଲୋକ ସଂଖ୍ୟା ବଢ଼ିବା ସହ ଖାଦ୍ୟର ଚାହିଦା ବଢ଼ିଲା। ସେଥିପାଇଁ ଆମେ ଅଧିକ ଅମଳକ୍ଷମ ଧାନ, ଗହମ ଇତ୍ୟାଦି କଲେ ଓ ଗୋଟିଏ ଜମିରେ ତୁହାକୁ ତୁହା ପନିପରିବା ଚାଷ ମଧ୍ୟ କଲେ। ଅନେକ ସମୟରେ ଖତ, ସବୁଜ ସାର, କମ୍ପୋଷ୍ଟ, ମୁଗ, ବିରି ଭଳି ଛୁଇଁ ଜାତୀୟ ଫସଲ କଥା ଭୁଲିଗଲେ ବା ଆବଶ୍ୟକ ମୁତାବକ ଦେଲେ ନାହିଁ। ସରକାରୀ ବିହନ ପାଇଁ ସରକାରୀ ସାର ବା ରାସାୟନିକ ସାର ହିଁ ପ୍ରୟୋଗ କଲେ। ସେଥିରେ ପୁଣି ନାଇଟ୍ରୋଜେନ୍ ବା ଯବକ୍ଷାରଯାନ ସାର ବେଶୀ ପ୍ରୟୋଗ ଫଳରେ ଗଛ ଛନ୍ ଛନ୍ ହୋଇ ବଢ଼ିଲା ଓ ପତ୍ରରେ ଆମିନୋଏସିଡ୍ ଓ ଶର୍କରା ଗଛ ପାଇଁ ପ୍ରୋଟିନ୍‌ରେ ପରିଣତ ହେବା ପାଇଁ ଆବଶ୍ୟକ ପରିମାଣ ଠାରୁ ଅଧିକ ହୋଇ ଗଚ୍ଛିତ ରହିଲା।

ଏହି ବଳକା ଆମିନୋଏସିଡ୍ ଓ ଶର୍କରା ହିଁ ବିଭିନ୍ନ ପ୍ରକାର କ୍ଷତିକାରକ ପୋକଜୋକଙ୍କୁ ଡ଼ାକି ଆଣିଲା। ତା'ପରେ ଆମେ ଆରମ୍ଭ କରିଦେଲେ ରୋଗ ପୋକ ନିୟନ୍ତ୍ରଣ ପାଇଁ ବିଷାକ୍ତ ଦ୍ରବ୍ୟର ବ୍ୟବହାର। ଏହି ବିଷାକ୍ତ ଦ୍ରବ୍ୟଗୁଡ଼ିକୁ ସରକାରୀ ଭାଷାରେ ଔଷଧ ବୋଲି କୁହାଯାଏ। ପ୍ରକୃତରେ ସେସବୁ ପ୍ରାଣଘାତକ। କେତେକ ସମୟରେ ଏହି ବିଷାକ୍ତ ଦ୍ରବ୍ୟଗୁଡ଼ିକୁ ସିଧାସଳଖ ମାଟିରେ ମଧ୍ୟ ବ୍ୟବହାର କଲୁ।

ମାଟିରେ ଯେଉଁ ପରିମାଣରେ କ୍ଷାରତ୍ୱ ଓ ଅମ୍ଳତ୍ୱ ରହିଲେ ସେଥିରେ ମାଟି ସୃଷ୍ଟିକାରୀ ଓ ଉପକାରୀ ଜୀବସବୁ ଅଧିକା ରହିପାରିବେ, ରାସାୟନିକ ସାର ପ୍ରୟୋଗ ଫଳରେ ସେ ଭାଗମାପରେ ପରିବର୍ତ୍ତନ ହୋଇଯାଏ ଓ ଜିଆଭଳି ଅନେକ ଉପକାରୀ ଓ ସୂକ୍ଷ୍ମ ଅଣୁଜୀବ ମରିଯାଆନ୍ତି। ଆଉ ରୋଗପୋକ ନିୟନ୍ତ୍ରଣ ପାଇଁ ଯେତେବେଳେ ଆମେ ବିଷାକ୍ତ ଦ୍ରବ୍ୟଗୁଡ଼ିକୁ ପ୍ରୟୋଗ କରୁ, ସେଥିରୁ ମଧ୍ୟ କିଛି ଅଂଶ ମାଟିରେ ପଡ଼ି ମାଟିରେ ଥିବା ଉପକାରୀ ଅଣୁଜୀବ ତଥା ଜିଆମାନଙ୍କୁ ନିପାତ କରେ। ଏହି ପ୍ରକ୍ରିୟାରେ ମାଟିର ପିଣ୍ଡବଳ ବା ନିଜର ଉର୍ବରତା ସୃଷ୍ଟି କରିବା ଶକ୍ତି କମିଯାଏ। ମାଟି ଅଧିକ ଉର୍ବର ନ ହୋଇ କ୍ରମେ କ୍ରମେ ଦୁର୍ବଳ ହୋଇଯାଏ, ମାଟି ଟାଣ ହୋଇଯାଏ, ଖପରା ହୋଇଯାଏ। ସେତେବେଳେ ଅଧିକ ଅମଳ ସମ୍ଭବ ନ ହେବା ଫଳରେ ଆମେ ଆହୁରି ଅଧିକ ରାସାୟନିକ ସାର ପ୍ରୟୋଗ କରିବାକୁ ବାଧ୍ୟ ହୋଇଥାଉ। ସେଥିପାଇଁ ୧୦ ବସ୍ତା ଧାନ ଆଦାୟ ପାଇଁ ଆଜି ଯେତିକି ସାର ଦରକାର ହେଉଥିଲା, ୫/୧୦ ବର୍ଷ ପରେ ଆଉ ସେତିକି ସାରରେ ୧୦ ବସ୍ତା ଧାନ ଆଦାୟ ହୋଇପାରେ ନାହିଁ। ଏ ସତ୍ତ୍ୱେ ଆମେ ତାକୁ ସାର ବା ଉର୍ବରକ ବୋଲି କହୁ। ଯେମିତିକି ଯାହା ବିଷ ଆମେ ତାକୁ ଔଷଧ କହୁଛୁ, ସେଇଭଳି ଯାହା ଅସାର ବା ଅନୁର୍ବରକ ତାକୁ ସାର ବା ଉର୍ବରକ କହୁଛୁ। ଏଇ ନାମକରଣ ଆମ ମନରେ ଗୋଟେ ମୋହ ବା ସମ୍ମୋହନ ସୃଷ୍ଟି କରୁଛି।

ଜମିରୁ ଅନାବନା ଘାସ ବା ବାଲୁଙ୍ଗା ନଷ୍ଟ କରିବା ପାଇଁ ଯେଉଁସବୁ ବାଲୁଙ୍ଗାନାଶକ ଇତ୍ୟାଦି ବ୍ୟବହାର କରୁଛୁ, ତା'ର ପ୍ରଭାବ ମଧ୍ୟ ସମାନ।

ଗାଁ ମାନଙ୍କରେ ଆମେ ଗୋଟେ କଥା ଦେଖୁଛୁ। କେତେକ ସମୟରେ ଚାଷୀମାନେ ଢ଼ାଲୁ ବା ଗଡ଼ାଣିଆ ଜମି ଚଷ କଲାବେଳେ, ଉପରୁ ତଳକୁ ଚଷ କରିଥାନ୍ତି ଯାହା ଫଳରେ, ବର୍ଷା ସମୟରେ ଉପରୁ ମାଟି ସହଜରେ ତଳକୁ ଧୋଇହୋଇ ଆସିଯାଏ ଓ ଉପର ମାଟି ଚାଲି ଆସିବା ପରେ ଦ୍ରୁତ ଗତିରେ ମାଟିର ଉର୍ବରତା ନଷ୍ଟ ହୋଇଯାଏ।

ଠିକ୍ ସେହିଭଳି ଯେଉଁଠି ଜଳସେଚନର ବ୍ୟବସ୍ଥା ଅଛି ଚାଷୀମାନେ ଧାନପରେ

ପୁଣି ଧାନ କରିଥା'ନ୍ତି, ସେଠିତ ସହଜରେ ମାଟି ଉର୍ବରତା ହରାଏ। ତା'ସହ ବର୍ଷାରତୁ ପରେ ଖରାଦିନିଆ ଧାନ କରିବା ପାଇଁ ଜମି ପ୍ରସ୍ତୁତ କଲାବେଳେ ଟ୍ରାକ୍ଟର ଚାଲିବା ଅସୁବିଧା ହେବ ବୋଲି ବର୍ଷା ଦିନିଆ ଧାନ କାଟିସାରିବା ପରେ ନଡ଼ା ଗୁଡ଼ିକ ପୋଡ଼ିଦେଇଥାନ୍ତି। ଏକଥା ଉଭୟ ଉପକୂଳ ଓ ପଶ୍ଚିମାଞ୍ଚଳରେ ପରିଲକ୍ଷିତ ହୋଇଥାଏ। ଧାନର ନଡ଼ା ଅଂଶକୁ ନପୋଡ଼ି ମାଟିରେ ମିଶାଇ ଦେଲେ ବହୁତ ଉପକାର ହୁଅନ୍ତା। ମାଟିରେ ଥିବା ସୂକ୍ଷ୍ମ ଅଣୁଜୀବ ତଥା କେଞ୍ଚୁଆ ବା ଜିଆ ସଂଖ୍ୟା ବଢ଼ନ୍ତା। ତେଣୁ ମାଟିର ଉର୍ବରତା ରଖିବାକୁ ହେଲେ, ନଡ଼ାପୋଡ଼ା ବନ୍ଦ ହେବା ଜରୁରୀ।

ଚାଷୀମାନେ ଆଉ ଗୋଟେ କଥା କରି ପାରନ୍ତେ। ଜମିର ଉର୍ବରତା ରକ୍ଷା କରିବା ପାଇଁ ଫସଲରୁ ଅନାବଶ୍ୟକ ଘାସ ଓ ବାଲୁଙ୍ଗା ଇତ୍ୟାଦି ଉପାଡ଼ିଲା ପରେ ଅନେକ ସମୟରେ ଆମେ ଦେଖୁଛୁ ଚାଷୀମାନେ ସେସବୁ ବାହାରେ ରାସ୍ତାକଡ଼ରେ ପକାଇଦେଇଥାନ୍ତି। ସେଗୁଡ଼ିକ ଜମିରୁ ସାର ନେଇ ବଢ଼ିଥା'ନ୍ତି ଓ ବାହାରେ ପକେଇ ଦେବା ଫଳରେ ଜମିରୁ ସେତିକି ଶକ୍ତି ବାହାରକୁ ଚାଲିଯାଏ ଓ ମାଟି ସେତିକି ପରିମାଣରେ ଉର୍ବରତା ହରାଏ।

ବାରମ୍ବାର ରାସାୟନିକ ସାର ପ୍ରୟୋଗ ଫଳରେ ଜମି ଯେତେ ଟାଣ ବା ଖପରା ପରି ହୋଇଯାଏ, ଚାଷୀ ସେତେବେଳେ ଅନ୍ୟ ଉପାୟ ନପାଇ ଟ୍ରାକ୍ଟରରେ ଗହିରିଆ ଚାଷ କରନ୍ତି। ମାଟି ହାଲୁକା ହୋଇଯିବା ଫଳରେ ପ୍ରଥମେ ଗଛର ଚେର ଭଲ ବଢ଼େ ଓ ଅଧିକ ଫଳ ଦିଏ। କିନ୍ତୁ ଶେଷରେ ଲାଭ ଅପେକ୍ଷା କ୍ଷତି ଅଧିକ ହୋଇଯାଏ। ତା'ର କାରଣ ହେଲା, ମାଟିର ଉପରି ଭାଗରେ ଅଳ୍ପ ଗଭୀରରେ ଥିବା ଅଣୁଜୀବମାନେ ତଳକୁ ଚାଲିଯାଆନ୍ତି ଓ ସେଇଠି ସେମାନେ ବଞ୍ଚିନପାରି ମରିଯାଆନ୍ତି। ଠିକ୍ ସେହିଭଳି ଅପେକ୍ଷାକୃତ ତଳେ ଥିବା ଅଣୁଜୀବମାନେ ଉପରକୁ ଆସି ଖାପଖୁଆଇ ପାରନ୍ତି ନାହିଁ ଓ ମରିଯାଆନ୍ତି। ତେଣୁ ରାସାୟନିକ ସାର ପ୍ରୟୋଗରେ ଯାହା କିଛି ଅଣୁଜୀବ ମାଟିର ଉପରସ୍ତର ଓ ତଳସ୍ତରରେ ଥାଆନ୍ତି, ପରିବର୍ତ୍ତିତ ପରିସ୍ଥିତିରେ ଖାପ ଖୁଆଇ ପାରନ୍ତି ନାହିଁ ଓ ମରିଯାଆନ୍ତି; ଯାହାଫଳରେ ମାଟି ଏକ ପ୍ରକାର ଅଣୁଜୀବଶୂନ୍ୟ ହୋଇଯାଏ ଓ ଅନୁର୍ବର ହୋଇ ଆହୁରି ଅଧିକ ରାସାୟନିକ ସାର ଆବଶ୍ୟକ ହୁଏ। ଶେଷରେ ମାଟି ନିର୍ଜୀବ ହୋଇଯାଏ।

ପୂର୍ବରୁ ପ୍ରଥମ ଭାଗରେ ଜଳସେଚନ ଯୋଗୁଁ ଲୁଣା ହୋଇ ଅନୁର୍ବର ହେବା, କଳକାରଖାନା ଓ ଖଣି ଖାଦାନର ଉଚ୍ଛିଷ୍ଟ ଦ୍ୱାରା ଅନୁର୍ବର ହେବା, ବାଲୁଚର ହୋଇ ଉତ୍ପାଦିକାଶକ୍ତି ହରେଇବା କଥା କୁହାଯାଇଛି। ଏଠାରେ ସେଗୁଡ଼ିକର ପୁନରାବୃତ୍ତି କରାଯାଉ ନାହିଁ।

॥ ତୃତୀୟ ଭାଗ ॥

ଏଠାରେ ଦୁଇଟି ମୂଳ ପ୍ରଶ୍ନ ଉଠାଯାଉଛି ମାଟି ବିଷୟରେ। ପ୍ରଥମଟି ହେଲା ମାଟି ସଜୀବ ନାଁ ନିର୍ଜୀବ ? ଆମର ଅନେକଙ୍କ ଧାରଣା ଯେ ମାଟି ଏକ ନିର୍ଜୀବ ବସ୍ତୁ। ଉପରୁ ଦେଖିଲେ ଏହାହିଁ ଠିକ୍ ଜଣାପଡ଼େ। ପ୍ରକୃତରେ ଦେଖିବାକୁ ଗଲେ ଯଦି ଆମେ ଏକ ଚାମଚ ଭଲ ଉର୍ବର ମାଟି ଆଣିବା ଓ ତାକୁ ଅଣୁବୀକ୍ଷଣ ଯନ୍ତ୍ର ତଳେ ଦେଖିବା, ସେଥିରେ ଶହେ ବା ହଜାର ନୁହେଁ, ଲକ୍ଷ ଲକ୍ଷ ଏପରିକି ନିୟୁତ ନିୟୁତ ଅଣୁଜୀବ ଥିବା ଦେଖିବା। ଯଦି ଅଣୁଜୀବମାନଙ୍କର ଓଜନ ନେବା, ତେବେ ମାଟିରେ ଥିବା ନିର୍ଜୀବ ବସ୍ତୁର ଓଜନ ଠାରୁ ସେମାନଙ୍କର ଓଜନ ଅଧିକ ହେବ। ଅହରହ ସେମାନଙ୍କର ଜନ୍ମ ମୃତ୍ୟୁ ଲାଗିଥାଏ। ଏ କ୍ଷେତ୍ରରେ ଆମେ ମାଟି ସଜୀବ କହିପାରିବା। ମାଟି ପ୍ରତି ଆମର ଦୃଷ୍ଟିଭଙ୍ଗୀ ନିର୍ଭର କରୁଛି ଏହି ମୌଳିକ ପ୍ରଶ୍ନର ଉତ୍ତରରେ। ମାଟିକୁ ଯଦି ଆମେ ନିର୍ଜୀବ ବସ୍ତୁ ଭାବେ ଗ୍ରହଣ କରିବା, ତେବେ ମାଟିକୁ ପରୀକ୍ଷା କରି କ'ଣ ଅଭାବ ଅଛି - ଯବକ୍ଷାରଜାନ ବା ଫସ୍‌ଫରସ୍ ବା ପୋଟାସ ବା କ୍ୟାଲସିୟମ୍ - ସେଇ ଅନୁଯାୟୀ ଆମେ ସାର ପ୍ରୟୋଗ କରିଦେଲେ ମାଟି ସୁସ୍ଥ ହୋଇଯିବ ଓ ଉତ୍ପାଦନ ବୃଦ୍ଧି ହେବ। ଏହି ହିସାବରେ ଗୋଟିଏ ମଣିଷ ଦେହରେ କି କି ଉପାଦାନ କେତେ ପରିମାଣରେ ଅଛି ଜାଣି ସାରିଲା ପରେ ପ୍ରତ୍ୟେକରୁ ସେତିକି ରଖିଦେଲେ ମଣିଷ ହୋଇଯାଆନ୍ତା। ତାହା ହୁଏ କି ?

ମାଟିକୁ ସଜୀବ ହିସାବରେ ବିଚାର କଲେ ମାଟିରେ ଅଣୁଜୀବମାନଙ୍କ ବୃଦ୍ଧି ଉପରେ ନଜର ଦେବା ଓ ସମସ୍ତ ପ୍ରକାର ଜୈବିକସାର ମାଟିରେ ମିଶାଇ ଅଣୁଜୀବମାନଙ୍କର ବୃଦ୍ଧି ପାଇଁ ଉଦ୍ୟମ କରିବା।

ଦ୍ୱିତୀୟ ପ୍ରଶ୍ନ ହେଲା ଉର୍ବର ମାଟି କହିଲେ ଆମେ କ'ଣ ବୁଝୁ ? ପ୍ରକୃତରେ ମାଟି କହିଲେ ଆମେ ଯେଉଁ ମାଟିରେ ଯେତେ ଅଧିକ ଅଣୁଜୀବ ଅଛନ୍ତି, ସେ ମାଟି ସେତେ ଉର୍ବର କହିବା। ମାଟିକୁ ଯେତେ ଦୂର ପାରିବା ଆଚ୍ଛାଦିତ କରି ରଖିବା ଓ ମାଟିରେ ସବୁଜ ସାର ପ୍ରୟୋଗ କଲେ ମାଟିରେ ଅଧିକାରୁ ଅଧିକ ଅଣୁଜୀବ ସୃଷ୍ଟି ହେବେ ଓ ସେଇ ମାଟି ଅଧିକ ଉର୍ବର ହେବ। ଅପର ପକ୍ଷରେ ଯେଉଁ ମାଟିରେ ଅଣୁଜୀବ ସଂଖ୍ୟା କେତେ କମ୍, ସେ ମାଟି ସେତେ ଅନୁର୍ବର।

ମାଟିକୁ କିପରି ଉର୍ବର କରିବାକୁ ହେବ ତାହା ଅନ୍ୟ ଏକ ପ୍ରବନ୍ଧରେ ଉଲ୍ଲେଖ କରାଯାଇପାରିବ।

ମାଟି ବଞ୍ଚିଲେ ଆମେ ବଞ୍ଚିବା।

■

ଋଣମୁକ୍ତ ଚାଷୀ, ବିଷମୁକ୍ତ ଶସ୍ୟ ଓ ଆତ୍ମନିର୍ଭରଶୀଳ କୃଷି, ମଇ, ୨୦୧୨

ବିଷକୁ କହିଲୁ ଓଷ

ଆମେ ଯେତେବେଳେ ପ୍ରାଣୀ ଜଗତ କଥା ବିଚାର କରୁ ସେତେବେଳେ ଅନେକ କଥା ମନକୁ ଆସେ। ଯଦି କେତେ ପ୍ରକାରର ପ୍ରାଣୀ କଥା ବିଚାର କରିବା, ତେବେ ଜୀବାଣୁ, ଭୂତାଣୁ ଓ କୀଟ ପତଙ୍ଗ ମିଶି ୭୫ ରୁ ୮୦ ଭାଗ ହେବେ। ଏଥିରୁ ଅନେକ ଖାଲି ଆଖିକୁ ଦେଖା ଯାଆନ୍ତି ନାହିଁ। ଆଉ କେତେକଙ୍କର ସଂଖ୍ୟା ବୃଦ୍ଧି କଥା ଭାବିଲା ବେଳେ ଆଶ୍ଚର୍ଯ୍ୟ ହେବାକୁ ପଡ଼େ। ଗୋଟିଏ ଦିନ ଭିତରେ ଜନ୍ମ, ବୃଦ୍ଧି ଓ ମୃତ୍ୟୁ ହୋଇ କେତେ ପୁରୁଷ ହୋଇଯାଏ। ଆମ ଚାରିପାଖରେ ଦେଖିପାରୁଥିବା ଗୋଟିଏ ଦୁଇଟି ପ୍ରାଣୀଙ୍କର ଉଦାହରଣ ଦେବା। ମାଛି ମାନଙ୍କ କଥା ଦେଖାଯାଉ। ମାତ୍ର ୪ ମାସ ଭିତରେ ଗୋଟିଏ ମାଈ ଓ ଅଣ୍ଡିରା ମାଛି ଦମ୍ପତି ୧୯୧,୦୧୦,୦୦୦,୦୦୦,୦୦୦,୦୦୦,୦୦୦ ଛୁଆ କରିବାର ଶକ୍ତି ରହିଛି! ଆଉ ଏମାନେ ଯଦି ସମସ୍ତେ ବଞ୍ଚିବେ ତେବେ ପୃଥିବୀ ପୃଷ୍ଠାରେ ୪୭ ଫୁଟ ଉଚ୍ଚରେ ଜମା ହୋଇ ଯିବେ! ସେହି ଭଳି ଗୋଟିଏ ମୂଷା ଦମ୍ପତି ବିନା ବାଧାରେ ଯଦି ବଢନ୍ତି, ୭୫ ବର୍ଷ ଭିତରେ ଯେତିକି ମୂଷା ହେବେ ସେମାନଙ୍କର ଓଜନ ପୃଥିବୀର ମୋଟ ଓଜନ ସହ ସମାନ ହୋଇଯିବ! ଏଭଳି କିନ୍ତୁ ପ୍ରକୃତରେ ଘଟେ କି? ମାଛିମାନେ ବଢି ପୃଥିବୀ ପୃଷ୍ଠରେ ୪୭ ଫୁଟ ଉଚ୍ଚାରେ ଜମା ହୋଇ ନାହାନ୍ତି ବା ସବୁ ମୂଷାମାନେ ବଢ଼ି ବଢ଼ି ପୃଥିବୀର ଓଜନ ସହିତ ସମାନ ହୋଇନାହାନ୍ତି। ପ୍ରକୃତିରେ ଖାଦ୍ୟ-ଖାଦକ ସଂପର୍କ ଏଭଳି ରହିଛି ଯେ ଯିଏ ଯେତେ ଜୋରରେ ବଢିବାର ବ୍ୟବସ୍ଥା ରହିଛି, ତା'ର ଛିଡ଼ିବାର ବ୍ୟବସ୍ଥା ମଧ୍ୟ ସେଭଳି ରହିଛି। ଯଦି କାହାର ସଂଖ୍ୟା କିଛି ସମୟ ପାଇଁ ଅଧିକ ହୋଇଯାଇଥାଏ, ତା'ର ଶତ୍ରୁ ଅଧିକ ସଂଖ୍ୟାରେ ପହଞ୍ଚିଯାନ୍ତି ଏବଂ ବଢିଯାଇଥିବା ପ୍ରାଣୀମାନେ ପୁଣି ତାଙ୍କ ସୀମା ଭିତରେ ରହନ୍ତି। ଏବେ ମଧ୍ୟ ଘରର ବାରିପାଖରେ ଥିବା ଖତଗଦାରୁ ମୁଠାଏ ମାଟି ନେଇ ଦେଖିଲେ, ସେଥିରେ ଯେତିକି

ସୂକ୍ଷ୍ମ ଜୀବ ରହିଛନ୍ତି, ସେମାନଂକ ସଂଖ୍ୟା ପୃଥିବୀର ମୋଟ ମଣିଷ ମାନଙ୍କର ସଂଖ୍ୟାଠାରୁ ଯଥେଷ୍ଟ ଅଧିକ।

ପ୍ରାଣୀମାନଙ୍କର ଆଉ ଗୋଟିଏ ଦିଗ ଦେଖିବା। ପୃଥିବୀର ମୋଟ ବୟସ ୪୦୦ରୁ ୪୫୦ କୋଟି ବର୍ଷ ବୋଲି ଅନୁମାନ କରି କୁହାଯାଉଛି। ପୃଥିବୀ ସୃଷ୍ଟିର ୧୦୦ ରୁ ୧୫୦ କୋଟି ବର୍ଷ ପରେ ଅର୍ଥାତ୍ ପାଖାପାଖି ୩୦୦ରୁ ୩୫୦ କୋଟି ବର୍ଷ ପୂର୍ବେ ପ୍ରଥମ ପ୍ରକାର ପ୍ରାଣୀମାନେ ସୃଷ୍ଟି ହୋଇଥିଲେ। ସବା ଶେଷରେ ମଣିଷ ଆସିଲା ମାତ୍ର ୧୫ ରୁ ୨୦ ଲକ୍ଷ ବର୍ଷ ତଳେ। ଏଥିରୁ ଆମେ ଗୋଟିଏ କଥା ବୁଝିବା ଯେ ପୃଥିବୀକୁ ମଣିଷ ଆସିବା ବହୁ ପୂର୍ବରୁ ବାଘ, ଭାଲୁ, ହାତୀ, ଘୋଡା ଠାରୁ ଆରମ୍ଭ କରି ଲକ୍ଷ ଲକ୍ଷ ପ୍ରକାରର କୀଟ ପତଙ୍ଗ ଆସିସାରିଥିଲେ ଏବଂ ଶହ ଶହ କୋଟି ବର୍ଷ ଧରି ଏ ପୃଥିବୀ କୀଟପତଙ୍ଗ ମାନଙ୍କର ସାମ୍ରାଜ୍ୟ ହିଁ ଥିଲା।

ମଣିଷମାନେ ଅନେକ ହଜାର ବର୍ଷ ଧରି ଜଂଗଲ ଉପରେ ହିଁ ନିର୍ଭର କରି ଚଳୁଥିଲେ। ତା'ପରେ ପଶୁପାଳନ ଓ ଋଷବାସ କରିଲେ। ଫସଲ ଆଦାୟ କରି ବର୍ଷକ ପାଇଁ ସାଇତି ରଖିଲେ। ଏଇ ହଜାର ହଜାର ବର୍ଷର ଋଷ ଭିତରେ ଲୋକ ସଂଖ୍ୟା ମଧ୍ୟ ବଢ଼ିଲା। ଅଧିକ ଲୋକ ସଂଖ୍ୟାକୁ ସମ୍ଭାଳିବା ପାଇଁ ଆମେ ଅଧିକ ଖାଦ୍ୟ ଉତ୍ପାଦନ କରିବାକୁ ଋହିଁଲୁ ଓ ସେଥିପାଇଁ ନୂଆ କିସମର ଧାନ, ଗହମ ତଥା ଅନ୍ୟାନ୍ୟ ପନିପରିବା ବ୍ୟବହାର କଲୁ। ଏ କିସମର ବିହନ ଗୁଡ଼ିକ ଅଧିକ ସାର ଆବଶ୍ୟକ କଲେ। ମଣିଷମାନଙ୍କ ପରି ଗଛମାନେ ମଧ୍ୟ ନିଜର ଆବଶ୍ୟକତାଠାରୁ ଅଧିକ ଖାଦ୍ୟ ମାଟିରୁ ଗ୍ରହଣ କରି ଗଛରୁ କାଣ୍ଡ ଓ ପତ୍ର ଇତ୍ୟାଦିରେ ଜମା କଲେ। ଅଧିକ ସାର, ବିଶେଷତଃ ନାଇଟ୍ରୋଜେନ୍ ଜାତୀୟ ସାର ଗଛରେ ଜମାହେବା ଫଳରେ କେବଳ କୀଟମାନଙ୍କୁ ଡ଼ାକିଲେ ନାହିଁ, ରୋଗମାନଙ୍କୁ ମଧ୍ୟ ନିମନ୍ତ୍ରଣ କଲେ। ତେଣୁ ସାରର ସାଥୀ ହିସାବରେ କୀଟନାଶକ ବିଷ ମଧ୍ୟ ପ୍ରୟୋଗ କରାଗଲା।

ବର୍ତ୍ତମାନ ବ୍ୟବହାର କରାଯାଉଥିବା ଅଧିକାଂଶ କୀଟନାଶକ ବିଷର ଆରମ୍ଭ ଦ୍ୱିତୀୟ ମହାଯୁଦ୍ଧ ପରେ ପରେ ହିଁ ହେଲା। ଶତ୍ରୁ ପକ୍ଷକୁ ତୁରନ୍ତ ବିନାଶ କରିବାପାଇଁ ପ୍ରଥମେ ଜର୍ମାନୀ ଓ ପରେପରେ ଆମେରିକା ଓ ତା'ର ସାଥୀ ଦେଶମାନେ ବିଭିନ୍ନ ରାସାୟନିକ ଦ୍ରବ୍ୟର ଉଦ୍ଭାବନ ଓ ବ୍ୟବହାର କଲେ। ଯୁଦ୍ଧ ସରିବା ପରେ ଉକ୍ତ ରାସାୟନିକ ବିଷ ତିଆରି କରୁଥିବା କାରଖାନାଗୁଡ଼ିକ କୃଷିକ୍ଷେତ୍ରରେ କିପରି ବିଭିନ୍ନ ବିଷକୁ ପ୍ରୟୋଗ କରିହେବ, ବିଭିନ୍ନ ଗବେଷଣା ଚଳାଇ ସଫଳ ହେଲେ। ପ୍ରଥମେ ଡ଼ି.ଡ଼ି.ଟି ଏବଂ ତା'ର କୁଟୁମ୍ବ ଯଥା ବି.ଏଚ୍.ସି ବା ଗାମାକ୍ସିନ, ଆଲଡ୍ରିନ୍, ଭଳି ପେଟ୍ରୋଲିୟମ୍ ନିର୍ଭର ରାସାୟନିକ ବିଷ କୃଷିକ୍ଷେତ୍ରରେ ପ୍ରୟୋଗ କରାଗଲା।

କମ୍ପାନୀମାନେ ଯୁଦ୍ଧ ସମୟରେ ଆଦାୟ କରିଥିବା ଅମାପ ଲାଭର କିଛି ଅଂଶ ଏସବୁ ରାସାୟନିକ ଦ୍ରବ୍ୟର ବିକ୍ରିବଟୀ, ପ୍ରଚାର ଓ ପ୍ରସାର ପାଇଁ ଖର୍ଚ୍ଚ କଲେ ଯାହା ଫଳରେ ୧୯୬୦ ମସିହା ବେଳକୁ ପୃଥିବୀର ଅଧିକାଂଶ ଦେଶରେ ଏସବୁ ବିଷ ପ୍ରବେଶ କରିସାରିଥିଲା। ୧୯୬୨ ମସିହାରେ ଆମେରିକାର ରାଚେଲ୍ କାର୍ସନ୍ ତାଂକର ବହି 'ନୀରବ ବସନ୍ତ' (Silent Spring) ରେ ଏସବୁ ବିଷର ଭୟାବହତା ବିଷୟରେ ଯେତେବେଳେ ପ୍ରମାଣ ସହ ଟିକିନିଖି ବିବରଣୀ ପ୍ରଦାନ କଲେ, ତା'କେବଳ ଆମେରିକା ନୁହଁ, ସାରା ପୃଥିବୀରେ ଚହଳ ପକାଇଦେଲା। ଏହା ସତ୍ତ୍ୱେ ଏଇ କମ୍ପାନୀମାନେ ଏତେ ପ୍ରଭାବଶାଳୀ ଥିଲେ ଯେ ଆମେରିକାରେ ୧୦ବର୍ଷ ପରେ ଓ ୟୁରୋପରେ ୧୨ ବର୍ଷ ପରେ ଯାଇ ଡ଼ି.ଡ଼ି.ଟି ଓ ତା'ର ଭାଇଆଲିଆ ବିଷର (କ୍ଲୋରିନେଟେଡ୍ ହାଇଡ୍ରୋକାର୍ବନ) ବ୍ୟବହାର ନିଷିଦ୍ଧ କରାଗଲା। ବିକଳାଙ୍ଗ ସନ୍ତାନ ଜନ୍ମ ଓ କ୍ୟାନ୍ସର୍ ଭଳି ମାରାତ୍ମକ ବେମାରର କାରଣ ଯୋଗୁଁ ସେସବୁ ବିଷର ବ୍ୟବହାର ଆମେରିକା, ୟୁରୋପ, ଜାପାନ୍ ଭଳି ଦେଶମାନଙ୍କରେ ବଂଦ କରାଗଲା ସତ, କିନ୍ତୁ ସେମାନେ ଭାରତ ଭଳି ଅନୁନ୍ନତ ଦେଶ ମାନଙ୍କୁ ରପ୍ତାନୀ କରି ବେଶ୍ ଲଭ କଲେ। ଜନମତର ଚାପରେ ପଡ଼ି ଶେଷରେ ଭାରତ ସରକାର ଯଦିଓ ଏସବୁର ବ୍ୟବହାର ସରକାରୀ ଭାବରେ ବନ୍ଦ କରିଛନ୍ତି, ବେସରକାରୀ ଭାବେ ସେସବୁ ବ୍ୟବହାର ଚାଲିଛି। ଏସବୁ ବିଷର ପ୍ରଭାବ କିପରି ସୁଦୂର ପ୍ରସାରୀ ହେଲା, ଗୋଟିଏ ଉଦାହରଣରୁ ଜଣାପଡ଼ିବ।

ଆମେ ଯେତେବେଳେ ଧାନରେ ଅଧିକ ନାଇଟ୍ରୋଜେନ୍‌ଜାତୀୟ ସାର ବ୍ୟବହାର କରି ଛନ୍‌ଛନିଆ କଲୁ, ଝିଣ୍ଟିକା ଓ ହଳଦୀଗୁଣ୍ଡି ଇତ୍ୟାଦି ପୋକ ଲାଗିଲେ। ସେମାନଙ୍କୁ ଦମନ କରିବା ପାଇଁ ସାଂଘାତିକ ବିଷମାନ ପକାଇଲୁ। ସେଥିରେ ହଳଦୀଗୁଣ୍ଡି ଓ ଝିଣ୍ଟିକା ଇତ୍ୟାଦି ମରି ଓ ଛଟପଟ ହୋଇ ତଳକୁ ଖସିଲେ। ଧାନ ଜମିରେ ତଳେ ଥିବା ବେଙ୍ଗମାନେ ବିଷାକ୍ତ ହୋଇଯାଇଥିବା ପୋକମାନଙ୍କୁ ଖାଇ ନିଜେ ଛଟପଟ ହେଲେ। ସେହି ସମୟରେ ବିଷରେ ଛଟପଟ ହେଉଥିବା ବେଙ୍ଗମାନଙ୍କୁ ଖାଇ ସାପମାନେ ନିଜେ ଛଟପଟ ହେଲେ। ବିଷଜ୍ୱାଳାରେ ଛଟପଟ ହେଉଥିବା ସାପଟିକୁ ବିଚରା ଶଙ୍ଖଚିଲ ବୋହି ନେଇ ତାର ଛୁଆମାନଙ୍କୁ ଦେଲା ଓ ନିଜେ ଖାଇଲା। ଛୁଆମାନେ ହୁଏତ ସାଙ୍ଗେ ସାଙ୍ଗେ ଟଳି ପଡ଼ିଲେ। ମା'ଆଉ କିଛିଦିନ ପରେ ଚାଲିଗଲା। ଶଙ୍ଖଚିଲଟିଏ ଦେଖିଲେ ଶୁଭ ଓ ଶଙ୍ଖଚିଲକୁ ନମସ୍କାର ବୋଲି ପିଲାବେଳେ ପ୍ରାୟ ସମସ୍ତେ କହିଥା'ନ୍ତି। କିନ୍ତୁ ଆଜି ଶଙ୍ଖଚିଲଟିଏ ଦେଖିବାକୁ ସ୍ୱପ୍ନ।

ଆମେ ହଳଦୀଗୁଣ୍ଡି ପୋକ ବା ଝିଣ୍ଟିକା ନିୟନ୍ତ୍ରଣ କରିବା ପାଇଁ ବିଷ ପ୍ରୟୋଗ

କଲୁ। ଆଉ ସେହି ବିଷରେ କେବଳ ସେମାନେ ଯେ ମଲେ ତା'ନୁହେଁ, ତାଙ୍କ ସହ ମାଟିରୁ ଚାଷୀର ପରମ ବନ୍ଧୁ ଜିଆ ବା କେଁଚୁଆ ମଲେ, ମାଟି ସୃଷ୍ଟି କରୁଥିବା ବିଭିନ୍ନ ସୂକ୍ଷ୍ମ ଜୀବ ମଧ୍ୟ ଗଲେ ଓ ମାଟି ଖପରା ହେଲା। ମାଟି ତା'ର ନିଜସ୍ୱ ବଳ ବା ପିଣ୍ଡ ବଳ ହରାଇଲା। ସେଥିପାଇଁ ହିଁ ଗୋଟିଏ ଜମିରୁ ୫ ବସ୍ତା ଧାନ ପାଇବାକୁ ଆମେ ପ୍ରଥମ ବର୍ଷ ଯେତିକି ସାର ପ୍ରୟୋଗ କରୁ, ପାଞ୍ଚ ବର୍ଷ ପରେ ସେତିକି ସାର ପକେଇଲେ ସେତିକି ଧାନ ମିଳିଲା ନାହିଁ। ଯେଉଁ ପ୍ରକ୍ରିୟା ଯୋଗୁଁ ସାର ବ୍ୟବହାର ଆରମ୍ଭ ହୋଇଥିଲା, ସେହି ପ୍ରକ୍ରିୟାରେ ହିଁ ମାଟି ଉର୍ବର ହେବା ପରିବର୍ତ୍ତେ ଅନୁର୍ବର ହେଲା ଓ ଅଧିକ ସାର ନହେଲେ ଆଉ ଫସଲ ହେବନାହିଁ ବୋଲି ଧାରଣା ଆମ ମନରେ ଦୃଢ଼ ହେଲା। ତାକୁ ପ୍ରକୃତରେ ସାର କହିବା କି ଅସାର କହିବା ଆପଣ ମାନେ ବିଚାର କରନ୍ତୁ।

ଆମେ ପୁଣି କୀଟନାଶକ ବିଷ କଥାକୁ ଫେରି ଆସିବା। ଯାହା ପ୍ରକୃତରେ ଅସାର ତାକୁ କମ୍ପାନୀମାନେ ଯେପରି ସାର କହୁଛନ୍ତି, ସେହିପରି ବିଷ ଓ ଉକ୍ରଟ ବିଷକୁ ମଧ୍ୟ ବିଷ ନକହି ଔଷଧ ବୋଲି କହୁଛନ୍ତି। କୀଟନାଶକ ବିଷମାନଙ୍କର ଆଉ ଏକ ଦିଗ ଅଛି। ଯଦି ଚାଷୀ ବାଦାମ୍ ଚାଷ କରିଛନ୍ତି, ବାଦାମ୍ ଫସଲର ଶତ୍ରୁ ସଁବାଳୁଆ ପୋକର ନିୟନ୍ତ୍ରଣ ପାଇଁ ବି.ଏଚ୍.ସି ୧୦% ପକାଇବା କଥା କୃଷି ବିଶେଷଜ୍ଞମାନଙ୍କଠୁ ଓ ରେଡ଼ିଓରୁ ଶୁଣିଥିବେ। ରେଡ଼ିଓ ତ ସକାଳେ, ଦ୍ୱିପହରେ ଓ ସଂଧ୍ୟାରେ ଚାଷୀଭାଇମାନଙ୍କ ପାଇଁ ଏଇ କଥା ହିଁ କହିଥାଏ। ବି.ଏଚ୍.ସି ସ୍ପ୍ରେ କରି ଆମେ ସଂବାଳୁଆ ନିୟନ୍ତ୍ରଣ ହୁଏତ କଲୁ। ସେଥିରୁ କିନ୍ତୁ କିଛି ଅଂଶ ମାଟିରେ ପଡ଼ିଗଲା ଏବଂ ବର୍ଷାରେ ମାଟିରୁ ଧୋଇ ହୋଇ ନାଳକୁ ଚାଲିଗଲା। ନାଳ ପାଣି ଯାଇ ନଦୀରେ ମିଶିଲା। ତା'ର ସୂକ୍ଷ୍ମ ଅଂଶଗୁଡ଼ିକ ମାଛର ଖାଦ୍ୟ। ଜୁ ପ୍ଲାଙ୍କ୍‌ଟନ୍ ଓ ଫାଇଟୋପ୍ଲାଙ୍କ୍‌ଟନ୍ (ଶିଉଳି ଜାତୀୟ ଦଳ) ରେ ଲାଖି ରହିଲା। ହାରାହାରି ଗୋଟିଏ ପ୍ଲାଙ୍କ୍‌ଟନ୍‌ରେ ଯଦି ଗୋଟିଏ ବି.ଏଚ୍.ସି କଣିକା ରହେ ଏବଂ ଗୋଟିଏ ଛୋଟ ମାଛ ସେଥିରେ ୫୦୦୦ ପ୍ଲାଙ୍କ୍‌ଟନ୍ ଖାଏ, ତାହେଲେ ମାଛଟିର ଦେହରେ ସିଧାସଳଖ ୫୦୦୦ ସୂକ୍ଷ୍ମ ବି.ଏଚ୍.ସି. କଣିକା ରହିଲା। ଗୋଟିଏ ବଡ଼ ମାଛ ଯଦି ସେଥିରୁ ୨୦ଟି ଛୋଟ ମାଛ ଖାଏ, ତା'ହେଲେ ବଡ଼ ମାଛ ଦେହରେ ସିଧାସଳଖ ୧,୦୦,୦୦୦ ବି.ଏଚ୍.ସି. କଣିକା ରହିବ। ଆଉ ଯଦି ଜଣେ ମଣିଷ ସେଥିରୁ ସିଧାସଳଖ ଗୋଟିଏ ବଡ଼ ମାଛ ଖାଏ, ତା' ଦେହକୁ ତ ନିଶ୍ଚିତ ୧,୦୦,୦୦୦ ବି.ଏଚ୍.ସି କଣିକା ଯିବ। ଘଟଣାଟି ପ୍ରକୃତରେ ଏତେ ସରଳ ଭାବରେ ଘଟେ ନାହିଁ ଏବଂ ଆମ ଦେହରେ ୧,୦୦,୦୦୦ ବି.ଏଚ୍.ସି କଣିକା ପାଇଁ କେତେ ବର୍ଷ ମଧ୍ୟ ଚାଲିଯାଇପାରେ। କିନ୍ତୁ ଏଥିରୁ ଗୋଟିଏ କଥା

ଜାଣିବା ଯେ ଏହି ବିଷ ଗୁଡ଼ିକ ପ୍ରାଣୀମାନଙ୍କ ଦେହରୁ ସହଜରେ ଯାଏନାହିଁ ଓ ଖାଦ୍ୟ ଶୃଙ୍ଖଳର ଉପର ସ୍ତରରେ ଥିବା ପ୍ରାଣୀମାନଙ୍କ ଦେହରେ ବିଷର ପରିମାଣ ବଢ଼ିଯାଏ। ଏହି ପ୍ରକ୍ରିୟାକୁ BIO MAGNIFICATION ବା BIO AMPLIFICATION କୁହାଯାଏ।

ଅନ୍ୟ ପ୍ରାଣୀମାନଙ୍କ ପରି ମଣିଷ ଦେହରେ ମଧ୍ୟ ଏହି ବିଷଗୁଡ଼ିକ ଚର୍ବିରେ ଦ୍ରବୀଭୂତ ହୋଇ ରହେ। ଆମ ପେଟରେ ଖାଦ୍ୟା ଥାଉ ବା ନଥାଉ, ଶରୀର ଭିତର କେତେକ ଅଂଗକୁ (ଯଥା ହୃତ୍‌ପିଣ୍ଡ, କିଡ୍‌ନୀ, ଫୁସ୍‌ଫୁସ୍ ଇତ୍ୟାଦି) ଦିନରାତି କାମ କରିବାକୁ ପଡ଼ିଥାଏ। ଗାଡ଼ିରେ ତେଲ ବନ୍ଦ ହେଲେ ଗାଡ଼ି ପୂରା ବଂଦ ହୋଇଗଲା ଭଳି ଖାଦ୍ୟ ସରିଗଲେ ଏମାନଙ୍କର କାମ କରିବା ବନ୍ଦ ହୁଏ ନାହିଁ। ସେତେବେଳେ ଅଂଗ ପ୍ରତ୍ୟଙ୍ଗ ଗୁଡ଼ିକ ଶକ୍ତି ପାଆନ୍ତି କେଉଁଠୁ? ଦେହରେ ଥିବା ଚର୍ବି ସେତିକିବେଳେ କାମରେ ଆସେ ଓ ଅଂଗ ପ୍ରତ୍ୟଙ୍ଗ ଗୁଡ଼ିକୁ ଚଳାଇ ରଖିବାରେ ସାହାଯ୍ୟ କରେ। ଚର୍ବିରେ ଦ୍ରବୀଭୁତ ଥିବା ବିଷଗୁଡ଼ିକ ସେତିକିବେଳେ ହୃତ୍‌ପିଣ୍ଡ, ଫୁସ୍‌ଫୁସ୍, କିଡ୍‌ନୀ ଭଳି ଦେହର ମୁଖ୍ୟ ଅଂଗ ଗୁଡ଼ିକରେ ପହଞ୍ଚି ଯାଇଥାଏ। ଏହି ପ୍ରକ୍ରିୟା ବର୍ଷ ବର୍ଷ ଧରି ଚାଲେ ଓ ସେହି ଅନୁଯାୟୀ ହୃତ୍‌ପିଣ୍ଡ, ଫୁସ୍‌ଫୁସ୍, ଅଗ୍ନାଶୟ, ଲିଭର, କିଡ୍‌ନୀ ଇତ୍ୟଦିରେ ବିଷର ପରିମାଣ ବଢ଼ି ବଢ଼ି ଚାଲିଥାଏ। ଏହି ବିଷର ପରିମାଣ ଏକ ନିର୍ଦ୍ଦିଷ୍ଟ ସୀମା ଟପିଗଲାପରେ କ୍ୟାନ୍ସର୍ ଭଳି ମାରାତ୍ମକ ବେମାର ସୃଷ୍ଟି କରିଥାଏ। ଆଜିକାଲି ଆମେ ସେଥିପାଇଁ ଦେଖୁଛୁ ୧୨/୧୪ ବର୍ଷର ପିଲାଙ୍କୁ କ୍ୟାନ୍‌ସର୍ ବା ୨୦/୩୦ ବର୍ଷ ବେଳକୁ ସାଂଘାତିକ ରୋଗଗୁଡ଼ିକ ଏହି କୀଟନାଶକ ବିଷମାନଙ୍କ ଦ୍ୱାରା ହେଉଥିଲେ ମଧ୍ୟ ଏହା ଧିରେଧିରେ ଘଟୁଥିବା ଯୋଗୁଁ ବାଇଗଣ ବା ବନ୍ଧାକୋବିର ବିଷ ସହିତ ଯେ ଏହାର ସଂପର୍କ ରହିଛି, ଏକଥା ଆମେ ବୁଝିପାରୁନା ଏଣେ ଚାଷୀମାନେ ଅନେକ ସମୟରେ କ'ଣ କରନ୍ତି ଦେଖିବା। ଅନେକ ସମୟରେ ଜମିରେ କେବଳ ନାଇଟ୍ରୋଜେନ୍‌ଜାତୀୟ ସାରର ପ୍ରୟୋଗ ଫଳରେ ଗଛ ସୁଷମଖାଦ୍ୟ ପାଇପାରେ ନାହିଁ ଏବଂ ସହଜରେ ରୋଗୀଣା ହୋଇଯାଏ। ପୋକମାନେ ଏଭଳି ଗଛକୁ ମଧ୍ୟ ସହଜରେ ଆକ୍ରମଣ କରିଥାନ୍ତି। ରୋଗ ବା ପୋକମାନଙ୍କର ପ୍ରଥମ ଅବସ୍ଥାରେ ହୁଏତ କମ୍ ବିଷାକ୍ତ ଦ୍ରବ୍ୟ ସିଞ୍ଚନ କଲେ ଫସଲ ଭଲ ହୋଇଯାଇଥା'ନ୍ତା, କିନ୍ତୁ ଯଥା ସମୟରେ ନକରି ଅନେକ ସମୟରେ ଚାଷୀ ଅପେକ୍ଷା କରିଥାଏ ଏବଂ ଅତ୍ୟନ୍ତ ବିଷାକ୍ତ ଦ୍ରବ୍ୟ ଯାହାକି ମଣିଷ ଓ ପ୍ରଣୀମାନଙ୍କ ପାଇଁ ମଧ୍ୟ ହାନୀକାରକ ତାହା ପ୍ରୟୋଗ କରିବା ପାଇଁ ବାଧ୍ୟ ହୋଇଥାଏ।

ଗାଁ ମାନଙ୍କରେ ଏଭଳି ମଧ୍ୟ ଘଟିବାର ଆମେ ଲକ୍ଷ୍ୟ କରୁଛୁ ଯେ ଯେତେବେଳେ ଅଳ୍ପ ଖର୍ଚ୍ଚରେ ଅଳ୍ପ ପରିମାଣର କମ୍ ବିଷାକ୍ତ ଦ୍ରବ୍ୟ ବ୍ୟବହାର କଲେ ଚଳିଥା'ନ୍ତା,

ରୟଷୀ ପାଖରେ କିଣିବା ପାଇଁ ନଗଦ ପଇସା ନଥିଲେ, ଦୋକାନରୁ ବାକିରେ କିଣିଲାବେଲେ ଦୋକାନୀ ପାଖରେ ଯଦି ସେହି ବିଷଟି ନଥାଏ, ତା'ହେଲେ ତା'ଠାରୁ ଯଥେଷ୍ଟ ଅଧିକ ମୂଲ୍ୟର ଅଧିକ ମାରାତ୍ମକ ବିଷ କିଣି ପ୍ରୟୋଗ କରିବାକୁ ବାଧ୍ୟ ହୋଇଥାଏ । ଏଭଳି ବିଷ ପ୍ରୟୋଗ କଲାବେଲେ ହାତରେ ଗ୍ଲୋଭସ୍ ପିନ୍ଧିବା, ମୁହଁରେ ମୁଖା ପିନ୍ଧିବା, ଆଖିରେ ଚଷମା ଲଗାଇବା ଇତ୍ୟାଦି ପ୍ରତିଷେଧମୂଳକ ବ୍ୟବସ୍ଥା ଗ୍ରହଣ କରିବା ପାଇଁ ଖୁବ୍ ଟିକିଟିକି ଅକ୍ଷରରେ ବିଷ ବୋତଲ ବା ଶିଶିରେ ଯେଉଁ ନିର୍ଦ୍ଦେଶାବଳୀ ଲେଖାଥାଏ, ତାହା ମୁଖ୍ୟତଃ ଇଂରାଜୀରେ ଲେଖା ହୋଇଥାଏ । ତାକୁ ପଢ଼ି ବୁଝିବାର ଶକ୍ତି ଅଧିକାଂଶ ରୟଷୀମାନଙ୍କ ନଥାଏ । ବୁଝିବାର ଶକ୍ତି ଥିଲେ ମଧ୍ୟ ସେସବୁ କିଣିବାକୁ ସମ୍ବଲ ନଥାଏ । ସମ୍ବଲ ଥିଲେ ମଧ୍ୟ ସେସବୁ ଦୋକାନରେ ମିଲୁ ନଥାଏ ଓ କେବେ ମିଲୁଥିଲେ ମଧ୍ୟ ବ୍ୟବହାର କରିବାର ଇଚ୍ଛା ବା ଆଗ୍ରହ ନଥାଏ । ଯଦି କୌଣସି କାରଣରୁ ଏହି କୀଟନାଶକ ବିଷ ଦ୍ୱାରା କେହି ଆକ୍ରାନ୍ତ ହୁଅନ୍ତି, ସେହି ନିର୍ଦ୍ଦିଷ୍ଟ ବିଷର ନିର୍ଦ୍ଦିଷ୍ଟ ପ୍ରତିକାର ବିଷୟରେ ଆଖପାଖର ଡାକ୍ତରମାନେ ଅଜ୍ଞ ଥାଆନ୍ତି ବା ଔଷଧ ଦୋକାନଗୁଡ଼ିକରେ ବା ଡାକ୍ତରଖାନାରେ ହଠାତ୍ ସେହି ଔଷଧମାନ ମିଲି ନଥାଏ । ପ୍ରତିବର୍ଷ ଏଇ କାରଣରୁ ଅନେକ ଲୋକ ମୃତ୍ୟୁମୁଖରେ ପଡ଼ନ୍ତି ବା ଆକ୍ରାନ୍ତ ହୁଅନ୍ତି ।

ବିଷ ପଡ଼ିଥିବା ନଡ଼ା, ପାଲ ବା ଧାନ ବା ଗଛ ଖାଇ ଗାଈଗୋରୁ ମରିଯାଇଥା'ନ୍ତି ବା ଆକ୍ରାନ୍ତ ହୋଇଥା'ନ୍ତି । ବିଷାକ୍ତ ଜମିରୁ ଛୋଟ ପୋକଜୋକ, ଗେଣ୍ଡା ଆଦି ଖାଇ ପୋଷା କୁକୁଡ଼ା ବତକ ଆଦି ମଧ୍ୟ ମରିଥିବାର ଅନେକ ଉଦାହରଣ ରହିଛି ।

ଆମେ ଆଉ ଗୋଟିଏ କଥା ଲକ୍ଷ କରୁଛୁ ।

ଯେଉଁ ରୟଷୀମାନେ ସାର ଓ ବିଷର ଖରାପ ପ୍ରଭାବ ବିଷୟରେ ସାମାନ୍ୟ ସଚେତନ, ସେମାନେ ନିଜେନିଜେ ଖାଇବା ପାଇଁ ଆବଶ୍ୟକ ପଡ଼ୁଥିବା ଧାନ କମ୍ପାନୀ ସାର ବା ବିଷ ବ୍ୟବହାର ନକରି ଉତ୍ପାଦନ କରିଥା'ନ୍ତି । ବଳକା ଜମିରେ ସାର ବିଷ ବ୍ୟବହାର କରି ଆଦାୟ କରୁଥିବା ଫସଲକୁ ବିକ୍ରୀ କରିଥା'ନ୍ତି । ଏହା ଫଳରେ ସେମାନେ ଭାବନ୍ତି ଯେ ସେମାନେ ନିରାପଦ ଖାଦ୍ୟ ଖାଇଲେ ଓ ସେଥିପାଇଁ ନିରୋଗ ରହିବେ । କିନ୍ତୁ ପ୍ରକୃତରେ ସେ କେବଲ ତ ତାଙ୍କ ଉତ୍ପାଦିତ ଧାନ ବା ପରିବା ଖାଆନ୍ତି ନାହିଁ । ଅନେକ ପରିବାପତ୍ର, ତେଲ ଗୁଡ଼ ଆଦି ବଜାରରୁ କିଣନ୍ତି । ସେହି ଫସଲ ଯେଉଁ ରୟଷୀ ଉତ୍ପାଦନ କରନ୍ତି, ସେମାନେ ମଧ୍ୟ ସେପରି ସାର, ବିଷ ବ୍ୟବହାର କରିଥା'ନ୍ତି । ଏଥିରେ କେବଲ ପରସ୍ପରକୁ ଠକିବା ସାର ହୁଏ, କିନ୍ତୁ ପ୍ରକୃତରେ ବିଷ ଖାଇବାରୁ କେହି ହେଲେ ଛାଡ଼ ପାଆନ୍ତି ନାହିଁ । ଗାଁ ଗଣ୍ଡାର ରୟଷୀମାନଙ୍କ ସାଙ୍ଗରେ

ଆଲୋଚନା କଲାବେଳେ ଏ ସଂପର୍କରେ ଆଉ ଗୋଟିଏ କଥା ନଜରକୁ ଆସୁଛି। ଅଧିକ ଫସଲ ଆମଦାନୀ ପାଇଁ ଜଣେ ଚାଷୀ ସାର, ବିଷ ଇତ୍ୟଦିରେ ଯାହା ପଇସା ଖର୍ଚ୍ଚ କରୁଛି, ପ୍ରଥମେ ତ କିଛି ଲାଭ ନିଶ୍ଚୟ ହେଉଛି ଏବଂ ଲାଭ ମୋହରୁ ଲୋଭ ମଧ୍ୟ ଆସୁଛି। ଏ ଲୋଭର ପରିଣତି କେତେକ ସମୟରେ ବହୁତ ଦୁଃଖମୟ ହେଉଛି। ଅନେକ ସମୟରେ ସବୁ ଅର୍ଜନ କରିଥିବା ଲଭ ତ ଚାଲିଯାଉଛି, ତା'ସହ ପ୍ରାଣ ବି ଯାଉଛି। ଗୋଟିଏ ଉଦାହରଣ ହେଲେ କଥାଟା ସ୍ପଷ୍ଟ ହେବ। ଅଧିକ ସାର ଏବଂ ବିଷ ବ୍ୟବହାର କରି ମନେକର ଜଣେ ଚାଷୀ ବର୍ଷକୁ ୫ ବସ୍ତା ଧାନ ଅଧିକା ପାଇଲେ। ଏପରି ୧୦ ବର୍ଷ ବେଳକୁ ୫୦/୬୦ ବସ୍ତା ଧାନ ଅଧିକ ଆଦାୟ କରିବା ପାଇଁ ହୁଏତ ସେ ୩୦/୪୦ ବସ୍ତାର ଖର୍ଚ୍ଚ ଗଲାପରେ ଆଉ ୧୦/୨୦ ବସ୍ତାର ଲାଭ ସେ ପାଇଲେ। କିନ୍ତୁ ଉଚ୍ଚ ରକ୍ତଚାପ ଯେଗୁଁ ପାରାଲିସିସ୍ ବା ଡ଼ାଇବେଟିସ୍ ବା କୀଡ୍‌ନୀ ରୋଗରେ ଆକ୍ରାନ୍ତ ହେଲେ ସବୁ ଲାଭ ତ ଡ଼ାକ୍ତରଖାନାରେ ଯାଏ, ଲାଭ ସହ ଆହୁରି ଅଧିକା କିଛି ମଧ୍ୟ ଯାଇଥାଏ। ପ୍ରାଣହାନୀର ମଧ୍ୟ ଆଶଂକା ରହିଥାଏ। ଏହି ଲେଖା ଆରମ୍ଭରେ ଆମେ ଉଲ୍ଲେଖ କରିଛେ ଯେ ପୃଥିବୀରେ ମଣିଷ ପାଦ ଦେବାର ବହୁ ପୂର୍ବରୁ ଏଠି କୀଟପତଙ୍ଗମାନଙ୍କର ହିଁ ରାଜୁତି ଥିଲା। ଏହି ଶହ ଶହ କୋଟି ବର୍ଷ ଭିତରେ ପୃଥିବୀର ପାଣିପାଗରେ କେତେ ଯେ ପରିବର୍ତ୍ତନ ଘଟିଛି, ତା'ର କଳ୍ପନା ନାହିଁ। ଏ ସମସ୍ତ ପରିବର୍ତ୍ତନକୁ ସେମାନେ ଦେହସୁହା କରିନେଇଛନ୍ତି ଏବଂ ପରିବର୍ତ୍ତନ ଅନୁସାରେ ବଂଚିବା ଶିଖିଛନ୍ତି। ସେମାନଙ୍କ ଦେହ ଅତି ସରଳ ଏବଂ ବାହ୍ୟ ପରିବର୍ତ୍ତନ ସହ ଖୁବ୍ ଶୀଘ୍ର ଖାପ ଖୁଆଇ ତିଷ୍ଠି ରହିପାରନ୍ତି। ସେମାନଙ୍କର ଏହି ଗୁଣ ବା ଖାପଖୁଆଇ ଚଳିବାର ଶକ୍ତି ଯୋଗୁଁ ସେମାନେ ସମସ୍ତ ପ୍ରକାର ବିବର୍ତ୍ତନରେ ମଧ୍ୟ ତିଷ୍ଠି ପାରିଛନ୍ତି। ଆମେ ବିଭିନ୍ନ ପ୍ରକାର ରାସାୟନିକ କୀଟନାଶକ ଦ୍ରବ୍ୟ ପ୍ରୟୋଗ କରିଲାବେଳେ ହୁଏତ ଶତକଡ଼ା ୯୦ ଭାଗ ପୋକ ମରିଯାଇପାରନ୍ତି। କିନ୍ତୁ ଆଉ ଯେଉଁ ୧୦ ଭାଗ ରହିଗଲେ, ସେମାନଙ୍କ ଶରୀରରେ ଏଭଳି ପରିବର୍ତ୍ତନ ଶୀଘ୍ର ଘଟେ ଯେ ଆଉ ପୂର୍ବ ବିଷ ତାଙ୍କୁ କାଟୁକରେ ନାହିଁ। ତାଙ୍କୁ ଦମନ କରିବାକୁ ହୁଏତ ଆଉରି ବିଷାକ୍ତ ଦ୍ରବ୍ୟ ଦରକାର ପଡ଼େ। ସେ ବିଷ ମଧ୍ୟ ଯଦି ଶତକଡ଼ା ୯୦ ଭାଗ ପୋକ ମାରେ ଓ ସେଥିରୁ ପୁଣି ୧୦ ଭାଗ ରହିଯାଆନ୍ତି, ସେହି ୧୦ ଭାଗ ଅଧିକ ଉତ୍କଟ ବିଷରେ ଅଭ୍ୟସ୍ତ ହୋଇଯାଆନ୍ତି ଓ ତାଙ୍କ ସଂଖ୍ୟା ବଢ଼ିଚାଲେ। ଏହିଭଳି ଭାବେ ଏପରି ଏକ ସମୟ ଆସେ ଯେତେବେଳେ କୌଣସି ବିଷ କାଟୁ କରେନାହିଁ ଓ ସେମାନେ ବଢ଼ିବାରେ ଆଉ କିଛି ବାଧା ରହେନାହିଁ। ଏ ଭିତରେ ଆଉ ଗୋଟିଏ କଥା ମଧ୍ୟ ଘଟୁଥାଏ ଯାହା ଆଗରୁ କୁହାଯାଉଛି। ଏହା ପ୍ରଭାବରେ କେବଳ ପୋକମାନେ ମରି ନଥା'ନ୍ତି, ତାଂକୁ

ଖାଉଥିବା ବେଂଗ ଓ ବିଭିନ୍ନ ପ୍ରକାରର ଉପକାରୀ ପକ୍ଷୀ ଓ ପ୍ରାଣୀ ଆଦି ମରିଥାନ୍ତି। ଯେହେତୁ ଏମାନେ ଆଉ ରହିଲେନି, ଯେଉଁ ଅଳ୍ପ କେତେକ ପୋକ ବା ମୂଷା ଆଦି କୀଟନାଶକ ବିଷରୁ ବଂଚିଯାଆନ୍ତି ଓ ତା'ପରେ ବଂଶ ବିସ୍ତାର କରନ୍ତି, ତାଂକୁ ଆଉ ଆୟତ୍ତ କରିବାକୁ କେହି ନଥା'ନ୍ତି। ଏଥର ସେମାନେ "ମହାଶକ୍ତିଶାଳୀ ପୋକ" ଭାବରେ ଉଭା ହୁଅନ୍ତି। ବର୍ତ୍ତମାନ ତାଂକୁ ପାରିବାକୁ ଆଉ ସହଜରେ କିଛି ବାଟ ନଥାଏ।

ଚିନ୍ତା କରନ୍ତୁ ଦେଖି। ପୋକଜୋକ ମାନେ ଆମଠୁ କେତେ ସାନ ସାନ। କିନ୍ତୁ ଆମେ ଯେତେ ତାଙ୍କୁ ଦମନ କରି ତାଙ୍କ ଉପରେ ଜୟଲଭ କରିବାକୁ ଚେଷ୍ଟା କରୁଛୁ, ତାଙ୍କଠୁ ସେତେ ବେଶୀ ହାରିଯାଉଛୁ। କେତେ ବୁଦ୍ଧିଆ ମଣିଷ ଲାଗିଛନ୍ତି। କେତେ କଳକାରଖାନା, କେତେ ଅର୍ଥ, ବିଜ୍ଞାନାଗାର ଓ ଆହୁରି କେତେ କ'ଣ ବ୍ୟବସ୍ଥା କରି ମଧ୍ୟ ଆମେ ତାଙ୍କୁ ପାରୁନୁ। ତାଙ୍କୁ ପାରିବାକୁ ଯାଇ ଖାଲି ପରିବେଶ ନଷ୍ଟ କରୁନୁ, ଆମେ ନିଜେ ସେହି ବିଷ ସବୁ ଖାଇ କାହିଁ କେତେ ହିନସ୍ତା ହେଲେଣି। କେଉଁଠି ଆମର ଭୁଲ୍ ରହିଗଲା ? କାହିଁକି ଆମେ ବିଷକୁ ଓଷ ବୋଲି ଭାବି ବାଟବଣା ହେଉଛେ ? ଏବେ ସମୟ ଆସିଛି ରୋଗପୋକମାନଙ୍କ ବିଷୟରେ ଭଲ ଭାବରେ ଜାଣିବାକୁ ଓ ପ୍ରକୃତି ସାଥିରେ ମିତ୍ରତା ରଖି ସେମାନଙ୍କଠାରୁ ଆମ ଫସଲର ସୁରକ୍ଷା କରିବାକୁ । ଡ଼େରିରେ ହେଲେ ମଧ୍ୟ ଆମର ସୁବୁଦ୍ଧି ଆସୁ।

■

ଏହି ଲେଖାଟି "ଘର ପୋଡୁ ପଛେ ମୂଷା ମରୁ" (ଅପ୍ରକାଶିତ) ବହିର ଏକ ଅଂଶ

ଆଧୁନିକ କୃଷି ବ୍ୟବସାୟ: ଶସ୍ତାରୁ ହୀନସ୍ତା

କିଛିଦିନ ତଳେ ଜଙ୍କିଆ ଦେଇ ଓଡ଼ଗାଁ ଗଲାବେଳେ ଜଙ୍କିଆରୁ ଅଳ୍ପବାଟ ପରେ ରାସ୍ତାର ଦି ପାଖରେ ପରିବା ଚାଷ ହୋଇଥିବା ଦେଖିଲି। ଗୋଟିଏ ଜମିରେ ଜଣେ ଚାଷୀ କାମ କରୁଥିବା ଦେଖି ଗାଡ଼ିରୁ ଓହ୍ଲେଇ ତାଙ୍କ ପାଖକୁ ଗଲି। ଚାଷ ପଦ୍ଧତିଟି ଟିକିଏ ଅଲଗା ଦେଖି କୌତୁହଳ ଜାତ ହେଲା। ଦି'ପାଖରୁ ମାଟି ଟେକି ସାମାନ୍ୟ ଉଚ୍ଚାରେ ଏମୁଣ୍ଡରୁ ସେମୁଣ୍ଡ ଯାଏଁ ପଟାଳି ସବୁ ହୋଇଛି। ପଟାଳିଗୁଡ଼ିକ ପଲିଥିନ୍‌ରେ ଘୋଡ଼ାଇ ଦିଆଯାଇଛି। ପଲିଥିନ୍ ଚଦରରେ ମଝିରେ ମଝିରେ ବୁଟ ଆକାରର ଗୋଟିଏ ଲେଖାଏଁ କଣା କରାଯାଇଛି ଓ ତାରି ଭିତର ଦେଇ ଜହ୍ନି ଗଛ, କଲରା ଗଛ ବାହାରି ଗୋଟିଏ ପ୍ଲାଷ୍ଟିକ୍ ଡୋରିରେ ଉପରକୁ ଉଠିଛି। ଉପରେ ସେହିଭଳି ପ୍ଲାଷ୍ଟିକ୍‌ରେ ଗଛ ମାଡ଼ିବା ପାଇଁ ଛାମୁଣ୍ଡିଆ କରାଯାଇଛି। ପ୍ରତି ଗଛ ମୂଳରେ ପ୍ଲାଷ୍ଟିକ ଚଦର ତଳେ ସବୁ ପାଇପରେ ଟୋପା ଟୋପା ପାଣି ବା ବୁନ୍ଦା ଜଳସେଚନର ବ୍ୟବସ୍ଥା କରାଯାଇଛି ଓ ପାଣିରେ ରାସାୟନିକ ସାର ମିଶେଇ ଛାଡ଼ି ଦିଆଯାଉଛି, ଯାହାଫଳରେ ଗଛ ଏକ ସମୟରେ ପାଣି ଓ ସାର ପାଇପାରୁଛି।

ଇସ୍ରାଏଲ୍‌ର କମ୍ପ୍ୟୁଟରାଇଜଡ୍ ବା ଜର୍ମାନୀର ରୋବୋଟିକ୍ ଫାର୍ମିଂ ଭଳି ନ ହେଲେ ମଧ୍ୟ ଆମର ପରିସ୍ଥିତିକୁ ଚାହିଁ , ପଦ୍ଧତିଟି ବେଶ୍ ଆଗୁଆ ଲାଗିଲା। ଆମର କୃଷି ବିଭାଗ ଗଲା ଅଶୀ ଦଶକରୁ ଏସବୁ ବିଷୟରେ ଚାଷୀମାନଙ୍କୁ କହି ଆସୁଥିଲେ ମଧ୍ୟ ଏଥିରେ ବିଶେଷ ଅଗ୍ରଗତି ହୋଇପାରିନି। ମୋଟ ଚାଷୀମାନଙ୍କୁ ସଂଖ୍ୟାକୁ ଚାହିଁଲେ ଏ ପଦ୍ଧତିରେ ଚାଷ କରିବା ଲୋକମାନେ ବେଶ୍ ନଗଣ୍ୟ।

ସେଇ ଖୁବ୍ କମ୍ ଚାଷୀ ଭିତରେ ସେ ଜଣେ ହୋଇଥିବାରୁ ଏ ସମୁଦାୟ ପଦ୍ଧତି ବିଷୟରେ ସେ ବେଶ୍ ଉତ୍ସାହିତ ଥିଲେ ଓ ସବୁକଥା ଖୁବ୍ ଆଗ୍ରହର ସହ

ବୁଝାଉଥିଲେ। ବୁଝେଇଲା ବେଳେ ଚାଷୀଜଣକ ବେଶ୍ ଖୁସି ଜଣାପଡୁଥିଲେ ଓ କିଛିମାତ୍ରାରେ ଗର୍ବ ଅନୁଭବ କରୁଥିବା ଲକ୍ଷ୍ୟ କଲି।

ଚାଷୀ ଏ ବ୍ୟବସ୍ଥାର ସୁବିଧାଗୁଡ଼ିକ ଏହିଭଳି ବର୍ଣ୍ଣନା କଲେ। ପଟାଳିଟି ପଲିଥିନରେ ଘୋଡ଼େଇ ହୋଇଥିବା ଯୋଗୁଁ ଗଛ ଚାରିପାଖରେ ଘାସ ବା ଅନାବନା ଗଛ ଉଠିବାର ସମ୍ଭାବନା ନାହିଁ। ତେଣୁ ବଛାବଛିରେ ପଇସା ଖର୍ଚ୍ଚ ନାହିଁ ଓ ଯାହା ସାର ଦିଆଯାଉଛି ତାହା ସେଇ ଜହ୍ନି ଓ କଲରା ଗଛ ହିଁ ପାଇବ। ଆଜିକାଲି ଗାଁଗଣ୍ଡାରେ ଜମିବାଡ଼ିରେ କାମ କରିବାକୁ ସହଜରେ ଲୋକ ମିଳୁନାହାନ୍ତି ଓ ମୂଲ ଖର୍ଚ୍ଚ ମଧ୍ୟ ବେଶ୍ ଅଧିକ। ତା' ବ୍ୟତୀତ ଗଛ ମାଡ଼ିବା ଓ ଉପରେ ତା'ର କାୟା ବିସ୍ତାର ପାଇଁ କାଠ ବାଉଁଶ ସଂଗ୍ରହ କରିବା ଓ ଜମି ପାଖରେ ପହଞ୍ଚେଇବା କାଠିକାର ପାଠ। ବୁନ୍ଦା ଜଳସେଚନ ଯୋଗୁଁ ପାଣି ଖର୍ଚ୍ଚ ମଧ୍ୟ କମ୍ ଓ ଅଳ୍ପ ପାଣିରେ ବେଶୀ ଜାଗାରେ ଫସଲ ହୋଇପାରୁଛି। ଏକ ସମୟରେ ପାଣି ଓ ସାର ଦେଇ ଦିଆଯାଇପାରୁଛି। ହୁଏତ କୃଷି କର୍ମଚାରୀମାନେ ଏହିଭଳି ତାଙ୍କୁ ବୁଝେଇଥିବେ। କୃଷି ବିଭାଗ ତାଙ୍କୁ ଜଣେ ଆଗୁଆ ଚାଷୀ ହିସାବରେ ନେଇଥିବେ। ରୋଗ ପୋକହେଲେ ଔଷଧ (ପ୍ରକୃତରେ ବିଷ) ସ୍ପ୍ରେ କରିବା ଏ ପଦ୍ଧତିରେ ଅପେକ୍ଷାକୃତ ସହଜ।

ସମୟ ଦେଇ ଏତେକଥା ଖୁବ୍ ଆଗ୍ରହ ସହକାରେ ବୁଝେଇଥିବାରୁ ତାଙ୍କୁ ଧନ୍ୟବାଦ ଦେଲି। ତାଙ୍କୁ କହିଲିନି କିନ୍ତୁ ମନେ ମନେ ଭାବିଲି ଚାଳିଶ, ବୟାଳିଶ ଡିଗ୍ରୀ ତାତିରେ ବାହାରେ ଖରାରେ ଯଦି ଆମେ ଗୋଟାଏ ପଲିଥିନ୍ ଘୋଡ଼େଇ ହୋଇ ଛିଡ଼ା ହେବା, ଆମ ଅବସ୍ଥା କ'ଣ ହେବ ଓ ଆଉ କେତେ ସମୟ ବା ଛିଡ଼ା ହୋଇପାରିବା ? ମାଟିରେ ଯେଉଁ ସବୁ ସୂକ୍ଷ୍ମ ଜୀବ ଓ ଜିଆ ଅଛନ୍ତି, ଯେଉଁମାନଙ୍କୁ ନେଇ ମାଟି ବଳୁଆ ହୁଏ, ଏ ପଲିଥିନ୍ ତଳେ ସେମାନଙ୍କ ଅବସ୍ଥା କ'ଣ ହେଉଥିବ ? ଅବଶ୍ୟ ଏ ପଦ୍ଧତିରେ ସେମାନଙ୍କର କ'ଣ ହେବ ସେଥିରେ କିଛି ଯାଏ ଆସେ ନାହିଁ, କାରଣ ଚାଷୀ ଏଥିରେ କୃତ୍ରିମ ସାର ଉପରେ ନିର୍ଭର କରୁଛନ୍ତି। ତେଣୁ କେବଳ ପଲିଥିନ୍ ବ୍ୟବହାର ନୁହେଁ, କୃତ୍ରିମ ସାର ମଧ୍ୟ ବ୍ୟବହାର କରିବାକୁ ହେବ। ଆଉ କୃତ୍ରିମ ସାର ବ୍ୟବହାର କଲେ ଅଧିକ ରୋଗ ପୋକ ସୃଷ୍ଟି ହେବ। ସେଥିପାଇଁ କୀଟନାଶକର ବ୍ୟବହାର ମଧ୍ୟ ଅନିବାର୍ଯ୍ୟ।

ଏହିଭଳି କୃତ୍ରିମ ସାର ଓ କୀଟନାଶକର ବ୍ୟବହାରରେ ବଢ଼ିଥିବା ଗଛ ଓ ତା'ର ଫଳ ଯଥା ଜହ୍ନି, କାକୁଡ଼ି, ପୋଟଳ, କଲରା ଇତ୍ୟାଦି ଯେତେବେଳେ ମଣ୍ଡିକୁ ଆସେ ସେଥିରେ କୃତ୍ରିମ ରଙ୍ଗ ବୋଳା ହୋଇଯାଏ। ତେଣୁ ଏଥିରେ କ'ଣ ଆଶ୍ଚର୍ଯ୍ୟ ହେବାର ଅଛି ଯେ ଏଭଳି କୃତ୍ରିମ ସାର, କୀଟନାଶକ ଓ କୃତ୍ରିମ ରଙ୍ଗ ବୋଳା ପରିବା

ଦିନ ପରେ ଦିନ ଖାଇ ଆମର ହସ କୃତ୍ରିମ, କାନ୍ଦ କୃତ୍ରିମ, ବନ୍ଧୁତା ଓ ପ୍ରେମ ମଧ୍ୟ କୃତ୍ରିମ ହୋଇଯାଏ। ଆମେ ପ୍ରକୃତରେ ଏକ ପ୍ରକାର କୃତ୍ରିମ ଦୁନିଆରେ କୃତ୍ରିମ ଜୀବନଯାପନ କରୁଛେ।

ଋଷୀଜଣଙ୍କ ପାଖରୁ ବିଦାୟ ନେବା ପୂର୍ବରୁ ତାଙ୍କୁ ଗୋଟିଏ ପ୍ରଶ୍ନ ପଚାରିଲି- 'ଯେଉଁ ପଲିଥିନ୍ ଚାଦରରେ ମାଟିକୁ ଘୋଡ଼େଇଛନ୍ତି, ସେ କେତେ ଦିନ ଯାଏ?' 'ତିନି ଚାରି ବର୍ଷ ଯାଏଁ', ଉତ୍ତରରେ କହିଲେ। 'ତା'ପରେ କ'ଣ କରନ୍ତି ସେ ପଲିଥିନ୍‌କୁ?' ବୋଲି ପଚାରନ୍ତେ ଜମି ଶେଷଭାଗରେ ଅଳ୍ପ ଦୂରରେ ଥିବା ଗୋଟିଏ ଛୋଟିଆ ନାଳକୁ ଦେଖେଇ ସେ କହିଲେ 'ସେଇଠି ପୋଡ଼ିଦେଉ।'

ଏହାପରେ ମୁଁ ତାଙ୍କୁ କହିଲି,- 'ଆପଣ ଜାଣନ୍ତି କି ପଲିଥିନ୍ ପୋଡ଼ିଦେଲେ ସେଥିରୁ ଡାଇଅକ୍ସିନ୍ ନାମକ ଏକ ଗ୍ୟାସ ବାହାରି ବାୟୁମଣ୍ଡଳରେ ମିଶେ। କୁହୁଡ଼ି, କାକର, ବର୍ଷାରେ ସେ ଗ୍ୟାସ୍ ପାଣିରେ ମିଶେ ଓ ମାଟିକୁ ଆସେ। ଆମେ ସେ ପବନ ଶରୀର ଭିତରକୁ ନେଉ, ମାଟିରେ ମିଶିଲେ ସେଥିରେ ଯେଉଁ ଫସଲ ହୁଏ, ସେଇ ଫସଲ ଜରିଆରେ ମଧ୍ୟ ସେ ଗ୍ୟାସ୍‌ଟି ଆମ ଦେହକୁ ଆସେ। ଆଉ ଡାଇଅକ୍ସିନ୍ ଏକ ମାରାତ୍ମକ କର୍କଟ ରୋଗର କାରକ।' ଏସବୁ କଥାକୁ ସେ ବିଶ୍ୱାସ କରିପାରିଲେନି। କହିଲେ, 'ଯଦି ଏପରି ହେଉଥିବ କେବେ ହେବ ଜଣାନାହିଁ। ଏବେ ତ ବର୍ତ୍ତମାନର ପ୍ରଶ୍ନ। ଏହି ପଦ୍ଧତି ସୁବିଧାଜନକ ହେଉଛି'- ଏହା ହିଁ ଥିଲା ତାଙ୍କର ମୁହଁର ଭାଷା।

ଆମେ ଆଉ ଗୋଟିଏ କଥାକୁ ସୁବିଧାଜନକ ଓ ଶସ୍ତାଭାବେ ନେଲୁ। ଗାଈ ରଖିବୁ ନାହିଁ। ଗୋବର ହାତ ହେବୁ ନାହଁ, ବିଲକୁ ଖତ ନେବୁ ନାହିଁ, କମ୍ପୋଷ୍ଟ ତିଆରି କରିବାର କଷ୍ଟ ସ୍ୱୀକାର କରିବୁ ନାହିଁ, ଧାନକଟା ପରେ ନଡ଼ା ପାଳକୁ ଜମିରେ ନ ପକାଇ ତାକୁ ପୋଡ଼ିଦେବୁ, ଧାନ ରୋଇବା ପୂର୍ବରୁ ଜମିରେ ଧଣିଚା ବା ଛଣି ଭଳି ସବୁଜ ସାର ଦେଉଥିବା ମଞ୍ଜି ବୁଣି ମାଟିରେ ମିଶେଇବାକୁ ଚେଷ୍ଟା ନାହିଁ, ଦୋକାନରୁ ସାରବସ୍ତା କିଣି ଜମିରେ ପକାଇବୁ, ଆବଶ୍ୟକ ହେଲେ ସେଥିପାଇଁ କରଜ କରିବୁ, ସାର ବେପାରୀ ପାଖକୁ ପାଞ୍ଚଥର ଦୌଡ଼ିବୁ। ତା' ସହ ନିଜର ପାରମ୍ପରିକ ବିହନ ନରଖି ଦୋକାନରୁ, ବ୍ଲକରୁ ହାଇବ୍ରିଡ୍ ବିହନ କିଣିବୁ। ଟିକିଏ ପୋକ ଲାଗିଥିବା ବାଇଗଣ ବଜାରରୁ କିଣିବୁ ନାହିଁ, ଚିକ୍କଣ ଓ ବେଶ ଡଉଲଡାଉଲ ଦେଖାଯାଉଥିବା ଛନଛନିଆ ବାଇଗଣ କିଣିବୁ।

ଏସବୁର ପରିଣାମ କ'ଣ? କୃତ୍ରିମ ସାର ବ୍ୟବହାର ଫଳରେ ଗଛ ତ ଭଲ ବଢ଼େ, ତା' ସହ ରୋଗ ପୋକ ଡାକିଆଣେ। ତା'ପରେ କୀଟନାଶକ ବିଷର ବ୍ୟବହାର ଆରମ୍ଭ ହୋଇଯାଏ। ଆମର ଅନ୍ୟତମ ପ୍ରିୟ ପରିବା ବାଇଗଣରେ ଏବେ ପୋକମାନେ

ଏତେ ଅଭ୍ୟସ୍ତ ହୋଇଗଲେଣି ଯେ ଥରେ ଦି'ଥର ନୁହେଁ ପ୍ରତି ଆଠଦଶ ଦିନରେ ସେଭିନ୍, ବାଭିଷ୍ଟିନ୍ ଭଲି ବିଷ ବ୍ୟବହାର କରାଯାଉଛି। ସାରା ବାଇଗଣ ଗଛଟିକୁ ବିଷାକ୍ତ କରି ଦିଆଯାଉଛି, ଯାହାକୁ ସିଷ୍ଟମିକ୍ ବିଷ ବୋଲି କୁହାଯାଉଛି। ସେଥିରେ କାଣ୍ଡବିନ୍ଧା ପୋକ ଶୋଷିଲା କ୍ଷଣି ମରିବ– ଏଇ କଥାଟି କମ୍ପାନୀ ତରଫରୁ ସଗର୍ବେ ପ୍ରଚାର କରାଯାଉଛି। ଅସରପା, ଓଦ୍ରଶ ବା ମୂଷା ମାରିବା ପାଇଁ ଘରେ ନିଆଁ ଲଗାଇବା ନ୍ୟାୟ।

ବାଇଗଣ ଭଲି ବିଲାତି ବାଇଗଣ ଅବସ୍ଥା ମଧ ସେୟା। ଉଭୟ ବାଇଗଣ ଓ ବିଲାତି ବାଇଗଣ କ୍ଷେତ୍ରରେ ମାଲାଥ୍ୟନ୍, ପାରାଥ୍ୟନ୍, କ୍ଲୋରୋପାଇରେଫସ ଭଲି ବିଷ ମଧ ପ୍ରୟୋଗ କରାଯାଏ। ଏଥିରୁ ଅନେକ କ୍ୟାନସର କାରକ। ଅନ୍ୟ ପରିବା ଯାହା ନହେଲେ ନଚଲେ ହେଲା ଆଳୁ। ଆଳୁକୁ ମାଟି ଭିତରେ ପିମ୍ପୁଡ଼ି ଇତ୍ୟାଦି ଫସଲ ନଷ୍ଟକରା କୀଟମାନଙ୍କଠାରୁ ନିରାପଦ ରଖିବା ପାଇଁ ଓ ଆଳୁ ଚିକ୍କଣ ତଥା ସୁନ୍ଦର ଦେଖାଯିବା ପାଇଁ ସେଥିରେ ଆଲ୍ଡ୍ରିନ୍, ଡାଏଲଡ୍ରି, ସିଣ୍ଟେନ୍ ଓ ହେପ୍ଟାକ୍ଲୋର ଭଲି କୀଟନାଶକ ବ୍ୟବହାର କରାଯାଏ। ଏଥିରୁ ଅଧିକାଂଶ ଶରୀରର ବିଭିନ୍ନ ସ୍ଥାନରେ କର୍କଟ ରୋଗ ସୃଷ୍ଟି କରିଥାଏ ଓ କର୍କଟ ରୋଗ ଏଭଲି ରୋଗ ଯାହା ଭୟଙ୍କର ଯନ୍ତ୍ରଣା ଦିଏ। ସଞ୍ଚିତ ଧନକୁ ଶେଷ କରିଦିଏ ଓ ଡେରିରେ ଜଣା ପଡ଼ିଲେ ବା ଚିକିସା ଆରମ୍ଭ ହେଲେ ଜୀବନ ନିଏ। ପୁରୁଷ, ସ୍ତ୍ରୀ, ଛୋଟବଡ଼, ଧନୀଗରିବ– କରୋନା ଭଲି କିଛି ମାନେନି।

ତେବେ ଫସଲକୁ ନିରାପଦ ରଖିବୁ କିପରି ? ସେଥିପାଇଁ ଅନେକ ଫଳପ୍ରଦ ଜୈବିକ ପଦ୍ଧତି ବାହାରି ଗଲାଣି; କିନ୍ତୁ ସେଥିରେ ଋଷୀଙ୍କୁ କିଛି ପରିଶ୍ରମ କରିବାକୁ ହେବ। ପରିଶ୍ରମ କରୁଛି କିଏ ? ନିମ୍ବ ପତ୍ର, ଗାଈମୂତ୍ର ଇତ୍ୟାଦି ସଂଗ୍ରହ କରିବାକୁ ବେଳ କାହାର ଅଛି ? ଅପରପକ୍ଷରେ ସରକାରୀ କଳ ତ ମୁଖ୍ୟତଃ ରାସାୟନିକ ସାର ଓ କୀଟନାଶକ ବିଷ କଥା କହୁଛି। ରେଡ଼ିଓ, ଟେଲିଭିଜନ, ଖବରକାଗଜ ଇତ୍ୟାଦିରେ ସେଇକଥା ହିଁ କୁହାଯାଉଛି, ଯଦିଓ ଆଜିକାଲି କାଁ ଭାଁ ଜୈବିକ ପଦ୍ଧତି କଥା କହିବା ପାଇଁ କିଛି ଲୋକ ସାହସ କଲେଣି।

ଆମେ କ୍ୟାନସରକୁ ଆମନ୍ତ୍ରଣ କରିବା ପାଇଁ ବା କିଡ଼ନୀ ଫେଲୁଅର ପାଇଁ ସବୁ ପ୍ରକାର ବ୍ୟବସ୍ଥା କରିବୁ ଓ ସେପାଖେ କ୍ୟାନସର ହସ୍ପିଟାଲ କରିବୁ। ବରଗଡ଼ ଅଞ୍ଚଳରେ କାହିଁକି ଅଧିକ କ୍ୟାନସର ରୋଗୀ ବାହାରୁଛନ୍ତି, ତା'ର କାରଣ ସମସ୍ତଙ୍କୁ ଜଣା; କିନ୍ତୁ ରାସାୟନିକ ସାର ଓ କୀଟନାଶକର ବ୍ୟବହାର କମେଇବା ପାଇଁ ଉଦ୍ୟମ ନ କରି ଆମେ ସେଠାରେ ଗୋଟାଏ କ୍ୟାନସର ହସ୍ପିଟାଲ କରିବା ପାଇଁ ଉଚିତ୍ ମନେ

କଲୁ। ଅବଶ୍ୟ ସରକାରୀ କ୍ଷେତ୍ରରେ ଏହା କିଛି ନୂଆ କଥା ନୁହେଁ। ମଦର ପ୍ରସାର କରିବାକୁ ଜିଲ୍ଲାପାଳମାନଙ୍କୁ ମଦ ବିକ୍ରିରୁ ଅଧିକ ଆୟ କରିବା ଲକ୍ଷ୍ୟ ଧାର୍ଯ୍ୟ କରିବା, ମଦୁଆ ସୃଷ୍ଟି ହେବା ପରେ ମଦ ନିଶା ଛଡ଼େଇବା ପାଇଁ ନିସାଡ଼ି ସୁଧାର କେନ୍ଦ୍ର ସ୍ଥାପନ କରିବୁ। ପ୍ରକୃତରେ ସରକାରର ମୁହଁ ଅନେକ।

ସକାଳ, ୨୬ ଅପ୍ରେଲ, ୨୦୨୧

ଚକ୍ରବ୍ୟୂହରେ ଚାଷ

ଗାନ୍ଧୀ ଦକ୍ଷିଣ ଆଫ୍ରିକାରୁ ଆସି ଭାରତରେ ପହଞ୍ଚି ସାରା ଭାରତ ବୁଲିଲେ ଗୋପାଳ କୃଷ୍ଣ ଗୋଖଲେଙ୍କ ପରାମର୍ଶରେ। ସେଥିରେ ତାଙ୍କର ଗୋଟାଏ ମହାତ୍ତ୍ୱପୂର୍ଣ୍ଣ ଅନୁଭବ ହେଲା। ଭାରତ ବ୍ରିଟିଶ ଶାସନରୁ ମୁକ୍ତି ପାଇବାକୁ ହେଲେ କେବଳ କେତେକ ପାଠୁଆ ଲୋକଙ୍କର ଦାବି, ଦରଖାସ୍ତ, ଗୁହାରି ଯଥେଷ୍ଟ ନୁହେଁ। ସମାନ ପାଠ ବା ଦକ୍ଷତା ପାଇଁ ସମାନ ଚାକିରି, ସମାନ ଦରମା ଓ ସମାନ ସୁବିଧା ଥିଲା ପାଠୁଆ ଲୋକଙ୍କର ମୁଖ୍ୟ ଦାବି। ସେଥିରେ ବାସୁ ପରିଡ଼ା, ଲକ୍ଷଣ ନାଏକ ବା ମୂଷା ମଲିକଙ୍କ ଯାଏ ଆସେ କେତେ ?

ଭାରତର ସବୁ ଧର୍ମର, ସବୁ ବର୍ଗର, ସେ ଦଳିତ ବା ଆଦିବାସୀ ହୁଅନ୍ତୁ, ସେ ସାଧାରଣ ଚାଷୀ ହୁଅନ୍ତୁ- ଗାନ୍ଧୀ ସମସ୍ତଙ୍କୁ ଏକାଠି କଲେ ଓ କହିଲେ ଭାରତରୁ ବ୍ରିଟିଶ୍ ବାଲାଙ୍କ ହାକିମାତି ଓ ଶୋଷଣ ବନ୍ଦ ହୋଇଗଲେ ଲୋକ ଭୋକ ଉପାସରେ ରହିବେନି ଡରିମରି। ଦୀନଦରିଦ୍ର ହୋଇ ଅତି ହୀନିମାନିଆ ଭାବେ ବଞ୍ଚିବେନି। ଚୁମ୍ବକରେ କହିଲେ, ଦେଶ ଘିଅ ମହୁରେ ଭାସିବ। ଏଇ କଥାଟା ଲୋକଙ୍କ ମନକୁ ଭାରି ଛୁଇଁଲା ଓ ଲକ୍ଷଲକ୍ଷ ଲୋକ ସ୍ୱାଧୀନ ଭାରତ ପାଇଁ ଆଉ କୌଣସି କଥାକୁ ନଶୁଣି ନିର୍ଭୟ ଭାବେ ଡେଇଁ ପଡ଼ିଲେ। ଦେଶ ସ୍ୱାଧୀନ ହେଲା, କିନ୍ତୁ ଦେଶ ଘିଅ ମହୁରେ ଭାସିବା କଥା କ'ଣ ହେଲା ?

ଦେଶର ଦୁର୍ଭାଗ୍ୟ, କିନ୍ତୁ ଗାନ୍ଧୀଙ୍କର ଭାଗ୍ୟ, ସ୍ୱାଧୀନ ଭାରତର ଦୁର୍ଦ୍ଦିନ ଦେଖିବା ପାଇଁ ସେ ରହିଲେନି। ସ୍ୱାଧୀନ ହେବା ପରେପରେ ଦେଶ ଘୋର ଖାଦ୍ୟାଭାବର ସମ୍ମୁଖୀନ ହେଲା। ସୁବିଧା ଅସୁବିଧା ତୁଲେଇବା ପାଇଁ ଦେଶରେ ଯାହା କିଛି ବଳକା ଖାଦ୍ୟ ମହଜୁଦ ଥିଲା ଦ୍ୱିତୀୟ ମହାଯୁଦ୍ଧରେ ବିଲାତ ସପକ୍ଷରେ ପୃଥିବୀରେ ବିଭିନ୍ନ ସ୍ଥାନରେ ଲଢୁଥିବା ସୈନ୍ୟବାହିନୀ ପାଇଁ ଭାରତରୁ (ବଙ୍ଗଳାରେ ଭୟଙ୍କର ଦୁର୍ଭିକ୍ଷରେ

୯୮ | ରାଧାମୋହନ

ଲକ୍ଷ ଲକ୍ଷ ଲୋକ ପ୍ରାଣ ହରାଉଥିବା ସମୟରେ ମଧ) ଖାଦ୍ୟ ରପ୍ତାନୀ କରାଗଲା। ବିଭିନ୍ନ କାରଣରୁ ଦେଶରେ ଖାଦ୍ୟ ପରିସ୍ଥିତି ସଙ୍କଟଜନକ ହେଲା ଭାରତ ସ୍ୱାଧୀନ ହେବା ପରେ ପରେ। ଭାରତର ନେତୃବର୍ଗଙ୍କୁ ଏକ ପ୍ରକାର ଭିକ୍ଷାଥାଳ ଧରି ଆମେରିକା, କାନାଡ଼ା ଓ ଅଷ୍ଟ୍ରେଲିଆ ଭଳି ଦେଶମାନଙ୍କୁ ଯିବାକୁ ପଡ଼ିଲା। ଏତେଲୋକଙ୍କୁ ସମ୍ଭାଳିବା, ଖାଦ୍ୟ କିଣିବାପାଇଁ ପଇସା ବା କାହିଁ? ଶେଷରେ ଆମେରିକା ରାଜିହେଲା ପିଏଲ୍ ୪୮୦ ଅନୁଯାୟୀ ଭାରତକୁ ଖାଦ୍ୟ ଯୋଗାଇଦେବ ବିନା ପଇସାରେ, ଏକପ୍ରକାର ମାଗଣାରେ। ମାଗଣା ଅର୍ଥ ଭାରତକୁ ଆମେରିକାର ମୁଦ୍ରା ଡଲାର ଆକାରରେ ବା ସୁନାଦେଇ କିଣିବାକୁ ହେବ ନାହିଁ; ଖାଦ୍ୟର ଯାହା ମୂଲ୍ୟହେଲା ସେଇପଇସା ଭାରତରେ ଗୋଟାଏ ପାଣ୍ଠିରେ ମହଜୁଦ ହେବ ଓ ସେଇ ଅର୍ଥରୁ ଭାରତରେ କୃଷି ବିଶ୍ୱବିଦ୍ୟାଳୟ ବୈଷୟିକ ଶିକ୍ଷାନୁଷ୍ଠାନ, ବନ୍ଦର, ରାଜପଥ ଇତ୍ୟାଦି ତିଆରି ହେବ। ଭାରତର ନେତୃବର୍ଗ ଆଶ୍ୱସ୍ତ ହେଲେ, ଚାଉଳ ଗହମ ପାଇଁ ବୈଦେଶିକ ମୁଦ୍ରା ଦେବାକୁ ପଡ଼ିବନି ଓ ସେଇ ଅର୍ଥରେ ଭାରତର ବିକାଶ ହେବ – ଏ କଥାଟା ମନକୁ ବେଶ ପାଇଲା। ଅପରପକ୍ଷରେ ଆମେରିକା ଏଭଳି ପ୍ରସ୍ତାବ ଦେବାର ମଧ ଯଥେଷ୍ଟ କାରଣ ଥିଲା। ଆୟତନରେ ବୃହତ୍ତମ ରୁଷିଆ। ସେତେବେଳେର ସୋଭିଏଟ୍ ୟୁନିଅନ୍) ଓ ଜନସଂଖ୍ୟାରେ ବୃତ୍ତମ ଚୀନ କମ୍ୟୁନିଷ୍ଟ ହୋଇସାରିଛନ୍ତି। ତା' ସହ ଯଦି ଜନସଂଖ୍ୟାରେ ଦ୍ୱିତୀୟ ବୃହତ୍ତମ ଦେଶ ଭାରତ ମିଶିଯିବ ତେବେ ଆମେରିକା ଓ ତା'ର ସାଥୀ ଦେଶମାନଙ୍କୁ ବିପଦ ମାଡ଼ିଆସିବ, ଏଇଥିଲା ମୁଖ୍ୟ କାରଣ। ଏସିଆର ନୂଆହୋଇ ସ୍ୱାଧୀନ ହେଉଥିବା ଦେଶମାନେ ମଧ ଯଦି କମ୍ୟୁନିଷ୍ଟ ହୋଇଯିବେ ତେବେ ପୁଞ୍ଜିବାଦୀ ବ୍ୟବସ୍ଥାଟି ଘୋର ବିପଦରେ ପଡ଼ିଯିବ। ତେଣୁ ଭାରତକୁ ପର୍ଯ୍ୟାପ୍ତ ପରିମାଣରେ ଖାଦ୍ୟ ଯୋଗାଇବା ଓ ଭାରତ ଏକପ୍ରକାର ମାଗଣା ପାଇବା ଉଭୟଙ୍କୁ ବେଶ୍ ସୁହାଇଲା।

ଫଳ କ'ଣ ହେଲା? ଯଥେଷ୍ଟ ପରିମାଣର ମାଗଣା ଚାଉଳ ଓ ଗହମ ଦେଶକୁ ଆସିବା ଫଳରେ ସେ ସବୁର ଦାମ୍ ବହୁତ କମିଗଲା, ଚାଷୀ ଅଧିକ ଉତ୍ପାଦନ ପାଇଁ ନିରୁତ୍ସାହିତ ହେଲେ, ଜମିବାଡ଼ିରେ ପଇସା ଖଟେଇବା ପାଇଁ ଆଗ୍ରହୀ ହେଲେ ନାହିଁ। ଭାରତର ଚାଷ ରସାତଳକୁ ଗଲା। ଆମେ ବିଦେଶୀ ଖାଦ୍ୟ ଉପରେ ଅଧିକ ନିର୍ଭରଶୀଳ ହୋଇପଡ଼ିଲେ। ଅବଶ୍ୟ ଅନେକ ଉନ୍ନତମାନର ବୈଷୟିକ ଶିକ୍ଷାନୁଷ୍ଠାନ ଓ କୃଷି ବିଦ୍ୟାଳୟ ପ୍ରତିଷ୍ଠିତ ହୋଇଗଲା।

ଆମେରିକାର ଲାଭ/କ୍ଷତି କ'ଣ ହେଲା? ଯାହା ମୂଳଉଦ୍ଦେଶ୍ୟ ଥିଲା ତାହା ସାଧିତ ହେଲା। ଭୋକ ଉପାସରେ ରହିଥିଲେ ସିନା ବିଦ୍ରୋହ କରିଥାନ୍ତେ, କମ୍ୟୁନିଷ୍ଟ୍ ହୋଇ ଯିବାର ଭୟଥାନ୍ତା। ସେ ଭୟ ଚାଲିଗଲା। ଭାରତ କମ୍ୟୁନିଷ୍ଟ ଶିବିରକୁ ଗଲା

ନାହିଁ। ଦ୍ୱିତୀୟ, ଯେତେସବୁ ବୁଦ୍ଧିଆ ପିଲା ବୈଷୟିକ ଶିକ୍ଷାନୁଷ୍ଠାନମାନଙ୍କରେ ପଢ଼ିଲେ ତାଙ୍କ ପିଛା ଦେଶ ପଇସା ଖର୍ଚ୍ଚ କଲା। ବାପା, ମା' ଖର୍ଚ୍ଚ କଲେ। ଏଦେଶ ଖର୍ଚ୍ଚ କଲା, ସେମାନେ ଆମରିକାର ସମ୍ପତ୍ତି ବଢ଼େଇଲେ।

ଏବେ କୃଷି ବିଶ୍ୱବିଦ୍ୟାଳୟମାନଙ୍କୁ ଦେଖିବା ଆମର କୃଷି ଅଧିକାରୀ ବିଶେଷଜ୍ଞମାନେ ଆମେରିକା ଗଲେ, ସେଠାର ଆଧୁନିକ କୃଷି ପଦ୍ଧତି, ଅର୍ଥାତ୍ ଅଧିକ ଯନ୍ତ୍ରପାତିର ବ୍ୟବହାର କୃତ୍ରିମ ସାର, କୀଟନାଶକ ଓ ଜଳସେଚନର ବ୍ୟବହାର ବିଷୟରେ ଶିକ୍ଷାପାଇ ଆସିଲେ। ଯାହା ଶିକ୍ଷାପାଇଲେ ତାକୁ ଠିକ୍‌ଠିକ୍ ଭାବେ ଏଠାରେ ଛାତ୍ରଛାତ୍ରୀମାନେ ସେ ଶିକ୍ଷା ପାଉଛନ୍ତି ନା ନାହିଁ ତାକୁ ଦେଖିବା ପାଇଁ ଆମେରିକାର ପ୍ରତିନିଧିମାନେ କୃଷି ବିଶ୍ୱବିଦ୍ୟାଳୟମାନଙ୍କରେ ରହିଲେ। ଆମେରିକାର ଜଣେଜଣେ ଚାଷୀଙ୍କର ହଜାର ହଜାର ଏକରର ଏକଚକଡ଼ି ଚାଷ, ସେଇଠି ଯେଉଁ ଯନ୍ତ୍ରପାତିର ଆବଶ୍ୟକତା ରହିଛି ଆମର ଏଠାର ନଥିଲା, କିନ୍ତୁ ସେଇ ପଦ୍ଧତିଗୁଡ଼ିକ ବିଷୟରେ କୁହାଗଲା। ଏ ବ୍ୟବସ୍ଥା ବେଶ୍ କିଛିଦିନ ଚାଲିଲା। ଦ୍ୱିତୀୟ ମହାଯୁଦ୍ଧ ପରେ ପରେ ପୃଥିବୀରେ ଦୁଇଟି ମୁଖ୍ୟ ଶିବିର କାମକଲା। ପୁଞ୍ଜିବାଦୀ ଦେଶମାନଙ୍କରେ ନେତୃତ୍ୱ ନେଇଥାଏ ଆମେରିକା ଓ ସାମ୍ୟବାଦୀ ଦେଶମାନଙ୍କର ନେତୃତ୍ୱ ନେଇଥାଏ ସେତେବେଳର ସୋଭିଏଟ୍ ୟୁନିୟନ୍। ଉଭୟଙ୍କ ଦ୍ୱାରା ପ୍ରରୋଚିତ ହୋଇ ଦେଶ ଦେଶ ମଧ୍ୟରେ ଲଢ଼େଇ ଚାଲିଥାଏ। ସେ ମଧ୍ୟରୁ ଭିଏଟ୍‌ନାମ ଯୁଦ୍ଧ ଅନ୍ୟତମ। ଭିଏଟନାମ ଭଳି ଗୋଟିଏ ଗରିବ ଓ କୃଷିପ୍ରଧାନ ଦେଶ ଉପରେ ଆମେରିକା ଓ ତା'ର ମିତ୍ର ରାଷ୍ଟ୍ରମାନଙ୍କ ପକ୍ଷରୁ ପ୍ରବଳ ବୋମାମାଡ଼ ଓ ତଜ୍ଜନିତ ଜୀବନହାନି ବିରୋଧରେ ବ୍ୟାପକ ଜନମତ ସୃଷ୍ଟି ହୋଇଥାଏ। ଭାରତ ଆମେରିକା ବିରୋଧରେ ଜାତିସଂଘରେ ଭୋଟ ଦେଲା ଓ ଆକ୍ରମଣକୁ ନିନ୍ଦା କଲା। କୌରବଙ୍କର ଖାଇ ପାଣ୍ଡବଙ୍କର ଗାଇବା ଭଳି ଆମେରିକାର ଚାଉଳ ଗହମ ପାଇ ଆମେରିକା ବିରୋଧରେ କହିବା ଆମେରିକା ପକ୍ଷରେ ସହ୍ୟ ହେଲାନାହିଁ। ଅଧିକନ୍ତୁ ୧୯୭୫ ଭାରତ-ପାକିସ୍ତାନ ଯୁଦ୍ଧରେ ଯଦିଓ ପାକିସ୍ତାନ ଆମରିକା ସହ ସାମରିକ ଚୁକ୍ତିବଦ୍ଧ ଥିଲା ତଥାପି ଆମେରିକା ପାକିସ୍ତାନ ପାଇଁ ବିଶେଷ କିଛି କରିପାରିଲାନି। ଆମେରିକାରେ ଭାରତ ବିରୋଧରେ ଜନମତ ସୃଷ୍ଟି ହେଲା ଓ ସେତେବେଳର ଆମେରିକା ସରକାର ଚାଉଳ ଗହମ ମାଗଣା ଯୋଗାଇବା ବ୍ୟବସ୍ଥା ବନ୍ଦ କରିଦେଲେ। ଭାରତ ବାଧ୍ୟ ହୋଇ ବୈଦେଶିକ ମୁଦ୍ରା ଦେଇ ଖାଦ୍ୟ କିଣିଲା। ବୈଦେଶିକ ମୁଦ୍ରାରେ ଘୋରସଙ୍କଟ ଦେଖାଦେଲା। ଭାରତ ଆଣ୍ଠେଇ ପଡ଼ିଲା। ଚତୁର୍ଥ ପଞ୍ଚବାର୍ଷିକ ଯୋଜାନା ଘୁଞ୍ଚିଗଲା।

ଏଭଳି କିଛିଦିନ ଗଲା ପରେ ଆମେରିକାର ସାର କମ୍ପାନୀମାନେ ହାଜର

ହେଲେ, ଖାଦ୍ୟ ଶସ୍ୟ କିଣାରେ ଅଧିକ ଖର୍ଚ୍ଚ ନକରି ସାର କିଣି ଉତ୍ପାଦନ ବଢ଼େଇ ହେବ ଓ ଭାରତ ନିଜେ ଖାଦ୍ୟ ଉତ୍ପାଦନ କରିପାରିବ ବୋଲି ବୁଝେଇଦେଲେ। ସେଥିରେ ବିଦେଶୀମୁଦ୍ରା ଖର୍ଚ୍ଚ ମଧ୍ୟ କମିଯିବ। ଅତୀତରେ ମାଗଣା ଖାଦ୍ୟ ଯୋଗାଣ ପ୍ରସ୍ତବଟି ଯେମିତି ମନକୁ ପାଇଥିଲା, ଏ କଥାଟି ମଧ୍ୟ ସେଭଳି ମନକୁ ଛୁଇଁଲା। କିନ୍ତୁ ଦେଶୀଧାନ ଚାଷରେ ରାସାୟନିକ ସାର ଦେବା ପରେ ପବନ ତୋଫାନରେ ଧାନଗଛ ପଡ଼ିଗଲା ଓ ଅନେକ କ୍ଷତି ମଧ୍ୟ ହେଲା। ତେଣୁ ସାର ଖର୍ଚ୍ଚ ବିଶେଷ ବଢ଼ି ପାରିଲାନି।

ସେତିକିବେଳକୁ ଅନ୍ୟଏକ ଘଟଣା ଘଟିଲା। ନୂତନ ଗବେଷଣା ଫଳରେ ଅଧିକ ଅମଳକ୍ଷମ, କମ୍ ଉଚ୍ଚତାର ଗହମ ଓ ଧାନ କିସମ ବାହାରିଗଲା। ନୂଆ କିସମର ଧାନ ଓ ଗହମ ଅଧିକ ସାର ଗ୍ରହଣ କରିପାରିଲେ ଓ ପବନ ସମ୍ଭାଳିଲେ। ତେଣୁ ସାରର ବ୍ୟବହାର ଧୀରେ ଧୀରେ ବଢ଼ି ଚାଲିଲା। ସାର ବ୍ୟବହାରକୁ ସରକାର ସବୁ ପ୍ରକାରେ ଉତ୍ସାହିତ କଲେ ଓ ସେଥିପାଇଁ ରିହାତି ମଧ୍ୟ ଦେଲେ। ଚାଷୀମାନଙ୍କୁ ନୂଆ କିସମର ଧାନବିହନ କିଣିବାକୁ ହେଲା, ତା' ସହ ସାର ମଧ୍ୟ କିଣିବାକୁ ହେଲା। ସେଥିପାଇଁ ଚାଷୀମାନଙ୍କୁ ଗାଁରେ ସମବାୟ ସମିତି ଓ ବ୍ୟାଙ୍କ ଜରିଆରେ ଋଣ ଯୋଗାଇ ଦିଆଗଲା। ସରକାର କିଛି ଅଧିକ ଜଳସେଚନ ବ୍ୟବସ୍ଥା କଲେ, କିନ୍ତୁ ଚାଷୀମାନଙ୍କୁ ନିଜେ କୂଅଖୋଳି ପମ୍ପ ସାହାଯ୍ୟରେ ପାଣି ଉଠାଇବା ପାଇଁ କୁହାଗଲା ଓ ସେଥିପାଇଁ ମଧ୍ୟ କିଛି ରିହାତି ସହ ଋଣ ଦିଆଗଲା। ନୂଆ କିସମ ଧାନ / ଗହମରୁ ଅଧିକ ଅମଳ ହେଉଥିବା ଦେଖି ଚାଷୀମାନଙ୍କର ମଧ୍ୟ ଲୋଭ ହେଲା ଓ ଦ୍ରୁତଗତିରେ ନୂଆ କିସମ ଧାନ / ଗହମର ଜମି ପରିମାଣ ବଢ଼ିବାରେ ଲାଗିଲା। ଯେଉଁଠି ଯେଉଁଠି କିଛି ଚାଷୀ ଅମଙ୍ଗ ହେଲେ, ସେମାନଙ୍କୁ ବୁଝେଇବା ପାଇଁ ସ୍ୱତନ୍ତ୍ର ଉଦ୍ୟମ ହେଲା। ସରକାରକୁ ଏଥିରେ ସାହାଯ୍ୟ କରିବା ପାଇଁ କିଛି ବିଦେଶୀ ସଂସ୍ଥା ଆଗେଇ ଆସିଲେ ଓ ଋଣ ଦେଲେ। କିନ୍ତୁ ଅଧିକ ବସ୍ତାଏ ଧାନ ପାଇବା ପାଇଁ ଯଦି ପ୍ରଥମ ବର୍ଷ ଚାରି କେଜି ସାର ଆବଶ୍ୟକ ହେଉଥିଲା ଚାରିବର୍ଷ ପରେ ଆଉ ଚାରିକେଜି ନଦେଇ ଅଧିକ ସାର ଆବଶ୍ୟକ ହେଲା। ସାର ବ୍ୟବହାର ବଢ଼ିବା ସହ ଫସଲରେ ରୋଗପୋକ ବଢ଼ିଲା ଓ ସେଥିପାଇଁ କୀଟନାଶକ ବ୍ୟବହାର ହେଲା। ଧୀରେଧୀରେ ପୋକମାନେ କୀଟନାଶକରେ ଦେହସୁହା ହେଲେ ଓ ଆହୁରି ବିପଜ୍ଜନକ କୀଟନାଶକ ଆବଶ୍ୟକ ହେଲା। ସମୟେ ସମୟେ ଆଉ କୌଣସି କୀଟନାଶକ କାମ କଲାନି ଓ ଫସଲ ପୁରା ନଷ୍ଟ ହୋଇଗଲା। ଅଥଚ ସବୁ କଥା ପାଇଁ ଚାଷୀ ଋଣ କଲେ, ଋଣୀ ହେଲେ, ନିଜ ବିହନ ହରାଇଲେ, ଜମି ନଷ୍ଟ ହେଲା, ଖାଦ୍ୟ ବିଷାକ୍ତ ହେଲା। ଏଣେ ସରକାରଙ୍କୁ ମଧ୍ୟ ଅଧିକରୁ ଅଧିକ ରିହାତି ଦେବାକୁ ହେଲା।

ଏ ଭିତରେ ଆଉ ଦୁଇଟି ଘଟଣା ଘଟିଲା। ସାର ବ୍ୟବହାର ବଢ଼ିବା ଫଳରେ ସାର ଉତ୍ପାଦନ ପାଇଁ ଆବଶ୍ୟକ ଯନ୍ତ୍ରପାତି ତିଆରି କରୁଥିବା କମ୍ପାନୀମାନେ ଭାରତରେ ପହଞ୍ଚିଲେ। କାହିଁକି ସାର କିଣାରେ ବୈଦେଶିକ ମୁଦ୍ରା ଖର୍ଚ୍ଚ କରିବେ, ଯନ୍ତ୍ରପାତି କିଣି ନିଜେ ସାର ଉତ୍ପାଦନ କରନ୍ତୁ ଓ ବୈଦେଶିକ ମୁଦ୍ରା ସଞ୍ଚୟ କରନ୍ତୁ, ସାର ଉତ୍ପାଦନରେ ଆତ୍ମନିର୍ଭରଶୀଳ ହୁଅନ୍ତୁ। ଏ ପ୍ରସ୍ତାବଟି ମଧ୍ୟ ପସନ୍ଦ ହେଲା ଓ ଆମେ ନୂଆ ନୂଆ ସାର କାରଖାନାମାନ ବସେଇଲୁ। ତା' ସହ ଆଉ ଅଧିକ ଅମଳକ୍ଷମ ନୁହେଁ, ବରଂ ହାଇବ୍ରିଡ୍ ବିହନ ବ୍ୟବହାର କରି ଆହୁରି ଅଧିକ ଅମଳ କରନ୍ତୁ ବୋଲି ଚାଷୀମାନଙ୍କୁ କୁହାଗଲା। ସେଥିପାଇଁ ରିହାତି ମଧ୍ୟ ଦିଆଗଲା। ଯେଉଁ କମ୍ପାନୀ ହାଇବ୍ରିଡ୍ ବିହନ ବାହାର କଲେ ସେମାନେ ମଧ୍ୟ କୀଟନାଶକ, ବାଲୁଙ୍ଗା ନାଶକ ଇତ୍ୟାଦି ଉତ୍ପାଦନ କଲେ। ଏସବୁ ବ୍ୟତୀତ ଚାଷ ପାଇଁ ଟ୍ରାକ୍ଟର, ପାୱାର ଟିଲର, ଧାନବୁଣା ଯନ୍ତ୍ର, ଧାନକଟା ଯନ୍ତ୍ର, ସ୍ପ୍ରେୟର ଇତ୍ୟାଦି ପାଇଁ ରିହାତି ଦିଆଗଲା। ସରକାରଙ୍କର ରିହାତି ପରିମାଣ ଲକ୍ଷାଧିକ କୋଟି ଟଙ୍କାରେ ପହଞ୍ଚିଲା।

ରିହାତି ଦରରେ ସାର ଇତ୍ୟାଦି ପାଇଁ ମଧ୍ୟ ଚାଷୀ ଯାହା ଅମଳ କରୁଛନ୍ତି ସେଥିପାଇଁ ବଜାରରେ ଉଚିତ୍ ମୂଲ୍ୟ ପାଉନାହାନ୍ତି। ସେଥିପାଇଁ ସର୍ବନିମ୍ନ ଦରରେ ସରକାର କିଣିବାକୁ ବାଧ୍ୟ। ସର୍ବନିମ୍ନ ଦର ଦେଇ ସାରିଲା ପରେ ଖାଦ୍ୟଶସ୍ୟର ମୂଲ୍ୟ ଅତ୍ୟଧିକ ହୋଇଯିବ, ସେଥିପାଇଁ ପଞ୍ଚସ୍ତରି ହଜାର କୋଟିର ଖାଦ୍ୟ ରିହାତି କେବଳ କେନ୍ଦ୍ର ସରକରଙ୍କର। ଏସବୁ ସତ୍ତ୍ୱେ ଚାଷୀ ଋଣ ଶୁଝି ପାରୁନାହାନ୍ତି। ତେଣୁ ଆତ୍ମହତ୍ୟା ହାର ବଢ଼ିଚାଲିଛି। 'ଯିଏ ଖୁଆଇଛି ମାଣ୍ଡିଆ ଯାଉ, ...' ନ୍ୟାୟରେ ସରକାର ରିହାତି ଦେବାକୁ ବାଧ୍ୟ। ଏଣେ ରିହାତି ବୋଝ ସରକାରଙ୍କ ପକ୍ଷେ ଅସମ୍ଭାଳ। ବିନା ରିହାତିରେ ସାର ଯନ୍ତ୍ରପାତି ଇତ୍ୟାଦି କିଣିବା ଚାଷୀପକ୍ଷରେ ଅସମ୍ଭବ। ଉଭୟ ସରକାର ଓ ଚାଷୀ ଚକ୍ରବ୍ୟୂହରେ। ନୂତନ ଆଇନ ଜରିଆରେ ସରକାର ଚକ୍ରବ୍ୟୂହରୁ ରକ୍ଷାପାଇବା ପାଇଁ ଚାହିଁଛନ୍ତି। ସେ ବାଟଟି କିନ୍ତୁ ନିରାପଦ ନୁହେଁ। ଛୋଟିଆ ଦେଶ କ୍ୟୁବା ଏଭଳି ଏକ ପରିସ୍ଥିତିରେ ସମ୍ମୁଖୀନ ହୋଇଥିଲା ଗଲା ଶତାବ୍ଦୀର ଶେଷ ଦଶକରେ। କିନ୍ତୁ ଜୈବିକ ଚାଷ ପଦ୍ଧତି ଆବୋରି କ୍ୟୁବା ରକ୍ଷା ପାଇଯାଇଥିଲା। ଏଣୁ କମ୍ପାନୀ କବ୍‌ଜାରୁ ଖସିବା ଉଭୟ ସରକାର ଓ ଚାଷୀଙ୍କ ପ୍ରଥମ କାମ ହେବା ଉଚିତ୍ ହେବ।

■

ସକାଳ, ୨୯ ଜାନୁଆରୀ, ୨୦୨୧

ଜଳବାୟୁ ପରିବର୍ତ୍ତନ-ହିସାବ ବିଗିଡ଼ିଗଲା

ଏ ବିଚିତ୍ର ସଂସାର ଅନେକ ବିପରୀତ କଥାର ସମାହାର। ଏଠି କେବଳ ବିଛୁଆତି ନାହିଁ, ତୁଳସୀ ମଧ୍ୟ ଅଛି; କେବଳ ରାତି ନାହିଁ ଦିନ ବି ଅଛି; କେବଳ ମିଛ ନୁହେଁ, ସତ ବି ଅଛି। ସେହିଭଳି ଆମ ଭିତରେ କେତେକ ପ୍ରଚଣ୍ଡ ପ୍ରତିଭାଧର ଅଥଚ ହୃଦୟହୀନ ବ୍ୟକ୍ତି କେତେ କମ୍ ସମୟରେ କେତେ ଅଧିକ ଲୋକଙ୍କର ଜୀବନହାନି ହୋଇପାରିବ ସେଥିପାଇଁ ଅଧିକରୁ ଅଧିକ ଶକ୍ତିଶାଳୀ ମାରଣାସ୍ତ୍ର ଉଦ୍‌ଭାବନ କରିବାରେ ଅହରହ ବ୍ୟସ୍ତ। ଅନ୍ୟପକ୍ଷରେ କେତେକ ଦୂରଦ୍ରଷ୍ଟା ପ୍ରତିଭାବାନ ଏବଂ ହୃଦୟବାନ ବ୍ୟକ୍ତି ଅଛନ୍ତି, ଯେଉଁମାନେ ମଣିଷ ଜାତିର ଭବିଷ୍ୟତ କିପରି ସୁରକ୍ଷିତ ରହିବ ସେଥିପାଇଁ ଚିନ୍ତିତ। ସଂସାର ତିଷ୍ଠି ରହିବାର କାରଣ ହେଲା ଯେ, ପ୍ରଥମ ପ୍ରକାର ବ୍ୟକ୍ତିମାନଙ୍କ ତୁଳନାରେ ପ୍ରକୃତରେ ଦ୍ୱିତୀୟ ପର୍ଯ୍ୟାୟର ମଣିଷମାନଙ୍କ ସଂଖ୍ୟା ଅଧିକ।

ଏଭଳି କିଛି ହୃଦୟବାନ ବୈଜ୍ଞାନିକ ଓ ରାଷ୍ଟ୍ରନୀତିଜ୍ଞ ମଣିଷର ଭବିଷ୍ୟତ କଥା ଚିନ୍ତା କଲାବେଳେ ତା'ର ଅନ୍ୟତମ ମୌଳିକ ଆବଶ୍ୟକତା ଖାଦ୍ୟ କଥା ଚିନ୍ତା କଲେ। ଖାଦ୍ୟ ବ୍ୟବସ୍ଥା ଯେପରି ସୁରକ୍ଷିତ ରହିବ ସେଥିପାଇଁ ପୃଥିବୀର ବିଭିନ୍ନ ଅଞ୍ଚଳର ଲୋକମାନେ ଯେଉଁସବୁ ଖାଦ୍ୟ ବ୍ୟବହାର କରୁଛନ୍ତି ସେ ସବୁର ବିହନ ସୁରକ୍ଷିତ ରହିବା ଆବଶ୍ୟକ ବୋଲି ଭାବିଲେ। ପ୍ରତ୍ୟେକ ଅଞ୍ଚଳର ମାଟି, ପାଣି, ପବନ, ବର୍ଷାକୁ ନେଇ ସେଇଠାର ଲୋକମାନେ ଖାଦ୍ୟ ଉତ୍ପାଦନ କରିଥାନ୍ତି ଓ ସେଇଭଳି ଖାଦ୍ୟ ଖାଇଥାନ୍ତି। ସେଇ ସେଇ ଫସଲର ବିହନ ଯଦି ସୁରକ୍ଷିତ ନରହେ ତେବେ ସେଠାକାର ଲୋକମାନଙ୍କର ଖାଦ୍ୟ ସୁନିଶ୍ଚିତ ହୋଇପାରିବ ନାହିଁ। ସେଥିପାଇଁ ସାରା ପୃଥିବୀର ଲୋକମାନେ ନିଜ ନିଜ ଅଞ୍ଚଳରେ ଉତ୍ପାଦନ କରୁଥିବା ଫସଲର ବିହନକୁ କିପରି ସବୁ ପ୍ରକାର ପ୍ରାକୃତିକ ବା ମନୁଷ୍ୟକୃତ ବିପଦଆପଦରୁ ରକ୍ଷା କରିହେବ ସେଥିପାଇଁ ଉପାୟ ନିର୍ଣ୍ଣୟ କରିବାରେ ଲାଗିଲେ।

ପ୍ରକୃତରେ ଏଭଳି ପରିସ୍ଥିତି ଉପୁଜିବାର ସମ୍ଭାବନା ମନଗଢ଼ା ନଥିଲା। ଆଫ୍ରିକାର ଇଥିଓପିଆରେ ଗଲା ଶତାବ୍ଦୀର ଶେଷ ଭାଗରେ ଲାଗ ଲାଗ ତିନି ବର୍ଷ ଧରି ଘୋର ମରୁଡ଼ି ହେଲା। ଲୋକମାନଙ୍କ ପାଖରେ ଶେଷରେ ବିହନ ମଧ୍ୟ ରହିଲାନାହିଁ। ଇଥିଓପିଆର ଜଳବାୟୁକୁ ନେଇ ଏକ ସ୍ୱତନ୍ତ୍ର ପ୍ରକାର ଗହମ ପ୍ରକୃତି ସୃଷ୍ଟି କରିଥିଲା। ଏବେ ସେ ପ୍ରକାର ବିହନ ଇଥିଓପିଆରୁ ଲୋପ ପାଇବା ପରେ ସେଠାର ଲୋକମାନେ ଖାଇବେ କ'ଣ? ସେ ବିହନ ଜଣେ ଅତି ବିଚକ୍ଷଣ, ଦୂରଦ୍ରଷ୍ଟା ହୃଦୟବାନ ରୁଷୀୟ ବୈଜ୍ଞାନିକ ଗୋଟାଏ ବିହନ ବ୍ୟାଙ୍କରେ ସାଇତିଥିଲେ। ରୁଷର ସେତେବେଳର ଲେନିନଗ୍ରାଡ ଏବଂ ଏବର ସେଣ୍ଟପିଟରସବର୍ଗ ସହରରେ ଅବସ୍ଥିତ ଭାଭିଲଭ ଇନଷ୍ଟିଚ୍ୟୁଟରେ ଇଥିଓପିଆର ଜଳବାୟୁ ଅନୁକୂଳ ଗହମ ବିହନ ରଖାଯାଇଥିଲା। ନିକୋଲାଇ ଇଭାନୋଭିଚ ଭାଭିଲଭଙ୍କ ବିଷୟରେ ଅଧିକ ଆଲୋଚନା ଅନ୍ୟ ଲେଖାରେ କରିବା। ସେ ମହୋଦୟ ପୃଥିବୀର ଅନେକ ଦେଶର ଖାଦ୍ୟ ପଦାର୍ଥର ବିହନ ସୁରକ୍ଷିତ କରିଥିଲେ, କାଳେ କେତେବେଳେ ଭବିଷ୍ୟତରେ ମଣିଷର ଆବଶ୍ୟକ ହେବ। ତାଙ୍କରି ଇନଷ୍ଟିଚ୍ୟୁଟରେ ସାଇତା ହୋଇ ରହିଥିବା ବିହନ ହିଁ ଇଥିଓପିଆ ଅଧିବାସୀଙ୍କୁ ବଞ୍ଚାଇଦେଲା।

ନିକଟରେ ସିରିଆରେ ଗୃହଯୁଦ୍ଧ ଯୋଗୁ ସେଠାରେ ସେ ଦେଶର ଅଧିବାସୀମାନଙ୍କ ଦ୍ୱାରା ବ୍ୟବହୃତ ଖାଦ୍ୟଦ୍ରବ୍ୟର ବିହନ ସାଇତା ହୋଇଥିବା ବିହନ ବ୍ୟାଙ୍କଟି ବିପଦାପନ୍ନ ହୋଇଗଲା। ସେଥିପାଇଁ ଗୃହଯୁଦ୍ଧ ହେଉ, ବାହ୍ୟ ଆକ୍ରମଣ ବା ଭୂମିକମ୍ପ, ଆଗ୍ନେୟଗିରି ଉଦ୍‌ଗୀରଣ ବା ସେଭଳି କିଛି ପ୍ରାକୃତିକ ଦୁର୍ବିପାକ ଯୋଗୁ ହେଉ, ଯଦି ବିହନ ଲୋପ ପାଇଯାଏ ତେବେ ଭବିଷ୍ୟତରେ ଖାଦ୍ୟ ସୁରକ୍ଷା ବିପନ୍ନ ହୋଇପଡ଼ିବ। ଏହି ଚିନ୍ତାରେ କିଛି ମହାନ ବ୍ୟକ୍ତି ସାରା ପୃଥିବୀର ଲୋକମାନେ ଯେତେ ପ୍ରକାର ଉଦ୍ଭିଦରୁ ଉତ୍ପାଦିତ ହେଉଥିବା ଖାଦ୍ୟ ବ୍ୟବହାର କରୁଛନ୍ତି ତା'ର ବିହନ ସାଇତିବା ପାଇଁ ଗୋଟେ ବିହନ ବ୍ୟାଙ୍କ କଥା ଚିନ୍ତା କଲେ।

ଅନେକ ବିଚାର ଆଲୋଚନା ପରେ ୟୁରୋପର ନରୱେ ଦେଶର ଉତ୍ତରରେ ଥିବା ସ୍ୱେଲଭାର୍ଡ ଦ୍ୱୀପପୁଞ୍ଜରେ ଅବସ୍ଥିତ ସ୍ପିଟ୍‌ସବର୍ଜନ ଦ୍ୱୀପଟି ବଛାଗଲା। ଏ ଦ୍ୱୀପଟି ମେରୁବୃତ୍ତ ମଧ୍ୟରେ ଅବସ୍ଥିତ ଓ ଉତ୍ତରମେରୁ ବିନ୍ଦୁଟି ପାଖାପାଖି ବାରଶହ କି.ମି. ମାତ୍ର। ଏ ଦ୍ୱୀପରେ ଗୋଟିଏ ପାହାଡ଼ ଓ ପାହାଡ଼ ଉପରେ ସହସ୍ର ସହସ୍ର ବର୍ଷ ଧରି ରହିଆସିଥିବା ବରଫର ପାହାଡ଼। ସେ ବରଫ ତରଳିବାର ଇତିହାସ ନାହିଁ। ସେ ପାହାଡ଼ରେ ଶହେ ମିଟର ଦୈର୍ଘ୍ୟର ଗୋଟିଏ ସୁଡ଼ଙ୍ଗ, ସେ ସୁଡ଼ଙ୍ଗ ଭିତରେ ସମସ୍ତ ପ୍ରକାର ଆଧୁନିକ

୧୦୪ | ରାଧାମୋହନ

କଳକୌଶଳ ପ୍ରୟୋଗ କରି ସିନ୍ଦୁକ ବା ଭଲ୍ଟର ବ୍ୟବସ୍ଥା ହେଲା। ସେଇ ସିନ୍ଦୁକମାନଙ୍କରେ ବିଭିନ୍ନ ଦେଶର ବିହନ ସବୁ ରହିବାର ବ୍ୟବସ୍ଥା ହେଲା।

କେବଳ ଯେ ସ୍ଥାନଟି ବହୁ ବିଚାର ଆଲୋଚନା ପରେ ବଛାଗଲା ତାହା ନୁହେଁ, ସମସ୍ତ ନକ୍ସା ଓ ଟିକିନିଖି ବ୍ୟବସ୍ଥାଗୁଡ଼ିକ ଅନେକ ଆଲୋଚନା ପରେ ସ୍ଥିର ହେଲା। ସୁଡ଼ଙ୍ଗଟି ସମୁଦ୍ର ପତନଠାରୁ ଚାରିଶହ ଫୁଟରୁ ଊର୍ଦ୍ଧ୍ୱ ଉଚ୍ଚତାରେ ଥିବାରୁ ଜଳବାୟୁ ପରିବର୍ତ୍ତନ ହେଲେ ମଧ୍ୟ ଓ ସେଇ ଯୋଗୁ ସମୁଦ୍ରର ଜଳପତ୍ତନ ବଢ଼ିଲେ ମଧ୍ୟ ଏତେ ଉଚ୍ଚା ସ୍ଥାନକୁ ସମୁଦ୍ର ପାଣି ଆସିପାରିବ ନାହିଁ ଓ ସେ ଦୃଷ୍ଟିରୁ ସୁଡ଼ଙ୍ଗଟି ସୁରକ୍ଷିତ ରହିବ। ଅନ୍ୟପକ୍ଷରେ ଯେଉଁ ବରଫ ପାହାଡ଼ ରହିଛି ଓ ସେ ବରଫ ତରଳିବାର ଇତିହାସ ନାହିଁ, ତେଣୁ ସୁଡ଼ଙ୍ଗ ଭିତର ଉତ୍ତାପ ସଦାବେଳେ ଶୂନ ଡିଗ୍ରୀ ତଳକୁ ହିଁ ରହିବ ଓ ଯଦି କୌଣସି କାରଣରୁ ବିଦ୍ୟୁତ ଶକ୍ତି ଯୋଗାଣରେ ଅସୁବିଧା ହୁଏ ତେବେ ମଧ୍ୟ ବିହନଗୁଡ଼ିକ ସୁରକ୍ଷିତ ରହିବ। ଏହା ବ୍ୟତୀତ ବରଫ ପାହାଡ଼ଟି ତରଳିବାର ସମ୍ଭାବନା ନଥିବାରୁ ବରଫ ତରଳି ସୁଡ଼ଙ୍ଗ ଭିତରେ ପାଣି ପଶି ବିହନ ସିନ୍ଦୁକଗୁଡ଼ିକ ପ୍ରତି କିଛି ବିପଦ ସୃଷ୍ଟି କରିବାର ଆଶଙ୍କା ରହିବ ନାହିଁ।

ଉଡ଼ାଜାହାଜଟିଏ ଦୁର୍ଦ୍ଦଶାରେ ପଡ଼ି ନିଆଁରେ ପୋଡ଼ିଗଲେ ବା ପାଣିରେ ପଡ଼ିଗଲେ ଉଡ଼ାଜାହାଜର ବିଭିନ୍ନ ଅଂଶ ନଷ୍ଟ ହୋଇଯାଇପାରେ, କିନ୍ତୁ ସେଥିରେ ଥିବା ବ୍ଲାକ୍ ବକ୍ସଟି ନଷ୍ଟ ହୋଇନଥାଏ। ସେଇ ବ୍ଲାକ୍ ବକ୍ସରୁ ବିମାନର ସର୍ବଶେଷ ତଥା ସବିଶେଷ ତଥ୍ୟ ପାଇହୁଏ। ଠିକ୍ ସେଇଭଳି ଯାହାକିଛି ହୋଇଯାଉନା କାହିଁକି; ସୁଡ଼ଙ୍ଗ ଭିତର ବିହନ ସିନ୍ଦୁକଗୁଡ଼ିକ ଅକ୍ଷତ ରହିବ ଓ ଅନନ୍ତ କାଳଯାଏ ବିହନଗୁଡ଼ିକ ମଣିଷ ଜାତି ଭବିଷ୍ୟତରେ ବ୍ୟବହୃତ ହୋଇପାରିବ। ପୃଥିବୀର ବିହନଗୁଡ଼ିକ ପାଇଁ ସେଇଥିଲା ବ୍ଲାକ୍‌ବକ୍ସ ସଦୃଶ।

ସମସ୍ତ ଯୋଜନାଟି ନରୱେ ସରକାରଙ୍କ ଉତ୍ସାହ ଓ ପ୍ରାଥମିକ ଅଠାଅଶି ଲକ୍ଷ ଡଲାର ଅନୁଦାନରେ ଆରମ୍ଭ ହୋଇଥିଲା। ପରେ ବିଭିନ୍ନ ଦେଶ ଏଥିରେ ଯୋଗ ଦେଇଥିଲେ। ବିଲ୍ ଗେଟ୍‌ସ ଫାଉଣ୍ଡେସନ ମଧ୍ୟ ସହାୟତା ଯୋଗାଇ ଦେଇଥିଲେ। ପ୍ରତ୍ୟେକ ଦେଶ ନିଜ ନିଜର ବିହନକୁ ସେଠାରେ ସାଇତି ରଖିବା ପାଇଁ ପଠାଇପାରିବାର ବ୍ୟବସ୍ଥା ରହିଲା। ଆବଶ୍ୟକତା ଅନୁଯାୟୀ ଦେଶମାନେ ସେଠାରୁ ନିଜ ନିଜର ବିହନ ସିନ୍ଦୁକରୁ ବିହନ ମଧ୍ୟ ଆଣିପାରିବାର କ୍ଷମତା ରହିଲା। ଅବଶ୍ୟ କୌଣସି ଦେଶ ଜେନେଟିକାଲି ମଡ଼ିଫାଇଡ ବା ଜିଏମ୍ ବିହନ ପଠାଇ ପାରିବେନାହିଁ। ସେଠାରେ ସାଇତିବା ପାଇଁ ଭାରତ ସମେତ ପୃଥିବୀର ବିଭିନ୍ନ ଦେଶରେ ଥିବା ସତରଶହ ଅଶି ବିହନ ବ୍ୟାଙ୍କରୁ ନମୁନା ବିହନ ଏଇ ସୁଡ଼ଙ୍ଗର ବିହନ ସିନ୍ଦୁକମାନଙ୍କରେ ରଖାଗଲା।

ଏବେ ପାଖାପାଖି ଦଶଲକ୍ଷ ପ୍ରକାର ଖାଦ୍ୟର ବିହନ ସୁରକ୍ଷିତ ଅଛି। ମଣିଷ ଜାତିର ଖାଦ୍ୟ ସୁରକ୍ଷାର ଭବିଷ୍ୟତ ନେଇ ଯେଉଁମାନେ ଚିନ୍ତାକରି ଏଇ ଯୋଜନା ସହ ମୂଳରୁ ବିଭିନ୍ନ ଭାବେ ସଂପୃକ୍ତ ଥିଲେ, ସେମାନେ ଆଶ୍ୱସ୍ତ ହେଲେ ଓ କିଛି ପରିମାଣରେ ସ୍ୱାଭାବିକ ଭାବେ ଆତ୍ମସନ୍ତୋଷ ଲାଭ କଲେ। ଦୁଇହଜାରଆଠ ମସିହାରେ ଆରମ୍ଭ ହୋଇ ଯୋଜନାଟି ଅନନ୍ତ କାଳଯାଏ କାର୍ଯ୍ୟ କରିବ ବୋଲି ବିଚାର କରାଯାଇଥିଲା। ପ୍ରକୃତି କିନ୍ତୁ ଅନ୍ୟ ଭାବେ କାର୍ଯ୍ୟ କଲା। ମଣିଷର କୃତକର୍ମ ଯୋଗୁ ପୃଥିବୀର ଜଳବାୟୁରେ ଅସମ୍ଭବ ପରିବର୍ତ୍ତନ ଘଟିଲା। ଦଶବର୍ଷ ନପୂରୁଣୁ ବରଫ ପାହାଡ଼ଟି ତରଳିଲା। କାରଣ ହେଲା, ସେଇବର୍ଷ ମେରୁ ବୃତ୍ତରେ ସ୍ୱାଭାବିକ ତାପମାତ୍ରାଠାରୁ ସାତ ଡିଗ୍ରୀ ସେଣ୍ଟିଗ୍ରେଡ ବଢ଼ିଗଲା। ଏ କଥା ଅତୀତରେ କେବେ ଘଟିନଥିଲା। ବରଫ ତରଳି ସୁଡ଼ଙ୍ଗର ଚାଳିଶ ଫୁଟରୁ ଅଧିକ ଭିତରକୁ ପାଣି ପଶିଗଲା; ଅବଶ୍ୟ ତାହାପରେ ପାଣି ବରଫ ହୋଇଗଲା ଓ ବିହନ ସିନ୍ଦୁକଗୁଡ଼ିକର କିଛି କ୍ଷତି କରିପାରିନଥିଲା। ବୈଜ୍ଞାନିକମାନଙ୍କର ସମସ୍ତ ହିସାବ ବିଗିଡ଼ିଗଲା।

ଭବିଷ୍ୟତରେ ବରଫ ପୁଣି ତରଳିଲେ ମଧ୍ୟ ସୁଡ଼ଙ୍ଗ ଭିତରେ ପାଣି ପଶିନପାରିବାର ଓ ବିହନ ସିନ୍ଦୁକଗୁଡ଼ିକୁ ଅକ୍ଷତ ଅବସ୍ଥାରେ ରଖିବା ପାଇଁ ଆବଶ୍ୟକୀୟ ପରିବର୍ତ୍ତନ କରାଯାଉଛି। ବର୍ତ୍ତମାନ ସୁଦ୍ଧା ବୈଜ୍ଞାନିକମାନେ ନିର୍ଦ୍ଦିଷ୍ଟ କାରଣ ପାଇପାରିନାହାନ୍ତି କାହିଁକି ଉତ୍ତରମେରୁ ଅଞ୍ଚଳଟି ଅନ୍ୟ ଅଞ୍ଚଳ ଅପେକ୍ଷା ଅଧିକ ଦ୍ରୁତଗତିରେ ଉତ୍ତପ୍ତ ହେଉଛି ଓ ପୃଥିବୀର ବିଭିନ୍ନ ଅଞ୍ଚଳ ଉପରେ କି ପ୍ରଭାବ ପଡ଼ିବ ସେ ନେଇ କଳ୍ପନାଜଳ୍ପନା ଚାଲିଛି। କେଉଁ ହାରରେ ଉଭୟ ମେରୁ ଓ ଉଚ୍ଚ ପର୍ବତମାଳାମାନଙ୍କର ହିମବାହ ତରଳିବ ସେ ନେଇ ଯେଉଁସବୁ ହିସାବନିକାଶ କରାଯାଇଥିଲା ସେସବୁ ବିଗିଡ଼ି ଯାଉଛି। ପୃଥିବୀର ଜଳବାୟୁରେ ଅତି ଦ୍ରୁତଗତିରେ ପରିବର୍ତ୍ତନ ହେଉଛି ଓ ପୃଥିବୀର କେଉଁ ଅଞ୍ଚଳ କିଭଳି ଭାବେ ପ୍ରଭାବିତ ହେବ ବର୍ତ୍ତମାନ କହିବା ସମ୍ଭବ ନୁହେଁ। ତେବେ ବନ୍ୟା, ବାତ୍ୟା ଓ ମରୁଡ଼ି ଅଧିକ ସାଙ୍ଘାତିକ ହେବାର ସମ୍ଭାବନା ଅଧିକ।

■

ପ୍ରମେୟ, ୫ଜୁନ୍, ୨୦୧୯

କାହା କୃତ ?

ଆମେ କହୁଛେ, ମହାଭାରତ ମହର୍ଷି ବ୍ୟାସଦେବ କୃତ ବା ଓଡ଼ିଆ ଭାଗବତ ଜଗନ୍ନାଥ ଦାସ କୃତ, ସେହିଭଳି ଏବେ ଘଟିଯାଇଥିବା ବିଧ୍ୱଂସକାରୀ ବାତ୍ୟାଟି କାହା କୃତ ? ଲେଖାଟିରେ ସେହି କଥାଟି ଆଲୋଚିତ ହୋଇଛି। ସମୁଦାୟ ବିପର୍ଯ୍ୟୟଟିକୁ ପ୍ରାକୃତିକ ବିପର୍ଯ୍ୟୟ, ପ୍ରକୃତିର ତାଣ୍ଡବ ଲୀଳା, ପ୍ରକୃତି ଦାଉ ସାଧିଲା ଇତ୍ୟାଦି ବର୍ଣ୍ଣନାରୁ ଜଣାଯାଉଛି ଯେ, ଏ ବାତ୍ୟା ବା ମହାବାତ୍ୟା ପାଇଁ ପ୍ରକୃତି ହିଁ ଦାୟୀ। ଆଉ କିଛି ଲୋକଙ୍କ ମତରେ, ଯଦି ପତରଟିଏ ହଲିବନି ବା ଫୁଲଟେ ଫୁଟିବନି ତାଙ୍କରି ଇଚ୍ଛା ନଥିଲେ, ତେଣୁ ଏ ମହାବାତ୍ୟାଟି ମଧ୍ୟ ତାଙ୍କରି ଇଚ୍ଛା, ଅର୍ଥାତ୍ ଏ ବିପର୍ଯ୍ୟୟ ମଧ୍ୟ ଭଗବାନ କୃତ। ଆମର କେତେକ ଅପକର୍ମ ପାଇଁ ଭଗବାନ ଦଣ୍ଡ ଦେଲେ ଓ ସେ ଦଣ୍ଡକୁ ମୁଣ୍ଡପାତି ସହିବାକୁ ହେବ। ଏ ଉଭୟ ମତର ସତ୍ୟାସତ୍ୟ ଆଲୋଚନା କରିବା।

ପ୍ରଥମେ ପ୍ରକୃତି କଥା ଦେଖିବା। ପ୍ରକୃତରେ ପ୍ରକୃତିର ନିଜସ୍ୱ ଇଚ୍ଛା କିଛି ନଥାଏ। ସେ ସମୁଦ୍ରରେ ଜୁଆର ଓ ଭଟ୍ଟା ହେଉ, ବା ଦିନ ପରେ ରାତି ଓ ରାତି ପରେ ଦିନ ହେଉ, ଆକାଶରେ ଇନ୍ଦ୍ରଧନୁ ଦେଖାଯିବା ବା ପବନ ବୋହିବା, ପାଣି ଫୁଟି ସେଥିରୁ ବାଷ୍ପ ବାହାରିବା ବା ପାଣି ବରଫ ହୋଇଯିବା, ବା ସୂର୍ଯ୍ୟପରାଗ ଓ ଚନ୍ଦ୍ରଗ୍ରହଣ ହେଉ - ପ୍ରକୃତିର ସମସ୍ତ କଥା, ଯାହା ଦେଖି ହେଉଛି ବା ଦେଖି ନହେଉଛି କେତେକ ନିୟମ ଦ୍ୱାରା ହିଁ ନିୟନ୍ତ୍ରିତ, ଆଉ ସେ ନିୟମଗୁଡ଼ିକ ଅଲଙ୍ଘନୀୟ। ଯଦି କେହି ସ୍ରଷ୍ଟା ଏ ନିୟମଗୁଡ଼ିକ ଠିକ୍ କରିଛନ୍ତି ତେବେ ସେ ମଧ୍ୟ ନିୟମର ଅଧୀନ। ସେଥିପାଇଁ ଭାଗବତକାର କହିଲେ- ମର୍ତ୍ତ୍ୟମଣ୍ଡଳେ ଦେହ ବହି ଦେବତା ହୋଇଲେ ମରଇ। ଏ ଅଲଙ୍ଘନୀୟ ନିୟମଗୁଡ଼ିକ କେବଳ ଯେ ମର୍ତ୍ତ୍ୟମଣ୍ଡଳ ବା ଏ ପୃଥିବୀ ପାଇଁ ଲାଗୁ ତାହା ନୁହେଁ, ସମଗ୍ର ବିଶ୍ୱବ୍ରହ୍ମାଣ୍ଡ କେତେକ ନିୟମରେ ବନ୍ଧା। ସମୁଦ୍ରରେ କାହିଁକି ଲଘୁଚାପ ସୃଷ୍ଟିହୁଏ ସେ କାହିଁକି ଦୁର୍ବଳ ହୋଇଯାଏ, ବା ଘୂର୍ଣ୍ଣି ବା ଭୟଙ୍କରରୁ ଅତି ଭୟଙ୍କର

ଚକ୍ରବାତର ରୂପ ନିଏ ତାହା ନିର୍ଦ୍ଦିଷ୍ଟ ନିୟମ ଯୋଗୁ ହିଁ ହୋଇଥାଏ। ଯେତେବେଳେ ବିଶେଷଯଜ୍ଞମାନେ ଆମକୁ କହନ୍ତି- ଲଘୁଚାପଟି ତାମିଲନାଡୁରେ ବିପ୍ଲାତ କରିବ, ତା'ପରେ ନାଇଁ ନାଇଁ ଆନ୍ଧ୍ର ଉପକୂଳରେ, ବା ନାଇଁ ନାଇଁ ଓଡ଼ିଶାର ଗୋପାଳପୁରଠାରେ ବା ନାଇଁ ନାଇଁ ପୁରୀଠାରେ ସ୍ଥଳଭାଗକୁ ପ୍ରବେଶ କରିବ, ତା'ର ଅର୍ଥ ନୁହେଁ ଯେ ଲଘୁଚାପଟି ନିଜ ଇଚ୍ଛାନୁଯାୟୀ ଗତିପଥ ବଦଳାଇଛି ବା ତୀବ୍ରତା ନିର୍ଣ୍ଣୟ କରୁଛି। ସେସବୁ ମଧ୍ୟ ନିୟମରେ ବନ୍ଧା। ଆମେ ବର୍ତ୍ତମାନ ସୁଦ୍ଧା ପ୍ରକୃତିର ସେ ନିୟମଗୁଡ଼ିକ ପୂର୍ଣ୍ଣ ଓ ଠିକ୍‌ଭାବେ ବୁଝିପାରିନୁ, ଠିକ୍ ଯେମିତି ଆମର ପୂର୍ବପୁରୁଷମାନେ ସୂର୍ଯ୍ୟପରାଗ ଓ ଗ୍ରହଣ କାହିଁକି ହୁଏ ବୁଝିପାରିନଥିଲେ।

ପ୍ରକୃତିର ନିୟମଗୁଡ଼ିକର ଅଲଙ୍ଘନୀୟତା ବ୍ୟତୀତ ଅନ୍ୟ ଏକ ଦିଗ ଅଛି, ସେ ହେଲା ନିରପେକ୍ଷତା। ପ୍ରକୃତି ବୁଝେନି କିଏ ଗରିବ, କିଏ ଧନୀ, ସେହିଭଳି ବାତ୍ୟାରେ ଏକମାତ୍ର ସନ୍ତାନଟି ଚାଲିଗଲା, ବା ଏକମାତ୍ର ରୋଜଗାରିଆ ଲୋକଟି ଚାଲିଗଲା, କାନ୍ଥ ପଡ଼ି ସମସ୍ତ ପରିବାରଟି ନିଶ୍ଚିହ୍ନ ହୋଇଗଲେ ବା ଓଡ଼ିଶା ଭଳି ସବୁଠୁ ଗରିବ ରାଜ୍ୟ ପ୍ରକୃତିର ସବୁ କୋଡ଼ମାଡ଼ ସହିଲା- ଏଥିରେ ପ୍ରକୃତିର କିଛି ଯାଏଆସେ ନାହିଁ। କିଏ ଉଚ୍ଛନ୍ନ ହେଲା ବା କିଏ ସମ୍ପନ୍ନ ହେଇଗଲା, କିଏ ମଣିଷପଣିଆ ଦେଖାଇଲା ବା କିଏ ଅମଣିଷ ହୋଇଗଲା ବାତ୍ୟା ଯୋଗୁ, ସେସବୁ ପ୍ରକୃତି ବୁଝେନି। ଚାଷୀ ହାହାକାର କଲେ ବା ବେପାରୀଙ୍କର ପୁଷ ମାସ ହେଲା, ତାହା ସହ ପ୍ରକୃତିର ସମ୍ପର୍କ ନାହିଁ। ଯଦି ପବନ ଦୁଇଶହ କିଲୋମିଟର ବେଗରେ ବୋହିଲା ତାହା ସମସ୍ତଙ୍କ ପାଇଁ ସମାନ, ସେଥିରେ ଚାଳ ବା ଝୁମ୍ପୁଡ଼ିଟି ବିପର୍ଯ୍ୟସ୍ତ ହୋଇ ଅନେକ ଜୀବନହାନିର କାରଣ ହୋଇପାରେ ଓ ଧନୀ ନିରାପଦରେ କୋଠାଘରେ ରହିପାରେ। ବିପିଏଲ ଏପିଏଲ ଭିତରେ ଫରକ ପ୍ରକୃତି ବୁଝେନି।

ଆଉ ଯେଉଁମାନେ ଭାବନ୍ତି ଏସବୁ ତାଙ୍କରି ଇଚ୍ଛା, ସିଏ ରାଗିଲେ ଦଣ୍ଡ ଦିଅନ୍ତି, ଖୁସି ହେଲେ ଅଜସ୍ର ଧନ ସମ୍ପତ୍ତି ଅଜାଡ଼ି ଦିଅନ୍ତି, ତେବେ କ'ଣ ସେଇ ଭଗବାନ ମଣିଷ ଭଳି ରାଗନ୍ତି ଓ ଖୁସି ହୁଅନ୍ତି ! ଯେମିତି କେତେକ ମଣିଷ କିଛି ପାଇଲେ ହିଁ କାମ କରନ୍ତି, ଭଗବାନ ମଧ୍ୟ କ'ଣ ସେଇଭଳି ? ଗରିବ ଲୋକର ମୁଢ଼ି, ଉଖୁଡା ବା ଗୋଟାଏ କୁକୁଡ଼ାରେ ସନ୍ତୁଷ୍ଟ ହୁଅନ୍ତିନି କିନ୍ତୁ ଧନୀଲୋକର ବିପୁଳ ଭୋଗରାଗ ଓ ଟଙ୍କା ସୁନାରେ ସେ ଖୁସି ହୋଇ ସବୁ ବିପଦରୁ ରକ୍ଷା କରନ୍ତି ? ବିଜ୍ଞ ଓ ପ୍ରାଜ୍ଞମାନେ ଆମକୁ ତ କହନ୍ତି- ସେ ନିର୍ଗୁଣ ଓ ନିରାକାର, ତା'ହେଲେ... ! ଥରେ ସ୍ରଷ୍ଟା ସୃଷ୍ଟି କରିସାରିଲା ପରେ ଓ ସୃଷ୍ଟି ପାଇଁ ସଂହିତା ବା ନିୟମ ତିଆରି ପରେ, ସେ ମଧ୍ୟ ସେଇ ନିୟମ ଅଧୀନ ହୋଇଯାନ୍ତି ବୋଲି ବିଜ୍ଞମାନେ ଆମକୁ କହନ୍ତି। ମଣିଷମାନେ ଯେପରି

ଆଇନ ଓ ନିୟମ ପ୍ରଣୟନ କରି ନିଜେ ତାକୁ ଭାଙ୍ଗିବାରେ ଆନନ୍ଦ ଅନୁଭବ କରନ୍ତି, ସ୍ରଷ୍ଟା ତ ସେଭଳି ନୁହନ୍ତି।

ଏବେ ମଣିଷ କଥା ଦେଖିବା। ଏଇମାତ୍ର ପନ୍ଦରରୁ କୋଡ଼ିଏ ଲକ୍ଷ ବର୍ଷ ତଳେ ପ୍ରଥମ ମଣିଷ ଏ ଧରାରେ ପାଦ ଦେଲା ବୋଲି କୁହାଯାଉଛି। ସାମନା ପାଦ ଦୁଇଟି ଚାଲିବାରୁ ମୁକ୍ତ ହୋଇଗଲା ପରେ ହାତରେ ପରିଣତ ହୋଇଗଲା ଓ ତାହା ହିଁ ମଣିଷର ମୁଖ୍ୟ ସମ୍ବଳ ଥିଲା। ରହିବାପାଇଁ ତାଳପତ୍ରରେ କୁଡ଼ିଆଟିଏ ହେଉ ବା ଫଳ ତୋଳିବା, ଗାତ ଖୋଳିବା, ଶିକାର କରିବା ସେଇ ହାତ ଦୁଇଟା ଯୋଗୁ ସମ୍ଭବ ହୋଇପାରିଲା। ଭୟଙ୍କର ତାତି, ମଜ୍ଜାଥରା ଶୀତ, ଜହ୍ନ ବଢ଼ି ବଢ଼ି ଯିବା ଓ ପୁଣି ଛୋଟ ଛୋଟ ହେଇଯିବା, ଦିନ ଦି'ପହରେ ସୂର୍ଯ୍ୟ କିଛି ସମୟପାଇଁ ଢ଼ାଙ୍କି ହୋଇଗଲା, ଅନ୍ଧାର ଦିଶିଲା, ବା ପୃଥିବୀ ଥରିଉଠିଲା, ବା ଆଖିଆଗରେ ଥିବା ଗଛଟି ବଜ୍ରପାତରେ ଦି'ଫାଳ ହୋଇଗଲା- ଏସବୁର କୂଳ କିନାରା ପାଇଲା ନାହିଁ। ହଠାତ୍ ଦେହରେ ଫୋଟକା ହେଇଗଲା ଓ ଦଶଦିନ ବେଳକୁ ପିଲାଟି ଚାଲିଗଲା ବା ମାସ ମାସ ଧରି ବର୍ଷା ହେଲା, ପୁଣି ମାସ ମାସ ଧରି ଆକାଶ ମେଘମୁକ୍ତ ରହିଲା- ମଣିଷ ଏସବୁ ବୁଝିପାରିଲା ନାହିଁ। ମଣିଷ ପ୍ରକୃତିର ବିଭିନ୍ନ ବିଭାବ ଗୁଡ଼ିକୁ ଧୀରେ ଧୀରେ ବୁଝିବାକୁ ଲାଗିଲା ଓ ପ୍ରାକୃତିକ ଘଟଣାଗୁଡ଼ିକ ପଥରେ ଥିବା କାରଣ ଜାଣିବାରେ ଲାଗିଲା। ଏବେ ପ୍ରକୃତିର ସୌନ୍ଦର୍ଯ୍ୟରେ ବିଭୋର ହେଲା ସତ, ତଥାପି ପ୍ରକୃତିର ଭୀମକାନ୍ତ ଦୃଶ୍ୟ ଓ କରାଳ ରୂପ ଆଗରେ ନିଜକୁ ତୁଚ୍ଛ ମଣିଲା। ଏ ପ୍ରକ୍ରିୟା ଲକ୍ଷ ଲକ୍ଷ ବର୍ଷ ଧରି ଚାଲିବା ପରେ ପ୍ରକୃତି ବିଷୟରେ ଅଧିକରୁ ଅଧିକ ଜ୍ଞାନ ହାସଲ କଲା। ପ୍ରତି କଥାର କାରଣ ଖୋଜିଲା ଓ ଅନେକ ସୂତ୍ର ମଧ୍ୟ ପାଇଗଲା। ପ୍ରକୃତିରେ ଥିବା ଗନ୍ତାଘରଗୁଡ଼ିକର ସନ୍ଧାନ ମିଳିଲା। ଆକାଶର ଅସୀମତା ଓ ସମୁଦ୍ରର ବିଶାଳତାରେ କେବଳ ଚକିତ ହେଲାନି, ସମୁଦ୍ରର ମାଛ ଓ ଆକାଶରେ ଉଡ଼ିଯାଉଥିବା ପକ୍ଷୀ ତା' ପାଇଁ ଆହାର ହୋଇଗଲା। ପୃଥିବୀ ମାତାର ଗର୍ଭରେ ଥିବା ରତ୍ନଗୁଡ଼ିକର ସନ୍ଧାନ ପାଇଁ ଉଲ୍ଲସିତ ହେଲା।

ଏବେ ଆରମ୍ଭ ହେଲା ପ୍ରକୃତି ଉପରେ ନିଜର କର୍ତ୍ତୃତ୍ୱ ଜାହିର କରିବାର ବେଳ। ନୂଆ ଯୁଗ ଆରମ୍ଭ ହୋଇଗଲା। ଶିଳ୍ପ ବିପ୍ଳବର ରଥଚକ୍ର ଦ୍ରୁତଗତିରେ ଗଡ଼ିବାକୁ ଲାଗିଲା। ପୃଥିବୀ ମାତାର ଗର୍ଭକୁ ମଣିଷ ଆହୁରି ଗଭୀର ଓ ବ୍ୟାପକ ଭାବେ ବିଦୀର୍ଣ୍ଣ କଲା। ନଦୀକୁ ବାନ୍ଧିଲା, ସମୁଦ୍ର ଭିତରେ ରାସ୍ତା, ରେଳଲାଇନ ପକାଇଲା। ପର୍ବତ ଫଟେଇ ରାସ୍ତା ହେଲା। ଯେଉଁ ଚନ୍ଦ୍ରକୁ ପୂଜା କରୁଥିଲା, ତାରି ବକ୍ଷରେ ପାଦ ଥୋଇଲା, ଚନ୍ଦ୍ର ଓ ପରେ ମଙ୍ଗଳ ଗ୍ରହରେ ବସତି ପାଇଁ ଯୋଜନା ହେଲା। ସମୁଦ୍ର ବକ୍ଷରେ,

ଆକାଶ ବକ୍ଷରେ ମଧ୍ୟ ଗର୍ଜନ ତର୍ଜନ କରି ସହସ୍ର ସଂଖ୍ୟାରେ ଜଳଜାହାଜ ଓ ବିମାନ ଚଳାଚଳ କଲେ। ସ୍ଥଳଭାଗରେ ଶହ ନୁହଁ କି ହଜାର ନୁହଁ, ଲକ୍ଷ ଲକ୍ଷ ସଂଖ୍ୟାରେ ଧୂଆଁ ଛାଡ଼ି ଗାଡ଼ିମାନ ଗଡ଼ିଲେ। ଆକାଶକୁ କେତେ ଚିମନୀର ଧୂଆଁ ଗଲା, ଆମ ପ୍ରଗତିର ତାହା ହିଁ ମାପକାଠି ହେଲା।

ଅନ୍ୟପକ୍ଷରେ ତିରୁପତି ବା ସୀମାଚଳରେ ଚୁଟି ପକାଇ ଫେରିଥିବା ଲୋକର ମୁଣ୍ଡ ଭଳି ପାହାଡ଼ ପର୍ବତ ଲଣ୍ଡା ହେଲେ। ଲକ୍ଷ ଲକ୍ଷ ଗଛ ପ୍ରତିବର୍ଷ ଧରାଶାୟୀ ହେଲେ। ପ୍ରକୃତିର ସବୁଜିମା ଉଭେଇବାରେ ଲାଗିଲା। ଜଳ ଜହର ହେଲା, ବାୟୁ ବା ପ୍ରାଣବାୟୁ ବିଷାକ୍ତ ହେଲା। ନଦୀନାଳର ଜଳପ୍ରବାହ କମିବାରେ ଲାଗିଲା। ନଦୀରୁ ମାଛ ଗଲେ, ଆକାଶରୁ ପକ୍ଷୀ ଶେଷ ହୋଇଆସିଲେ, ମାଟିରୁ ଜିଆ, ଗେଣ୍ଡା, ସୂକ୍ଷ୍ମ ପ୍ରାଣୀ ସବୁ ଗଲେ। ଏ ପ୍ରକ୍ରିୟାରେ ଅନେକ ପ୍ରାଣୀ ବିଲୁପ୍ତ ହେଲେଣି ବା ବିଲୁପ୍ତ ଅବସ୍ଥାରେ।

କେଉଁ ଅନାଦି କାଳରୁ ପୃଥିବୀରେ ଜୀବନର ବିକାଶ ଓ ବୃଦ୍ଧିପାଇଁ ଯେଉଁ ଭାଗମାପ ବା ଅନୁପାତରେ ବାୟୁମଣ୍ଡଳଟି ଥିଲା, ତାହା ଓଲଟ ପାଲଟ ହୋଇଗଲା। ପୃଥିବୀ ମାତା ଧୀରେ ଧୀରେ ଉତ୍ତପ୍ତ ହେବାରେ ଲାଗିଲା। ଆଜି ସେହି ଯୋଗୁ ପୃଥିବୀର ବିଭିନ୍ନ ସ୍ଥାନରେ ଅଧିକରୁ ଅଧିକ ତୀବ୍ରତାର ସହ ଝଡ଼ବାତ୍ୟା ଆରମ୍ଭ ହୋଇଛି ଓ ସେହିଭଳି ଝଡ଼ବାତ୍ୟାର ସଂଖ୍ୟା ମଧ୍ୟ ବୃଦ୍ଧି ପାଉଛି। ସମୁଦ୍ର କୂଳଲଘୁଛି, ଅନେକ ତଳିଆଞ୍ଚଳ ଜଳମଗ୍ନ ହେଉଛି। ଏ ଦୁର୍ବିପାକ ସବୁ ଯେ ମନୁଷ୍ୟକୃତ ସେ କଥା ମଣିଷ ଯେତେ ଶୀଘ୍ର ବୁଝିବ ଓ ବର୍ତ୍ତମାନର ଧାରାକୁ ବଦଳାଇବ ସେତେ ମଙ୍ଗଳ। ବିଜୟ ଅଭିଯାନ ଶେଷ ନକଲେ ପରାଜୟ ହିଁ ଭୋଗ କରିବ। ଶେଷରେ ଗୋଟିଏ କଥା କହିବା ଠିକ୍ ହେବ। ଆନ୍ଦୋଳନ ସମୟରେ ଯେପରି ନୋତାମାନେ ଖସିଯାଆନ୍ତି, କିନ୍ତୁ କର୍ମୀମାନେ ଲାଠିମାଡ଼ ବା ଗୁଳିଚୋଟ ଖାଆନ୍ତି, ଠିକ୍ ସେହିଭଳି ଯେଉଁମାନଙ୍କ ଯୋଗୁ ଏସବୁ ତଥାକଥିତ ବିକାଶର ଧାରା ପ୍ରସାରିତ ହେଉଛି ସେହିମାନେ ଝଡ଼ବାତ୍ୟାର ପ୍ରକୋପରୁ କେବଳ ଯେ ଖସିଯାଆନ୍ତି ତାହା ନୁହେଁ, ନେତାମାନେ ସଫଳ ଆନ୍ଦୋଳନ ପରେ ଯେପରି ବିଭିନ୍ନ ଭାବେ ଉପକୃତ ହୋଇଥାନ୍ତି, ସେହିଭଳି ଝଡ଼ବାତ୍ୟାରୁ ସେମାନେ ଫାଇଦା ପାଇଲେ। ତେବେ ଗରିବ ଓ ଅସହାୟ ବ୍ୟକ୍ତିଟି ହିଁ ଶିକାର ହୋଇଯାଏ।

■

ପ୍ରମେୟ, ୨୫ ମଇ, ୨୦୧୯

ଋଷି କୃଷି

ବିଭିନ୍ନ ସ୍ଥାନରେ ଚାଷୀମାନଙ୍କ ସହ ଆଲୋଚନା କଲାବେଳେ ଗୋଟିଏ କଥା ଜଣାପଡୁଛି ଯେ, ଚାଷ ବିଶେଷତଃ ଧାନଚାଷରେ ଏକରପିଛା ଖର୍ଚ୍ଚବାର୍ଚ୍ଚ ଯାଇ ଅତିବେଶୀରେ ହଜାରେରୁ ଦୁଇହଜାର ଟଙ୍କା ବଳକା ରହୁଛି। ସେଥିରେ ପୁଣି ସରକାରୀ ରେଟ୍‌ରେ ଯଦି ସବୁ ଧାନ ବିକ୍ରି ହୁଏ, ନିଜର ପରିଶ୍ରମକୁ ହିସାବକୁ ନିଆନଯାଏ ଏବଂ ଏକରପିଛା ପଚିଶରୁ ତିରିଶ ହଜାର ଟଙ୍କାର ସୁଧକୁ ମଧ୍ୟ ହିସାବରେ ରଖାନଯାଏ। ଏସବୁ ହେଲେ ଚାଷରେ ପ୍ରକୃତରେ କ୍ଷତି। ଏହା ବାଦ୍ ମରୁଡ଼ି, ବନ୍ୟା, ବାତ୍ୟା, ରୋଗପୋକ ସମସ୍ୟା ରହିଛି। ଚାଷୀ ଓ କ୍ଷେତରେ କାମ କରୁଥିବା ଲୋକମାନଙ୍କର କୀଟନାଶକ, ଘାସନାଶକ ଇତ୍ୟାଦି ବିଷ ସହ ଅଧିକ ସମ୍ପର୍କ ଯୋଗୁ ଡାଇବେଟିସ ଓ କ୍ୟାନସର ଭଳି ରୋଗ ଆକ୍ରମଣର ଆଶଙ୍କା ପୁଣି ଅଧିକ। ମୋଟାମୋଟି ଭାବେ ଏତିକି କହିହେବ ଯେ, ଚାଷ ଆଦୌ ଲାଭଜନକ ନୁହେଁ ଓ ଚାଷରେ ଆପଦ ବିପଦ ବେଶୀ। ତଥାପି କାହିଁକି ଧାନଚାଷ କରୁଛନ୍ତି। ପଚାରିବାରେ ଗୋଟିଏ ଉତ୍ତର ମିଳେ- ଆଉ କରିବୁ କ'ଣ? ଖାଇବୁ କେମିତି? ଅବଶ୍ୟ ଋଗ୍ ବେଦରେ ପରାମର୍ଶ ଅଛି- କୃଷିମିତ୍ କୃଷସ୍ୱ, ବିତ୍ତେ ରମସ୍ୱ ବହୁମନ୍ୟମାନଃ (ଋସା ୧୦.୫.୭)। ଅର୍ଥାତ୍ ଚାଷରୁ ଯାହା ମିଳୁଛି, ତାହା ଅଧିକ ହେଲେ ମଧ୍ୟ ତାକୁ ଯଥେଷ୍ଟ ଭବ କର। ଋଗ୍ ବେଦର ମନ୍ତ୍ରଦ୍ରଷ୍ଟା ଋଷିଙ୍କର ଏ ପରାମର୍ଶ ଦେଖିଲେ ଏବେ ଋଷି କୃଷି ଚାଲିଛି ବୋଲି କହିହେବ।

ଋଗ ବେଦ ରଚନା କାଳରେ ଅବଶ୍ୟ ଚାଷୀମାନଙ୍କୁ ପିଲାମାନଙ୍କର ବିବାହ ସମୟରେ, ପାଠପଢ଼ାରେ, ଚିକିତ୍ସା ପାଇଁ ଲକ୍ଷ ଲକ୍ଷ ଟଙ୍କା ଖର୍ଚ୍ଚ କରିବାକୁ ପଡୁନଥିଲା ବା ଟେଲିଭିଜନ ତଥା ମୋବାଇଲ ବାବଦରେ ଖର୍ଚ୍ଚ ନଥିଲା। ଅଳ୍ପକେ ସନ୍ତୁଷ୍ଟ ରହ, ସେଥିପାଇଁ ପରାମର୍ଶ ଦେଇ ହେଉଥିଲା।

ଆମର ଅନେକଙ୍କର ଧାରଣା ଯେ, ଆମେରିକାର ଚାଷୀମାନେ ଖୁବ୍ ଧନୀ,

ସେମାନେ ଗାଡ଼ି ମୋଟରରେ ଚଢ଼ନ୍ତି ଇତ୍ୟାଦି। ପ୍ରକୃତରେ ସେଠାରେ ମଧ୍ୟ ସ୍ଥିତି ଭଲ ନାହିଁ। ଆମର ଏଠି ଯେମିତି ଚାଷରେ ପରିସ୍ଥିତି ବିଗିଡ଼ିଗଲେ ସରକାର ଗୋଟାଏ କମିଶନ ଗଠନ କରିଦିଅନ୍ତି, ଆମେରିକାରେ ମଧ୍ୟ ସେୟା। ଆମେରିକା ସରକାର ୧୯୮୩ ମସିହାରେ ଗୋଟାଏ କମିଶନ କଲେ। ସେଥିରେ ଆମେରିକାନ ନାସନାଲ ଏକାଡେମୀ ଅଫ୍ ସାଇନ୍ସ, ଏକାଡେମୀ ଅଫ୍ ମେଡିସିନ୍ ଓ ଏକାଡେମୀ ଅଫ୍ ଇଂଜିନିୟରିଂର ସଦସ୍ୟ ରହିଲେ। ଦୀର୍ଘ ପାଞ୍ଚବର୍ଷ କାଳ ଆମେରିକାର ଏମୁଣ୍ଡରୁ ସେମୁଣ୍ଡଯାଏ ବୁଲି ବିଭିନ୍ନ ପ୍ରଣାଳୀରେ କରାଯାଉଥିବା ଚାଷ ଦେଖି ୧୯୮୮ ତାଙ୍କର ରିପୋର୍ଟ ଦେଲେ। ସେ ରିପୋର୍ଟରେ ସେମାନେ ଦର୍ଶାଇଲେ ଯେ, ତଥାକଥିତ ଆଧୁନିକ ବା ବୈଜ୍ଞାନିକ ପଦ୍ଧତିରେ କରାଯାଉଥିବା ଚାଷ ଆଦୌ ଲାଭଜନକ ନୁହେଁ, ରାସାୟନିକ ସାର ଓ କୀଟନାଶକ ଇତ୍ୟାଦି ବିଭିନ୍ନ ପ୍ରକାର ରାସାୟନିକ ଜିନିଷ ଉପରେ ଅତ୍ୟଧିକ ନିର୍ଭରଶୀଳ ଚାଷ ପରିବେଶ ପାଇଁ ଖୁବ୍ ହାନିକାରକ ଓ ତାହା ଚିରସ୍ଥାୟୀ ନୁହେଁ। ଆମେରିକାର ଚାଷୀ ଅତିମାତ୍ରାରେ ଋଣଗ୍ରସ୍ତ ମଧ୍ୟ। ଅଥଚ ଏ ବାଟ ଛାଡ଼ି ଆମେରିକାର ବିଭିନ୍ନ ରାଜ୍ୟରେ ଆହୁରି ଅନେକ ପଦ୍ଧତିରେ ଚାଷ କରାଯାଉଛି; ଯାହା ବେଶ୍ ଲାଭଜନକ, ପରିବେଶ ଅନୁକୂଳ ଓ ଦୀର୍ଘସ୍ଥାୟୀ ମଧ୍ୟ।

ଆମେ ଅନେକଦିନୁ ସ୍ୱାଧୀନ ହେଲେମଧ୍ୟ ଆମର ମାନସିକ ଦାସତ୍ୱ ଯାଇନି। ସେଇଥିପାଇଁ ତୁଳସୀ, ହଳଦୀ ଓ ନିମ୍ବର ଗୁଣସବୁ ବହୁ ଆଗରୁ ଆମର ପୂର୍ବପୁରୁଷମାନେ ଦର୍ଶେଇଥିଲେ ମଧ୍ୟ ଆମେ ନାକ ଟେକିବାରେ ଅଭ୍ୟସ୍ତ। କିନ୍ତୁ ଯଦି ଜର୍ମାନୀର, ଇଂଲଣ୍ଡର ବା ଆମେରିକାର ବୈଜ୍ଞାନିକମାନେ କହିବେ, ଆମେ ଆଗ୍ରହରେ ଗ୍ରହଣ କରିବୁ। ସେଇଥିପାଇଁ ଆମେରିକା ସର୍ବୋଚ୍ଚ ବୈଜ୍ଞାନିକ ସଂସ୍ଥାଗୁଡ଼ିକ ଯେତେବେଳେ ଆଧୁନିକ କୃଷି ପଦ୍ଧତି ବିଷୟରେ ଉପରୋକ୍ତ ମତାମତ ଦେଲେ, ଆମର କୃଷି ବିଜ୍ଞାନୀମାନେ ଅନ୍ତତଃ ତାକୁ ଗ୍ରହଣ କରିବା କଥା। ତାଙ୍କର ରିପୋର୍ଟଟି 'ଅଲଟରନେଟିଭ ଏଗ୍ରିକଲଚର' ନାଁରେ ବହି ଆକାରରେ ମିଳୁଛି ଓ ଆମର ଅନୁରୋଧ- କୃଷି ବିଶ୍ୱବିଦ୍ୟାଳୟମାନଙ୍କର ଅଧ୍ୟାପକ, କୃଷି ବିଶେଷଜ୍ଞ ଓ ସରକାରଙ୍କର କୃଷିନୀତି ପ୍ରଣୟନକାରୀମାନେ ସେ ରିପୋର୍ଟଟି ଅନୁଧ୍ୟାନ କରିବେ।

ଅବଶ୍ୟ ଏକଥା ସତ ଯେ, ସେମାନଙ୍କ ମଧ୍ୟରୁ ଅନେକ ବେଶ୍ ସଚେତନ ଯେ ଆଧୁନିକ କୃଷି ପଦ୍ଧତି ବେଶୀଦିନ ଯିବନି ଓ ସମସ୍ତଙ୍କ ପାଇଁ କ୍ଷତିକାରକ, ତଥାପି ମହାଭାରତର ଦୁର୍ଯ୍ୟୋଧନଙ୍କ ପରି ସେଥିରୁ ନିବୃତ୍ତି ଆସୁନି ଓ ଯାହା ଠିକ୍ ସେଥିରେ ପ୍ରବୃତ୍ତି ଆସୁନି। ତେବେ ଏହା ମଧ୍ୟ ସତ ଯେ, ଧର୍ମ ଅଧର୍ମ ଜାଣିଲେ ମଧ୍ୟ ସେମାନେ

ନାନା ପ୍ରକାର ଋପର, (ଦେଶୀ ଓ ବିଦେଶୀ), ସମ୍ମୁଖୀନ ହୋଇଥାନ୍ତି ଓ ପରିସ୍ଥିତିରେ ପଡ଼ି ଅଧର୍ମକୁ ଆଦରିଥାଆନ୍ତି ଓ ସେକଥା ଅବସର ପରେ ସ୍ୱୀକାର କରିଥାନ୍ତି।

ଦୁର୍ଭାଗ୍ୟର ବିଷୟ ଯେ, ଆମର ଅଧିକାଂଶ ଋଷୀ ସଙ୍ଗଠନମାନ ସରକାରୀ ସୁଅରେ ଭାସିଯାଆନ୍ତି। ଏବେ ଦେଖିବା ରାସାୟନିକ ସାର, ବିଷ ଓ ଯନ୍ତ୍ରପାତି ତଥା ପଇସାର ବିପୁଳ ବ୍ୟବହାର ବ୍ୟତୀତ ଅନ୍ୟସବୁ ପଦ୍ଧତି; ଯାହାକି ଭାରତ ତଥା ପୃଥିବୀର ବିଭିନ୍ନ ଦେଶମାନଙ୍କରେ ସଫଳ ହୋଇଛି। ସେଥିରୁ ପ୍ରଥମ ପ୍ରାକୃତିକ ଋଷ ବା ବିନା ଋଷରେ ଋଷ ସମ୍ପର୍କରେ ଆଲୋଚନା କରିବା। ଏ ପଦ୍ଧତିର ପ୍ରବର୍ତ୍ତକ ହେଲେ ଜାପାନର ମାସାନୋବୁ ଫୁକୁଓକା। ସେ ଜଣେ କୃଷିବିଜ୍ଞାନୀ ଓ ବର୍ତ୍ତମାନର କୃଷି ପ୍ରଣାଳୀରେ ମାଟି, ପାଣି, ପବନ ଦୂଷିତ ହେବା ସହ ଅନେକ ପ୍ରକାର ପ୍ରାଣୀ ଲୋପ ପାଇଯାଉଥିବା ଓ ସମୁଦାୟ ବିଋର ପ୍ରକୃତିବିରୁଦ୍ଧ ତଥା ହିଂସା ଆଧାରିତ ହୋଇଥିବା ଯୋଗୁ ସେ ମର୍ମାହତ ହୋଇଥିଲେ ଓ ପ୍ରକୃତିର ସମୃଦ୍ଧି ସହ ଅହିଂସାକୁ ମୁଖ୍ୟ ଆଧାରକରି ନୂଆ ପଦ୍ଧତିଟିର ପରୀକ୍ଷା ତଥା ପ୍ରସାର କରିଥିଲେ।

ତାଙ୍କର ବିଋର ହେଲା- ମଣଷ ପ୍ରକୃତିର ଏକ କ୍ଷୁଦ୍ରାତିକ୍ଷୁଦ୍ର ଅଙ୍ଗ; ମଣିଷ ପ୍ରକୃତିକୁ ଭଲଭାବେ ବୁଝିନି, ମଣିଷର ଜ୍ଞାନ ଅତିସୀମିତ। ସେଇ ଦୃଷ୍ଟିରୁ ମଣିଷ ପ୍ରକୃତି ସହ ତାଳଦେଇ ଯିବା ମଙ୍ଗଳ ହେବ। ପ୍ରକୃତି ବିରୁଦ୍ଧରେ ଆମେ ଗଲେ ଶେଷରେ ଆମର ବିନାଶ ହିଁ ସାର ହେବ। ଦ୍ୱିତୀୟ ବିଋର ହେଲା- ବର୍ତ୍ତମାନର ତଥାକଥିତ ବୈଜ୍ଞାନିକ ପ୍ରଣାଳୀରେ ଋଷରେ ଅମୁକ ପୋକକୁ ମାର, ସମୁକ ପୋକକୁ ଦମନ କର, ଏଇଭଳି ଆମେ ଅନେକ ପ୍ରାଣୀଙ୍କୁ ମାରୁଛୁ। ଅନେକ କୀଟପତଙ୍ଗ, ପୋକଜୋକ, ଜିଆ ଭଳି ଅନେକ ଉପକାରୀ ପ୍ରାଣୀ, ଚଢ଼େଇ ମଧ୍ୟ ମଲେଣି। ଏଭଳି ହିଂସା ଆଚରଣ କରି ଆମେ ଯେଉଁ ଖାଦ୍ୟ ଉତ୍ପାଦନ କରୁଛେ ଓ ତାକୁ ଖାଉଛେ, ସେ ହିଂସା ଯେପରି ଅନ୍ନ, ସେପରି ମନ ନ୍ୟାୟରେ ଆମ ଶରୀର ଓ ମନକୁ ହିଂସ୍ର କରିଦେଉଛି। ସେଇଥିପାଇଁ ସାମାନ୍ୟ କଥାରେ ଅନ୍ୟକୁ ହତ୍ୟା କରିବାକୁ ମଧ୍ୟ ପଛାଉନାହିଁ ମଣିଷ। ଆମେ ଯଦି ଅହିଂସା ଋହୁଁଛେ, ତେବେ ଆମର ଖାଦ୍ୟ ମଧ୍ୟ ଅହିଂସ ଉପାୟରେ ଉତ୍ପାଦିତ ହେବା ଆବଶ୍ୟକ।

ଫୁକୁଓକାଙ୍କର ତୃତୀୟ ବିଋର ହେଲା- ଆମେ ସମସ୍ତେ ସୁସ୍ଥ ମନ ଓ ସୁସ୍ଥ ଶରୀର ଋହୁଁଛେ। ସୁସ୍ଥ ମନ ଓ ସୁସ୍ଥ ଶରୀର ପାଇଁ ଆମକୁ ସୁସ୍ଥ ଖାଦ୍ୟ ଖାଇବାକୁ ହେବ, ଆଉ ସେଇଥିପାଇଁ ଆମର ଫସଲ ସୁସ୍ଥ ଉପାୟରେ ଆଦାୟ ହେବା ଜରୁରି। ସୁସ୍ଥ ଫସଲ ଉପୁଜେଇବା ଯଦି ମାଟି ସୁସ୍ଥ ରହେ; ମାଟି ସୁସ୍ଥ ରହିବ ଯଦି ସେଥିରେ ଜୈବାଂଶ ଅଧିକ ରହେ, ଅର୍ଥାତ୍ ଖତ, ଡାଳପତ୍ର କମ୍ପୋଷ୍ଟ, ପଙ୍କ ଇତ୍ୟାଦି ପ୍ରୟୋଗ

କଲେ ଜୈବାଂଶ ବୃଦ୍ଧିହୁଏ। ତେଣୁ ଯେଉଁ ମାଟିରେ ଯେତେ ଅଧିକ ଜିଆ ବା କେଞ୍ଚୁଆ ଓ ଅନ୍ୟ ସୂକ୍ଷ୍ମପ୍ରାଣୀ, ସେ ମାଟିରେ ସେତେ ଅଧିକ ଜୈବାଂଶ ଓ ସେ ମାଟି ସେତେ ଅଧିକ ଉର୍ବର ଓ ଅଧିକ ଉତ୍ପାଦନକ୍ଷମ।

ସେଇଥିପାଇଁ ମାଟିରେ ରାସାୟନିକ ସାର ଓ କୀଟନାଶକ ଇତ୍ୟାଦି ବିଷ ପ୍ରୟୋଗ କଲେ କେଞ୍ଚୁଆ ଓ ଅନ୍ୟ ସୂକ୍ଷ୍ମ ପ୍ରାଣୀମାନେ ମରିଯାଆନ୍ତି, ମାଟି ଉର୍ବର ହେବା ପରିବର୍ତ୍ତେ ଅନୁର୍ବର ହୁଏ। ଫୁକୁଓକାଙ୍କର ପରାମର୍ଶ ହେଲା- ପ୍ରକୃତିକୁ ଯିବା, ପ୍ରକୃତିକୁ ଗୁରୁ କରିବା, ସେଇଠୁ ଶିଖିବା। ପ୍ରାକୃତିକ ଜଙ୍ଗଲରେ କ'ଣ ହୁଏ ? ଜଙ୍ଗଲରେ ପତ୍ର ପଡ଼େ, ପତ୍ର ସଢ଼େ ଓ ତାକୁ ନେଇ ଗଛ ବଢ଼େ। ଏଇ ପତ୍ର ପଡ଼ିବା, ସଢ଼ିବା ଓ ଗଛ ବଢ଼ିବା ପ୍ରକ୍ରିୟାଟି କେଉଁ ଅନନ୍ତ କାଳୁ ଚାଲିଆସିଛି ଓ ଗଛମାନେ ବଢ଼ିବା ସହ ମାଟି ବର୍ଷକୁ ବର୍ଷ ଅଧିକରୁ ଅଧିକ ଉର୍ବର ହେଉଛି। ସେଇଥିପାଇଁ ଜଙ୍ଗଲର ଗଛ ସାରକୁ ଅପେକ୍ଷା କରନ୍ତିନାହିଁ ଓ ସେଇଠି ବିଷ ପ୍ରୟୋଗ ଦରକାର ହୁଏନାହିଁ। ଅଥଚ ଆମେ କାହିଁକି ଗୋଟାଏ ଜମିରେ ଲାଗ ଲାଗ ଧାନ, ବାଇଗଣ, ଲଙ୍କା ଇତ୍ୟାଦି ଚାଷ କଲେ ବିନା ଖତ ଓ ସାରରେ ହେଉନାହିଁ ? ତା'ର କାରଣ ହେଲା ଆମେ ଧାନଚାଷ ବା ଅନ୍ୟ ଚାଷ କଲେ ମାଟିରୁ ସାର ଯାଏ ଓ ଆମେ ମାଟିକୁ ଫେରାଉନାହୁଁ କିଛି, ସେଇଥିପାଇଁ ମାଟି ବର୍ଷକୁ ବର୍ଷ ଅନୁର୍ବର ହୁଏ ଓ ବାହ୍ୟ ସାର ଦରକାର ହୁଏ। ବର୍ତ୍ତମାନ ଆମର କାମ ଅତି ସରଳ ହୋଇଗଲା। ପ୍ରକୃତିରେ ଅର୍ଥାତ୍ ଜଙ୍ଗଲରେ ଯାହା ହେଉଛି, ଚାଷ ଜମିରେ ତାହାହିଁ କରିଦେଲେ କାମ ଶେଷ।

ମାଟି ସୁସ୍ଥ, ଫସଲ ସୁସ୍ଥ, ଖାଦ୍ୟ ସୁସ୍ଥ ଓ ତାକୁ ଖାଇ ଶରୀର ତଥା ମନ ସୁସ୍ଥ ରହିବ। ଏ ପ୍ରାକୃତିକ ଚାଷ ପ୍ରଣାଳୀରେ ଖର୍ଚ୍ଚ ବହୁତ କମ୍, ଆଦାୟ ବେଶୀ ଓ ଚାଷୀଙ୍କର ଲାଭ ବେଶୀ। ଏ ପଦ୍ଧତିକୁ ଆମେ ଋଷି କୃଷି କହିପାରିବା। ଏଥିରେ ହିଂସା ନାହିଁ। ନିଜନିଜ ଜମିରୁ ପରୀକ୍ଷାମୂଳକ ଭାବେ ଚାଷୀମାନେ ଖଣ୍ଡେଖଣ୍ଡେ ଏ ପ୍ରଣାଳୀରେ ଚାଷ କରନ୍ତୁ। ଆବଶ୍ୟକ ଅନୁଯାୟୀ କିଛି ପରିବର୍ତ୍ତନ ମଧ୍ୟ କରନ୍ତୁ।

■

ପ୍ରମେୟ, ୧୨ ସେପ୍ଟେମ୍ବର, ୨୦୧୯

ମାଟି ପାଇଁ କିଏ ?

ପ୍ରାୟ ପଞ୍ଚତିରିଶ ବର୍ଷ ପୂର୍ବେ ସରକାରଙ୍କର ପରିବେଶ ବିଭାଗରେ କାମ କଲାବେଳେ ଭଦ୍ରଖର କାଁପଡ଼ା ଗାଁରେ ଗୋଟେ ରାତି କଟେଇଥିଲି। ସେଇଠି ପ୍ରଥମକରି ଚାଷୀଙ୍କ ମୁହଁରୁ ଶୁଣିଲି 'ମାଟି ଖପରା' ହୋଇଗଲାଣି। ତା'ପରେ ବିଭିନ୍ନ ସ୍ଥାନରେ ସେଇ କଥାଟି ବିଭିନ୍ନଭାବେ ଶୁଣିଲି। ମାଟି ଟାଣ ହୋଇଗଲାଣି। ମାଟିରେ ଆଗଭଳି ରସ ନାହିଁ ବା ମାଟି ନିରସ ହୋଇଗଲାଣି। ମାଟି ଲାଞ୍ଜୁଆ ହୋଇଗଲାଣି। ରାସାୟନିକ ସାର ବା କମ୍ପାନୀସାରକୁ ଅନୋଉଛି, ସେ ସବୁ ନଦେଲେ ଆଉ କିଛି ହେଉନି ଇତ୍ୟାଦି।

ଅନ୍ୟ ପକ୍ଷରେ ପାଠ ପଢ଼ିଲାବେଳେ ଓଡଗାଁ ମନ୍ଦିର ଆଡ଼େ ବୁଲି ଆସିଲାବେଳେ ମହେଶ୍ୱର ନନ୍ଦ ନାମକ ଜଣେ ବ୍ୟକ୍ତିଙ୍କ ସହ ଦେଖାହୁଏ। ଖୁବ୍ ସୁନ୍ଦର କଣ୍ଠରେ ଗାଆନ୍ତି- 'ତା'କୁ ମାଟି ମଣନାରେ ସେ ଯେ ଦୁନିଆର ମାଆଟି...।' ମାଟି ମାଆର ଯତ୍ନ ନେଲେ ଆହାର ମିଳିବ, ଅନ୍ୟଥା ନୁହେଁ- ଏଇ ଥିଲା ଗୀତଟିର ମର୍ମ। ତା'ହେଲେ ମାଟି ମାଆ ଖପରା, ନିରସ ଇତ୍ୟାଦି ହେଲେ ଆମର, ସାରା ଦୁନିଆର ଆହାର କଥା କ'ଣ ହେବ ? ଆମେ ଯାହା କିଛି ଖାଦ୍ୟ ଖାଉଛେ, ପ୍ରତ୍ୟକ୍ଷ ବା ପରୋକ୍ଷରେ ମାଟିରୁ ହିଁ ଆସୁଛି। ଏବେ ମାଟି ବିଷୟରେ କିଛି ଜାଣିବା।

ଆମ ଭିତରୁ ଅନେକଙ୍କ ଧାରଣା ଯେ ମାଟି ନିର୍ଜୀବ; କିନ୍ତୁ ପ୍ରକୃତିରେ ମାଟି ସଜୀବ। ମୁଠାଏ ଉର୍ବର ମାଟିରେ ଯେତିକି ସୂକ୍ଷ୍ମ ବା ଅଣୁଜୀବ ବା ସଏଲ ମାଇକ୍ରୋବ୍ସ ଥାଆନ୍ତି ସେମାନଙ୍କ ସଂଖ୍ୟା ପୃଥିବୀର ମୋଟ ଜନସଂଖ୍ୟା ସହ ସମାନ ହେବ। ମାଟିରେ ବରାବର ସେମାନଙ୍କର ଜନ୍ମ, ବୃଦ୍ଧି ଓ ମୃତ୍ୟୁ ଲାଗି ରହିଥାଏ। ଜିଆମାନଙ୍କୁ ଆମେ ଦେଖୁ; କିନ୍ତୁ ସେଇ ଅଣୁ ଜୀବମାନଙ୍କୁ ଦେଖିହୁଏନା। ସେଇଭଳି କୋଟିକୋଟି ପ୍ରାଣୀଙ୍କର ନିଃଶ୍ୱାସପ୍ରଶ୍ୱାସ ପ୍ରକ୍ରିୟା ମାଟିରେ ଚାଲିଥାଏ ଓ ସେଇ ଅନୁଯାୟୀ ମାଟିରେ ମଧ୍ୟ ନିଃଶ୍ୱାସପ୍ରଶ୍ୱାସ ପ୍ରକ୍ରିୟା ଚାଲେ।

ମୃତ୍ତିକା ବିଜ୍ଞାନୀମାନେ ଆମକୁ କହନ୍ତି ଯେ କୋଟିକୋଟି ବର୍ଷ ଧରି ନାନା ପ୍ରକାର ପ୍ରାକୃତିକ ପ୍ରକ୍ରିୟାରେ ବିଭିନ୍ନ ପ୍ରକାର ଶିଳା ଚୂର୍ଣ୍ଣୀଭୂତ ହୋଇ ମାଟିରେ ପରିଣତ ହୋଇଛି। ବିଭିନ୍ନ ପ୍ରକାର ଶିଳା ବା ପଥରର ବିଭିନ୍ନ ପ୍ରକାର ରାସାୟନିକ ଗୁଣ ଅନୁଯାୟୀ ମାଟିର ନିର୍ଣ୍ଣୟ ହୋଇଥାଏ; କିନ୍ତୁ ପଥର ଗୁଣ୍ଡରେ ଥିବା ରାସାୟନିକ ପଦାର୍ଥ ଯଥା- ନାଇଟ୍ରୋଜେନ୍, ପଟାସ, ଫସ୍‌ଫରସ୍, କ୍ୟାଲସିଅମ୍, ଜିଙ୍କ୍ ଇତ୍ୟାଦିଙ୍କୁ ଗଛ ସିଧାସଳଖ ଗ୍ରହଣ କରିପାରେନି, ବ୍ୟାକ୍ଟେରିଆ ଭଳି ସୂକ୍ଷ୍ମ ପ୍ରାଣୀମାନେ ହିଁ ସେମାନଙ୍କୁ ଗଛ ଗ୍ରହଣ କରିବା ଅବସ୍ଥାକୁ ଆଣିଥାନ୍ତି। ରାସାୟନିକ ପଦାର୍ଥଗୁଡ଼ିକୁ ଆମ ଶରୀର ଗ୍ରହଣ କରିପାରିବା ଅବସ୍ଥାକୁ ଗଛମାନେ ଆଣିଥାନ୍ତି, ଯେମିତିକି ଆମର ରକ୍ତ ତିଆରି ପାଇଁ ଲୌହ ଅଂଶ ଆବଶ୍ୟକ; କିନ୍ତୁ ଯା ବୋଲି ଆମେ ଲୁହାଗୁଣ୍ଡ ଖାଇଲେ ରକ୍ତ ତିଆରି ହେବନାହିଁ, ହୁଏତ ପ୍ରାଣ ଯିବ, ସେଥିପାଇଁ ଶାଗ ଇତ୍ୟାଦି ପରିବା ଖାଇବା ଆବଶ୍ୟକ। ଯେମିତି ମଣିଷର ପ୍ରାଣଶକ୍ତି ବା ଜୀବନୀଶକ୍ତି ବା ଆତ୍ମା ଚାଲିଗଲେ ସେ ନିର୍ଜୀବ ବା ମୁର୍ଦାର ହୋଇଯାଏ, ସେହିଭଳି ବ୍ୟାକ୍ଟେରିଆ, ଜିଆ, ଫଙ୍ଗାଇ ଇତ୍ୟାଦି ମାଟିକୁ ଜୀବନ୍ତ ଓ ପ୍ରାଣବନ୍ତ କରିଥା'ନ୍ତି। ସେମାନେ ହେଲେ ମାଟିର ଆତ୍ମା ବା ପ୍ରାଣଶକ୍ତି। ଯେଉଁ ମାଟିରେ ସେମାନଙ୍କ ସଂଖ୍ୟା ଯେତେ ଅଧିକ ସେ ମାଟି ସେତେ ପ୍ରାଣବନ୍ତ, ଉର୍ବର ସେତେ ଜୀବନ୍ତ, ସେତେ ଅଧିକ ଅମଳକ୍ଷମ। ଅପରପକ୍ଷରେ ସେମାନଙ୍କ ସଂଖ୍ୟା ହ୍ରାସ ହେଲେ ମାଟି ନିରସ ଟାଣ ବା ଖପରା ହୁଏ, ନିର୍ଜୀବ ହୋଇଯାଏ। ତେଣୁ ଜମିକୁ ଅଧିକ ଉର୍ବର ତଥା ଅମଳକ୍ଷମ କରିବାକୁ ହେଲେ ସେଇ ସୂକ୍ଷ୍ମ ଜୀବ ବା ବ୍ୟାକ୍ଟେରିଆ ଓ ଜିଆ ଇତ୍ୟାଦିଙ୍କ ସଂଖ୍ୟା ବଢ଼େଇବାକୁ ହେବ। ବଢ଼େଇବା କିପରି ? ମାଟିରେ କମ୍ପୋଷ୍ଟ ଖତ, ମୂତ, ଗୋବର, ପତ୍ର ଇତ୍ୟାଦି ମିଶାଇବାକୁ ହେବ। ଫସଲର ଅବଶିଷ୍ଟାଂଶ ଯଥା, ଧାନ କାଟି ଆଣିବା ପରେ କୁଟା, ପାଳ, ମକା, କପା, ବାଇଗଣ ଓ ଲଙ୍କା ଇତ୍ୟାଦି ଫସଲ ଅମଳପରେ ତା'ର ପତ୍ର କାଣ୍ଡକୁ କାଟି ଖଣ୍ଡଖଣ୍ଡ କରି ମାଟିରେ ମିଶେଇବାକୁ ହେବ। ଧାନ, ଗହମ ବା ମକା ଇତ୍ୟାଦି ଫସଲ ପରେ ଜମିରେ ମୁଗ, ବିରି, କୋଳଥ, ମଟର ଭଳି ଡାଲି ଜାତୀୟ ଫସଲ ଓ ଧଣିଚା, ଛଣ ଭଳି ସବୁଜ ସାର ଦେଉଥିବା ଗଛ ଲଗାଇବା ଦ୍ୱାରା ମାଟିରେ ବ୍ୟାକ୍ଟେରିଆ ଓ ଜିଆ ଭଳି ଜୀବମାନଙ୍କ ସଂଖ୍ୟା ବଢ଼ିଥାଏ। ମାଟି ଅଧିକ ସୁସ୍ଥ ଓ ସରସ ତଥା ପ୍ରାଣବନ୍ତ ଓ ଅଧିକ ଅମଳକ୍ଷମ ହୁଏ। ଖାଲି ଯେ ଅଧିକ ଅମଳ ହୁଏ ତା' ନୁହେଁ; ସେ ଚାଉଳ ହେଉ, ପନିପରିବା ବା ଫଳମୂଳ ହେଉ, ସେ ସବୁ ଅଧିକ ସ୍ୱାଦିଷ୍ଟ, ରସପୂର୍ଣ୍ଣ ହୁଏ। ମଣିଷ ତଥା ଅନ୍ୟ ପ୍ରାଣୀମାନଙ୍କ ପାଇଁ ଅଧିକ ସ୍ୱାସ୍ଥ୍ୟପ୍ରଦ ହୁଏ ମଧ୍ୟ। ଆମେ କିନ୍ତୁ କରୁଛୁ କ'ଣ ? ବିବେକବାନ ପ୍ରାଣୀ ହିସାବରେ ମାଟିର ପ୍ରାଣଶକ୍ତି

ବଢ଼େଇବା କଥା, କିନ୍ତୁ ଠିକ୍ ଓଲଟା କରୁଛୁ। ଗାଈଗୋରୁ ବିକିଲୁ। ସେମାନେ ପ୍ରକୃତରେ ଗଲେ କୁଆଡ଼େ? ବିଲକୁ ଗୋବର, ଖତ, ମୂତ ଗଲାନି। ଧାନକାଟି ଧାନ ନେଇ ଆସୁଛୁ। କୁଟା, ପାଳକୁ ମାଟିରେ ନମିଶେଇ ପୋଡୁଛୁ। କମ୍ପୋଷ୍ଟ କରୁଛି କିଏ? ବାଇଗଣ, ମକା ଓ କପା ଇତ୍ୟାଦି ଫସଲ ପରେ ସେ ସବୁକୁ ମାଟିରେ ନ ମିଶେଇ ପୋଡ଼ି ଦେଉଛୁ। ଧଣିଚା ଭଳି ସବୁଜ ସାର କହିଲେ ନାକ ଟେକୁଛୁ। ଯେଉଁଠି ପାଣିର ସୁବିଧା ଅଛି ସେଠି ଧାନ ପରେ ମୁଗ, ବିରି ଇତ୍ୟାଦି ମାଟିକୁ ଉର୍ବର କରୁଥିବା ଫସଲ ନକରି ସେଇ ଧାନ ବା ଗହମ ଇତ୍ୟାଦି ଫସଲ କରୁଛୁ। ମାଟିରୁ ଶକ୍ତି ଯାଉଛି, ସ୍ୱାଭାବିକ ଓ ପ୍ରାକୃତିକ ଭାବେ ସେ ଶକ୍ତିର ପୂରଣ ହୋଇପାରୁନି; ଅଥଚ ବଢ଼ି ଚାଲିଥିବା ଜନସଂଖ୍ୟା ପାଇଁ ଅଧିକ ଉତ୍ପାଦନ ଆବଶ୍ୟକ।

ଏହା ସହ ଆଉ ଏକ ଘଟଣା ଘଟୁଚି। ଫସଲଯୋଗ୍ୟ ଜମି ଭୂପୃଷ୍ଠର ମାତ୍ର ଏଗାର ଭାଗ। ଏଇ ଏଗାରଭାଗ ଦ୍ରୁତ ଗତିରେ ହ୍ରାସ ପାଇବାରେ ଲାଗିଛି। କଳକାରଖାନା, ସହରର ଓ ଗାଁଗୁଡ଼ିକ କ୍ରମାଗତ ସଂପ୍ରସାରଣ ରାସ୍ତାଘାଟ, ନଦୀବନ୍ଧ, କେନାଲ, ମରୁଭୂମିର ପ୍ରସାର, ଜଳସେଚିତ ଜମିର କିଛି ଭାଗ ଜଳପ୍ଲାବିତ ହୋଇ ରହିବା ଇତ୍ୟାଦି କାରଣରୁ ଚାଷଯୋଗ୍ୟ ଜମିର ପରିମାଣ କମି ଚାଲିଛି। ଯେଉଁ ଜମିରେ ଚାଷ ହେଉଛି ସେଥିରେ ଜଳସେଚନ ଯୋଗୁଁ ମାଟିରେ ଲବଣଅଂଶ ବୃଦ୍ଧି, ଖଣିଖାଦନ ତଥା କଳ କାରଖାନାର ବର୍ଜ୍ୟବସ୍ତୁ ଜମିରେ ପଡ଼ି ମାଟିର ଗୁଣ ହ୍ରାସ, ପାହାଡ଼ତଳେ ଢ଼ାଲୁ ବା ଗଡ଼ାଣିଆ ଜମିରେ ଆବଶ୍ୟକୀୟ ଜଳ ଓ ମାଟିର ସୁରକ୍ଷା ନକରିବା ଫଳରେ ଉପରମାଟି ବୋହିଯିବା, ଜମିରେ ଗୋଟିଏ ପ୍ରକାର ଫସଲ ବାରମ୍ବାର କରିବା ଇତ୍ୟାଦି କାରଣରୁ ଜମି ଓ ମାଟିର ପରିମାଣ କେବଳ ହ୍ରାସ ପାଉନି; ଅଧିକନ୍ତୁ ଦିନୁଦିନୁ ଅନୁର୍ବର ହେବାରେ ଲାଗିଛି। ଏଣେ ଏଗାର ଭାଗ କମୁଛି, ଯାହା ଅଛି ତାହା ଅନୁର୍ବର ହେବାରେ ଲାଗିଛି। ପ୍ରକୃତି ଲକ୍ଷଲକ୍ଷ ବର୍ଷ ନେଇଛି ଉପର ଛଅରୁ ଆଠଇଞ୍ଚ ମାଟି ତିଆରି ପାଇଁ ଯେଉଁଥିରୁ ଆଜି ଆଠଶହ କୋଟି ଓ ଭବିଷ୍ୟତରେ ଅଧିକ ଲୋକଙ୍କ ପାଇଁ ଖାଦ୍ୟ ଉପୁଜାଇବାକୁ ପଡ଼ିବ। ଆମର ଅବିବେକୀ କାର୍ଯ୍ୟଯୋଗୁଁ ସେଇ ଆଠ/ଦଶଇଞ୍ଚ ମାଟି ଖରାପ ହେବାରେ ଲାଗିଛି ଓ ମୋଟ ପରିମାଣ ମଧ୍ୟ କମିଯାଉଛି। ଏହା ସହ ମାଟି କେଉଁଠି କ୍ଷାରୀୟ ଓ ଜଳସେଚନର କୁପରିଚାଳନା ଯୋଗୁଁ ଲବଣାକ୍ତ ହେବାରେ ମଧ୍ୟ ଲାଗିଛି।

ମାଟି ମା' ଆଉ ଗୋଟିଏ ବଡ଼ ବିପର୍ଯ୍ୟୟର ସମ୍ମୁଖୀନ ହେଉଛି। ମାଟିର ନିଜସ୍ୱ ବଳ ଯେତେବେଳେ କମିଲା, ଆମେ କୃତ୍ରିମ ସାର ଉପରେ ନିର୍ଭର କଲୁ, ରାସାୟନିକ ସାର ବିଶେଷତଃ ନାଇଟ୍ରୋଜେନ୍ ଜାତୀୟ ସାର ପ୍ରୟୋଗ ଫଳରେ

ମାଟିରୁ ସୂକ୍ଷ୍ମଜୀବମାନେ ମଲେ, ଜିଆ ମଲେ । ମାଟି ତା'ର ପ୍ରାଣଶକ୍ତି ହରେଇଲା । ଗଛ ଛନଛନ ବଢ଼ିବା ଫଳରେ ରୋଗପୋକ ଫସଲକୁ ମାଡ଼ି ବସିଲା । ତା'ର ନିରାକରଣ ପାଇଁ ବିଷ ଓ ଧୀରେଧୀରେ ଅଧିକରୁ ଅଧିକ ସାଂଘାତିକ ଓ ବିପଜ୍ଜନକ ବିଷ ପ୍ରୟୋଗ କଲୁ । ଉପର ମାଟିରେ ରହୁଥିବା ବ୍ୟାକ୍ଟେରିଆ ଓ ଜିଆ ମଲେ, ତା'ପରେ ଆମେ ଗହୀରିଆ ଚାଷ କଲୁ, ଏବେ ଚାରି ପାଞ୍ଚଇଞ୍ଚ ତଳେ ଅଳ୍ପ ଅକ୍ସିଜେନ୍‌ରେ ରହି ପାରୁଥିବା ସୂକ୍ଷ୍ମଜୀବମାନେ ଉପରକୁ ଆସିଗଲେ । ମାଟି ତା'ର ଜୀବନୀ ଶକ୍ତି ହରେଇଲା । ମଣିଷର ଶେଷ ଅବସ୍ଥାରେ ଯେପରି ସୋଡ଼ିୟମ ପୋଟାସିୟମ କମିଗଲା, ସାଲାଇନ୍ ଲଗାଅ, ଅକ୍ସିଜେନ କମିଗଲା, ନାକରେ ଅକ୍ସିଜେନ ଟ୍ୟୁବ୍ ଲଗାଅ, ପରିସ୍ରା ହେଉନି, କାଥେଟର ଲଗାଅ, ଝାଡ଼ା ହେଉନି, ଏନିମା ଦିଅ, ରକ୍ତ କମିଯାଉଛି, ରକ୍ତ ଦିଅ ଇତ୍ୟାଦି । ସେହିଭଳି ମାଟି ମାଆର ଅବସ୍ଥା, ନାଇଟ୍ରୋଜେନ୍ କମିଗଲା ବା ପୋଟାସ ବା ଜିଙ୍କ୍ କମିଗଲା, ବା ଲୁଣିଆ ଅଂଶ ବଢ଼ିଗଲା- ୟା କର ତା' କର ଇତ୍ୟାଦି ।

ମାଟିର ସୁରକ୍ଷା ପାଇଁ ଥିବା ମୃତ୍ତିକା ସଂରକ୍ଷଣ ବିଭାଗଟି ଅନେକ ଦିନ ଧରି ମୁମୂର୍ଷୁ ଅବସ୍ଥାରେ ଥିଲା, ଏବେ ଜଳ ବିଭାଜିକା କାର୍ଯ୍ୟକ୍ରମ ଯୋଗୁଁ କିଛି ଚଳଚଞ୍ଚଳ ହୋଇଛି; କିନ୍ତୁ ହାତୀ ପାଇଁ, ବାଘ ପାଇଁ, ବନ୍ୟଜନ୍ତୁଙ୍କ ପାଇଁ, ଚଢ଼େଇମାନଙ୍କ ପାଇଁ, ଜଳ ଓ ବାୟୁ ପାଇଁ ଅନେକ ଲୋକ/ଅନୁଷ୍ଠାନ ନିଷ୍ଠାର ସହ ଉଦ୍ୟମ କରୁଛନ୍ତି; କିନ୍ତୁ ମାଟି ପାଇଁ କିଏ ?

■

ସମାଜ, ଜାନୁଆରୀ ୧୧, ୨୦୨୧

ମଣିଷ ଓ ଜୀବଜଗତ

ପୃଥିବୀରେ ପ୍ରଥମ ମଣିଷ କେବେ ପାଦଦେଲା ତା'ର ତିଥି ବାର ନକ୍ଷତ୍ର ନିର୍ଦ୍ଦିଷ୍ଟ ଭାବେ କେହି କହିପାରିବେନି। ତେବେ ବିଭିନ୍ନ ବିଜ୍ଞାନୀମାନେ ଦଶ ଲକ୍ଷରୁ କୋଡିଏ ଲକ୍ଷ ବର୍ଷ ଭିତରେ ମଣିଷ ଆସିଥିବା କଥା କହୁଛନ୍ତି। ଆମେ ତା'ର ହାରାହାରି ବା ମଝାମଝି ହିସାବନେଲେ ପ୍ରାୟ ପନ୍ଦର ଲକ୍ଷ ବର୍ଷ ପୂର୍ବେ ମଣିଷର ଆବିର୍ଭାବ ହେଲାବୋଲି କହି ପାରିବା।

ଲକ୍ଷଲକ୍ଷ ବର୍ଷ ଧରି ମଣିଷ ପ୍ରକୃତିକୋଳରେ ବଢ଼ିଲା। କିନ୍ତୁ ପ୍ରକୃତି ମଣିଷ ପାଇଁ ରହସ୍ୟାବୃତ୍ତ ଥିଲା। ଆକାଶରେ ଜହ୍ନଟି କାହିଁକି ଛୋଟରୁ ବଡ ଓ ପୁଣି ବଡରୁ ଛୋଟ ହେଉଛି, କାହିଁକି ପ୍ରଚଣ୍ଡ ଖରା, ତା'ପରେ ବର୍ଷା ଓ ହାଡ଼ଥରା ଶୀତ ଇତ୍ୟାଦି ହେଉଛି, ବା କାହିଁକି ଦିନ ଦି'ପହରେ ସୂର୍ଯ୍ୟଟି ପୁରା ଘୋଡେଇ ହୋଇଯାଉଛି କିଛି ସମୟ ପାଇଁ, ହଠାତ୍ କଳା ହାଣ୍ଡିଆମେଘ ଘୋଟି ଆସି ପ୍ରଚଣ୍ଡ ଶବ୍ଦରେ ଘର ଆଗରେ ଥିବା ଗଛଟି ଦି'ଫାଳ ହୋଇଯାଇଛି। ଏ ସବୁ କଥା ତା'ପାଇଁ ଅବୋଧ ଥିଲା, ତା'ର କୂଳ କିନାରା ପାଉନଥିଲା। ପ୍ରକୃତି ରହସ୍ୟାବୃତ୍ତ ଥିଲା। ଧୀରେ ଧୀରେ କିଛି କିଛି ରହସ୍ୟ ବୁଝିପାରିଲା।

ଲକ୍ଷ ଲକ୍ଷ ବର୍ଷର ବ୍ୟବଧାନ ପରେ ମଣିଷ ପ୍ରକୃତିର ଅନେକ ରହସ୍ୟ ବୁଝିପାରିଛି, କିନ୍ତୁ ଅନେକ କଥା ଅବୋଧ ରହିଛି। ମଣିଷତ ପ୍ରକୃତିର ଏକ କ୍ଷୁଦ୍ରାତିକ୍ଷୁଦ୍ର ଅଂଶ ମାତ୍ର। ପ୍ରକୃତିତ ଅନନ୍ତ ଓ ଅପାର, କେତେ ଯୁଗ ଚାଲିଯାଇପାରେ ତଥାପି ମଣିଷ ପାଇଁ ଅନେକ କଥା ଅବୋଧ ରହିପାରେ। ଠିକ୍ ସେହିଭଳି ଜୀବଜଗତ କହିଲେ ଆମେ ଯଦି ଖୋଜି ବସିବା ତା'ର ଥଳକୂଳ ପାଇବା ନାହିଁ। ଏବେତ ଗୋଟେ ଅଦୃଷ୍ଟ ଭୂତାଣୁ ମଣିଷର ମଞ୍ଜ ଥରେଇଦେଉଛି। ସେହି ଜୀବଜଗତରୁ ମଣିଷ ଆଗରୁ ବହୁ ଆଗରୁ, ଆସିଥିବା କେତୋଟି କ୍ଷୁଦ୍ର ପ୍ରାଣୀଙ୍କ ବିଷୟରେ କ୍ରମଶଃ ଆଲୋଚନା କରିବା।

ପ୍ରଥମେ ଆମର ଅତି ପରିଚିତ ପିମ୍ପୁଡି କଥା ଦେଖିବା। ଘରେ ବାହାରେ ପ୍ରଥମେ ସବୁଠି ତାଙ୍କର ଉପସ୍ଥିତି। ଅତି ଛୋଟ, ଟିକିଏ ବଡ, ନାଲି ଓ କଳା ରଙ୍ଗର ପିମ୍ପୁଡି ଦେଖୁ। ଗୋଟିଏ ବଡ ଗୁଣ ସେମାନଙ୍କର ଦେଖନ୍ତୁ। ମିଠେଇରୁ ଟିକିଏ ବା ଗୁଡ ବା ଚିନି ପାଣି ଟୋପାଏ ପକାଇ ଦିଅନ୍ତୁ। କିଛି ସମୟ ଭିତରେ ବୁଲି ବୁଲି ଗୋଟାଏ ପିମ୍ପୁଡି ହାଜର ହୋଇଗଲା। ସେ ଟିକିଏ ଚାଖେ, ଚାରିପାଖ ବୁଲିଯାଏ, ତା'ପରେ କାଳ ବିଳମ୍ବ ନକରି ଦ୍ରୁତଗତିରେ ଚାଲିଯାଏ ବସାକୁ, ସବୁ ସାଥୀମାନଙ୍କୁ ଡାକିଆଣେ, ବାଟ କଢେଇ ଠିକ୍ ଜାଗାରେ ପହଞ୍ଚିଯାଏ। ସମସ୍ତେ ମିଳିମିଶି ଶେଷ ହେଲା ଯାଏଁ ଖାଆନ୍ତି ଓ ଯଦି କିଛି ଜିନିଷ ବୋହି ନେଇହେବ, ତାକୁ ନେଇ ବସାକୁ ଚାଲିଯାଆନ୍ତି ସମସ୍ତଙ୍କର ଖାଇବା ପାଇଁ ଓ ଭବିଷ୍ୟତ ପାଇଁ ରଖିବାକୁ ହେଲେ, ସାଇତି ଦିଅନ୍ତି ଖାଇସାରିଲାପରେ।

ମଣିଷ କ'ଣ କରେ? ଖରାଦିନିଆ ମେଘ ପବନପରେ ଯଦି ଆମ୍ବ ତୋଟା ଭିତରେ ଜାଉ ଓ ପାଚିଲା ଆମ୍ବ ପଡିଥିବାର ଦେଖୁ ବା ବର୍ଷାଦିନେ ଗଲା ବେଳେ ହୁଙ୍କା ଛତୁ, ବାଲିଛତୁ, ନାଡ ଛତୁ ଇତ୍ୟାଦି ଦେଖୁ, ଆମେ ଯେତେ ଶୀଘ୍ର ପାରୁ ଓ ଯେତେ ଅଧିକ ସଂଗ୍ରହ କରିନେଉ ପରିବାର ପାଇଁ। ପିମ୍ପୁଡି ମାନଙ୍କ ଭଳି ଆମ୍ବ ଦେଖି ବା ଛତୁ ଦେଖି ଉଚ୍ଚ ସ୍ୱରରେ କେବେ ଡାକୁନା ଅନ୍ୟମାନଙ୍କୁ ସେଥିରେ ଭାଗ ନେବାପାଇଁ। ପ୍ରକୃତରେ ସମାଜ ପାଇଁ ସମୂହ ପାଇଁ ଆମ ଅପେକ୍ଷା ପିମ୍ପୁଡି ମାନଙ୍କର ଚିନ୍ତା ଓ କାର୍ଯ୍ୟ ଯଥେଷ୍ଟ ଅଧିକ।

ସମୟେ ସମୟେ କାନ୍ଥରେ ଗୋଟାଏ ବଡ ପିମ୍ପୁଡି ମନ୍ଦା ଦେଖୁ। ଶହ ଶହ ପିମ୍ପୁଡି ଏକାଠି ହୋଇଥାନ୍ତି। କୌଣସି ଖାଇବା ଜିନିଷ ଖାଇଲା ବେଳେ ମଧ୍ୟ ଅନେକ ଏକାଠି ହୋଇଥାନ୍ତି। ଆମେ ପିମ୍ପୁଡି ମନ୍ଦାକୁ ବା ଖାଇବା ଜାଗାରେ ଏକାଠି ହୋଇଥିଲେ ତାକୁ ଫୁଙ୍କି ଦେବା ବା ଚହଲେଇ ଦେବା। ମାତ୍ର କେତେ ସେକେଣ୍ଡ ଭିତରେ ଅତି ଶୃଙ୍ଖଳିତ ଭାବେ ଧାଡିରେ ପିମ୍ପୁଡିମାନେ ଚାଲିଯାଆନ୍ତି। ମଣିଷମାନଙ୍କ କ୍ଷେତ୍ରରେ ଆମେ କ'ଣ ଦେଖୁ। ଯାନିଯାତ୍ରା ବା ସେହିଭଳି କୌଣସି ମେଳା ମଉଛବରେ ହଜାର ହଜାର ଲୋକ ଏକାଠି ହୋଇଥିଲେ, କୌଣସି ଗୁଜବ ହୋଇଗଲେ ଲୋକମାନେ ଇତଃସ୍ତତଃ ଦୌଡିଥାନ୍ତି। ଦଳା ଚକଟାରେ କିଛି ଲୋକ ମୃତାହତ ହୋଇଥାନ୍ତି। ଏ ସମୟରେ ପିମ୍ପୁଡିମାନଙ୍କର ଶୃଙ୍ଖଳିତ ବ୍ୟବହାର ଦେଖିବାର କଥା।

ଝିଣ୍ଟିକା ଓ ପିମ୍ପୁଡି ଗପ ଜାଣିଛେ। ଚାରିଆଡେ କଅଁଳିଆ ଘାସ, ମନ ଆନନ୍ଦରେ ଫୁର୍ତ୍ତି ଫାଜିଲାମିରେ ଘାସ ଖାଇ ଝିଣ୍ଟିକା ସମୟ କଟାଇ ଦିଏ। ଭବିଷ୍ୟତରେ ଏଭଳି ଖାଇବା ନମିଳିପାରେ ଓ ସେଥିପାଇଁ କିଛି ସଂଚୟ କରିବା ଆବଶ୍ୟକ ସେ କଥା ଚିନ୍ତା

କରେନି। ଅଭାବ ପଡିଲେ ଦୁଃଖରେ କାଳ କାଟେ ବା ମୃତ୍ୟୁ ମୁଖରେ ପଡେ। ଖାଲି ଝିଣ୍ଟିକା କାହିଁକି, ମଣିଷ ମଧ୍ୟ ସେ ଭୁଲ କରେ। ଆମେ ଜାଣିଲେ ଆଶ୍ଚର୍ଯ୍ୟ ହେବା ଯେ ଧନୀଦେଶ ଆମେରିକାରେ ମଧ୍ୟବିତ୍ତ ପରିବାରର ଯଦି କୌଣସି କାର୍ଯ୍ୟ ପାଇଁ ମାତ୍ର ଚାରିଶହ ଡଲାର ଆବଶ୍ୟକ ହୁଏ ତେବେ ବ୍ୟାଙ୍କରୁ ଋଣ ଆଣି ବା ଘର ଜିନିଷ ବିକ୍ରି କରିବେ। ସଦାବେଳେ କ୍ରେଡିଟ୍ କାର୍ଡର ବ୍ୟବହାର ଓ ଆୟ ଅପେକ୍ଷା ବ୍ୟୟ ଅଧିକ। ପିମ୍ପୁଡିଙ୍କ କଥା ଅଲଗା। ବର୍ତ୍ତମାନ ଅପେକ୍ଷା ସଂଚୟ କଥା ଭବିଷ୍ୟତ କଥା ବିଚାର ଆଗ। ଭବିଷ୍ୟତ ଚିନ୍ତାରେ ମଣିଷମାନଙ୍କ ଅପେକ୍ଷା ପ୍ରକୃତରେ ପିମ୍ପୁଡିମାନେ ଆଗରେ ।

ପୁରୀର ଜାଗା ଘର ହେଉ ବା ଆଜିକାଲିର ଜିମ୍‌ଖାନା ହେଉ, ଆମର ତରୁଣମାନେ ବଡି ବିଲ୍‌ଡିଂକୁ ବେଶ୍ ପସନ୍ଦ କରୁଛନ୍ତି। କିନ୍ତୁ ପିମ୍ପୁଡିଟିଏ ଯେତେବେଳେ ଗୋଟେ ଉଖୁଡା ମୁହଁରେ ଧରି କାନ୍ଥରେ ସିଧା ଉଠି ଚାଲିଥାଏ, ଆଶ୍ଚର୍ଯ୍ୟ ଲାଗେ ସେମାନଙ୍କର ବଳ କଥା ଭାବିଲେ। ସେ ଉଖୁଡା ବା ଖଇର ଓଜନ ପିମ୍ପୁଡିର ଓଜନଠାରୁ କେତେ ଅଧିକ, ଆଉ ଆମର ବଡି ବିଲ୍‌ଡିଂ କାମରେ ବ୍ୟସ୍ତ ତରୁଣମାନେ କେତେଜଣ ନିଜର ଓଜନଠାରୁ ଢେର ଅଧିକ ଗୁଣର ଓଜନିଆ ଜିନିଷ ଧରି ତୀଖ ଉଠାଣି ଉଠିପାରିବେ ? ଶକ୍ତି କାହାର ବେଶୀ ?

ଆଗକୁ ବଡ ଧରଣର ବର୍ଷା ଓ ଝଡିପାଗ ହେବାକୁ ଥିଲେ ପିମ୍ପୁଡିମାନେ ଜାଣିପାରନ୍ତି ଓ ନିଜର ଭବିଷ୍ୟତ ବଂଶ - ଅଣ୍ଡା ଗୁଡିକୁ ନିରାପଦ ସ୍ଥାନକୁ ନେଇଯାଆନ୍ତି। ଧାଡି ବାନ୍ଧି ଅଣ୍ଡାଗୁଡିକୁ ବୋହି ନେବାର ଦୃଶ୍ୟ ଦେଖିବାର କଥା। ଆମର ପାଣିପାଗ ବିଭାଗ ଅନେକ ଯନ୍ତ୍ରପାତିର ବ୍ୟବହାର ସତ୍ତ୍ୱେ ଅନେକ ସମୟରେ ଠିକ୍ ଭାବେ ଅନୁମାନ କରିପାରନ୍ତିନି। ବାତ୍ୟା ତାମିଲନାଡୁ, ନାଇଁ ନାଇଁ ଆନ୍ଧ୍ର, ନାଇଁ ନାଇଁ ଓଡିଶା ଓ ଶେଷରେ ବାଂଲାଦେଶ ବା ମିଆଁମାର ଚାଲିଗଲା।

■

ଅପ୍ରକାଶିତ ପାଣ୍ଡୁଲିପି

କଥା ମାମୁଲି, ପରିଣାମ ଭୟଙ୍କର

ଏବେ ଶୀତ ଆରମ୍ଭ ହେଉଛି। ପାଣିପାଗ ବିଭାଗର ପୂର୍ବାନୁମାନ ଯେ ଏବର୍ଷ ଜାଡ଼ ଅଧିକ ହେବ। ଅଧିକ ଜାଡ଼ ହେବା ସତ ହୋଇପାରେ ବା ନ ହୋଇପାରେ କିନ୍ତୁ ପ୍ରକୃତିର ବ୍ୟବସ୍ଥାନୁଯାୟୀ ଗଛମାନେ ଆଗପଛ ହୋଇ ପତ୍ରଝଡା ଦେବେ। କରଞ୍ଜ ଭଳି ଗଛ ତ ପତ୍ରଝଡ଼ା ଦେବା ଆରମ୍ଭ କରିଦେଲେଣି। ଜଙ୍ଗଲରେ ପ୍ରାକୃତିକ ବ୍ୟବସ୍ଥା କାର୍ଯ୍ୟକରେ। ପତ୍ର ଗୁଡିକ ଝଡିଗଲାପରେ ତଳେ ପଡି ମାଟିରେ ମିଶିଯାଏ, ଖତ ହୋଇଯାଏ ଓ ଗଛକୁ ତାର ସବୁ ଆବଶ୍ୟକ ସାର ଯୋଗାଏ, ଗଛ ବଢେ। ଗଛରୁ ପତ୍ର ଝଡିବା, ପତ୍ର ଶଢିବା, ଗଛ ବଢିବା ଓ ପୁଣି ପତ୍ର ଝଡିବା କାମଟି ବର୍ଷ ପରେ ବର୍ଷ ଚାଲିଥାଏ। ସେଥିପାଇଁ ଜଙ୍ଗଲରେ ହଜାର ହଜାର ବର୍ଷ ଧରି ଗଛମାନେ ବଢିଥାନ୍ତି ଓ ଅଧିକରୁ ଅଧିକ ଉଚ୍ଚ ହୋଇଥାନ୍ତି। ଅଥଚ ମାଟି ଦୁର୍ବଳ ହୁଏ ନାହିଁ, ବରଂ ମାଟି ଅଧିକରୁ ଅଧିକ ଉର୍ବର ହୋଇଥାଏ। ମାଟି କଳା ଦିଶେ, ସଛିଦ୍ର ହୋଇଥାଏ, ଅଧିକ ପାଣି ଧରି ରଖେ।

ଆମେ କଣ କରୁଛେ ? ସହରାଞ୍ଚଳ କଥା ପ୍ରଥମେ ଦେଖିବା। ସକାଳୁସକାଳୁ ସଫେଇ କର୍ମଚାରୀମାନେ ଝଡିଥିବା ପତ୍ରଗୁଡିକୁ ଠାଏଠାଏ ଏକାଠିକରି ନିଆଁ ଲଗେଇଦିଅନ୍ତି। ସମୟେ ସମୟେ ପତ୍ରଗୁଡିକ ଗଛମୂଳରେ ଏକାଠି କରି ଜଳେଇ ଦିଅନ୍ତି। ସେଥିରେ ଖାଲି ଯେ ପତ୍ର ଥାଏ ତା ନୁହେଁ, ଜରି ବା ପଲିଥିନ ଯାହା ସବୁ ଥାଏ ଏକାଠି ଜାଳି ଦିଅନ୍ତି। ସଫା ରଖିବା କାମଟି ଏ ବ୍ୟବସ୍ଥାରେ ସହଜ ହୋଇଯାଏ।

ଏବେ ଏହାର ପରିଣାମ କଥା ଜାଣିବା ଆବଶ୍ୟକ। ପ୍ରଥମ ପଲିଥିନ ଜଳିଲେ ସେଥିରୁ ଡାଇଓକ୍ସିନ୍ ନାମକ ଏକ ଗ୍ୟାସ୍ ନିର୍ଗତ ହୁଏ। ପତ୍ର ପୋଡ଼ାର ଧୂଆଁସହ ଏଇ ଗ୍ୟାସଟି ମଧ୍ୟ ଆକାଶକୁ ଯାଏ। ଡାଇଓକ୍ସିନ୍ ଗ୍ୟାସ୍‌ଟି ଶରୀର ପକ୍ଷେ ଅତ୍ୟନ୍ତ ହାନିକାରକ, ପ୍ରକୃତରେ ତାହା ମାରାତ୍ମକ କ୍ୟାନସର ବା କର୍କଟରୋଗକାରକ।

୧୨୨ | ରାଧାମୋହନ

ଶୀତଦିନେ ବାୟୁମଣ୍ଡଳ ଥଣ୍ଡାଥାଏ। ଗରମ ବାୟୁ ଉପରକୁ ଯାଏ, ଥଣ୍ଡାବାୟୁ ତଳକୁ ଆସେ। ତାର ଅର୍ଥହେଲା ଅନେକ ସମୟ ଯାଏ ଆମ ପ୍ରଶ୍ୱାସରେ ଆମର ଶରୀର ଭିତରେ ଏହି ଦୂଷିତ ବାୟୁ ପ୍ରବେଶ କରେ, କାଶଥଣ୍ଡା ଯୋଗୁଁ ଧୂଆଁ ଓ ଡାଇଓକ୍ସିନ୍ ଗ୍ୟାସ୍ ଉପରକୁ ନ ଉଠି ଆମେ ନିଃଶ୍ୱାସ ପ୍ରଶ୍ୱାସ ନେଉଥିବା ସ୍ତରରେ ରହେ। ଏହା ବାଦ ପତ୍ର ପୋଡିଲେ ଯେଉଁ ଧୂଆଁ ବାହାରେ ସେଥିରେ ଅଙ୍ଗାରକାମ୍ଳଠୁ ଆରମ୍ଭ କରି କାର୍ବନ ମନୋକ୍ସାଇଡ୍ ଇତ୍ୟାଦି ଥାଏ। ଆମ ଶ୍ୱାସନଳୀ ସଂକ୍ରମଣ ତଥା ଫୁସ୍‌ଫୁସ୍‌ର ସ୍ୱାସ୍ଥ୍ୟ ଉପରେ ଖରାପ ପ୍ରଭାବ ପଡିଥାଏ। ସେଇଥିପାଇଁ ଶୀତଦିନେ ଥଣ୍ଡା କାଶର ପ୍ରାଦୁର୍ଭାବ ଅଧିକ ରହେ।

ଡାଇଓକ୍ସିନ୍ ଗ୍ୟାସ୍ ବିଷୟରେ କିଛି ଅଧିକ ଜାଣିବା ଆବଶ୍ୟକ। ପ୍ଲାଷ୍ଟିକ ପଲିଥିନ ଇତ୍ୟାଦି ଜଳେଇଲେ ଏହି ଗ୍ୟାସ ବାହାରେ। ଯଦି ଖରାଦିନ ହୋଇଚି, ସେ ଉପରକୁ ଉଠିଯାଏ, ତେବେ ଆମର କ୍ଷତି କ'ଣ ହୁଏ ? ପ୍ରଥମ କଥା ହେଲା, ପୋଡ଼ିବା ସମୟରେ ଯାହା ଗ୍ୟାସ୍ ନିର୍ଗତ ହୁଏ ତାହା ପୁରା ଉପରକୁ ଉଠିବା ପୂର୍ବରୁ ଆମେ ସେଥିରୁ କିଛି ପ୍ରଶ୍ୱାସରେ ଗ୍ରହଣ କରିଥାଉ, ତା' ବାଦ୍ ଶୀତଦିନେ କୁହୁଡି, କାକରରେ ଓ ଖରାଦିନେ ବର୍ଷାରେ ତଳକୁ ଆସି ମାଟିରେ ମିଶେ ଓ ସେଥିରୁ ଯାହା ଫସଲ ଆମେ ଆଦାୟ କରୁ ସେହି ଫସଲ ଜରିଆରେ ଖାଦ୍ୟରେ ମିଶ୍ରଣ ଆମେ ଗ୍ରହଣ କରିଥାଉ। ତେଣୁ ପ୍ରକୃତରେ ଶୀତ ବା ଖରାଦିନ, ପ୍ଲାଷ୍ଟିକ ଓ ପଲିଥିନ୍ ପୋଡ଼ିରେ କର୍କଟ ବା କ୍ୟାନସର ରୋଗରୁ ରକ୍ଷାନାହିଁ।

ଏବେ ଗାଁ ଗଣ୍ଡା କଥା ଦେଖିବା। ଶୀତଦିନେ ଆମେ ରାସ୍ତାରେ ଗଲାବେଳେ ଦୂରରେ ଥିବା ଗାଁମାନଙ୍କୁ ସକାଳେ ଦେଖିଲେ ଗୋଟେ ଧୂଆଁର ଆସ୍ତରଣ ଦେଖାଯାଏ। ବାହାରୁ କିଛିବାଟ ଦୂରରୁ ଏହା ଭଲଭାବେ ଜଣାପଡେ କିନ୍ତୁ ଗାଁରେ ଥିବାଲୋକ ସେଇ ଧୂଆଁ ଆସ୍ତରଣଟି ଜାଣିପାରନ୍ତି ନାହିଁ, ଅଥଚ ପ୍ରଶ୍ୱାସରେ ସେଇ ଧୂଆଁ ଓ ତାସହ ସମସ୍ତ ପ୍ରକାର ହାନିକାରକ ପଦାର୍ଥ ହିଁ ଗ୍ରହଣ କରିଥାନ୍ତି।

କିଛିଦିନ ଆଗେ ଚାଳଛପର ଘର ସଂଖ୍ୟା ଯେତେବେଳେ ଅଧିକ ଥିଲା ଓ ରୋଷେଇପାଇଁ କାଠଚୁଲି ବ୍ୟବହାର କରୁଥିଲେ ସେତେବେଳେ ସକାଳେ ଓ ସନ୍ଧ୍ୟାରେ ଚାଳ ଭିତର ଦେଇ ଧୂଆଁ ବାହାରୁଥିବା ଜଣାପଡୁଥାଏ। ଏବେ ଚାଳଛପର ଘର କମିଯାଇଛି ଓ କାଠଚୂଲି ମଧ୍ୟ କମିଯାଇଛି, ତଥାପି ରୋଷେଇ ବ୍ୟତୀତ ଧାନ ସିଝେଇବା ଇତ୍ୟାଦି କାମ ପାଇଁ କାଠଚୂଲିର ବ୍ୟବହାର ଚାଲୁରହିଚି। ଚୂଲିର ଧୂଆଁ ବ୍ୟତୀତ, ଗରିବ ଲୋକମାନେ ଶୀତର ଦାଉରୁ ରକ୍ଷା ପାଇବା ପାଇଁ କୁଟା କାଠି ଜାଳି ଧୂନୀ କରିଥାନ୍ତି। ସେଥିରେ ନିଆଁ ଚଞ୍ଚଳ ଧରିବାପାଇଁ ପ୍ଲାଷ୍ଟିକ, ପଲିଥିନରେ ନିଆଁ ଲଗେଇ

ଥାଆନ୍ତି। ତା' ଜଳଖିଆ ଦୋକାନୀମାନେ ମଧ୍ୟ ପଲିଥିନ ସବୁ ଏକାଠି କରି ଜାଳିଥାନ୍ତି ଅନ୍ୟାନ୍ୟ ଅଳିଆ ସହ।

ଏବେ କିନ୍ତୁ ଆଉ ଏକ ଅଘଟଣ ଏସବୁକୁ ପଛରେ ପକେଇ ଦେଇଛି। ଡିସେମ୍ବର ଶେଷ ସୁଦ୍ଧା ଧାନକଟା ପ୍ରାୟ ଶେଷ ହେବ। ଜମିବାଡିରେ କାମ କରିବାକୁ ଲୋକ ସହଜରେ ମିଳୁନଥିବାରୁ ଓ ମଜୁରି ଅଧିକ ଥିବାରୁ ଚାଷୀମାନେ ଏବେ ମେସିନ୍‌ରେ କାଟିବାକୁ ଅଧିକ ପସନ୍ଦ କରୁଛନ୍ତି। ଏବେ ଧାନ କାଟି ଜମିରେ ହିଁ ସିଧାସଳଖ ଧାନ ଅମଳ କରି କେବଳ ଧାନତକ ନେଇ ଆସୁଛନ୍ତି ଓ ନଡାକୁ ଜମିରେ ଛାଡି ଦେଉଛନ୍ତି। ଗାଈଗୋରୁ, ପୋଢ଼ ମଇଁଷି ସଂଖ୍ୟା ବହୁତ କମି ଯାଇଥିବାରୁ ଓ ଛପର ପାଇଁ ନଡା ବିଶେଷ ଆବଶ୍ୟକ ପଡୁନଥିବାରୁ ଜମିରୁ ନଡ଼ା / ପାଳ ଆଣିବା ଆଉ ଜରୁରୀ ନୁହେଁ। ଏବେ ଛତୁ ଚାଷ ପାଇଁ କିଛି ନଡା ବ୍ୟବହାର ହେଉଛି କିନ୍ତୁ ସେ ନଗଣ୍ୟ। ଜମି ଚାଷକରିବା ପାଇଁ ଅସୁବିଧା ହେବ ଭାବି ଜମିର ଗୋଟିଏ କୋଣରେ ରଖି ପରେ ଶୁଖି ଆସିଲେ ସେଥିରେ ନିଆଁ ଲଗେଇ ଦେଉଛନ୍ତି। ଡିସେମ୍ବର/ଜାନୁଆରୀ ମାସରେ ଗାଁ ଚାରିପାଖେ ବିଲମାନଙ୍କରୁ ଧୂଆଁ ବାହାରି ବାୟୁମଣ୍ଡଳରେ ଗୋଟାଏ ଧୂଆଁର ବହଳିଆ ଆସ୍ତରଣ ସୃଷ୍ଟି ହେଉଛି ଓ ତାକୁ ଆମେ ପ୍ରଶ୍ୱାସରେ ଗ୍ରହଣ କରୁଛେ। ଯେଉଁ ବାୟୁ ବା ପ୍ରାଣବାୟୁ ଆମର ବଞ୍ଚିବାପାଇଁ ଖାଦ୍ୟ ପାନୀୟଠାରୁ ଆହୁରି ଅଧିକ ପରିମାଣରେ ଓ ଅଧିକ ଜରୁରୀ ଆବଶ୍ୟକ, ତାକୁ ହିଁ ଆମେ ପ୍ରଦୂଷିତ କରିବାରେ ଲାଗିଛେ।

ଶୀତଦିନେ ସହଜେ ଘରେଘରେ କାଶ ସର୍ଦ୍ଦି ଓ ଜ୍ୱର। ଏବେ କାଶ ହେଲେ ମାସାଧିକକାଳ ଲାଗି ରହୁଛି ଓ ଅନେକ ପ୍ରକାର ଆଣ୍ଟିବାୟୋଟିକ୍ ଖାଇବାକୁ ପଡୁଛି ଯାହାର ସୁଦୂର ପ୍ରଭାବ ରହିଛି ଦେହ ଉପରେ। ତାସହ ଏବର୍ଷ ମିଳିଲା କରୋନା ବା କୋଭିଡ୍। ଶୀତଋତୁ ଆରମ୍ଭ ହେଉ ହେଉ ୟୁରୋପରେ କୋଭିଡ୍ ସଂକ୍ରମଣ ଅଣାୟତ୍ତ ହୋଇପଡିଲାଣି। ଯାହାଫଳରେ ବିଭିନ୍ନ ପ୍ରକାର କଟକଣା ପୁଣିଥରେ ଆରମ୍ଭ ହୋଇଯାଇଛି। ଲକ୍‌ଡାଉନ୍ ଯୋଗୁଁ ଜୀବିକା ଯିବ ଓ ଜୀବିକା ଗଲେ ଜୀବନ ଯିବ। ଲକ୍‌ଡାଉନ୍ ନହେଲେ କୋଭିଡ୍‌ରେ ଜୀବନ ଯିବ। ଏଣେ ମାରିଲେ ଗୋ ହତ୍ୟା, ତେଣେ ମାରିଲେ ବ୍ରହ୍ମହତ୍ୟା। ସେଇଥିପାଇଁ ସରକାରମାନେ ୟୁରୋପରେ ଲକ୍‌ଡାଉନ ଘୋଷଣା କରିବାପାଇଁ ବାଧ୍ୟ ହେଉଛନ୍ତି ଓ ଜନସାଧାରଣଙ୍କ ଠାରୁ ଜୀବିକା ଯିବା ଭୟରେ ତୀବ୍ର ବିରୋଧର ସମ୍ମୁଖୀନ ହେଉଛନ୍ତି।

ଶୀତ ଦିନରେ କୋଭିଡ୍‌ର ଭୟାବହତା ବୃଦ୍ଧି ଆଶଙ୍କା କରି ଆମ ସରକାର କୌଣସି ପ୍ରକାର ଢିଲାପଣ ନକରି ସତର୍କ ରହିବାପାଇଁ ପରାମର୍ଶ ଦେଇ ଠିକ୍ କରିଛନ୍ତି।

କିନ୍ତୁ ସେଥିପାଇଁ ଆବଶ୍ୟକ ପଦକ୍ଷେପ ନେବା ଜରୁରୀ। ଆମର ଅନୁରୋଧ, ସହରାଞ୍ଚଳରେ ଶୁଖିଲା ପତ୍ରପୋଡ଼ା, ଅଳିଆପୋଡ଼ା ବନ୍ଦ କରି ସେଗୁଡିକୁ ସଂଗ୍ରହକରି କମ୍ପୋଷ୍ଟ କରନ୍ତୁ ଓ ତାକୁ ଲୋକମାନଙ୍କ ବାଡ଼ିବଗିଚା ପାଇଁ ବିକ୍ରି କରନ୍ତୁ। ଏ ସବୁର ପରିଚାଳନା ଭାରତ ସରକାର ନିଜେ ନନେଇ ସ୍ଥାନୀୟ ଅନୁଷ୍ଠାନ ବା ଯେଭଳି ଅଳିଆ ସଫା କରିବାପାଇଁ ବାହାର ଅନୁଷ୍ଠାନମାନଙ୍କୁ ଦାୟିତ୍ୱ ଦେଇଛନ୍ତି, ସେମାନଙ୍କୁ ଦାୟିତ୍ୱ ଦିଅନ୍ତୁ। ଯାହା ହେଲେ ମଧ୍ୟ ପତ୍ର ପୋଡିବାକୁ ଦିଅନ୍ତୁ ନାହିଁ। ସେହିଭଳି ଜମିରେ ଧାନ କାଟିବାପାଇଁ ମାଲିକମାନେ ଯେଉଁ ମେସିନ୍ ବ୍ୟବହାର କରୁଛନ୍ତି ସେମାନଙ୍କୁ ନଡ଼ା/ପାଳକୁ ଟିକ୍‌ଟିକ୍ କରି କାଟି ମାଟିରେ ମିଶାଇବାପାଇଁ ଥିବା ଯନ୍ତ୍ରକୁ ବ୍ୟବହାର କରିବାପାଇଁ ବାଧ୍ୟ କରନ୍ତୁ।

ଅପର ପକ୍ଷରେ ଜମିରେ ଧାନ କାଟିସାରିବା ପରେ ମୁଗ, ବିରି, କୋଳଥ ଇତ୍ୟାଦି ବୁଣି ସାରିଲା ପରେ ଜମା ହୋଥିବା ନଡା ପାଳକୁ ଜମିରେ ଚାଷୀମାନେ ବିଛେଇ ଦିଅନ୍ତୁ, ତାଫଳରେ ଜମିରେ ଅଧିକ ଦିନ ରହିବ, ଜିଆ ଓ ଅନ୍ୟ ସୂକ୍ଷ୍ମଜୀବମାନେ ବଞ୍ଚି ସଂଖ୍ୟା ବଢାଇବାପାଇଁ ଆବଶ୍ୟକ ଖାଦ୍ୟ ସହ ପରିବେଶ ପାଇବେ। ମାଟିର ଉର୍ବରତା ରକ୍ଷା କରିହେବ ଓ କିଣାସାରର ଆବଶ୍ୟକତା କମିବ ଓ କୃତ୍ରିମ ସାର ପ୍ରୟୋଗ ଯୋଗୁଁ ମାଟିର ଯାହା କ୍ଷତି ହେଉଛି, ସେଥିରେ ହ୍ରାସ ହେବ। କୃଷି ବିଭାଗ ତାର ସମସ୍ତ କର୍ମକର୍ତ୍ତାମାନଙ୍କୁ ଏଥିପାଇଁ ପୁରାଦମ୍‌ରେ କାମ କରିବାପାଇଁ ପରାମର୍ଶ, ଆଦେଶ ଦେବା ଜରୁରୀ ଆବଶ୍ୟକ। ଏଥିରେ ଆଦୌ ଢିଲାପଣ ରହିବା ଉଚିତ ନୁହେଁ। ଅନ୍ୟଥା ଶୀତର ପ୍ରକୋପ ସହ ପତ୍ରପୋଡା ଓ ଜମିରେ ନଡ଼ା ପୋଡ଼ାର ଧୂଆଁ ମିଶି କୋଭିଡ୍ ସଂକ୍ରମଣ ପାଇଁ ଉପଯୁକ୍ତ କ୍ଷେତ୍ର ପ୍ରସ୍ତୁତ ହେବ, ଅବସ୍ଥା ଅଣାୟତ୍ତ ହେବ।

■

ସମାଜ, ୬ ନଭେମ୍ବର, ୨୦୨୦

ଗୋରାପଣ ମାତ୍ର କେତେ ମିନିଟ୍‌ରେ !

ମୋର ଦେହର ରଂଗ ଯଦି କଳା, ଯେତେବେଳେ ବିଜ୍ଞାପନଟିଏ ପଢ଼େ, ଦେଖେ ବା ଶୁଣେ ଯେ ଅମୁକ କଂପାନୀର ଅମୁକ ଜିନିଷଟି ବ୍ୟବହାର କଲେ ପନ୍ଦର ଦିନରେ ଗୋରାପଣ ଆସିଯିବ, ସେତେବେଳେ କ'ଣ ପ୍ରଶ୍ନ କରେ ଯେ ମୁଁ କାହିଁକି ଗୋରା ବା ଗୋରୀ ହେବି ? ଦେହର ରଂଗ କ'ଣ ହେଲେ ଯାଏ ଆସେ କେତେ ? ବରଂ ଅନେକ କ୍ଷେତ୍ରରେ ଦେଖାଯାଏ ଯେ ଶରୀରର ରଂଗକୁ ନେଇ ହୀନମନ୍ୟତା ଆସେ ଓ ପାରୁ ପର୍ଯ୍ୟନ୍ତ ଚେଷ୍ଟା କରେ ଓ ହାତରେ ପଇସାଥିଲେ ଖର୍ଚ୍ଚ କରିବାକୁ ପଛାଏ ନାହିଁ ଗୋରା ହେବା ପାଇଁ। ଏ ଚେଷ୍ଟା ଆହୁରି ବଢ଼ିଯାଏ ଝିଅମାନଙ୍କ କ୍ଷେତ୍ରରେ ଗୋରୀ ହେବା ପାଇଁ। ପ୍ରକୃତରେ ଏଭଳି ବିଜ୍ଞାପନରେ ଭଳିଯିବା ଠିକ୍ ନୁହେଁ। ଗୋରା ହେବା ତ ଦୂରକଥା, ବରଂ ସେଭଳି ଜିନିଷର ବ୍ୟବହାର ଶରୀର ପକ୍ଷରେ ଅତ୍ୟନ୍ତ ହାନିକାରକ ହୋଇଥାଏ। ତା' ବ୍ୟତୀତ ଏଭଳି ପ୍ରଚାର ସମାଜରେ ଭୁଲ ମୂଲ୍ୟବୋଧ ସୃଷ୍ଟିକରେ ଓ କେବଳ କଂପାନୀର ଲାଭ ବଢ଼ାଏ।

ତେବେ ଦେହର ରଂଗ ଗୋରା ହେବା ପାଇଁ ଏତେ ଆଗ୍ରହ କାହିଁକି ? ଏ ମୂଳ ପ୍ରଶ୍ନର ଉତ୍ତର ଆବଶ୍ୟକ। ମଣିଷର ବିଚାର ଏମିତିଯେ ଯିଏ ତା' ଉପରେ ବିଜୟ ହାସଲ କଲା ଯିଏ ତା'କୁ ଚପେଇ ଦେଇପାରିଲା, ତା'ର ସବୁକଥା ଭଲ ଲାଗେ। ବିଜେତାର ବଳ ଓ କୌଶଳର ପ୍ରଶଂସା କରୁ, ତା' ନହୋଇଥିଲେ ବିଲାତ ଆମକୁ କେମିତି ଜିଣିଥାନ୍ତା ? ତା'ପରେ ତା'ର ଭାଷା, ତା'ର ପୋଷାକ ପତ୍ର, ତା'ର ଖାଦ୍ୟ, ତା'ର ଢ଼ଙ୍ଗଢ଼ାଙ୍ଗ, ଚଳଣୀ ଓ ଶରୀରର ରଂଗ – ଏସବୁ ଆମ ପାଇଁ କେବଳ ଗ୍ରହଣୀୟ ବା ଅନୁକରଣୀୟ ନୁହେଁ, ଅତ୍ୟନ୍ତ ଆଦରଣୀୟ ହୋଇଯାଏ। ଆହୁରି ଗୁରୁତର କଥା ହେଲା, ବିଜେତାର ସବୁକଥାକୁ ପ୍ରଶଂସାକରି ନିଜର ଭାଷା, ପୋଷାକ ପତ୍ର ଓ ଚଳଣୀ ଇତ୍ୟାଦିକୁ ନ୍ୟୂନ ଚକ୍ଷୁରେ ଦେଖୁ, ଘୃଣା ମଧ୍ୟ କରୁ। ତା' ନହୋଇଥିଲେ ଆମେ

ମାତୃଭାଷାକୁ ଛାଡ଼ି ଇଂରାଜୀ ଭାଷାକୁ କେମିତି ଜାବୁଡ଼ି ଧରିଥାନ୍ତୁ, ଆମର ପୋଷାକ ଫୋପାଡ଼ି ବିଲାତି ପୋଷାକକୁ ଆଦରିଥାନ୍ତୁ, ଆମ ଖାଦ୍ୟରୁ ମୁହଁ ବୁଲେଇ ନଥାନ୍ତୁ ଇତ୍ୟାଦି। ବଡ଼ କଥା ହେଲା, ଆମର ବିଜେତା ଗୋରା ଥିଲେ, ବହୁ ଅତୀତରେ ଓ ଏବେ ତିନି ଶହ ବର୍ଷ ତଳେ ମଧ୍ୟ। ସେଇଥିପାଇଁ ଆମର ଦେହର ରଂଗ ଗୋରା ହେବା ଆବଶ୍ୟକ ଓ ଝିଅମାନେ ଗୋରୀ ହେବା ଜରୁରୀ।

ଯାହା ପ୍ରଚାର କରାଯାଉନା କାହିଁକି, ପ୍ରକୃତିଦତ୍ତ ଶରୀରର ରଂଗ ପରିବର୍ତ୍ତନ, ପନ୍ଦର ଦିନ ତ ଦୂରକଥା, ମଣିଷ ପକ୍ଷରେ ବର୍ତ୍ତମାନ ସୁଦ୍ଧା ସମ୍ଭବ ହୋଇନାହିଁ। ପ୍ରକୃତି କିନ୍ତୁ ସେ ଶକ୍ତି ଅନ୍ୟ ଏକ ପ୍ରାଣୀକୁ ଦେଇଛି। ପିହୁଳା ଏଣ୍ଡୁଅ ବା ଚାମେଲିଅନ୍‌କୁ ସବୁଜ ପତ୍ର ଭିତରେ ଛାଡ଼ି ଦିଅନ୍ତୁ, ଖୁବ କମ ସମୟରେ ତା'ର ରଂଗ ସବୁଜ ହୋଇଯିବ। ସେଇଠୁ ଆଣି ନାଲି ମାଟିରେ ରଖିଦେଲେ ବା ସେ ନିଜେ ଚାଲିଆସିଲେ କେତେ ମିନିଟ୍‌ରେ ଏଣ୍ଡୁଅଟିର ରଂଗ ନାଲି ହୋଇଯିବ, କଳା ରଂଗ ଥିବା ଜାଗାକୁ ଗଲେ କଳା ରଂଗ, ଧଳା ରଂଗ ଥିବା ପରିବେଶରେ ଧଳାରଂଗ ହୋଇଯିବ। ଏ ରଂଗ ପରିବର୍ତ୍ତନ ପାଇଁ କୌଣସି କଂପାନୀ କ୍ରିମ ବ୍ୟବହାର ବା ସେଇଭଳି କୌଣସି ଉପଚାର ଏଣ୍ଡୁଅ ପାଇଁ ଆବଶ୍ୟକ ହୁଏନାହିଁ, ମାତ୍ର କେତେ ମିନିଟ୍ ଯଥେଷ୍ଟ ନୂଆ ପରିବେଶ ସହ ଖାପ ଖୁଆଇବା ପାଇଁ ରଂଗ ପରିବର୍ତ୍ତନ କରି। ସେ ବିଦ୍ୟାଟି ପିହୁଳା ଏଣ୍ଡୁଅ ଆମକୁ କହିନି, ସେ ରହସ୍ୟ ଭେଦ କରିଦେଲେ ଇଥିଓପିଆର ଅଧିବାସୀ ସ୍ୱିଡ଼େନ ଗଲେ କେତେ ସମୟରେ ଗୋରା ହୋଇଯିବ, ସେହିଭଳି ଗୋରା ଲୋକଟିଏ କଳା ରଂଗର ଲୋକମାନଙ୍କ ଭିତରେ କଳା ରଂଗର ହୋଇଯିବ, ସେତେବେଳେ ରଂଗକୁ ନେଇ ବାଛ ବିଚାର, ସ୍କୁଲ, ପାର୍କ, ସମୁଦ୍ରକୂଳ ଇତ୍ୟାଦିରେ କଳା ରଂଗର ଲୋକଙ୍କ ପ୍ରବେଶ ମନା - ଏଭଳି ରହିବ ନାହିଁ। ସେ ବିଦ୍ୟା ଗାନ୍ଧୀଙ୍କୁ ଜଣାଥିଲେ ଦକ୍ଷିଣ ଆଫ୍ରିକାରେ ତାଙ୍କୁ ରେଳ ଡ଼ବାରୁ ବାହାର କରାଯାଇନଥାନ୍ତା ଓ ମହାତ୍ମା ହେବାର ମୂଳଦୁଆ ହୁଏତ ଅନ୍ୟ କୌଣସି ଘଟଣା ପରେ ପଡ଼ିଥାନ୍ତା।

ପିହୁଳା ଏଣ୍ଡୁଅ ବା ଚାମେଲିଅନର ରଂଗ ପରିବର୍ତ୍ତନ ଗୁଣଟି ବେଶ୍ ଚମତ୍କାର। ମଣିଷ ପକ୍ଷରେ ସେଭଳି କରିବା ଦେଖା ଯାଏନି, ଯଦିଓ ରାଜନୀତି କ୍ଷେତ୍ରରେ ତାର କିଛି ଛିଟା ଦେଖୁ। ତେବେ ପିହୁଳା ଏଣ୍ଡୁଅ ହୁଏତ ସମସ୍ତେ ଦେଖି ନଥିବେ। ଏବେ ସମସ୍ତେ ଜାଣିଥିବା ଅଉ ଗୋଟିଏ ଛୋଟ ଜୀବକଥା ଦେଖିବା। ବୋଧହୁଏ ଦୁଇ ମେରୁବୃତ୍ତ ପାଖାପାଖି ଅଂଚଳରେ ନଥିବେ, ନଚେତ୍ ସବୁ ଜାଗାରେ ଦେଖାଯାଆନ୍ତି, ଘରେ ବାହାରେ ସବୁଠି। ମଶା କଥା ଦେଖିବା। ମାତ୍ର କେତୋଟି ମଶା ଆମକୁ ରାତି ଶୁଆଇ ଦେଇ ନପାରନ୍ତି, ଆଉ କେତୋଟି ମେଲେରିଆ, ବ୍ରେନ୍ ମେଲେରିଆ ଓ

ଚିକୁନ୍‌ଗୁନିଆ ଭଳି ବେମାର ସୃଷ୍ଟିକରି ଆମର ପ୍ରାଣ ନେଇଯାଇପାରନ୍ତି। ଏ ଦିଗଟି ଆମକୁ ଜଣା, କିନ୍ତୁ ସେମାନଙ୍କର କେତେକ କୌଶଳ ଆମେ ହାସଲ କରି ପାରିନେ। ମଶାଟିଏ ଦେହର ଯେକୌଣସି ଜାଗାରୁ ରକ୍ତ ଟାଣି ପାରେ, ରକ୍ତ ଶୋଷିଲା ବେଳେ ଜଣା ପଡ଼େନି, ପେଟପୁରା ଭୋଜନ ପରେ ଯେତେବେଳେ ଚାଲିଯାଏ, ସେତେବେଳେ କୁଣ୍ଡେଇ ହୁଏ। କିନ୍ତୁ ସେତେବେଳକୁ ସେ ପାର୍।

ଆମର ଯଦି କୌଣସି କାରଣରୁ ରକ୍ତ ପରୀକ୍ଷା ଆବଶ୍ୟକ ହୁଏ ଟେକ୍‌ନିସିଆନ୍ ଆସନ୍ତି। ରକ୍ତନେବା ଜାଗାର ଉପରକୁ ଗୋଟେ ବ୍ୟାଣ୍ଡ ବାନ୍ଧି ଦିଅନ୍ତି, ହାତକୁ ମୁଠା କରିବାକୁ କହନ୍ତି। ସ୍ପିରିଟ୍‌ଦିଆ ତୁଳାରେ ରକ୍ତ ଟାଣିବା ଜାଗାକୁ ପୋଛି ଦିଅନ୍ତି, ତା'ପରେ ରକ୍ତଟାଣନ୍ତି, ଟାଣି ସାରିଲା ପରେ ମୁଠାକୁ କୋହଳ କରିବାକୁ କହନ୍ତି ଓ ଜାଗାଟିକୁ ପୁଣି ତୁଳାରେ ପୋଛି କିଛି ସମୟ ଚାପି ରଖିବାକୁ କହନ୍ତି। ଏ ଭିତରେ ଟୋପାଏ ଦି'ଟୋପା ରକ୍ତ ବାହାରିଆସେ।

ମଶା ପାଇଁ ଏତେ ପଟୁଆର ଆବଶ୍ୟକ ହୁଏନି। ଲୁଗା ଉପରେ ଚଦର, ସେଥିରେ କିଛି ଫରକ ପଡ଼େନି, ମଶା ଟାଣିନିଏ ଓ ଆଶ୍ଚର୍ଯ୍ୟ କଥା ଯେ ରକ୍ତ ଟାଣିଲା ପରେ ଜାଗାଟି ଲାଲ ପଡ଼ିଯାଇପାରେ, କିଛି ରକ୍ତ କିନ୍ତୁ ବାହାରେନି ଏବଂ ତା'ର ଶୁଣ୍ଢଟି ତ କୌଣସି ଧାତବ ପଦାର୍ଥରେ ତିଆରି ନୁହେଁ, ବେଶ ନମନୀୟ ମଧ୍ୟ। ଆମର ଟେକ୍‌ନିସିଆନ୍‌ମାନେ ଏ କୌଶଳଟି ହାସଲ କରିପାରନ୍ତେକି ?

ଜୋକମାନେ ପାହୁଣ୍ଡେ ଆଗୁଆ। ପାଣିରେ କାମ କଲାବେଳ ଅନେକ ସମୟରେ ଜୋକ ଲାଗିଯା'ନ୍ତି। ରକ୍ତ ଶୋଷିବା ପୂର୍ବରୁ ଜୋକ ଟାଣିବା ଜାଗାରେ ଆନାସ୍ଥେସିଆ ବା ନିଶ୍ଚେତକ ଦେଇ ତା'କୁ ବଧିରା ବା କାଲୁଆ କରିଦେଇଥାଏ, ରକ୍ତ ଟାଣିସାରିଲା ପରେ କ୍ଷତଟିକୁ ଭଲ ଭାବେ ସିଲ୍ କରିଦିଏ ଏକପ୍ରକାର ସିଲାଣ୍ଟ ଦେଇ। ସେ ନିଶ୍ଚେତକ ଓ କ୍ଷତକୁ ବନ୍ଦ କରିବା ପାଇଁ ସିଲାଣ୍ଟ ନିଜ ଦେହରେ ତିଆରିକରେ, ତା'କୁ ବାହାରୁ ସଂଗ୍ରହ କରିବା ଦରକାର ପଡ଼େ ନାହିଁ। ଜୋକ କେତେ ସୁବିଧାରେ ରକ୍ତ ଟାଣି ନେଇପାରେ ! ଆମେ ସାଧାରଣ ଲୋକ ସେପରି କରିପାରିବାନି, ଯଦିଓ ଖୁବ କମ ଲୋକ ଓ ସଂସ୍ଥା ପାଇସା ଟାଣି ନିଅନ୍ତି ଓ ଲୋକମାନେ ସହଜରେ ଜାଣିପାରନ୍ତିନି।

ଉପନିଷଦ ଆମକୁ ଏଇ ଶିକ୍ଷା ଦିଏ ଯେ ଯାହା କିଛି ଆମେ ଦେଖୁଛେ ଓ ଭୋଗ କରୁଛେ ସେ ସବୁ ଈଶ୍ୱରଙ୍କର, ତା'କୁ ମିଳିମିଶି ଭୋଗକର ଓ ତ୍ୟାଗରେ ଭୋଗକର। ମୁନି ଋଷିମାନଙ୍କର ବହୁ ପୂର୍ବରୁ ଆମେ ପିମ୍ପୁଡ଼ି ଓ ମହୁମାଛିମାନଙ୍କ କ୍ଷେତ୍ରରେ ଏହା ପରିଲକ୍ଷିତ କରୁ। କୌଣସି ଖାଦ୍ୟର ସନ୍ଧାନ ପାଇଲେ ପିମ୍ପୁଡ଼ି ତା'ର ସବୁ ସାଥୀମାନଙ୍କୁ ଡାକିଆଣେ କାଳ ବିଳମ୍ବ ନକରି ଓ ଠିକ୍ ସେହିପରି ମହୁମାଛିମାନେ

୧୨୮ | ରାଧାମୋହନ

ମଧ୍ୟ କରିଥାନ୍ତି। ସବୁ କିଛି ନିଜର କରିନେବା ଓ ନିଜେ ଏକୁଟିଆ ଭୋଗ କରିବା ସେମାନଙ୍କର ସଂସ୍କୃତିରେ ନାହିଁ। ବିବର୍ତ୍ତନରେ ଲକ୍ଷ ଲକ୍ଷ ବର୍ଷର ପୂର୍ବର ପ୍ରାଣୀ ସେମାନେ ମଣିଷ ଠାରୁ କିନ୍ତୁ ସେମାନେ ବିଚାରରେ ଆମଠୁ ଢ଼େର ଆଗୁଆ। କେବଳ ସେତିକି ନୁହେଁ, ଯେତେବେଳେ ଆମେ ସୁବିଧା ଅସୁବିଧା ସମୟ ପାଇଁ ସଂଚୟର ଆବଶ୍ୟକତା କଥା କହୁ ସେତେବେଳେ ପିମ୍ପୁଡ଼ି ଓ ଝିଣ୍ଟିକା କାହାଣୀଟି ଶୁଣାଉ। ବର୍ଷାଦିନ ଚାରିଆଡ଼େ କଅଁଳିଆ ଘାସ ଖାଇ ମଉଜରେ ଝିଣ୍ଟିକା ଦିନକାଟିଲା କିନ୍ତୁ ପିମ୍ପୁଡ଼ି ଭବିଷ୍ୟତ ପାଇଁ ସାଇତିଲା। ବର୍ଷାଦିନ ସରିଗଲା ବିଚରା ଝିଣ୍ଟିକା ଭୋକ ଉପାସରେ ରହିଲା, ପିମ୍ପୁଡ଼ି କିନ୍ତୁ ଗାତରେ ସାଇତି ରଖିଥିବା ଘାସମଂଜି ଓ ଅନ୍ୟ ଖାଦ୍ୟ ପଦାର୍ଥ ଖାଇ ଖୁସିରେ ରହିଲା। ସେ ପିମ୍ପୁଡ଼ି ହେଉ ବା ମହୁମାଛି ହେଉ କେବଳ ଆସୁଥିବା ଅସୁବିଧା ସମୟ ପାଇଁ ସାଇତି ଥାନ୍ତି, ମଣିଷ ଭଳି ପାଞ୍ଚ ପୁରୁଷ ପାଇଁ ଥୋଇଦେବା କଥା ଭାବିନଥାନ୍ତି। ଏତକ ମଣିଷ ଶିଖିଲେ ପୃଥିବୀର ଅନେକ ସମସ୍ୟା ରହନ୍ତାନି।

ଏଇ ଅଳ୍ପଦିନ ପରଠୁ ଆମେ ଛତୁ ଚାଷ ଆରମ୍ଭ କରିଛୁ ଓ କେତେକ ପ୍ରକାର ଛତୁଚାଷ କରିପାରିଛୁ। ଏବେ ପ୍ରାୟ ବର୍ଷସାରା ଛତୁ ମିଳିଲାଣି ଓ ଭୋଜିଭାତରେ ଛତୁର ଗୋଟିଏ ଆଇଟମ୍ ଦେଖୁଛୁ। ଏହା ପୂର୍ବରୁ ମୁଖ୍ୟତଃ ବର୍ଷାଦିନେ ହୁଙ୍କା ଛତୁ, ବାଲି ଛତୁ, ବାଉଁଶ ଛତୁ, ପାଳ ଛତୁ, ନାଡ଼ ବା ଶ୍ରାବଣିଆ ଛତୁ ବିଲ ବାଡ଼ିରୁ ଓ ଜଂଗଲରୁ ସଂଗ୍ରହ କରାଯାଉଥିଲା। ସେଥିରେ ଅନେକ ସମୟରେ ବିଷାକ୍ତ ଛତୁ ଖାଇ ବେମାର ବା ମୃତ୍ୟୁ ମୁଖରେ ପଡୁଥିଲେ। ରୁଷିଆରେ ତ ପ୍ରତିବର୍ଷ ଜଂଗଲରୁ ବିଷାକ୍ତ ଛତୁ ଖାଇ ଅନେକ ଲୋକ ପ୍ରାଣ ହରାଇଥାନ୍ତି। କିନ୍ତୁ ମଣିଷ ଛତୁଚାଷ ଆରମ୍ଭ କରିବାର ବହୁ ପୂର୍ବରୁ ବ୍ରାଜିଲ୍‌ର ଏକ ପ୍ରକାର ପିମ୍ପୁଡ଼ି ଗଛରୁ ପତ୍ରକାଟି ମୁହଁରେ ଧରି ଗାତକୁ ନିଅନ୍ତି। ହଜାର ସଂଖ୍ୟାରେ ପିମ୍ପୁଡ଼ି ମୁହଁରେ ପତ୍ରଧରି ଗୋଟିଏ ଧାଡ଼ିରେ ଚାଲୁଥିବା ଦୃଶ୍ୟ ବେଶ୍ ଉପଭୋଗ୍ୟ ହୁଏ। ଗୋଟେ ଦିନରେ ଗୋଟେ ଗଛର ସବୁ ପତ୍ରକୁ ବୋହି ଆଣି ଲଣ୍ଡା କରିଦିଅନ୍ତି। ସେ ପତ୍ରସବୁ ଗାତକୁ ଆଣିବା ପରେ ଛତୁମଂଜି ବା ଫଙ୍ଗସରେ ତା'କୁ ଇନୋକୁଲେଟ୍ ବା ସଂକ୍ରମିତ କରିଦିଅନ୍ତି ଓ ଅଳ୍ପଦିନ ପରେ ସେଥିରୁ ଉତ୍ପନ୍ନ ହେଉଥିବା ଛତୁକୁ ଅନେକ ଦିନ ଯାଏ ପିମ୍ପୁଡ଼ିମାନେ ଖାଇଥାନ୍ତି।

ଛତୁ ଉତ୍ପାଦନ କ୍ଷେତ୍ରରେ ମଣିଷଠୁ ସେମାନେ ବହୁ ଆଗୁଆ ଯେମିତି, ଯେତିକି ଆବଶ୍ୟକ ସେତିକି ପ୍ରକୃତିରୁ ନେବା ଓ ସମ୍ବଳକୁ ଏକା ଉପଭୋଗ ନକରି ମିଳିମିଶି ଭୋଗ କରିବାଭଳି ବିଚାରରେ ମଣିଷଠୁ ଢ଼େର ଢ଼େର ଆଗୁଆ ପିମ୍ପୁଡ଼ି ଓ ମହୁମାଛିମାନେ।

ପ୍ରମେୟ, ୧୫ ମାର୍ଚ୍ଚ, ୨୦୨୧

ମହଙ୍ଗା ଦିନେ କାନ୍ଦେ, ଶସ୍ତା ନିତି କାନ୍ଦେ

ନୟାଗଡ଼ ଜିଲ୍ଲାର ଓଡ଼ଗାଁ ବ୍ଲକ୍‌ର କୁରାଳ ଗୋଟିଏ ବଡ଼ଗାଁ । ସେଇ ଗାଁ ଭିତର ଦେଇ ଅଳ୍ପଦିନ ତଳେ ଆସିଲାବେଳେ ସେଠାର ହାଇସ୍କୁଲର ଅବସର ପ୍ରାପ୍ତ ପ୍ରଧାନଶିକ୍ଷକ ଗୌର ସାର୍‌ଙ୍କ ସହ ଦେଖାହେଲା । କିଛି ସମୟ ଦୁଃଖ ସୁଖ ହୋଇ ବିଦାୟ ନେଲାବେଳେ ଖୁବ୍ ବ୍ୟସ୍ତଭାବେ କହିଲେ, 'ହେ ରାଧାମୋହନ ବାବୁ' ଏବେ ଗାଁରେ ଚାଷୀମାନେ ବିଲରୁ ଘାସ ନବାଛି ଘାସମରା ପକୋଉଛନ୍ତି, କ'ଣ ହେବ କହିଲେ ?' ଘାସ ବାଛିବା ବ୍ୟବସ୍ଥାଟି ଭଲଥିଲା, ଚାଷୀମାନେ ବିଲରୁ ଘାସ ବାଛି ସେଇଠି ପୋତି ହେଉଥିଲେ, ସେଇଠି ପଚି ଜମିକୁ ଉର୍ବର କରୁଥିଲା, ହାଲୁକା ମଧ୍ୟ କରୁଥିଲା । ସେ ବ୍ୟବସ୍ଥାଟି ଚିରସ୍ଥାୟୀ, ଏବର ଘାସମରା କେତେବର୍ଷ ପରେ ଆଉ କାମ କରିବନି, ତା'ବାଦ୍ ଘାସମରାର ବ୍ୟବହାର କ୍ୟାନସରଭଳି ମାରାତ୍ମକ ରୋଗ କରେଇବ । 'କବାଟ କଉଡ଼ି ତାଟି ଖାଏ' ନ୍ୟାୟରେ କ୍ୟାନସର ରୋଗ ଚିକିତ୍ସାରେ ମଜୁରୀର ବହୁଗୁଣ ଚାଲିଯିବ ଓ ତା'ସହ ପ୍ରାଣ ମଧ୍ୟ ଚାଲିଯାଇପାରେ ।

ସେଠୁ ଫେରିଲା ପରେ ସମସ୍ୟାଟି ବାରମ୍ବାର ମନକୁ ଆସିଲା ଓ ସର୍ବସାଧାରଣ ଏ ସଂପର୍କରେ ଅଧିକ ଜାଣିବା ଆବଶ୍ୟକ ମନେକଲି ।

ଜମିରେ ଘାସମରାର ପ୍ରୟୋଗ ଆମ ଅଞ୍ଚଳରେ ବେଶୀଦିନର ନୁହେଁ, କିନ୍ତୁ ଗଲା ପ୍ରାୟ ପଚାଶ ବର୍ଷ ତଳୁ ଆମେରିକାରେ ଆରମ୍ଭ ହୋଇଥିଲା । ଘାସମରାର ମୁଖ୍ୟ ଉପାଦାନ ହେଲା ଗ୍ଲାଇଫୋସେଟ୍ ଓ ଆମେରିକାର ମନସାଣ୍ଟୋ କଂପାନୀ ଦ୍ୱାରା ରାଉଣ୍ଡ ଅପ୍ ନାଁରେ ପ୍ରଚଳିତ ହେଲା । ପ୍ରାଥମିକ ଅବସ୍ଥାରେ ରାସ୍ତାକୁ ଓ ରେଳ ଲାଇନ୍‌କୁ ମାଡ଼ି ଆସୁଥିବା ଘାସ ଓ ଅନାବନା ଗଛକୁ ସହଜରେ ଓ ଅଳ୍ପ ଖର୍ଚ୍ଚରେ ମାରିବା ପାଇଁ ଗ୍ଲାଇଫୋସେଟ୍ ବା ରାଉଣ୍ଡଅପ୍ ବ୍ୟବହାର କରାଗଲା । ପରେ ପରେ ଫସଲ ଜମିରୁ ଘାସ ଓ ଅନାବଶ୍ୟକ ଗଛକୁ ମାରିବା ପାଇଁ ବ୍ୟବହୃତ ହେଲା ଓ ଖୁବ୍

କମ୍ ଖର୍ଚ୍ଚ ଓ ସହଜରେ ଘାସ ମରିଯାଉଥିବାରୁ ଏହାର ବ୍ୟବହାର ଦ୍ରୁତଗତିରେ ବଢ଼ି ଚାଲିଲା ଓ ପୃଥିବୀର ପ୍ରାୟ ସବୁ ଦେଶରେ ଘାସମରାର ପ୍ରଚଳନ ଆରମ୍ଭ ହୋଇଗଲା।

ଫସଲ ଜମି ବାଦ୍ ଖେଳ ପଡ଼ିଆ, ପାର୍କ, ବୃକ୍ଷରୋପଣ ସ୍ଥାନ ଇତ୍ୟାଦିରେ ମଧ୍ୟ ବ୍ୟବହାର ଆରମ୍ଭ ହୋଇଗଲା। ପ୍ରଥମ ପର୍ଯ୍ୟାୟରେ ଜମିରୁ ଘାସ ମାରିବା ପାଇଁ ଓ ଧୀରେ ଧୀରେ ଏକ ସମୟରେ ଓ ସହଜରେ ଅମଳ କରିବା ପାଇଁ ଫସଲକୁ ମରାହେଲା।

ଉଦାହରଣ ସ୍ୱରୂପ, ଆଳୁ ଆଦାୟ କରିବାକୁ ହେବ, କିନ୍ତୁ ଶତକଡ଼ା ୨୫ ରୁ ୩୦ ଭାଗ ଗଛ କଞ୍ଚା ଅଛି, ତେବେ କଞ୍ଚା ଥିବା ଗଛଗୁଡ଼ିକରେ ରାଉଣ୍ଡଅପ୍ ବା ଘାସମରା ଛିଞ୍ଚି ଦେଲେ ଗଛଗୁଡ଼ିକ ଶୁଖିଯିବ। ସେଇଭଳି ମୁଗ, ବିରି, ମଟର, ମସୁର ଓ ହରଡ଼ ଇତ୍ୟାଦି ଫସଲରେ କଞ୍ଚାଥିବା ଗଛଗୁଡ଼ିକୁ ମାରିଦେଲେ ଏକ ସମୟରେ ସବୁ ଅମଳ କରିହେବ। ଅର୍ଥାତ୍ ଗଛ ମରିବା ପୂର୍ବରୁ ମାରି ଦିଆଯିବ।

କିଛି ବୈଜ୍ଞାନିକ ଘାସମରାର ମଣିଷ ଅନ୍ୟାନ୍ୟ ପଶୁପକ୍ଷୀ ଓ ପରିବେଶ ଉପରେ କି ପ୍ରଭାବ ପଡୁଛି, ତା'ର ଗବେଷଣା ଆରମ୍ଭ କରିଦେଲେ। ଗବେଷଣାରୁ ଜଣାପଡ଼ିଲା ଯେ ଘାସମରା ପ୍ରୟୋଗ ଫଳରେ ମହିଳାମାନଙ୍କ କ୍ଷେତ୍ରରେ ସ୍ତନ କର୍କଟ ରୋଗ ସହ ଯେଉଁ ଶ୍ରମିକମାନେ ଜମିରେ ପକାଉଛନ୍ତି ଓ ଘାସମରା ରାଉଣ୍ଡଅପ ବ୍ୟବହୃତ ହୋଇଥିବା ଫସଲକୁ ଖାଦ୍ୟ ଭାବେ ଗ୍ରହଣ କରୁଛନ୍ତି, ସେମାନଙ୍କ କ୍ଷେତ୍ରରେ ନନ୍-ହଜକିନ୍ ଲିମ୍ଫୋମା ବା ଏନ୍.ଏଚ୍.ଏଲ୍ ଭଳି କ୍ୟାନସର୍ ରୋଗ ହେଉଛି। ଏଭଳି କ୍ୟାନସର୍ ହେଲେ ଶରୀର ବାହାରେ, ଚର୍ମ ଉପରେ, ଯେ କୌଣସି ସ୍ଥାନରେ ପ୍ରଥମେ ଗୋଟି, ପରେ ଆବୁ ହୋଇ ବଢ଼େ। ଆବୁଟି ଲାଲ ରଂଗ ଦେଖାଯାଏ ଓ କୁଣ୍ଡାଇ ହୁଏ ଓ ଧୀରେ ଧୀରେ ବଢ଼େ। ଶରୀର ଭିତରେ ମସ୍ତିଷ୍କଠୁ ଆରମ୍ଭକରି ବିଭିନ୍ନ ସ୍ଥାନରେ ମଧ୍ୟ ଆବୁ ବା ଟ୍ୟୁମର ହୋଇଯାଏ। ପ୍ରାଥମିକ ଅବସ୍ଥାରେ କେମୋଥେରାପି ଓ ରେଡ଼ିଏସନ୍ ଜରିଆରେ ଚିକିତ୍ସା କରାଯାଏ ଓ ଭଲ ହେବାର ସମ୍ଭାବନା ଥାଏ। ଡ଼େରି ହେଲେ ରୋଗୀ ବଞ୍ଚିବା କଷ୍ଟକର ହୋଇଥାଏ।

ଘାସମରା ପ୍ରୟୋଗରେ କ୍ୟାନସର୍ ହେଉଥିବା କଥାଟି ମନ୍‌ସାଣ୍ଟୋ କଂପାନୀରେ କାମ କରୁଥିବା କିଛି ବୈଜ୍ଞାନିକ ଜାଣିଥିଲେ କିନ୍ତୁ ସେମାନଙ୍କୁ ଚୁପ ରହିବାକୁ ପଡ଼ିଥିଲା। ପରେ ବିଶ୍ୱସ୍ୱାସ୍ଥ୍ୟ ସଂଗଠନର କ୍ୟାନ୍‌ସର ଗବେଷଣା କେନ୍ଦ୍ର ତରଫରୁ ଗବେଷଣା କରାଯାଇ ଘାସମରାର କ୍ୟାନ୍‌ସର୍ ରୋଗ ସହ ସଂପର୍କଥିବା ଜଣାଗଲା। ଫ୍ରାନ୍ସର ମଧ୍ୟ ବୈଜ୍ଞାନିକ ଜାଣି ପ୍ରବଂଧ ଲେଖିଲେ। କିନ୍ତୁ ମନ୍‌ସାଣ୍ଟୋ କଂପାନୀ ଘାସମରାରୁ ଅପର୍ଯ୍ୟାପ୍ତ ପଇସା ଲାଭ କରୁଥିବା ହେତୁ ପୂର୍ଣ୍ଣପ୍ରାଣରେ ଲାଗିଗଲା ଏସବୁ ଗବେଷଣାର

ଫଳାଫଳକୁ ଫାଲ୍‌ତୁ ଗବେଷଣା ଓ ମୂଲ୍ୟହୀନ କହି ଉଡ଼େଇଦେବାରେ। ଖାଲି ସେତିକି ନୁହେଁ, ଯେଉଁ ଅନୁଷ୍ଠାନ ବା ବୈଜ୍ଞାନିକମାନେ ଘାସମରାର କର୍କଟ ରୋଗର ସଂପର୍କ ବିଷୟରେ କହିଲେ, ସେମାନଙ୍କ ବିରୁଦ୍ଧରେ କୁତ୍ସାରଟନା କରାଗଲା। ମିଛ ନାଁ ଦେଇ, ସଂପର୍କ ନଥିବା କହି ପ୍ରବନ୍ଧମାନ ପ୍ରକାଶ ହେଲା। ବିଭିନ୍ନ ଗବେଷଣା ଅନୁଷ୍ଠାନ ଓ ବ୍ୟକ୍ତିଗତଭାବେ କିଛି ବୈଜ୍ଞାନିକଙ୍କୁ ବିଭିନ୍ନ ଫାଉଣ୍ଡେସନ୍ ନାଁରେ ଗବେଷଣା ପାଇଁ ଅର୍ଥ ଦେଇ ଘାସମରା କର୍କଟ ରୋଗ ସହ କିଛି ସଂପର୍କ ନାହିଁ ବୋଲି କହିବା ତଥା ପ୍ରବନ୍ଧ ଲେଖାଯିବାର ବ୍ୟବସ୍ଥା ହେଲା

ସତ୍ୟକିନ୍ତୁ ବେଶୀ ଦିନ ଲୁଚି ରହିପାରିଲା ନାହିଁ। କାଲିଫର୍ଣ୍ଣିଆର ଜଣେ ଶ୍ରମିକ ଜମିରେ ଘାସମରା ପ୍ରୟୋଗ କାମରେ ନିୟୋଜିତ ଥିଲେ। ତାଙ୍କର କ୍ୟାନସର ହେଲା। ମନ୍‌ସାଣ୍ଟୋ କମ୍ପାନୀ ଠାରୁ କ୍ଷତିପୂରଣ ଦାବୀକରି ମକଦମା ଦାୟର କଲେ। ଏକ ବାରଜଣିଆ ଜୁରି ବିଚାରକରି ତାଙ୍କୁ ୨୮୯ ମିଲିୟନ୍ ଡଲାର କ୍ଷତିପୂରଣ ଘୋଷଣା କଲେ। ପରେ ଅପିଲରେ ଅବଶ୍ୟ ତାଙ୍କୁ ୭୮ ମିଲିୟନ୍ ଡଲାରକୁ କମେଇ ଦିଆଯାଇଥିଲା। ଏହାପରେ ଆଉ ଦୁଇଜଣଙ୍କର କ୍ଷତିପୂରଣ ଦାବୀକୁ ବିଚାରକରି ଅନ୍ୟ ଏକ କମ୍ପାନିର ଲୋକ କର୍କଟ ରୋଗ ସୃଷ୍ଟି କରୁଥିବା କଥା ଜାଣିକରି ଲୁଚେଇବା, ଅନ୍ୟ ଅନୁଷ୍ଠାନ ଓ ବ୍ୟକ୍ତିବିଶେଷଙ୍କୁ ଅଯଥାରେ ଅପମାନିତ କରିବା ଇତ୍ୟାଦି ଅଭିଯୋଗରେ ଦୃଷ୍ଟାନ୍ତମୂଳକ କ୍ଷତିପୂରଣ ହିସାବରେ ପ୍ରତ୍ୟେକଙ୍କୁ ୧ ବିଲିୟନ୍ ଡଲାର ବା ସାତହଜାର କୋଟି ଟଙ୍କା ଲେଖାଏଁ ମନସାଣ୍ଟୋ କମ୍ପାନୀ କ୍ଷତିପୂରଣ ଦେବା ପାଇଁ ଆଦେଶ କଲେ। ପରେ ହଜାର ହଜାର ସଂଖ୍ୟାରେ ମକଦମା ଆରମ୍ଭ ହୋଇଗଲା।

ଏତିକିବେଳକୁ ଛୋଟମାଛକୁ ବଡ଼ମାଛ ଗିଲିଦେବା ନ୍ୟାୟରେ ଆମେରିକାର ମନସାଣ୍ଟୋ କମ୍ପାନୀକୁ ଜର୍ମାନିର ବେୟର କମ୍ପାନୀ କିଣିନେଲା। ସମସ୍ତ ମକଦମାଗୁଡ଼ିକୁ କୋଟ ବାହାରେ ଆପୋଷ ସମାଧାନ କରି ବେୟର କମ୍ପାନୀ ପ୍ରାୟ ୧୧ ବିଲିୟନ ଡଲାର ବା ୭୭ ହଜାର କୋଟି ଟଙ୍କା କ୍ଷତିପୂରଣ ଦେଲା। ଅବଶ୍ୟ ଏବେ ଆହୁରି ଟୁଟିନି ସବୁ ଆଇନଗତ ସମସ୍ୟା।

ଏବେ ଅନ୍ୟ ଏକ ବିପଦ ଦେଖାଦେଇଛି। ଘାସମରା ରାଉଣ୍ଡଅପ ବ୍ୟବହାର କରି ମଣିଷ ଦୁଃସାଧ୍ୟ କ୍ୟାନ୍‌ସର ରୋଗରେ ପଡ଼ିଲା, ଆଉ ସତେଯେମିତି ଏତିକି ଯଥେଷ୍ଟ ହେଲାନି, ଏବେ ଆମେ ରାଉଣ୍ଡଅପ ସହ ବିପଜ୍ଜନକ ଗ୍ରାମୋକ୍ସିନ୍ ନାରେ ବିକ୍ରୀ ହେଉଥିବା ପାରାକ୍ୱେଟ୍ ବ୍ୟବହାର କରୁଛୁ ଘାସ ତଥା ଅନାବନା ଗଛକୁ ସୁନିଶ୍ଚିତ ଭାବେ ମାରିବା ପାଇଁ। ଗ୍ରାମୋକ୍ସିନ୍‌ର ବ୍ୟବହାରରେ କିଡନୀ ଫେଲ୍ୟୁର, ହାର୍ଟ

ଫେଲ୍ୟୁର, ଲିଭର ଫେଲ୍ୟୁର ସହ ଫୁସ୍‌ଫୁସ୍‌ରେ ଦାଗ ସୃଷ୍ଟି ହୁଏ। ସେଇଥିପାଇଁ ଆଜି କ୍ୟାନ୍‌ସର ସହ କିଡନୀ ଫେଲ୍ୟୁର, ହାର୍ଟ ଫେଲ୍ୟୁର ଭଳି ରୋଗ ସଂକ୍ରାମକ ରୋଗ ଭଳି ବ୍ୟାପିବାରେ ଲାଗିଛି।

ଏଇଠି ଆଉ ଗୋଟିଏ କଥା ଜଣେଇବା ଜରୁରୀ ଯେ ପାରାକ୍ୱେଟ ବିଷର ବର୍ତ୍ତମାନ ସୁଦ୍ଧା କୌଣସି ପ୍ରତିକାର ବାହାରି ନାହିଁ। ତେଣୁ ଡାକ୍ତରମାନେ ନାଚାର ହୋଇଯାନ୍ତି ଓ ମୃତ୍ୟୁ ସୁନିଶ୍ଚିତ ହୋଇଯାଏ।

ସମ୍ବଲପୁର / ବରଗଡ଼ ଅଂଚଳରେ ଏଭଳି ରୋଗୀ ଅଧିକରୁ ଅଧିକ ବୁର୍ଲା ଡାକ୍ତରଖାନାରେ ପହଞ୍ଚିବା ପରେ ସେଠାରେ କିଛି ଡାକ୍ତର ସରକାରଙ୍କୁ ପାରାକ୍ୱେଟ୍‌ର ବ୍ୟବହାର ନିଷିଦ୍ଧ କରିବା ପାଇଁ ଅନୁରୋଧ କଲେ ଓ କିଛି ଫଳ ନହେବାରୁ ଶେଷରେ ଅନଶନରେ ବସିଥିଲେ। ସରକାର ବ୍ୟବହାର ବନ୍ଦ କଲେ କିନ୍ତୁ ବନ୍ଦ ବାଟେ ବନ୍ଦ, ବ୍ୟବହାର ବଢ଼ି ଚାଲିଛି, ଯେମିତି ପ୍ଲାଷ୍ଟିକ୍ କ୍ଷେତ୍ରରେ ହେଉଛି।

ମଣିଷ ଘାସ ମାରିବାକୁ ଯାଇ ଶେଷରେ ନିଜେ ସର୍ବସ୍ୱାନ୍ତ ହେଉଛି ଓ ପ୍ରାଣ ହରାଉଛି କ୍ୟାନ୍‌ସର ଓ କିଡ଼ନୀ ଫେଲ୍ୟୁର୍ ଭଳି ବେମାରରେ। ଚାଷୀମାନଙ୍କୁ ଘାସମରା ବ୍ୟବହାର ପାଇଁ ବୁଝେଉଥିବା କୃଷି କର୍ମଚାରୀ, ଏସବୁର ବ୍ୟବହାର ପାଇଁ ଅର୍ଥ ଯୋଗାଉଥିବା ବ୍ୟାଙ୍କ କର୍ମଚାରୀ, ପ୍ରଶାସକ, ମନ୍ତ୍ରୀ, ଯନ୍ତ୍ରୀ, ଡାକ୍ତର ପ୍ରଫେସର, ଓକିଲ ବିଚାରପତି ଓ ଘାସମରା ବ୍ୟବହାର ହୋଇଥିବା ଜମିର ଫସଲ ଖାଇ ସର୍ବସାଧାରଣ – କେହି ବିଷ ଜ୍ୱାଳାରୁ ରକ୍ଷା ପାଇବେ ନାହିଁ। କିଛି ଲୋକଙ୍କର ଜିନ୍ ହୁଏତ ତାଙ୍କୁ ସୁରକ୍ଷା ଦେଇପାରେ।

ତେବେ ଘାସମରା ଖର୍ଚ୍ଚ କମେଇବାର ଆବଶ୍ୟକତା ମଧ୍ୟ ରହିଛି। ଆଜିକାଲି ମହଲାମାନେ ଚଲେଇ ପାରୁଥିବା ଛୋଟ ଛୋଟ ଧାନରୁଆ ଯନ୍ତ୍ର ଧାଡ଼ିରେ ଧାନ ରୋଇପାରୁଛି। ଧାଡ଼ି ମଝିରେ ୱିଡର ଚଲେଇ ମଜୁରୀ ବାବଦକୁ ଖର୍ଚ୍ଚ କମେଇହେବ। ଅନ୍ୟ ଫସଲକ୍ଷେତ୍ରରେ ପତ୍ର ମୋଟା ଭାବରେ ପକାଇ ଘାସ ଦମନ କରିହେବ। ଏଭଳି ଭିନ୍ନ ଉପାୟ ଅବଲମ୍ବନ କରିବାକୁ ହେବ ନଚେତ ତୁ ଯୋ ବିଷ ପକାଇବୁ ପକାରେ, ଘାସ କରିଦେବ ତୋତେ ବୋକାରେ। ଘାସ ମରିବନି ମଣିଷ ମରିବା ସାର ହେବ।

■

ସମାଜ

ଭିନ୍ନ ଏକ ଭୂତାଣୁ

କିଛି ଦିନ ତଳେ ନୟାଗଡ଼ ଜିଲ୍ଲାର ଓଡ଼ଗାଁ ନିକଟସ୍ଥ ଏକ ଅନୁଷ୍ଠାନରେ ଜୈବିକ ଚାଷ ସମ୍ପର୍କୀୟ ଏକ ତାଲିମ କାର୍ଯ୍ୟକ୍ରମରେ ଯୋଗ ଦେଇଥିଲି। ସେ ଭିତରେ ଆନ୍ଧ୍ରର ବିଜୟୱାଡ଼ାରୁ ତାଙ୍କର ଟୋୟୋଟା ଇନୋଭା ଗାଡ଼ିରେ ଦୁଇଜଣ ଚାଷୀ ପହଞ୍ଚିଲେ। ତାଙ୍କୁ ପଚାରିଲି – ଆପଣମାନେ ଏତେ ବାଟରୁ ପନ୍ଦର କୋଡ଼ିଏ କେ.ଜି. ଧାନ ବିହନ ନେବା ପାଇଁ ଆସିଛନ୍ତି, ଆପଣମାନଙ୍କ ପାଖରେ ଦେଶୀ ବିହନ କ'ଣ କିଛି ନାହିଁ? ଉତ୍ତରରେ କହିଲେ – ବିହନର ମୂଲ୍ୟ ନାହିଁ, ସେ ଅମୂଲ୍ୟ, ଆଉ ଦେଶୀ ବିହନ କଥା, କୋଉକାଳୁ ସେସବୁ ଗଲାଣି। ତା'ପରେ ଅନୁଷ୍ଠାନର ଲୋକ କହିଲେ ତା'ର କିଛି ଦିନ ପୂର୍ବରୁ ତେଲେଙ୍ଗାନାର ଆଦିଲାବାଦ ଜିଲ୍ଲାର ଜଣେ ଚାଷୀ ନିଜ କାର ଧରି ଆସିଥିଲେ କିଛି ବିହନ ନେବା ପାଇଁ। ଯେଉଁ ରାଜ୍ୟରେ ଦେଶୀ ଛାଡ଼ି ହାଇବ୍ରିଡ୍ ଧାନକୁ ପ୍ରଥମେ ଚାଷୀମାନେ ଗ୍ରହଣ କରିନେଲେ, ସେଇ ରାଜ୍ୟରେ ପୁଣି ଦେଶୀ ବିହନ ପାଇଁ ଆଗ୍ରହ।

ଆମେ ଜାଣିଛେ ପ୍ରଥମେ ସରକାରଙ୍କ ତରଫରୁ ଉନ୍ନତ କିସମର ଧାନ, ପରେ ଅଧିକ ଅମଳକ୍ଷମ ଧାନ ଓ ଏବେ ହାଇବ୍ରିଡ୍ ବା ଶଂକର ଜାତୀୟ ଧାନ। ଖାଲି ଧାନ କାହିଁକି, ମକା, ଟମାଟୋ, ବାଇଗଣ, ଜହ୍ନି, ଭେଣ୍ଡିଠୁ ଆରମ୍ଭ କରି ସବୁ ଶଂକର ଜାତୀୟ। ଚାଷୀମାନେ କାହିଁକି ନିଜସ୍ୱ ଦେଶୀ ବିହନ ଛାଡ଼ି ଶଂକର ଜାତୀୟ ବିହନକୁ ଆଦରିଲେ ? ଆମେ ଦୁଇଟି ଉଦାହରଣ ଦେଲେ କାରଣ ସ୍ପଷ୍ଟ ହୋଇଯିବ।

ପ୍ରଥମେ ଧାନକୁ ନେବା। ଖାଉଟିଙ୍କର ପସନ୍ଦ, ଚାଉଳ ସୁପରଫାଇନ ବା ଅତି ସରୁ ହୋଇଥିବ, ଭାତ ଆଖି ଝଲସିଲା ଭଳି ଧଳା ଦେଖାଯାଉଥିବ, ଟିକିଏ ବାସନା ଥିଲେ ଆହୁରି ଭଲ। ଚାଷୀମାନଙ୍କର ପସନ୍ଦ ବେଶୀ ଅମଳ ହେବ, ଧାନ ସହଜରେ ପଡ଼ିବ ନାହିଁ, ଚାଉଳ ପାଇଁ ଲୋକଙ୍କର ଆଗ୍ରହ ଥିବା ସରକାର ତାକୁ କିଣି ନେଉଥିଲେ

ଭଲ। ଉଭୟ ଚାଷୀ ଓ ଖାଉଟିଙ୍କର ଆଗ୍ରହକୁ ବିଚାର କରି ବୈଜ୍ଞାନିକମାନେ ହଜାର ହଜାର ପ୍ରକାର ଧାନ ବିହନମାନଙ୍କର ଜିନ୍ ବା ଗୁଣସୂତ୍ରମାନଙ୍କର ମିଶାଣ ଫେଡ଼ାଣ କରି ଧାନ ବିହନ ବାହାର କରିଦେଲେ। ବର୍ତ୍ତମାନ ଉଭୟେ ଚାଷୀ ଓ ଖାଉଟିଙ୍କର ସମସ୍ୟା ସମାଧାନ ହୋଇଗଲା।

କିନ୍ତୁ, ପ୍ରକୃତରେ ସମସ୍ୟା ଆରମ୍ଭ ହେଲା। ଏବେ ଚାଷୀମାନେ ହାଇବ୍ରିଡ୍ ବା ଶଂକର ଜାତୀୟ ବିହନକୁ ପ୍ରତିବର୍ଷ କିଣିବେ, ନିଜେ ବିହନ ସାଇତି ବ୍ୟବହାର କରିପାରିବେ ନାହିଁ ବା ଅନ୍ୟାନ୍ୟ ଚାଷୀଙ୍କ ସହ ଅଦଳ ବଦଳ କରିପାରିବେ ନାହିଁ। ନିଜେ ନିଜର ହାଇବ୍ରିଡ୍ ଧାନର ବିହନ ବ୍ୟବହାର କଲେ ସେଥିରୁ ଗଜା ହେବନି, ଗଜା ହେଲେ, ଫୁଲ ହେବନି ବା ଫୁଲ ହେଲେ ଫଳ ହେବନି। ଧାନ ଭିତରେ ଥିବା ବିହନରୁ ଗଜା ହେବା ଓ ଫୁଲ ଫଳ ହେବାର ଜିନ୍ ଗୁଡ଼ିକୁ କଂପାନି ବାହାର କରିନେଇଛି ବା ଟର୍ମିନେଟ୍ କରିଦେଇଛି। କେହି କେହି ଅସାଧୁ ବ୍ୟବସାୟୀ ଚାଷୀଙ୍କଠୁ ହାଇବ୍ରିଡ୍ ଧାନ କିଣି ବିହନ ଆକାରରେ ବିକ୍ରି କରିଦେଉଥିବାରୁ ମଝିରେ ମଝିରେ ଚାଷୀମାନେ ଗଜା ହେଲା, ବା ଫୁଲ ଫଳ ହେଲାନି ବୋଲି ଅଭିଯୋଗ କରିଥାନ୍ତି। ପ୍ରତି ବର୍ଷ କଂପାନି ବିହନର ଯେଉଁ ଦାମ୍ ଠିକ୍ କରିବ, ସେହି ଦାମ୍ ହିଁ ଚାଷୀକୁ ଦେଇ କିଣିବାକୁ ପଡ଼ିବ। କଥା ସେତିକିରେ ସରେ ନାହିଁ। କଂପାନିର ହାଇବ୍ରିଡ୍ ଧାନ ବିହନରୁ ଅଧିକ ଅମଳ ପାଇଁ କଂପାନି ଯେଉଁ ହାରରେ ରାସାୟନିକ ସାର ଓ ଯେଉଁ ଯେଉଁ ପ୍ରକାରର କୀଟନାଶକ ବିଷ ବ୍ୟବହାର କରିବାକୁ କହିବ, ସେହି ଅନୁଯାୟୀ ଚାଷୀଙ୍କୁ କରିବାକୁ ହେବ, ନଚେତ ଉପଯୁକ୍ତ ଅମଳ ପାଇପାରିବେ ନାହିଁ। ଏବେ ଚାଷୀ ପୂରା କଂପାନି କବ୍‌ଜାରେ, ଆଉ ଖାଉଟିମାନେ ସେଇ ଗୋଟିଏ/ଦୁଇଟି ପ୍ରକାରର ବିଷବୋଳା ଚାଉଳର ଧୋବ ଫରଫର ଭାତ ଖାଇବାକୁ ବାଧ୍ୟ।

ଅନ୍ୟ ଉଦାହରଣଟି ହେଲା ଟମାଟୋ। ଯେମିତି ଲଙ୍କା ଓ ଆଳୁ, (ଆଗ ବିଲାତି ଆଳୁ କୁହାଯାଉଥିଲା), ଦକ୍ଷିଣ ଆମେରିକାରୁ ଆସି ଆମର ଅତି ପ୍ରିୟ ହୋଇଗଲା, ସେହିଭଳି ଆମେରିକାରୁ ଆସି ଟମାଟୋ ବା ବିଲାତି ବାଇଗଣ/ପାତଳଘଣ୍ଟ ଆମର ପ୍ରିୟ ପରିବା ହୋଇଗଲା। ଅନେକ ପ୍ରକାର ଟମାଟୋ ଥିଲା, ଗୋଟେ ଗୋଟେ ଟମାଟୋର ଓଜନ ଅଧକିଲୋ, ପାଣି/ରସ ପ୍ରଚୁର, ଚୋପା ପତଳା, ସହଜରେ ଫାଟି ଯାଏ। ଛୋଟ ପରିବାର ହେତୁ ସେସବୁ ଖାଉଟିଙ୍କୁ ସୁହାଇଲା ନାହିଁ, ଦୂରକୁ ପଠାଇବା ବ୍ୟବସାୟୀ/ଚାଷୀଙ୍କ ପକ୍ଷରେ ସୁବିଧା ହେଲାନି। ଚାଷୀ ଚାହିଁଲେ ପ୍ରଚୁର ଆମଦାନି, ଟମାଟୋଗୁଡ଼ିକ ଛୋଟ, ପଥର ଭଳି ଟାଣ, ବର୍ଷସାରା ହେଉଥିବ। ଖାଉଟି ଚାହିଁଲେ ଅଢ଼େଇଶ ଟମାଟୋରେ ଗୋଟିଏ ଡାଲମାରେ, ଗୋଟିଏ ତରକାରିରେ ଆଉ ଦୁଇଟି/

କିଏ କହିବ, କ'ଣ ହେବ ? | ୧୩୫

ତିନିଟି ସାଲାଡରେ। କିଣିକିରି ଆଣିଲାବେଳେ ବା ଘରେ ପରିବା ଡାଲାରେ ଫାଟିବନି ଓ ବର୍ଷସାରା ପାଇବେ। ଏ ଉଭୟଙ୍କର ଚାହିଦା ମେଣ୍ଟାଇବାକୁ ବୈଜ୍ଞାନିକମାନେ ନୂଆ କିସମର ଟମାଟୋ ବାହାର କଲେ। ହାଇବ୍ରିଡ୍ ଟମାଟୋର ମଂଜି କିଲୋ ପଚିଶରୁ ଅଶୀ ହଜାର ଟଙ୍କା। ଧାନ ପରି ଟମାଟୋର ମଂଜି ମଧ୍ୟ ଚାଷୀମାନେ କଂପାନିରୁ ହିଁ କିଣିବେ ଓ କଂପାନିର ପରାମର୍ଶ ଅନୁଯାୟୀ ରାସାୟନିକ ସାର ଓ କୀଟନାଶକ ବିଷ ପ୍ରୟୋଗ କଲେ ଯାଇ ହିଁ ଅଧିକ ଅମଳ ପାଇବେ। ନିଜେ ବିହନ ରଖିଲେ ଫୁଲ ଫଳ ହେବନି। ସେଇ ଜିନ୍‌ଗୁଡ଼ିକୁ କଂପାନି ବାହାର କରିନେଇଛି। ଏବେ କଂପାନିମାନେ ଆଉ ପାଦେ ଆଗେଇଗଲେ। ବହୁତ ଦାମ୍ ଦେଇ ବିହନ କିଣି ଚାରା କଲାବେଳେ ପାଣିପାଗ ଯୋଗୁ ହେଉ ବା କୌଣସି ଅସାଧୁ ବ୍ୟବସାୟୀଙ୍କ କାରସାଦି ଯୋଗୁ ହେଉ, ଚାଷୀମାନେ ଅନେକ ସମୟରେ କ୍ଷତି ସହିଲେ। ସେଥିରୁ ରକ୍ଷା କରିବା ପାଇଁ ଏବେ ବିଭିନ୍ନ ଜାଗାରେ କଂପାନି ତରଫରୁ ବଡ଼ ବଡ଼ ଗ୍ରିନ୍ ହାଉସ୍‌ରେ ଲକ୍ଷ ଲକ୍ଷ ଚାରା ଉତ୍ପାଦନ ପାଇଁ ନର୍ସରୀ କରାଯାଉଛି କଂପାନି ବିହନରୁ। ଚାଷୀମାନେ ଏଣିକି ଟମାଟୋ ମଂଜି ନକିଣି ସିଧାସଳଖ ଚାରା କିଣିଲେ। ଧାନ ଭଳି ଏଥିରେ ମଧ୍ୟ ଏବେ ଚାଷୀ ପୂରା କଂପାନି କବ୍‌ଜାରେ। ଆଉ ବର୍ଷସାରା ସେଇ ଗୋଟିଏ ଦୁଇଟି ପ୍ରକାରର ହାଇବ୍ରିଡ୍ ବିଷବୋଳା ଟମାଟୋ ଖାଉଟିମାନେ ଖାଇଲେ।

ଆଉ ପାଦେ ଆଗେଇ ଯାଇ ବାଇଗଣ, ମକା ଓ କପା ଭଳି ଫସଲରେ ବାହାର ପ୍ରାଣୀମାନଙ୍କର ଜିନ୍ ଖଂଜି ବି.ଟି. ବାଇଗଣ, ମକା ଓ କପା ଇତ୍ୟାଦି ଫସଲ ବାହାର କଲେ। ଏହାକୁ ଟ୍ରାନ୍‌ସଜେନିକ୍ ଟେକ୍ନୋଲୋଜି କୁହାଗଲା। ଏ ବିଦ୍ୟା ପ୍ରୟୋଗ କରି କାନାଡ଼ାର ଗୋଟିଏ କଂପାନି ବାୟୋଷ୍ଟିଲ୍ ଉତ୍ପାଦନ କରିବା ପାଇଁ ବାହାରିଛି। ବୁଢ଼ିଆଣୀର ସୂତା ବାହାର କରିବା ଜିନ୍‌କୁ ଛେଳିରେ ଭର୍ତ୍ତିକରି ଛେଳି କ୍ଷୀରରୁ ସୂତା ବାହାର କରିବେ ଯାହା କି ସେଇ ମୋଟେଇର ଇସ୍ପାତଠୁ ମଜଭୁତ ଓ ନମନୀୟ ହେବ।

ଆଉ କିଛି ବୈଜ୍ଞାନିକ ଲାଗିଛନ୍ତି ବିଭିନ୍ନ ପ୍ରକାର ପ୍ରାଣୀମାନଙ୍କର ଜିନ୍‌କୁ ମଣିଷ ଭିତରେ ଭର୍ତ୍ତି କରି ଏକ ପ୍ରକାର ପ୍ରାଣୀ ବାହାର କରିବେ ଯାହାର ନାଁ ହେବ ପାରା ହ୍ୟୁମାନ୍ ଅର୍ଥାତ୍ ଏଇ ପ୍ରାଣୀ ବି ମଣିଷ ଭଳି ଦେଖାଯିବ, କିନ୍ତୁ ମଣିଷ ନୁହେଁ ଓ ସେ ଅତି ଅସ୍ୱାସ୍ଥ୍ୟକର ପରିବେଶରେ ବିପଜ୍ଜନକ କାମ ମାନ କରିବ; ଯେହେତୁ ପୂରା ମଣିଷ ନୁହେଁ, ସେଥିପାଇଁ ମାନବିକ ଅଧିକାର ତା'ର ରହିବ ନାହିଁ ଓ ମାନବିକ ଅଧିକାର ପାଇଁ କାମ କରୁଥିବା କର୍ମୀମାନେ ହୋ ହଲ୍ଲା କରିବେ ନାହିଁ ବା କୋର୍ଟ କଚେରିକୁ ଯାଇପାରିବେ ନାହିଁ।

ଏ ବିଦ୍ୟା ବା ଅବିଦ୍ୟା ପ୍ରୟୋଗ କରି ଅନ୍ୟ ଏକ କଳ୍ପନା କରାଯାଇପାରେ।

ଯେପରି ଲକ୍ଷାଧିକ ପ୍ରଜାତିର ଧାନର ଗୁଣସୂତ୍ରଗୁଡ଼ିକରୁ ବଛାବଛି କରି ହାଇବ୍ରିଡ୍ ଧାନ ବାହାର କରାଗଲା ସେଇଭଳି ପୃଥିବୀର ବିଭିନ୍ନ ସ୍ଥାନରେ- ବର୍ଷସାରା ବରଫ, ମରୁଭୂମିର ଭୟଙ୍କର ତାତି, ଅତ୍ୟୁଚ୍ଚ ପାହାଡ଼ ପର୍ବତ, ଅଗନା ଅଗନି ବନସ୍ତ, ବିସ୍ତୃତ ସମତଳ ଭୂମି, ଜନାକୀର୍ଣ୍ଣ ସହର ଇତ୍ୟାଦି ଜାଗାମାନଙ୍କରେ ରହୁଥିବା ଲୋକମାନଙ୍କର ଜିନ୍ ଏକାଠି କରି ନୂଆ ମଣିଷ ବାହାର କରିବେ। ସେଥିରେ ଖର୍ବକାୟ, ଦୀର୍ଘକାୟ, ଶତାୟୁ, ଗୋରା, କଳା, ପୀତ ବର୍ଣ୍ଣ ଇତ୍ୟାଦି ମଣିଷ ମଧ୍ୟ ରହିବେ। ବିଲେଇ ଓ ଚିଲ ଭଳି ମଣିଷ ଇତର ପ୍ରାଣୀମାନଙ୍କର ଜିନ୍ ସଂଗ୍ରହ କରି ମଣିଷ ଭିତରେ ଭର୍ତ୍ତି କରିବେ।

ଏବେ କଂପାନି କହିବ – ଆମ ଭ୍ରୁଣଟି ଶହେ ବର୍ଷ ବଂଚିବ, ତାର ମୁଣ୍ଡ ଲଣ୍ଡା ହେବନି, ଚୁଟି ପାଚିବନି, ଦାନ୍ତ ପଡ଼ିବନି, ବିଲେଇ ଭଳି ରାତିରେ ଓ ଚିଲ ଭଳି ବହୁ ଦୂରରୁ ମଧ୍ୟ ଦେଖିପାରିବ। ଅନେକ ପ୍ରକାର କର୍କଟ ରୋଗ, ଶ୍ୱାସ, ଡାଇବେଟିସ୍ ଇତ୍ୟାଦି ରୋଗ ହେବନି, କରୋନା ଭଳି ଅନେକ ଭୂତାଣୁକୁ ପ୍ରତିରୋଧ କରିବ। ଗଣିତ, ବିଜ୍ଞାନ, ସାହିତ୍ୟ, ସଂଗୀତ ଓ ସଂସ୍କୃତିରେ ରୁଚି ରହିବ। ରଂଗ, ଉଚ୍ଚତା ଇତ୍ୟାଦି ମଧ୍ୟ ବେଶ୍ ଆକର୍ଷଣୀୟ ହେବ, ଇତ୍ୟାଦି। ଧାନ ଚାଷୀ ଓ ଟମାଟୋ ଚାଷୀ କଂପାନି ଜାଲରେ ପଡ଼ିବା ଭଳି ଆମେ ସେ ଜାଲରେ ପଡ଼ିଯିବା। ଆଉ ସେତେବେଳେ ପାଞ୍ଚ ବର୍ଷର ପୁଅ ବା ଝିଅ, ବା କୋଡ଼ିଏ/ବାଇଶି ବର୍ଷର ତରୁଣ ତରୁଣୀ ସବୁ ସର୍ବତୋଭାବେ ସମାନ ଦେଖାଯିବେ। ରଂଗରେ, ଢ଼ଙ୍ଗରେ, ରୁଚିରେ କୌଣସି ପାର୍ଥକ୍ୟ ରହିବ ନାହିଁ। ସେତେବେଳେ 'କାଳୀ' ଦେଖିଲି, ଗୋରୀ ଦେଖିଲି...' ଗୀତର ପ୍ରାସଙ୍ଗିକତା ରହିବ ନାହିଁ।

ଆଉ ଯେମିତି ଟମାଟୋ ଚାଷୀମାନଙ୍କୁ ମଂଜି କିଣି ଚାରା କରିବା କଷ୍ଟରୁ କଂପାନି ଉଦ୍ଧାର କରିଦେଲା ସିଧାସଳଖ ଚାରା ଦେଇ, ସେଇଭଳି କଂପାନିର ଭ୍ରୁଣ କିଣି ଆଣି ତା'କୁ ବଢ଼େଇ, ଜନ୍ମ ଦେବାର କଷ୍ଟରୁ ଉଦ୍ଧାର ପାଇବା, କଂପାନି ସନ୍ତାନ ବଢ଼େଇ ଦେଇଦେବାର ବ୍ୟବସ୍ଥା କରିବ। ବୟସ ଅନୁପାତରେ ଅର୍ଥ ଦେଇ ସନ୍ତାନ କିଣିବା ଶ୍ରେୟସ୍କର ହୋଇଯିବ। ସେତେବେଳେ ଆମେ ଏକ ମୁସ୍କିଲ ଦୁନିଆରେ ପହଞ୍ଚିବା। ପୁଂସବନ କର୍ମ, ଗର୍ଭଧାନ କର୍ମ ଓ ଜାତକର୍ମ ଇତ୍ୟାଦି ରହିବ ନାହିଁ।

ଇଏ ଏକ ଅତି ଅବାସ୍ତବ ଓ ଉଦ୍ଭଟ କଳ୍ପନା ପରି ମନେ ହୁଏ। କିନ୍ତୁ ଲକ୍ଷ୍ୟ କରିଛନ୍ତି ଆମ ଗୋଲାପ ଫୁଲତୋଡ଼ାର ଗୋଲାପଗୁଡ଼ିକୁ? ସେ ସବୁ ସର୍ବତୋଭାବେ ସମାନ। କେବେ ଭାବିଛନ୍ତି ଯେ ଯେଉଁ ଚିକେନ୍ ଖାଉଛନ୍ତି, ସାରା ଦେଶରେ ସେଇ ଗୋଟିଏ ପ୍ରକାର କୁକୁଡ଼ା। ସେଇ ଜର୍ସି ଗାଈର କ୍ଷୀର। ସେଇ ଆନ୍ଧ୍ରର ଗୋଟିଏ ଦୁଇଟି ପ୍ରକାର ମାଛ।

ଧୀରେ ଧୀରେ ଆମ ଲକ୍ଷ୍ୟରେ ଅଥଚ ନିଶ୍ଚିତ ଭାବରେ ଆମେ ପ୍ରକୃତିରେ ଥିବା ଚମତ୍କାର ବିବିଧତା ହରାଇ ସମାନତା ବା ହୋମୋଜେନିଟି/ୟୁନିଫର୍ମିଟି ଆଡ଼କୁ ଯାଉଛେ। ଆମ ନଦୀ ନାଳରେ, ଧାନ ବିଲରେ ଓ ସମୁଦ୍ରରେ କେତେ ପ୍ରକାର ମାଛ ଥିଲେ, ହଜାର ହଜାର ପ୍ରକାର ଧାନ ଥିଲା, କେତେ ପ୍ରକାର ଦେଶୀ ଗାଈ ଥିଲେ, କେତେ ପ୍ରକାର ଭେଣ୍ଡି, ଜହ୍ନି, ଝୁଡ଼ଙ୍ଗ ଇତ୍ୟାଦି ପରିବା ଥିଲା। ସେ ସବୁ ଗଲେ କୁଆଡ଼େ ? କେତେ ପ୍ରକାର ରୋଷେଇ ଓ ବ୍ୟଞ୍ଜନର ବ୍ୟବସ୍ଥା, କେତେ ପ୍ରକାର ପୋଷାକପତ୍ର ଓ ଭାଷାସବୁ ଆଖି ଆଗରେ ଧୀରେ ଧୀରେ ଲୋପ ପାଇବାରେ ଲାଗିଛି। କୋଟି କୋଟି ବର୍ଷର ବିବର୍ତ୍ତନ ପ୍ରକ୍ରିୟାରେ ପ୍ରକୃତି ସେଇ ବିଚିତ୍ରତା ଓ ବିବିଧତାର ଭଣ୍ଡାର ସୃଷ୍ଟି କରିଥିଲା।

ପାହାଡ଼ରେ ଧାଡ଼ି ଧାଡ଼ି ହୋଇ ଗୋଟିଏ ପ୍ରକାର ଗଛ ଅଛି କି ? ଆକାଶରେ ସମାନ ଆକାର ଓ ଉଜ୍ଜ୍ୱଳତାର ତାରାମାନେ ଧାଡ଼ି ଧାଡ଼ି ହୋଇ ଅଛନ୍ତି କି ? ଯଦି ସେଭଳି ହୋଇଥାନ୍ତା ତେବେ ଆମେ ଅନନ୍ତ ଆକାଶର ଓ ବଣ ଜଙ୍ଗଲର ଅପରୂପ ସୌନ୍ଦର୍ଯ୍ୟ ଓ ବର୍ଣ୍ଣ ବୈଭବରେ ଆତ୍ମହରା ହେଉନଥାନ୍ତେ।

ଆଜି କିନ୍ତୁ ଭିନ୍ନ ଏକ ଭୂତାଣୁ, ସମାନତାର ଭୂତାଣୁ ଆମକୁ କବଳିତ କରିବାରେ ଲାଗିଛି। କିଏ କହିବ, ଯଦି ଏଠୁ ସେଠୁ ଖଞ୍ଜା ଯାଇଥିବା ଗୋଟିଏ ଦୁଇଟି ଜିନ୍‌ର ବିଲୟ ବା କୋଲାପ୍‌ସ ହୁଏ ବା କୌଣସି ଏକ ନୂଆ ବେମାର ବା କୀଟର ସଂକ୍ରମଣକୁ ପ୍ରତିରୋଧ କରିନପାରେ, ତେବେ ସମୂଳେ ବିନାଶ ଘଟିବ। ଆଉ ଆମେ ଊର୍ଦ୍ଧ୍ୱମୁଖ ହୋଇ ପ୍ରାର୍ଥନା କଲେ ଏ ସମାନତାର ଭୂତାଣୁର କବଳରୁ ରକ୍ଷା କରିବା ପାଇଁ କେହି ତ୍ରାଣକର୍ତ୍ତା ଓହ୍ଲେଇ ଆସିବେନି। ଆମକୁ ଏବେଠୁ ହିଁ ପ୍ରକୃତିର ଅନିର୍ବଚନୀୟ ଶୋଭା ଓ ବିବିଧତାର ସୁରକ୍ଷା କରିବାକୁ ହେବ।

■

ସମ୍ବାଦ, ୨୦ ଜୁନ୍, ୨୦୨୦

ପ୍ରମୁଖ ବିଜ୍ଞାଣିଙ୍କର କରୁଣ କାହାଣୀ

ଏଇ ହେଉଛି ଆମର ମଣିଷ ଜାତିର ଦୁର୍ଭାଗ୍ୟ। ବିଡ଼ମ୍ବନା ଏହା ଯେ ଆମ ଭିତରୁ ଯେଉଁମାନେ ସବୁଠୁ ବୁଦ୍ଧିଆ, ପ୍ରଚଣ୍ଡ ପ୍ରତିଭାର ଅଧିକାରୀ ସେମାନେ ଲାଗିଥାନ୍ତି କିପରି କମ୍ ସମୟରେ ବେଶୀ ମଣିଷଙ୍କୁ ମାରିହେବ ତା'ର ଉପାୟ ଉଦ୍ଭାବନରେ। କାଉ ବେଶୀ ବୁଦ୍ଧିଆ ଓ ସିଆଣିଆ ହୋଇ ଯାହା କରେ ଠିକ୍ ସେୟା। ଖାଲି ସେତିକି ନୁହେଁ, ସେଇ ବୁଦ୍ଧିଆମାନେ ଅନେକ ସମୟରେ ଆମର ପୂଜ୍ୟ ହୋଇଯାଆନ୍ତି ମଧ୍ୟ। ସଦ୍ୟ ଉଦାହରଣ ହେଲା ନିଶ୍ଚିତ ମୃତ୍ୟୁର ଅସ୍ତ୍ର ଏକେ-୪୭ ବନ୍ଧୁକର ଉଦ୍ଭାବକ କଲାସନିକଭଙ୍କର ମୃତ୍ୟୁ ପରେ ଏବେ ରୁଷିଆରେ ତାଙ୍କର ପ୍ରତିମୂର୍ତ୍ତି ସ୍ଥାପନ କରାଯାଇଛି।

ତେବେ ଏଠାରେ ପରମାଣୁ ବୋମାର ଜନକ କୁହାଯାଉଥିବା ଓପେନ୍‌ହେମରଙ୍କ ବିଷୟରେ କୁହାଯାଇଛି। ପରମାଣୁ ବୋମା ତିଆରି ପାଇଁ ଯେଉଁ ଯୋଜନାଟି ହେଲା ତା'ର ଦାୟିତ୍ୱ ଓପେନ ହେମରଙ୍କ ଉପରେ ନ୍ୟସ୍ତ କରିବାର କାରଣ ହେଲା ଯେ, ସେ କେବଳ ପ୍ରଚଣ୍ଡ ବୈଜ୍ଞାନିକ ପ୍ରତିଭାର ଅଧିକାରୀ ନଥିଲେ, ତାଙ୍କର ବ୍ୟକ୍ତିତ୍ୱ ଅତ୍ୟନ୍ତ ଆକର୍ଷଣୀୟ ମଧ୍ୟ ଥିଲା। ତାଙ୍କର ସହଯୋଗୀ ଓ ସହକର୍ମୀମାନଙ୍କ ପାଇଁ ସେ ବଡ଼ ପ୍ରେରଣାପ୍ରଦ ଥିଲେ। ସବୁ ସହକର୍ମୀମାନଙ୍କୁ ଏକାଠି କରି ସମସ୍ତେ ଯେପରି ଉତ୍ସାହର ସହ କାମ କରିବେ ସେ କୌଶଳ ତାଙ୍କୁ ବେଶ୍ ଜଣାଥିଲା।

'ସେଇ ଉଡ଼ାଜାହାଜଟି ଦେଖିଲି' ପ୍ରବନ୍ଧଟି ଯାହାକି ନିକଟରେ ପ୍ରକାଶିତ ହୋଇଛି ସେଠି କୁହାଯାଇଥିଲା, ପାଠକମାନଙ୍କର ମନେଥିବ, ସାମରିକ ଦୃଷ୍ଟିରୁ ଜାପାନ ଉପରେ ପରମାଣୁ ବୋମା ନିକ୍ଷେପରେ କୌଣସି ଆବଶ୍ୟକତା ନଥିଲା ଓ ନୀତି ଦୃଷ୍ଟିରୁ ଅତ୍ୟନ୍ତ ଗର୍ହିତ ଥିଲା। ସମସ୍ତ ଯୁକ୍ତିକୁ ଆଡ଼େଇ ଦେଇ ୧୯୪୫ ମସିହା ଅଗଷ୍ଟ ୩ ତାରିଖ ପରେ ପାଗ ଦେଖିକରି ଯେତେ ଶୀଘ୍ର ସମ୍ଭବ ଜାପାନ ଉପରେ ପରମାଣୁ ବୋମା ନିକ୍ଷେପ ପାଇଁ ରାଷ୍ଟ୍ରପତି ଟ୍ରୁମାନ ଆଦେଶ ଦେଇଥିଲେ।

ଟ୍ରୁମାନ ମୁଖ୍ୟତଃ ଦୁଇଟି କାରଣରୁ ସେ ଆଦେଶ ଦେଲେ। ପ୍ରଥମଟି ହେଲା- ପଶ୍ଚିମପଟେ ଜର୍ମାନୀ ହାରିଯାଇ ଆତ୍ମସମର୍ପଣ କଲାପରେ ଜର୍ମାନୀର ଅଧା, ପୋଲାଣ୍ଡ, ହଙ୍ଗେରୀ, ବୁଲଗେରିଆ, ଚେକୋସ୍ଲୋଭାକିଆ, ଯୁଗୋସ୍ଲୋଭିଆ, ରୁମାନିଆ ଇତ୍ୟାଦି ଦେଶଗୁଡ଼ିକ ସୋଭିଏତ ୟୁନିୟନର ଆୟତ୍ତାଧୀନ ହୋଇଗଲେ ଓ ସେଠାରେ କମ୍ୟୁନିଷ୍ଟ ଶାସନ ପ୍ରତିଷ୍ଠା ନିଶ୍ଚିତ ହୋଇଗଲା। ବର୍ତ୍ତମାନ ୟୁରୋପରୁ ମୁକ୍ତ ହୋଇଯିବା ପରେ ସୋଭିଏତ ସୈନ୍ୟବାହିନୀ ପୂର୍ବମୁହାଁ ହେଲେ ଓ ଜାପାନ ଆକ୍ରମଣ ପାଇଁ ପ୍ରସ୍ତୁତ ହୋଇଗଲେ। ଯଦି ଜାପାନର ପରାଜୟର ପୂରା ଶ୍ରେୟ ସୋଭିଏତ ୟୁନିଅନକୁ ଚାଲିଯିବ ତେବେ ଜାପାନ ଦଖଲ କରିଥିବା କୋରିଆ, ଚୀନ, ଫିଲିପାଇନ୍ସ, ଇଣ୍ଡୋନେସିଆ, ମାଲେସିଆ ଓ ବର୍ମା ଇତ୍ୟାଦି ଦେଶ ସବୁ ସୋଭିଏତ ୟୁନିଅନର ଆୟତ୍ତାଧୀନ ହୋଇଯିବେ ଓ ସେଠାରେ ମଧ୍ୟ କମ୍ୟୁନିଷ୍ଟ ଶାସନ ପ୍ରତିଷ୍ଠିତ ହୋଇଯିବ। ଆମେରିକା ତଥା ସମସ୍ତ ପୁଞ୍ଜିବାଦୀ ରାଷ୍ଟ୍ରମାନଙ୍କ ପାଇଁ ଘୋର ବିପଦର କାରଣ ହୋଇଯିବ। ସେ ସମ୍ଭାବନାକୁ ଯେକୌଣସି ପ୍ରକାରେ ପ୍ରତିହତ କରିବାକୁ ହେବ ଓ ସେଥିପାଇଁ ଜାପାନର ଚୂଡ଼ାନ୍ତ ପରାଜୟ ପାଇଁ ରୁଷିଆ ନୁହେଁ, ବରଂ ଆମେରିକା ହିଁ ସମସ୍ତ ଶ୍ରେୟର ଅଧିକାରୀ ଏହା ଦେଖେଇଦେବାକୁ ହେବ। ଦ୍ୱିତୀୟ କାରଣ ହେଲା, ପରମାଣୁ ବୋମା ପରି ଚମକପ୍ରଦ ଅସ୍ତ୍ରର ଅଧିକାରୀ କେବଳ ଆମେରିକା ଓ ରୁଷିଆ ଆଡ଼କୁ ନଢ଼ଳିବା ପାଇଁ ଅନ୍ୟ ରାଷ୍ଟ୍ରମାନଙ୍କୁ ତାହା ଯଥେଷ୍ଟ ସଂକେତ ଦେବ। ଆମେରିକାର ପତିଆରା ଜାରି ପାଇଁ ଲକ୍ଷ ଲକ୍ଷ ଲୋକ ବଳି ପଡ଼ିଗଲେ।

୧୯୪୫ ମସିହା ଅଗଷ୍ଟ ୬ ତାରିଖ ସକାଳ ୮ ଘଣ୍ଟା ୧୫ ମିନିଟ୍ ସମୟ। କର୍ମଚଞ୍ଚଳ ଜାପାନୀମାନେ ନିଜ ନିଜ କର୍ମସ୍ଥଳକୁ ଯିବାପାଇଁ ପ୍ରସ୍ତୁତ ହୋଇ ବାହାରି ପଡୁଛନ୍ତି। ଏନୋଲା ଗେ ନାମରେ ବି-୨୯ ବୋମାବର୍ଷୀ ବିମାନରୁ 'ଲିଟ୍ଲ୍ ବୟ' ବା 'ଛୋଟ ପିଲା' ନାମରେ ନାମିତ ୧୬ କିଲୋଟନ୍ ଟିଏନଟି କ୍ଷମତାବିଶିଷ୍ଟ ୟୁରାନିୟମ (ପରମାଣୁ) ବୋମାଟି ଜାପାନର ହିରୋସୀମା ଉପରେ ନିକ୍ଷେପ କଲେ। ବୋମା ପଡ଼ିବାର କେନ୍ଦ୍ରସ୍ଥଳରେ ତତ୍‌କ୍ଷଣାତ୍ ୫୪୦୦ ଡିଗ୍ରୀ ଫାରେନ୍‌ହିଟ୍‌ର ଉତ୍ତାପ ପହଞ୍ଚିଗଲା। ଏକ ଘନବାଦାମୀ ରଙ୍ଗର ଧୂମକୁଣ୍ଡଳ ଆକାଶରେ ୪୫୦୦ ଫୁଟ ଯାଏ ଉଠିଲା ଓ ଆକାଶ ଏତେମାତ୍ରାରେ ଉଜ୍ଜ୍ୱଳ ହେଇଗଲା ଯେ ଜଣାଗଲା ସତେଯେପରି ସୂର୍ଯ୍ୟ ନିଜ ସ୍ଥାନରୁ ଖସିଆସି ହିରୋସୀମା ସହର ଉପରେ ଉପନୀତ ହୋଇଗଲେ।

ଆଖିପିଛୁଳାକେ ସହରଟି ଉଭାନ ହୋଇଗଲା। ହଜାର ହଜାର ନରନାରୀ, ଶିଶୁ, ପଶୁପକ୍ଷୀ ପୋଡ଼ି ପାଉଁଶ ହୋଇଗଲେ। ନିଆଁ, ନିଆଁ, ଚଉଦିଗରେ ନିଆଁ, ସତେଯେପରି ହିରୋସୀମା ସହରଟି ଏକ ଜ୍ୱଳନ୍ତ ଅଗ୍ନିପିଣ୍ଡରେ ପରିଣତ ହୋଇଗଲା।

ପୋଡ଼ିଯାଉଥିବା ଘରଗୁଡ଼ିକରୁ ମୁକ୍ତିପାଇଁ ଯେଉଁମାନେ ବାହାରକୁ ଚାଲିଆସିଲେ ସେମାନଙ୍କର ପିନ୍ଧାଲୁଗାରେ ନିଆଁ ଲାଗିଗଲା। ଅସହ୍ୟ ଯନ୍ତ୍ରଣାରୁ ରକ୍ଷାପାଇବା ପାଇଁ ନିକଟରେ ବୋହିଯାଉଥିବା ନଦୀ ଆଡ଼କୁ ସମସ୍ତେ ଦୌଡ଼ିଲେ, ନଦୀ ଭିତରକୁ ପଶିଗଲେ କାଳେ ଜ୍ୱାଳାରୁ ରକ୍ଷାପାଇଯିବେ। କିନ୍ତୁ ହାୟ, ନଦୀର ପାଣି ଭୟଙ୍କର ଉତ୍ତାପରେ ଟକମକ ଫୁଟିବା ଆରମ୍ଭ କରିଛି ଓ ଅନ୍ୟତ୍ର ଚାଲିଯିବା ବା ଅନ୍ୟ ଉପାୟ କିଛି ବାହାର କରିବାର ଅବକାଶ ନଥିଲା। ଶରୀର ସଂପୂର୍ଣ୍ଣ ଉଲଗ୍ନ, ଦେହରୁ ଚର୍ମ ଉତୁରିଯାଉଛି, ମାଂସ ଖଣ୍ଡ ଖଣ୍ଡ ଖସିଯାଉଛି। ଆର୍ତ୍ତଚିତ୍କାରରେ ଆକାଶ ଫାଟିଯାଉଛି। ସେଇ ନଦୀକୂଳରେ ହିଁ ଶହେ ନୁହେଁ, କି ହଜାରେ ନୁହେଁ, ତିରିଶ ହଜାର ନରନାରୀ ଓ ଶିଶୁମାନଙ୍କର ଶବ ଠୁଳ ହୋଇଗଲା। ହିରୋସୀମାର ଲକ୍ଷେ ଚାଳିଶ ହଜାର ଲୋକଙ୍କର ପ୍ରାଣବାୟୁ ଚାଲିଗଲା। ତିନି ଦିନ ପରେ ନାଗାସାକି ସହରର ଅଧିବାସୀ ସମଦଶା ଭୋଗିଲେ।

ଏଠାରେ ଉଲ୍ଲେଖଯୋଗ୍ୟ ଯେ, ହିରୋସୀମାରେ ସେଇ ସମୟରେ ଜନସଂଖ୍ୟା ଅଧିକ ଥିଲା। କାରଣ ହେଲା– ଆମେରିକାର ପର୍ଲ ବନ୍ଦର ଉପରେ ଜାପାନର ଆକ୍ରମଣ ପରେ ଆମେରିକାରେ କାଲିଫର୍ଣ୍ଣିଆ ଓ ଅନ୍ୟ ଅଞ୍ଚଳରେ ଥିବା ଜାପାନୀ ଲୋକମାନଙ୍କୁ ଆମେରିକା ଶତ୍ରୁଦୃଷ୍ଟିରେ ଦେଖିଲା ଓ ସେମାନଙ୍କୁ ମରୁପ୍ରାୟ ଏକ ଅଞ୍ଚଳରେ ତମ୍ବୁରେ ଅତ୍ୟନ୍ତ କଷ୍ଟଦାୟକ ସ୍ଥିତିରେ ବନ୍ଦୀକରି ରଖାଗଲା। ଜାପାନୀ ପରିବାରର ସ୍ତ୍ରୀ ଓ ଶିଶୁମାନେ ଜାପାନ ଚାଲିଆସି ସେଇ ସମୟରେ ହିରୋସୀମାରେ ଅବସ୍ଥାନ କରୁଥିଲେ। ଆମେରିକାରେ ଉତ୍ପୀଡ଼ନ ଓ ନିର୍ଯ୍ୟାତନାରୁ ରକ୍ଷାପାଇବା ପାଇଁ ହିରୋସୀମାରେ ଆଶ୍ରୟ ନେଇଥିବା ଶିଶୁ ଓ ମହିଳାମାନେ ଜାଣିନଥିଲେ ଯେ ନିଜ ଦେଶରେ ତାଙ୍କୁ ମୃତ୍ୟୁ ଅପେକ୍ଷା କରିଛି। ଆମେରିକା ଜନସାଧାରଣଙ୍କ ମଧ୍ୟରେ ହିଟଲରଙ୍କ ପ୍ରତି ବିଦ୍ୱେଷ ଭାବ ଥିଲା, କିନ୍ତୁ ଜର୍ମାନ ଲୋକମାନେ ଭଦ୍ର ଓ ସଭ୍ୟ ବୋଲି ସେମାନଙ୍କର ଧାରଣା ଥିଲା। କିନ୍ତୁ ଜାପାନୀମାନଙ୍କ ବିଷୟରେ ସେମାନଙ୍କର ମତ ଭିନ୍ନ ଥିଲା। ସେମାନଙ୍କ ପ୍ରତି ପ୍ରଚଣ୍ଡ ଘୃଣାଭାବ ଥିଲା। ସେଇ ପୀତବର୍ଣ୍ଣ ମର୍କଟ, ସେଇ ପ୍ରଚଣ୍ଡ ଘୃଣାଭାବ ଥିଲା। ସେଇ ପୀତବର୍ଣ୍ଣ ମର୍କଟ, ସେଇ ମୂଷିକମାନଙ୍କୁ ସମୂଳେ ନିପାତ କଲେ କିଛି ଯାଏଆସେ ନାହିଁ। ଏହା ହିଁ ଥିଲା ଆମେରିକୀୟ ଜନସାଧାରଣଙ୍କର ମତ। ତେଣୁ ଯେତେବେଳେ ହିରୋସୀମା ଓ ନାଗାସାକି ଉପରେ ବୋମାବର୍ଷଣ ହେଲା, ଆମେରିକାରେ ଆନନ୍ଦର ଲହରୀ ଖେଳିଗଲା। ଆଉ ସେଇ ବୋମାମାଡ଼ ସମୟରେ ୟୁରୋପରେ ପୋଟ୍‌ସଡାମ ବୈଠକରେ ଯୋଗଦେଇ ଟ୍ରୁମାନ ବିମାନରେ ଆମେରିକା ଫେରୁଥିଲେ। ନୈଶଭୋଜନ କରୁଥିଲେ ଓ ଏ ସମ୍ବାଦ ପାଇ ପରମ ଆନନ୍ଦରେ

ଗଭୀର ନିଦ୍ରାରେ ରାତ୍ରିଯାପନ କଲେ। ତେଣେ ହଜାର ହଜାର ନରନାରୀ, ଶିଶୁ ଚିରନିଦ୍ରାରେ ରହିଗଲେ ହିରୋସୀମା ସହରରେ।

ବିଜୟ ଉଲ୍ଲାସର ଲହରୀ କିନ୍ତୁ ଶୀଘ୍ର ଅପସରିଗଲା ଆମେରିକାରେ। ଖବରକାଗଜ, ରେଡିଓ ଓ ଟେଲିଭିଜନ୍‌ରେ ହିରୋସୀମା ଓ ନାଗାସାକିରେ ଘଟିଥିବା ମୃତ୍ୟୁର ତାଣ୍ଡବ ଲୀଳା, ଧ୍ୱଂସର କରାଳ ରୂପ, ସମ୍ପୂର୍ଣ୍ଣ ଉଲଗ୍ନ ଶରୀରରୁ ଉତୁରିଯାଉଥିବା ଚର୍ମ ଓ ଶରୀରରୁ ଖସିଯାଉଥିବା ମାଂସଖଣ୍ଡ, ଭୟଙ୍କର ଆର୍ତ୍ତଚିତ୍କାର, ହିରୋସୀମାର ଓ ନଦୀକୂଳରେ ପଡ଼ିଥିବା ହଜାର ହଜାର ଶବ କୁଢ଼ର ଭୟାନକ ବୀଭତ୍ସ ଲୋମହର୍ଷଣକାରୀ ଓ ହୃଦୟବିଦାରକ ଦୃଶ୍ୟ ଯେତେବେଳେ ବାରମ୍ବାର ପ୍ରସାରିତ ହେଲା, ସେତେବେଳେ ଏକ ଅଜଣା ଭୟର ଘନବାଦଲ ଘୋଟିଗଲା। ଆଜି ନହେଲେ କାଲି ଆମେରିକାକୁ ଏ କୃତକର୍ମର ଫଳ ଭୋଗିବାକୁ ହେବ- ଏଭଳି ଏକ ଆତଙ୍କ ଆମେରିକାର ଅସ୍ଥିମଜ୍ଜାରେ ସଂଚରିଗଲା। ଯେପରି ସେଇ ଛୋଟ ବାଳକଟି କଂସ ନିଧନର ନିମିତ୍ତ ହୋଇଗଲା, ସେପରି ଇରାନ ଓ ଉତ୍ତରକୋରିଆ ଭଳି ଛୋଟ ଦେଶଗୁଡ଼ିକୁ କର୍ମଫଳ ଭୋଗର କାଳେ ନିମିତ୍ତ ସାଜିବେ ସେଥିପାଇଁ ସେମାନଙ୍କୁ କାବୁ କରିବାକୁ ହେବ। ଠିକ୍ ଯେପରି ଅନେକ ଶିଶୁପୁତ୍ରଙ୍କର ନିଧନ ହୋଇଥିଲା। ବର୍ତ୍ତମାନର ଆମେରିକା ଓ ଉତ୍ତରକୋରିଆ ମଧ୍ୟରେ ଉପୁଜିଥିବା ସଂଘର୍ଷମୂଳକ ପରିସ୍ଥିତିକୁ ଆମକୁ ଏଇ ପୃଷ୍ଠଭୂମିରେ ବୁଝିବାକୁ ହେବ।

ଏବେ ପରମାଣୁ ବୋମାର ପ୍ରମୁଖ ବିନ୍ଧାଣି ଓପେନହେମରଙ୍କ କଥା ଦେଖିବା। ହିରୋସୀମା ଓ ନାଗାସାକିରେ ପରମାଣୁ ବୋମାର ଧ୍ୱଂସଲୀଳା, ଲକ୍ଷ ଲକ୍ଷ ନିରୀହ ଜନସାଧାରଣଙ୍କର ମୃତ୍ୟୁ ଓପେନହେମରଙ୍କର ବିବେକକୁ ବାରମ୍ବାର ଦଂଶନ କଲା। ସେ ଗଭୀର ଭାବେ ଅନୁତପ୍ତ ହେଲେ। ସାଥୀ ବୈଜ୍ଞାନିକମାନଙ୍କର ସତର୍କବାଣୀକୁ ସେ ବେଖାତିର କରି ବୋମା ବିସ୍ଫୋରଣ ପାଇଁ ବାଟ ଫିଟାଇଥିବାରୁ ପ୍ରତିମୁହୂର୍ତ୍ତରେ ସହସ୍ର ବିଷଧର ସର୍ପର ଦଂଶନ ଜ୍ୱାଳା ଅନୁଭବ କଲେ।

କିଛିଦିନ ପରେ ରାଷ୍ଟ୍ରପତି ଟ୍ରୁମାନଙ୍କୁ ଭେଟିବାକୁ ଗଲେ। ଟ୍ରୁମାନ ଅବଶ୍ୟ ଆଦୌ ଅନୁତପ୍ତ ନଥିଲେ। ଓପେନହେମରଙ୍କୁ ଟ୍ରୁମାନ ପଚାରିଲେ- ତୁମେ କ'ଣ ଭାବୁଛ ରୁଷିଆ କେବେ ଏ ବୋମା ତିଆରି କରିପାରିବ? ଓପେନହେମରଙ୍କ ଏ ପ୍ରଶ୍ନର ଉତ୍ତର ଦେବାପୂର୍ବରୁ ସେ ନିଜେ ଉତ୍ତରରେ କହିପକାଇଲେ 'ଏବେ ନୁହେଁ କି କେବେ ନୁହେଁ।' ଓପେନହେମର କିନ୍ତୁ କହିଲେ 'ମୋର ହାତ ଏବେ ରକ୍ତରଂଜିତ।' ଏଥିରେ କ୍ରୋଧାନ୍ୱିତ ହୋଇ ଟ୍ରୁମାନ ପରମାଣୁ ବୋମାର ପ୍ରମୁଖ ବିନ୍ଧାଣି ବା ଜନକଙ୍କୁ ଆକ୍ଷେପ କରି କହିଲେ "ଏ କୁନି ଛୁଆ କାନ୍ଦୁରା ବୈଜ୍ଞାନିକର ମୁହଁ ମୁଁ ମୋ ଅଫିସରେ

ଆଉ ଦେଖିବାକୁ ଚାହୁଁନି।" ଗଭୀର ଭାବେ ଅନୁତପ୍ତ ଓପେନହେମର ଭଗ୍ନ ହୃଦୟରେ ଫେରିଲେ।

ପରବର୍ତ୍ତୀ ପ୍ରାୟ ୨୨ ବର୍ଷ ପରମାଣୁ ଅସ୍ତ୍ର ବିରୋଧରେ ଓ ପରମାଣୁ ଶକ୍ତିର ଶାନ୍ତିପୂର୍ଣ୍ଣ ବ୍ୟବହାର ପାଇଁ କାର୍ଯ୍ୟ କଲେ ଓ ଶେଷରେ ଦୁଃସାଧ୍ୟ କର୍କଟ ରୋଗରେ ୧୯୬୭ ମସିହାରେ ପ୍ରାଣତ୍ୟାଗ କରେ ଓପେନହେମର।

(ଏ ବିଷୟରେ ଅଧିକ ଜାଣିବା ପାଇଁ ସିକ୍ରେଟ ହିଷ୍ଟ୍ରି ଅଫ୍ ୟୁଏସ୍‌ଏ ବହି ପଢ଼ିପାରିବେ।)

ପ୍ରମେୟ, ୧୮ ଡିସେମ୍ବର, ୨୦୧୭

ଧନବନ୍ତଙ୍କ ଚିନ୍ତା

ବିଧାନସଭା ଓ ପାର୍ଲାମେଣ୍ଟ ନିର୍ବାଚନର ପ୍ରାର୍ଥୀମାନଙ୍କ ମଧ୍ୟରେ ଧନୀ ବା ସବୁଠୁ ବେଶୀ ଧନୀଙ୍କ କଥା ଏଠି କୁହାଯାଇନି, ବା ଭାରତର ବର୍ତ୍ତମାନର ଚବିଶ ମହଲା ଘରେ ରହୁଥିବା ସବୁଠୁ ବଡ଼ ଧନୀଙ୍କ କଥା ମଧ୍ୟ କୁହାଯାଇନି। ଆମେରିକାର ହାତଗଣତି ଅତି ଧନୀ ବା ଇଂରେଜୀରେ କୁହାଯାଉଥିବା ସୁପର୍ ରିଚ୍‌ଙ୍କ ଚିନ୍ତା ବା ବିଚାର କଥା କୁହାଯାଉଛି। ପୃଥିବୀର ଅଧା ଲୋକଙ୍କ ସଂପତ୍ତି ସେଇମାନଙ୍କ ପାଖରେ କଡ଼ା ସୁରକ୍ଷା ଭିତରେ। ନିଭୃତ ସ୍ଥାନରେ ନିକଟରେ ସେମାନେ ଏକାଠି ହୋଇଥିଲେ ଓ ଆମେରିକାର ଜଣେ ଖ୍ୟାତନାମା ପ୍ରଫେସରଙ୍କଠାରୁ ଶୁଣିବାକୁ ଚାହିଁଥିଲେ ସେମାନଙ୍କର ଭବିଷ୍ୟତ କଥା। ପ୍ରଫେସର ଜଣକ ଜ୍ୟୋତିଷ ଶାସ୍ତ୍ର ବିଶାରଦ ନଥିଲେ, ଅତି ଧନୀମାନଙ୍କ ଭିତରେ ଯେଉଁ ଭୟ ରହିଛି ସେଥିରୁ ଉଦ୍ଧାର ପାଇବାର ବାଟ ବତେଇବା ପାଇଁ ପ୍ରଫେସରଙ୍କୁ ନିମନ୍ତ୍ରଣ କରାଯାଇଥିଲା।

ପ୍ରଫେସର ଜଣକ ନିଜେ ନିମନ୍ତ୍ରଣ ପାଇ ଆଶ୍ଚର୍ଯ୍ୟ ହେଲେ। ଆଶ୍ଚର୍ଯ୍ୟ ହେବାର କାରଣ ଥିଲା ଯେ, ତାଙ୍କର ବିଶ୍ୱବିଦ୍ୟାଳୟ ଛଅ ମାସ ପାଇଁ ଯାହା ଦରମା ଦେଉଛି, ଗୋଟେ ଭାଷଣ ଓ ପରେ ପ୍ରଶ୍ନୋତ୍ତର ପାଇଁ ସେତିକି ସେ ପାଇବେ। ଅବଶ୍ୟ ଅତି ଧନୀମାନଙ୍କ ପାଇଁ ସେ ଅର୍ଥ କିଛି ବଡ଼ ନଥିଲା। ଭାଷଣ ଦେବା ପୂର୍ବରୁ ସେମାନେ ସେମାନଙ୍କର ମନ ଭିତରେ ଯେଉଁସବୁ ଭୟ ରହିଛି ସେସବୁକୁ ପ୍ରକାଶ କଲେ। ଭୟଗୁଡ଼ିକ ହେଲା- ଯଦି ବିଶ୍ୱବ୍ୟାପୀ ପରମାଣୁ ଯୁଦ୍ଧ ଲାଗିଯାଏ, ଯଦି ସିନ୍ଥେଟିକ ବାୟୋଲୋଜି ବା କୃତ୍ରିମ ଉପାୟରେ ନୂତନ ଜୀବନ ସୃଷ୍ଟି କରୁ କରୁ ଏଭଳି ଏକ ଭାଇରସ ବା ଜୀବାଣୁ ବାହାରିଯାଏ, ଯାହାକୁ ନିୟନ୍ତ୍ରଣ କରିହେବନାହିଁ। ଯଦି ଆର୍ଟିଫିସିଆଲ ଇଣ୍ଟେଲିଜେନ୍ସ ବା କୃତ୍ରିମ ବୁଦ୍ଧିମତ୍ତା ପ୍ରୟୋଗ ଫଳରେ ରୋବୋଟ ତିଆରି କରୁ କରୁ ଏଭଳି ରୋବୋଟ ବା ଯନ୍ତ୍ର ବାହାର କରାଯିବ, ଯାହା କୌଣସି

୧୪୪ | ରାଧାମୋହନ

ଏକ ଭୁଲ୍ କରିବସେ ଓ ତାହା ଫଳରେ ବିଶ୍ୱଯୁଦ୍ଧ ଆରମ୍ଭ ହୋଇଯାଏ, ବା ସେଭଳି ଅଘଟଣ ଘଟିଯାଏ। ଯଦି ପୃଥିବୀର ଜଳବାୟୁରେ ଏଭଳି ପରିବର୍ତ୍ତନ ଦ୍ରୁତଗତିରେ ହେବ, ଯାହା ଜୀବଜଗତର ସ୍ଥିତିକୁ ବିପନ୍ନ କରିଦେବ, ଯଦି ପୃଥିବୀରେ କ୍ରମାଗତ ବଢୁଥିବା ଆୟର ଓ ସଂପତ୍ତିର ତାରତମ୍ୟ ସୀମା ଟପିଯାଏ ଓ ଫ୍ରାନ୍ସ, ରୁଷ ବା ଚୀନରେ ଯେଭଳି ଅତୀତରେ ବିପ୍ଳବ ଘଟିଲା ଓ ସେଥିରେ ଧନୀ ଓ କ୍ଷମତାରେ ଥିବା ଲୋକଙ୍କର ଯେଉଁ ଦଶା ଘଟିଲା, ସେଭଳି ବିପ୍ଳବ ହୋଇଯାଏ, ସଂକ୍ଷେପରେ ଯଦି ପୃଥିବୀବ୍ୟାପୀ ବର୍ତ୍ତମାନ ବ୍ୟବସ୍ଥା ବିରୋଧରେ ରକ୍ତାକ୍ତ ବିପ୍ଳବ ଆରମ୍ଭ ହୋଇଯାଏ।

ଏସବୁ କଥାଗୁଡ଼ିକ କାହିଁକି ଅତି ଧନୀମାନଙ୍କୁ ବିବ୍ରତ କରୁଛି ଓ ଭୟଗୁଡ଼ିକ କେତେ ବାସ୍ତବ ଓ ଶେଷରେ କି ଉପାୟ ବାହାରିଲା ଏଥିରୁ ରକ୍ଷାପାଇବା ପାଇଁ, ଆଲୋଚନା କରିବା। ପ୍ରଥମେ ପରମାଣୁ ଯୁଦ୍ଧ କଥା ବିଚାର କରିବା। ଦ୍ୱିତୀୟ ମହାଯୁଦ୍ଧ ସରିଆସିଲାବେଳକୁ ଆମେରିକା ତରଫରୁ ଜାପାନର ପ୍ରଥମେ ହୀରୋସିମା ଓ ପରେ ପରେ ନାଗାସାକି ସହର ଉପରେ ପୃଥିବୀରେ ପ୍ରଥମ କରି ପରମାଣୁ ବୋମା ବ୍ୟବହାର କରାଯାଇଥିଲା। ହୀରୋସୀମା ସହର ଉପରେ ପ୍ରଥମେ ଯେତେବେଳେ ବୋମା ବର୍ଷଣ ହେଲା, ବୋମାର କେନ୍ଦ୍ରବିନ୍ଦୁରେ ଥିବା ମଣିଷ ଓ ପଶୁପକ୍ଷୀ, ଜୀବଜନ୍ତୁ ମୁହୂର୍ତ୍ତକରେ ପାଉଁଶ ହୋଇଗଲେ। ପ୍ରଥମେ ବୋମା ବର୍ଷଣର ଖବର ଆମେରିକାରେ ପ୍ରଚାରିତ ହେଲାବେଳେ ଆନନ୍ଦ, ଉତ୍ସାହ ଓ ଉଦ୍ଦୀପନାର ଲହରୀ ସାରା ଦେଶରେ ଖେଳିଗଲା। କିନ୍ତୁ ଉପରବର୍ଣ୍ଣିତ ଦୃଶ୍ୟ ଯେତେବେଳେ ଗଣମାଧ୍ୟମ ଜରିଆରେ ବାରମ୍ବାର ପ୍ରଦର୍ଶିତ ହେଲା, ସେ ଆନନ୍ଦ ଲହରୀରେ ଭଟ୍ଟା ତ ପଡ଼ିଗଲା; ସେ ଭୟ ଆମେରିକାର ଅସ୍ଥିମଜ୍ଜାକୁ ସଂକ୍ରମିତ ହୋଇଗଲା। ହୁଏତ ସେ ଭୟ ବର୍ତ୍ତମାନ ସୁଦ୍ଧା ଦୂର ହୋଇନାହିଁ।

ଅନ୍ୟ ଏକ କାରଣ ମଧ୍ୟ ଥାଇପାରେ। କିଛି ପ୍ରତିଭାବାନ ବୈଜ୍ଞାନିକ ଓ ସାମରିକ ବିଭାଗର ବ୍ୟକ୍ତି ସେତେବେଳର ଆମେରିକା ରାଷ୍ଟ୍ରପତି ରୁଜଭେଲ୍ଟଙ୍କୁ ପରମାଣୁ ବୋମାର ଅଧିକାରୀ ଆମେରିକା ହୋଇଗଲେ ପୃଥିବୀରେ ସାମରିକ ଶକ୍ତିରେ ଅଦ୍ୱିତୀୟ ହୋଇ ରହିବ ଓ ଅନ୍ୟସବୁ ରାଷ୍ଟ୍ର ଆମେରିକାର କଥାକୁ ଅନ୍ୟଥା କରିପାରିବେନାହିଁ ବୋଲି ଯେତେବେଳେ ବୁଝାଉଥିଲେ, ରୁଜଭେଲ୍ଟ ସେମାନଙ୍କୁ ଉତ୍ତରରେ ପଚାରିଥିଲେ- ଯଦି ଆଜି ନହେଲେ କାଲି ଅନ୍ୟ ରାଷ୍ଟ୍ରମାନେ ମଧ୍ୟ ପରମାଣୁ ବୋମା ତିଆରି କୌଶଳର ଅଧିକାରୀ ହୋଇଯିବେ, ତାହାହେଲେ କ'ଣ ହେବ? ଆଜି ସେହି କଥା ହୋଇଛି। ପ୍ରଥମେ ପ୍ରତିଦ୍ୱନ୍ଦ୍ୱୀ ରୁଷିଆ, ପରେ ଇଂଲଣ୍ଡ, ଫ୍ରାନ୍ସ, ଚୀନ, ଭାରତ, ପାକିସ୍ତାନ ଓ ଏବେ ନିକଟ ଅତୀତରେ ଉତ୍ତର କୋରିଆ, ଇସ୍ରାଏଲ ଓ ହୁଏତ କାଲି ଇରାନ ଓ ପରେ ପରେ ଅନ୍ୟ ରାଷ୍ଟ୍ରମାନେ ପରମାଣୁ ବୋମା ତିଆରି

କୌଶଳ ହାସଲ କରିନେବେ। ଏବେ ଆମେରିକାର ଡର- ଯଦି ପରମାଣୁ ବୋମା ଆତଙ୍କବାଦୀ ହାତରେ ପଡ଼େ ତେବେ ? ଏହାର ଅନ୍ୟ ଏକ ଦିଗ ମଧ୍ୟ ଅଛି। ଆମେରିକା ଓ ରୁଷିଆ ମଧ୍ୟରେ ଶୀତଳ ଯୁଦ୍ଧ ସମୟରେ ଯେତେବେଳେ ମୁହାଁମୁହିଁ ଅବସ୍ଥାରେ ଥିଲେ, ସେତେବେଳେ ଆମେରିକାର ରାଡାର ଏକ ଯୁଦ୍ଧବିମାନ ତା'ର ଆକାଶ ସୀମା ମଧ୍ୟରେ ପ୍ରବେଶ କରୁଛି ବୋଲି ରିପୋର୍ଟ କଲା, ତତ୍‌କ୍ଷଣାତ୍ ଆମେରିକା ସଜାଗ ହୋଇଗଲା ଓ ରୁଷ ଉପରେ ପରମାଣୁବୋମା ବର୍ଷଣ ପାଇଁ ପ୍ରସ୍ତୁତ ହୋଇଗଲା। ସୌଭାଗ୍ୟକୁ ସଂଗେ ସଂଗେ ଜଣାପଡ଼ିଗଲା ଯେ, ରାଡାରରେ ଦେଖାଯାଉଥିବା ଚିତ୍ରଟି ଗୋଟେ ଚିଲ ପକ୍ଷୀର, କୌଣସି ବୋମାବର୍ଷୀ ଉଡ଼ାଜାହାଜର ନୁହେଁ। ଏବେ ପ୍ରଶ୍ନ ହେଉଛି ଯେ, ଉଭୟ ସାମରିକ ଓ ବେସାମରିକ କ୍ଷେତ୍ରରେ ଅଧିକରୁ ଅଧିକ ରୋବୋଟର ବ୍ୟବହାର ଫଳରେ କିଏ କହିବ ଯଦି ଗୋଟିଏ ପକ୍ଷର ରୋବୋଟ କିଛି ଭୁଲ୍ କରିବସେ ଓ ଅନ୍ୟପକ୍ଷର ରୋବୋଟ ତା'ର ପ୍ରତିକ୍ରିୟାରେ ବୋମା ବର୍ଷଣ ପାଇଁ ନିର୍ଦ୍ଦେଶ ଦେଇଦିଏ। ନିଷ୍ପତ୍ତି ନେବା ପ୍ରକ୍ରିୟା ଯେତେ ଯନ୍ତ୍ର ଉପରେ ନିର୍ଭର କରିବ ସେତେ ଭୁଲ୍‌ର ସମ୍ଭାବନା ରହିବ।

ସେହିଭଳି ସିନ୍ଥେଟିକ ବାୟୋଲୋଜି ଓ ବାୟୋଟେକନୋଲୋଜି କ୍ଷେତ୍ରରେ ଯେଉଁସବୁ ଗବେଷଣା ଚାଲିଛି ତା' ଫଳରେ ବର୍ତ୍ତମାନର ପ୍ରାଣୀମାନଙ୍କ କ୍ଷେତ୍ରରେ କଳ୍ପନା ବାହାରେ ପରିବର୍ତ୍ତନ କରିହେବ ଓ ନୂଆ ପ୍ରଜାତିର ପ୍ରାଣୀ ସୃଷ୍ଟି ସହ ଲୋପ ପାଇଯାଇଥିବା ପ୍ରାଣୀମାନଙ୍କର ପୁନରୁଦ୍ଧାର କରିହେବ। କିଏ କହିବ, ଆମ ଦେଶରେ ପୁରାଣବର୍ଣ୍ଣିତ ଭସ୍ମାସୁର ବା ଅନ୍ୟ ଦେଶରେ ବର୍ଣ୍ଣିତ ଫ୍ରାଙ୍କେନ୍‌ଷ୍ଟାଇନ୍ ଭଳି ପ୍ରାଣୀ ସୃଷ୍ଟି ନ ହେବ ଓ ମଣିଷର ସ୍ଥିତି ବିପନ୍ନ ନହେବ ? ପୃଥିବୀର ଭବିଷ୍ୟତ ନେଇ ଯେଉଁମାନେ ଚିନ୍ତିତ ସେମାନେ ମତ ପ୍ରକାଶ କରୁଛନ୍ତି।

ଆର୍ଟିଫିସିଆଲ ଇଣ୍ଟେଲିଜେନ୍ସ ଓ ରୋବୋଟିକ୍ସ କ୍ଷେତ୍ରରେ ମଧ୍ୟ ଅଭୂତପୂର୍ବ ଗବେଷଣା ଚାଲିଛି ଓ ଯନ୍ତ୍ର ମଣିଷ ଅଧୀନରେ ନରହି ମଣିଷ ଯନ୍ତ୍ରର ଅଧୀନ ହେବାକୁ ଯାଉଛି। ଖାଲି ସେତିକି ନୁହେଁ, ବର୍ତ୍ତମାନର ଚାକିରିଗୁଡ଼ିକର ନବେ ଭାଗରୁ ଅଧିକ ଅଦରକାରୀ ହୋଇପଡ଼ିବ ଓ ମଣିଷ ହାତଗୋଡ଼ ଯୋଡ଼ି ବସିବ, ମାତ୍ର କିଛିଲୋକ ଅର୍ଥର ପାହାଡ଼ ଉପରେ ବସିବେ। ତାହାଫଳରେ ଆୟ ଓ ସଂପତ୍ତି ମଧ୍ୟରେ ଥିବା ତାରତମ୍ୟ ଅସମ୍ଭବ ଭାବେ ବଢ଼ିଯିବ ଓ ବିଶ୍ୱବ୍ୟାପୀ ରକ୍ତାକ୍ତ ବିପ୍ଳବ ପାଇଁ କ୍ଷେତ୍ର ପ୍ରସ୍ତୁତ ହୋଇଯିବ। ସେତେବେଳେ ଅତି ଧନୀଙ୍କ କୌଣସି ଦୁର୍ଗ ଅଭେଦ୍ୟ ରହିବନାହିଁ ବା ସଶସ୍ତ୍ର ଅଙ୍ଗରକ୍ଷୀମାନେ ସୁରକ୍ଷା ଦେଇପାରିବେନାହିଁ। ଇତିହାସ ସେଇଆ ହିଁ କହେ।

ଅତିଧନୀମାନଙ୍କର ଆଉ ଗୋଟିଏ ଭୟ ରହିଲା, ତାହା ହେଲା- ଦୈବୀ

୧୪୬ | ରାଧାମୋହନ

ଦୁର୍ବିପାକ ଓ ଜଳବାୟୁରେ ପରିବର୍ତ୍ତନ। ଯଦି କୌଣସି ଗ୍ରହାଣୁ ସହ ପୃଥିବୀର ସଂଘାତ ହୁଏ ବା ଜଳବାୟୁର ପରିବର୍ତ୍ତନ ନିୟନ୍ତ୍ରଣ ବାହାରକୁ ଚାଲିଯାଏ ଓ ସମୁଦ୍ର ପତ୍ତନ ଆଶଙ୍କାଠୁ ଅଧିକ ବଢ଼ିଯାଏ, ତେବେ କ'ଣ ହେବ ନ୍ୟୁୟର୍କ, ଲଣ୍ଡନ, ସାଂଘାଇ, ଟୋକିଓ ଓ ମୁମ୍ବାଇ ଇତ୍ୟାଦି ସହରମାନଙ୍କରେ ସେମାନଙ୍କର ଲକ୍ଷ ଲକ୍ଷ କୋଟି ଟଙ୍କାର ପୁଞ୍ଜିନିବେଶ ? କ୍ରମାଗତ ଅତିବୃଷ୍ଟି/ଅନାବୃଷ୍ଟି ଫଳରେ ଗୁରୁତର ଖାଦ୍ୟସଂକଟ ଦେଖାଦିଏ ଓ ଖାଦ୍ୟକୁ ନେଇ ସଂଘର୍ଷର ସୂତ୍ରପାତ ହୋଇଯାଏ, ତେବେ ?

ଅତିଧନୀମାନଙ୍କୁ ଏସବୁ ଭୟ ଘାରିବାର ଅନ୍ୟ ଏକ କାରଣ ହେଲା- ଅଳ୍ପବର୍ଷ ତଳେ ନାସନାଲ ଜିଓଗ୍ରାଫିକ ଚାନେଲରେ ପୃଥିବୀ ଧ୍ୱଂସହେବାର ସମ୍ଭାବନା ନେଇ ଏକ ସିରିଏଲ ଆମେରିକାରେ ପ୍ରସାରିତ ହୋଇଥିଲା। ତାହା ଏତେ ବାସ୍ତବ ଭାବେ ଚିତ୍ରଣ କରାଯାଇଥିଲା ଯେ, ଅନେକ ଆମେରିକାବାସୀଙ୍କ ଭିତରେ ଭୟର ବାତାବରଣ ସୃଷ୍ଟି କରିଦେଲା।

ଅନେକ ଆଲୋଚନା ପରେ ଅତିଧନୀମାନେ ଗୋଟେ ବାଟ ବାହାର କରିଛନ୍ତି। ସୁଦୂର ନ୍ୟୁଜିଲାଣ୍ଡରେ ଓ ପ୍ରଶାନ୍ତ ମହାସାଗରର ଅପହଞ୍ଚ ଇଲାକାରେ ଥିବା ଦ୍ୱୀପମାନଙ୍କରେ ଜାଗା କିଣି ସେଠାରେ ଗଭୀର ମାଟିତଳେ ବଙ୍କର କରି ସେଠାରେ ଚଳିବାପାଇଁ ସବୁ ଆବଶ୍ୟକ ପଦାର୍ଥ ରଖିବେ। ଏଠାରେ ନିଜ ନିଜର ଉଡ଼ାଜାହାଜ/ ହେଲିକପ୍ଟରରେ ତେଲ ଭରିକରି ସଂଗେ ସଂଗେ ବାହାରିଯିବା ପାଇଁ ପ୍ରସ୍ତୁତ କରି ରଖିବେ। ପ୍ରକୃତରେ ସେମାନଙ୍କ ମଧ୍ୟରୁ କେତେଜଣ ଏସବୁ ସ୍ଥାନରେ ଜାଗା କିଣି ବଙ୍କର ତିଆରି କରୁଥିବା କଂପାନୀମାନଙ୍କ ସାହାଯ୍ୟରେ ବଙ୍କର ପ୍ରସ୍ତୁତିରେ ଲାଗିଗଲେଣି।

ଅତିଧନୀମାନଙ୍କର ନୀତି ଓ କାର୍ଯ୍ୟ ଫଳରେ ପୃଥିବୀର ଏଇ ଦୁର୍ଦ୍ଦଶା, ସେଥିରେ ପରିବର୍ତ୍ତନ କଲେ ସଭ୍ୟତା ରହିବ, ମଣିଷ ଜାତି ତିଷ୍ଠିବ, ସେ କାର୍ଯ୍ୟ ନକରି ସଭ୍ୟତା ଧ୍ୱଂସ ହେଲେ କେବଳ ସେମାନେ କିପରି ବଞ୍ଚିବେ ଓ ଭବିଷ୍ୟତ ପାଇଁ ବିହନ ହେବେ ତାହା ହେଲା ଧନବନ୍ତଙ୍କର ଚିନ୍ତା।

■

ପ୍ରମେୟ, ୨୪ ଏପ୍ରିଲ୍,୨୦୧୯

ଶିଖିବା, ଆହୁରି ଶିଖିବା

ଆପଣମାନେ ବିଶ୍ୱାସ କରିପାରନ୍ତି ବା ନକରିପାରନ୍ତି, କିନ୍ତୁ କଥାଟି ସତ। ନୋବେଲ ପୁରସ୍କାର ଆରମ୍ଭ ହେଲା ଦିନଠୁ ପ୍ରଥମ କରି ଦୁଇଜଣ ମହିଳା ରସାୟନ ବିଜ୍ଞାନରେ ନୋବେଲ ପୁରସ୍କାର ପାଇଲେ। ରସାୟନ ଶାସ୍ତ୍ରରେ ଯେଉଁ ବିଦ୍ୟା ହାସଲ କଲେ ଓ ଯାହାଫଳରେ ମଣିଷ ଜାତିର ଅଶେଷ ଉପକାର କଲେ ସେ ବିଦ୍ୟା ପାଇଁ ତାଙ୍କର ଗୁରୁ କିଏ ଥିଲେ ଜାଣନ୍ତି ? ଯେମିତି ଭୀଷ୍ମ ଗର୍ବର ସହ କହୁଥିଲେ ସେ ପରଶୁରାମ ଶିଷ୍ୟ, ମହିଳାମାନଙ୍କର ସେଭଳି ବିଜ୍ଞାନୀ ଗୁରୁ କେହି ନଥିଲେ ଯାହାକୁ ନେଇ ସେମାନେ ଗର୍ବ କରିପାରିଥାନ୍ତେ। ଗୁରୁ ହେଲେ କିନ୍ତୁ ବ୍ୟାକ୍ଟେରିଆ। ଯେତେବେଳେ ଗୋଟେ ବ୍ୟାକ୍ଟେରିଆକୁ ଭାଇରସ୍ ଆକ୍ରମଣ କରେ କାଳବିଳମ୍ବ ନକରି ବ୍ୟାକ୍ଟେରିଆଟି ଭାଇରସ୍‌ର ଗୋଟିଏ ଜିନ୍‌କୁ ନିଜ ଦେହରେ ଖଞ୍ଜିଦିଏ, ବାସ୍ ସେତିକି ଯଥେଷ୍ଟ। ଭାଇରସ୍‌ର କ୍ଷତି କଲାଭଳି ଶକ୍ତିକୁ ଅତି ସହଜରେ ଅକାମି କରିଦିଏ। ସେଥିପାଇଁ ବ୍ୟାକ୍ଟେରିଆ ସୂକ୍ଷ୍ମ ଯନ୍ତ୍ରପାତି ଆବଶ୍ୟକ କରେନାହିଁ। ଏ ପ୍ରକ୍ରିୟାକୁ ଜିନ୍ ସ୍ପ୍ଲାଇସିଂ ଓ ଜିନ୍ ଏଡିଟିଂ କହନ୍ତି।

ଠିକ୍ ସେଇଭଳି ପୁରୁଷାନୁକ୍ରମେ ଗୋଟେ ପରିବାରରେ ଗ୍ରହଣଖଣ୍ଡିଆ ଛୁଆ ଜନ୍ମ ହେଉଥିଲେ, ସେଥିପାଇଁ ଯେଉଁ ଜିନ୍ ଦାୟୀ, ତାକୁ ବାହାର କରିଦିଆଯିବ। ଆମ୍ବଟି ଅତି ଖଟା ଅଛି, ତେବେ ଖଟା କରିବା ପାଇଁ ଯେଉଁ ଜିନ୍‌ଟି ଦାୟୀ ତାକୁ ବାହାର କରିଦିଆଯିବ। ସେହିଭଳି ଶ୍ୱାସରୋଗ, କିଛି ପ୍ରକାର ଡାଇବେଟିସ୍, କ୍ୟାନ୍ସର ପାଇଁ କେତେକ ଜିନ୍ ଦାୟୀ ହୋଇଥାନ୍ତି। ଯଦି ସେଗୁଡ଼ିକ ବାହାର କରିଦିଆଯିବ, ତେବେ ସେ ରୋଗ ହେବାର ସମ୍ଭାବନା କମିଯିବ ବା ରହିବ ନାହିଁ। ଏବେ ଚିକିତ୍ସା ବିଜ୍ଞାନରେ ଏ ବ୍ୟବସ୍ଥାକୁ ଜିନ୍ ଥେରାପି କୁହାଯାଉଛି। ବ୍ୟାକ୍ଟେରିଆଟି ଅତି ସହଜରେ ନିଜକୁ ଭାଇରସ୍‌ଠାରୁ ନିରାପଦ ରଖି ଦେଇପାରୁଛି, ଅଥଚ ଗୋଟାଏ ଭାଇରସ ବର୍ଷାଧିକ କାଳ ସାରା ପୃଥିବୀକୁ ଥରହର କରି ରଖିଛି। ପ୍ରାଣବିକଳରେ ଚିକିତ୍ସା ବିଜ୍ଞାନର ନିୟମକୁ

ଜଲାଞ୍ଜଲି ଦେଇ ଟିକା ବାହାର କରିବା ପାଇଁ ଦେଶମାନେ ପ୍ରାଣମୂର୍ଚ୍ଛା ଉଦ୍ୟମ କରୁଛନ୍ତି । ଯେଉଁ ଟିକା ବାହାର କରାଯାଉଛି ନା ସେ ପୂରା ନିରାପଦ ବା ପୂରା ସଫଳ । ଅଦୃଶ୍ୟ ବ୍ୟାକ୍ଟେରିଆ ଅଦୃଶ୍ୟ ଭାଇରସକୁ କିଭଳି ଅକାମି କରିଦେଉଛି, ସେ ବିଦ୍ୟାଟିକୁ ପୂରା ହାସଲ କରିବାକୁ ଆହୁରି ବାକି ଅଛି ।

ବିମାନଶାସ୍ତ୍ରୀମାନେ ବିମାନର ବେଗ ବୃଦ୍ଧି ପାଇଲେ କଙ୍କିଠାରୁ, ଇଂରାଜୀରେ ଡ୍ରଗନ୍ ଫ୍ଲାଇ । ଖୁବ୍ ଦ୍ରୁତଗତିରେ ଶିକାର ପଛରେ କଙ୍କିଟି ଯାଏ, କିନ୍ତୁ ତା'ର ଏତେ ପତଳା ଡେଣାରେ କିଛି ଅସୁବିଧା ନଥାଏ । ତାକୁ ଅନୁଧ୍ୟାନ କରି ଜାଣିଲେ କଙ୍କିର ଡେଣାର ସାମନା ବା ଆଗକୁ ଥିବା ଅଂଶଟି ଅପେକ୍ଷାକୃତ ଅଧିକ ମୋଟା ଥାଏ, ସେହି ମୋଟା ଥିବାଯୋଗୁଁ ହିଁ କଙ୍କିର କିଛି ଅସୁବିଧା ହୁଏନାହିଁ । ତାହାପରେ ଉଡ଼ାଜାହାଜର ଡେଣାର ସାମନା ପାଖକୁ ଅଧିକ ମୋଟା କରିଦିଆଗଲା ଓ ଥରିବା ତଥା ବିପଦଜନକ ଭାବେ ଧଡ଼ଧଡ଼ ହେବା ବନ୍ଦ ହୋଇଗଲା । କଙ୍କି ଆମର ଗୁରୁ ହେଲା ।

ପକ୍ଷୀଠୁ ପ୍ରେରଣା ପାଇଲେ, ଉଡ଼ାଜାହାଜ ତିଆରି କଲେ, ପକ୍ଷୀର ମୁହଁ, ଥଣ୍ଟ, ଡେଣାରୁ ଆମେ ଶିଖିଲେ । କିନ୍ତୁ ଅନେକ କଥା ରହିଛି କରିପାରିନେ । ଗୋଟାଏ ବଡ଼ ଉଡ଼ାଜାହାଜ ଓହ୍ଲେଇବା ବା ଆକାଶକୁ ଉଠିବା ପାଇଁ ପ୍ରାୟ ସାଢ଼େ ତିନି କି.ମି.ର ରନ୍ ଓ଼େ ଦରକାର । ସେଇଥିପାଇଁ ତ ଅନେକ ଜାଗାରେ ବିମାନ ବନ୍ଦର ତିଆରି ହୋଇପାରୁନି । କିନ୍ତୁ ଚଢ଼େଇଟିଏ ସିଧା ଉଡ଼ିଗଲା ଗଛ ଡାଳରୁ ବା ଆସି ବସିଗଲା । ରନ୍ ଓ଼େ ଆବଶ୍ୟକ ନାହିଁ । କଙ୍କି ତ ଆଗକୁ ପଛକୁ ଉଡ଼ୁଥିବାର ଦେଖୁଶ୍ବ, ଉଡ଼ାଜାହାଜଟି ପଛକୁ ଉଡ଼ିପାରେନି । ସେହିଭଳି ଏକସମୟରେ ଅନେକ ପାରା ଉଡ଼ୁଥିବେ, ଦିଗ ବଦଲେଇ ଦେବେ, ତାଙ୍କ ଭିତରେ ଧକ୍କା ହେବାର ଆମେ ଦେଖୁନେ । ଆମର ଏୟାର ସୋ'ରେ ଅନେକ ଯନ୍ତ୍ରପାତି ଖଞ୍ଜା ସତ୍ତ୍ୱେ ଧକ୍କା ଖାଇଯାଏ । ପାରାମାନେ ବା ଅନ୍ୟ ପକ୍ଷୀମାନେ ମଧ୍ୟ କିପରି ପରସ୍ପରକୁ ଦିଗ ବଦଲେଇବା ଖବର ଦିଅନ୍ତି ଓ ବିନା ଧକ୍କାରେ ଦିଗ ବଦଲେଇ ଦିଅନ୍ତି । ଏସବୁ ରହସ୍ୟଭେଦ ପାଇଁ ଆମକୁ ଅନେକ ପରିଶ୍ରମ କରିବାକୁ ହେବ ।

ଏଥର ପାଣିପାଗ ବିଷୟରେ ଆଲୋଚନା । ପୃଥିବୀର ବିଭିନ୍ନ ଦେଶ ନିଜ ନିଜର ଉପଗ୍ରହ ଛାଡ଼ିଛନ୍ତି ପାଣିପାଗ ବିଷୟରେ ପୂର୍ବାନୁମାନ କରିବା ପାଇଁ, ଅନେକ ରାଡାର ଖଞ୍ଜାଯାଇଛି । ସହସ୍ରାଧିକ ପାଣିପାଗ କେନ୍ଦ୍ରରେ ହଜାର ହଜାର ବିଜ୍ଞାନୀ କାମ କରୁଛନ୍ତି । ଏସବୁ ସତ୍ତ୍ୱେ ଶତକଡ଼ା ୧୫ରୁ୨୦ ଭାଗ ପୂର୍ବାନୁମାନ ଭୁଲ୍ ହେଉଛି । ପ୍ରବଳ ବର୍ଷା ହେବ, ଘଣ୍ଟାପ୍ରତି ଏତେ କି.ମି. ବେଗରେ ପବନ ବୋହିବ, ଘଡ଼ଘଡ଼ି ସହ କୁଆପଥର ବର୍ଷା ହେବ ଇତ୍ୟାଦି ପୂର୍ବାନୁମାନ ଅନେକ ସମୟରେ ଠିକ୍ ଥାଏ ।

କିଏ କହିବ, କ' ଣ ହେବ ? | ୧୪୯

କିନ୍ତୁ ଆଉ କେତେକ ସମୟରେ ସେସବୁ କିଛି ହୁଏନି। ଆମର ଜ୍ଞାନକୌଶଳ ଫେଲ୍ ମାରିଯାଏ। କିନ୍ତୁ ଲୋଚ ନାମକ ଏକ ମାଛ ଚୀନ ଓ ରୁଷିଆରେ ଦେଖାଯାଆନ୍ତି। ସେମାନଙ୍କର ପୂର୍ବାନୁମାନରେ ଶତକଡ଼ା ୩ରୁ ୪ଭାଗ ଭୁଲ୍ ହୁଏ। ସେଥିପାଇଁ ସେଠାର ଲୋକମାନେ ବଡ଼ ବଡ଼ ଜାର୍‌ରେ ଏଇ ମାଛଟି ରଖନ୍ତି। ମାଛଟି ଯଦି ଜାର୍ ତଳରେ ଅଛି, ତେବେ ବର୍ଷା ନାହିଁ। ଯଦି ଉପରକୁ ଉଠି ଏପଟ ସେପଟ ହୁଏ, ତେବେ ବର୍ଷା ଆସନ୍ନ। ନଦୀରେ ଥିଲାବେଳେ ସେପରି ଯଦି ମାଛଟି ଉପର ଭାଗକୁ ଆସି ଜୋରରେ ଏପାଖ ସେପାଖ ହୁଏ, ତେବେ ବର୍ଷା ଆସୁଛି ବୋଲି ଲୋକେ ଜାଣନ୍ତି।

ଜାପାନର ଗୋଟିଏ ମାଛର ନାଁ ହେଲା ବାରୋମିଟର ଫିସ୍ ବା ବାରୋମିଟର ମାଛ। ସୁନ୍ଦରିଆ ଛୋଟ ମାଛଟିକୁ ଜାପାନୀମାନେ ଘରେ ଆକ୍ୱାରିଅମରେ ରଖିଥାନ୍ତି ପାଣିପାଗ ଜାଣିବା ପାଇଁ। ଖାଲି ଘରେ କାହିଁକି, ସରକାରୀ ଦପ୍ତରମାନଙ୍କରେ, ଜାହାଜରେ, ବିମାନ ବନ୍ଦରମାନଙ୍କରେ ସରକାରୀ ଭାବରେ ଏଇ ମାଛମାନଙ୍କୁ ରଖାଯାଏ। ପ୍ରକୃତରେ ସେମାନଙ୍କ ଉପରେ ଅଧିକ ଭରସା ଥାଏ ଓ ଅନେକ ଲୋକ ତା'ର ନିର୍ଭୁଲ ପୂର୍ବାନୁମାନକୁ ଈର୍ଷା କରିଥାନ୍ତି। ମାଛର ପହଁରା ମୁଣିରେ ଥିବା ଜୀବକୋଷଗୁଡ଼ିକ ବାୟୁମଣ୍ଡଳରେ ଚାପର ସାମାନ୍ୟ ପରିବର୍ତ୍ତନକୁ ମଧ୍ୟ ଜାଣିପାରି ବ୍ୟବହାର କରିଥାନ୍ତି।

ବର୍ଷା ଆସିବାକୁ ଥିଲେ ମହୁମାଛିମାନେ ଦୂରକୁ ନଯାଇ ବସା ଫେଣା ଆଖପାଖରେ ରହନ୍ତି। ଆମର କୁହାଯାଏ, ଯଦି ଗେଣ୍ଡାଳିଆମାନେ ଆକାଶରେ ଚକି ଦିଅନ୍ତି, ଜିଆମାନେ ଧୂଳିରେ ଚାଲନ୍ତି, ବାଲିଜନ୍ଦା ଓ କେତେକ ପ୍ରକାର ପିମ୍ପୁଡ଼ି ଅଣ୍ଡା ଧରି ଯାଆନ୍ତି ତେବେ ବର୍ଷା ହେବାର ସମ୍ଭାବନା ଅଛି। ତେବେ ସେସବୁ ଉପରେ ଅଧିକ ଗବେଷଣା ଅନୁଧ୍ୟାନ ଆବଶ୍ୟକ।

ବିଭିନ୍ନ ପ୍ରାକୃତିକ ବିପର୍ଯ୍ୟୟ ଭିତରେ ଭୂମିକମ୍ପ ହଠାତ୍ ହୁଏ ଓ ଅନେକ କ୍ଷତି ଘଟାଏ, ମାତ୍ର କେତେକ ସେକେଣ୍ଡରେ। ହଜାର ହଜାର ଓ ସମୟେ ସମୟେ ଲକ୍ଷାଧିକ ଲୋକଙ୍କର ଜୀବନ ହାନି ହୋଇଥାଏ। ଏ ସମସ୍ତ ଘଟଣା ଘଟିବାକୁ ଗୋଟେ ମିନିଟ ବି ସମୟ ଲାଗେନି। କିନ୍ତୁ ଆଜିଯାଏ ମଣିଷ କିଛି ସୁନିଶ୍ଚିତ ଉପାୟ ବାହାର କରିପାରିନି ଯଥେଷ୍ଟ ଆଗରୁ ସୂଚନା ପାଇବା ପାଇଁ। କିନ୍ତୁ ଆଶ୍ଚର୍ଯ୍ୟର ବିଷୟ ଯେ, ଭୂମିକମ୍ପର ସୂଚନା ଅନ୍ୟ ପ୍ରାଣୀମାନେ ପାଇପାରୁଛନ୍ତି। କେତେକ ବଡ଼ବଡ଼ ଭୂମିକମ୍ପ କ୍ଷେତ୍ରରେ ଦେଖାଯାଇଛି ସାପ, ନେଉଳ, କୁକୁର, ବିଲେଇ, ଗାଈଗୋରୁ ଓ ଅନେକ ଚଢ଼େଇ ଭୂମିକମ୍ପର ସୂଚନା ପାଇ ନିରାପଦ ସ୍ଥାନକୁ ଚାଲିଯାଆନ୍ତି। ଚିଡ଼ିଆଖାନାମାନଙ୍କରୁ ଖସି ପଳାଇବାର ସୁବିଧା ନଥାଏ, କିନ୍ତୁ ସେଠରେ ଅତି ବ୍ୟତିବ୍ୟସ୍ତ ହୋଇପଡ଼ନ୍ତି ଓ ଭୟ

୧୫୦ | ରାଧାମୋହନ

କରିଯାଆନ୍ତି। ଇତର ପ୍ରାଣୀମାନଙ୍କର ଏ ଜ୍ଞାନକୌଶଳକୁ ମଣିଷ ହାସଲ କରିପାରିନି, ହୁଏତ ଦିନେ ତାଙ୍କଠୁ ଶିଖିବ କୌଶଳଟି। ମାତ୍ର ଆଶ୍ଚର୍ଯ୍ୟର କଥା, ଝିଣ୍ଟିକାଟି ପୃଥିବୀର ଆରପାଖେ ଅର୍ଥାତ୍ ବିପରୀତ ପାଖେ ଭୂମିକମ୍ପ ହେବାକୁ ଥିଲେ ଜାଣିପାରେ। ଏବେ ବୈଜ୍ଞାନିକମାନେ ଝିଣ୍ଟିକାକୁ ଗୁରୁ କରିଛନ୍ତି, ଅପେକ୍ଷା କରିଛନ୍ତି କେବେ ସେ ଗୁରୁମନ୍ତ୍ରଟି ହାସଲ କରିବେ।

ଆଜିକାଲି ଟେଲିଫୋନ କେବୁଲ ବା ପାଇପ ବିଛେଇବା ପାଇଁ ରାସ୍ତାକଡ଼ରେ ପୂରା ଖୋଳିବା ବା ରାସ୍ତାର ଏପାଖରୁ ସେପାଖ ନେବାପାଇଁ ପିଚୁରାସ୍ତାକୁ କାଟିବା ଆବଶ୍ୟକ ହେଉନି। ଗୋଟାଏ ମେସିନ ମାଟି ଉପରେ କିଛି ବାଟ ଖୋଳିସାରିବା ପରେ ପୁଣି ସେହିଭଳି ଆଉ କିଛି ବାଟ ମାଟି ତଳେ ତଳେ ଖୋଳିଚାଲେ। ସେଥିରେ କିଛି ପାଣି ବ୍ୟବହାର ହୁଏ। କୌଣସି ମେକାନିକାଲ ଇଂଜିନିୟର ଏ ମେସିନ କଥା ନିଜେ ଭାବି ବାହାର କରିନାହାଁନ୍ତି, ସେ ଶିଖିଲେ ପାଣିତଳେ ରହୁଥିବା ଗୋଟାଏ ଛୋଟ କୀଟଠାରୁ। ତା'ର ନାଁ ହେଲା ପ୍ରିୟାପୁଲିଦା। ଗେଣ୍ଡାର ମୁହଁରେ ଯେମିତି ଶୁଣ୍ଢ ଭଳି ଦୁଇଟି ଥାଏ ତା'ର ମଧ୍ୟ ସେହିଭଳି ଥାଏ। ଖୁବ୍ ଜୋରରେ ସେ ଶୁଣ୍ଢ ଭିତରୁ ଏକ ତରଳ ପଦାର୍ଥ ବାହାରକୁ ଛାଡ଼େ ଓ ଶୁଣ୍ଢରେ ଥିବା ଅସଂଖ୍ୟ କଣ୍ଟାଭଳି ପଦାର୍ଥ ଆଗକୁ ବାଟ ସଫା କରି କରି ଟନେଲ ବା ବାଟଟିଏ ବାହାର କରିଦିଅନ୍ତି। ଏ କୌଶଳ ଆମେ ସେଇ ଛୋଟ ପ୍ରାଣୀଠୁ ପାଇ ଏବେ କାମରେ ଲଗାଉଛୁ।

ବାଦୁଡ଼ି ପାଖକୁ ଯିବା। ଯେଉଁ ଭାଇରସଟି (କରୋନା ଭାଇରସ୍) ଏବେ ଆମକୁ ଡରେଇ ଥରେଇ ରଖିଛି ସିଏ ବାଦୁଡ଼ିଠୁ ଆମ ପାଖକୁ ଆସିଥିବା କଥା ଅନୁମାନ କରାଯାଉଛି। ବାଦୁଡ଼ି ଦେହରେ ଏକସମୟରେ ଗୋଟିଏ ନୁହେଁ, ଆମ ପାଇଁ ବିପଦଜନକ ଶହେ ପ୍ରକାର ଭାଇରସ ଥାଇପାରେ, କିନ୍ତୁ ସେମାନେ ବାଦୁଡ଼ିର କିଛି କ୍ଷତି କରିପାରନ୍ତିନି। ବାଦୁଡ଼ିର ଶରୀରର ପ୍ରତିରକ୍ଷା ବ୍ୟବସ୍ଥାଟି କ'ଣ, କିପରି ଏତେ ସୁଦୃଢ଼ ଜାଣିପାରିଲେ ଆମର ଅନେକ ଭୟ ଚାଲିଯାଆନ୍ତା। ବାଦୁଡ଼ି ତା'ର ଏ ରହସ୍ୟଟି ଆମକୁ ବର୍ତ୍ତମାନ ସୁଦ୍ଧା ଜଣେଇନି। ଆମକୁ ଖୋଜି ବାହାର କରିବାକୁ ହେବ। ହୁଏତ ଯିଏ ଏଇ ରହସ୍ୟଟି ଭେଦ କରିପାରିବେ, ସେ ନୋବେଲ ପୁରସ୍କାର ପାଇବେ।

ଗୋଟେ ବୁଢ଼ିଆଣୀ ଜାଲ ତିଆରି କରେ, ଆଉ ଏକପ୍ରକାର ବୁଢ଼ିଆଣୀ ଡେଇଁକରି ମାଛିଟିଏ ବା ପୋକଟିଏ ଧରେ। ସେମାନଙ୍କୁ ଡିଆଁ ବୁଢ଼ିଆଣୀ ବା ଜମ୍ପିଙ୍ଗ ସ୍ପାଇଡର କହନ୍ତି। ଏ ଧରଣର ବୁଢ଼ିଆଣୀଟିଏ ସବୁ ଏକ ସେ.ମି.ର ଉଚ୍ଚ ହୋଇଥାଇପାରେ, କିନ୍ତୁ ଶିକାର କଲାବେଳେ ତା'ର ଦଶଗୁଣ ଉଚ୍ଚକୁ ଡେଇଁପାରେ। ତା'ର ଗୋଡ଼ରେ ମାଂସପେଶୀ ନାହିଁ, କିନ୍ତୁ ଡେଇଁବା ସମୟରେ ଗୋଡ଼କୁ ଅଧିକ ରକ୍ତ

ଯୋଗାଇଦିଏ, ରକ୍ତଚାପ ବୃଦ୍ଧି କରିଦିଏ। ଆମେ କୌଣସି ଅଙ୍ଗକୁ ଇଚ୍ଛାକରି ଅଧିକ ରକ୍ତ ପଠେଇ ପାରିବାନି, ବା ନିଜ ଇଚ୍ଛାରେ ରକ୍ତଚାପ କମ୍-ବେଶୀ କରିପାରିବାନି। ବୁଢ଼ିଆଣୀ କିପରି କରୁଛି ଜାଣିଗଲେ ଆମେ ଆମ ଉଚ୍ଚତାର ଦଶଗୁଣ ଅର୍ଥାତ୍ ପାଞ୍ଚ ବା ଛଅ ମହଲା କୋଠା ଉପରକୁ ଯିବାପାଇଁ ଶିଡ଼ି ବା ଲିଫ୍ଟ ଇତ୍ୟାଦି ବ୍ୟବହାର ନକରି ସିଧା ଡେଇଁପାରନ୍ତେ। ଏ ବିଦ୍ୟା ଯିଏ ହାସଲ କରିବେ ସେ ନୋବେଲ ପୁରସ୍କାର ପାଇବେ କି ନାହିଁ ଜଣାନାହିଁ। ତେବେ ଆମର ଅନେକ ଉପକାର ହେବ।

ସେ ମାଛ ହେଉ ବା ଝିଣ୍ଟିକା ହେଉ, ବାଦୁଡ଼ି ହେଉ ବା ବୁଢ଼ିଆଣୀ ହେଉ, ସେମାନେ ବଞ୍ଚିଲେ ତ ଶିଖିବା ଓ ଉପକୃତ ହେବା, ପୁରସ୍କାର ଦୂରର କଥା।

■

ପ୍ରମେୟ, ୦୪ ଫେବୃୟାରୀ, ୨୦୨୧

କାହା ପାଇଁ କିଏ ?

ସମ୍ବାଦଟିରେ ଅତି ମାତ୍ରାରେ ଉତ୍ସାହିତ ହୋଇପଡ଼ିଲି। ସେଭଳି ଉତ୍ସାହିତ ହେବାର ଅନେକ କାରଣ ଥିଲା। କାରଣଗୁଡ଼ିକ କହିବି, ତେବେ ସମ୍ବାଦଟି କ'ଣ ଥିଲା କହେ। ସ୍ୱାଧୀନତା ପ୍ରାପ୍ତିର ପଚିଶ ବର୍ଷ ପୂର୍ତ୍ତି ଅର୍ଥାତ୍ ସ୍ୱାଧୀନତାର ରୌପ୍ୟ ଜୁବୁଲି ପାଳନ ଉପଲକ୍ଷେ ଦେଶସାରା ଲକ୍ଷାଧିକ ତରୁଣ ତରୁଣୀ ୧୯୭୨ ମସିହାର ଖରାଛୁଟିରେ 'ଦୁର୍ଭିକ୍ଷ ବିରୁଦ୍ଧରେ ଯୁବଶକ୍ତି' ବା 'ୟୁଥ ଏଗେନ୍ଷ୍ଟ ଫାମିନ୍' କାର୍ଯ୍ୟକ୍ରମରେ ପୋଖରୀ ଖୋଳା, ପୋଖରୀ ପଙ୍କୋଦ୍ଧାର, କେନାଲ ଖେଳା, ମରାମତି ଓ ବୃକ୍ଷରୋପଣ ଭଳି କାର୍ଯ୍ୟକ୍ରମରେ ଯୋଗଦେବେ। ଏଥିରେ ମୁଖ୍ୟତଃ କଲେଜ ଓ ବିଶ୍ୱବିଦ୍ୟାଳୟରେ ପଢୁଥିବା ଛାତ୍ରଛାତ୍ରୀ କାର୍ଯ୍ୟ କରିବେ ଓ ସେମାନଙ୍କ ସହ ଗାଁର ଯୁବକ ଯୁବତୀମାନେ ମଧ୍ୟ ସାମିଲ ହେବେ। ଶିବିରଗୁଡ଼ିକ ପଚିଶ ଦିନ ଚାଲିବ। କେଉଁ କେଉଁ ସ୍ଥାନରେ କାର୍ଯ୍ୟହେବ ଓ କିଭଳି କାର୍ଯ୍ୟ କରାଯିବ ସ୍ଥାନୀୟ ପ୍ରଶାସନ ସହାୟତାରେ ଠିକ୍ ହେବ। ତାହାହେଲେ ଶିବିର ସମୟ ଭିତରେ କାର୍ଯ୍ୟଟି ଯଦି ପୂରା ନହୋଇପାରିବ, ପ୍ରଶାସନ ପକ୍ଷରୁ ତାକୁ ସଂପୂର୍ଣ୍ଣ କରାଯିବ। ଶିବିରରେ ଅତି କମ୍‌ରେ ଛାତ୍ରଛାତ୍ରୀମାନଙ୍କ ସହ ଗାଁର ଯୁବକ ମିଶି ଶହେଜଣ କାମ କରିବେ।

ଦେଶ ସ୍ୱାଧୀନ ହେବାର ପଚିଶ ବର୍ଷ ପରେ ଦେଶ ଗଠନ କାମରେ ଯୁବଶକ୍ତିକୁ ନିୟୋଜିତ କରିବା ପାଇଁ ଏଭଳି ଏକ କାର୍ଯ୍ୟକ୍ରମ ପ୍ରଥମ କରି ଆରମ୍ଭ ହେଲା। ଦେଶ ଗଠନ କାମ ଗାଧେଇ ଗଲା। କାଁ ଭାଁ କେହି କେହି ଅବଶ୍ୟ ଗାନ୍ଧୀକଥା ମନେ ପକେଇ ଦେଶର ବିଭିନ୍ନ ସ୍ଥାନରେ କଷ୍ଟେମଷ୍ଟେ କିଛି କିଛି ରଚନାତ୍ମକ କାମ କରିଚାଲିଲେ। ପରିସ୍ଥିତିରେ ଗାନ୍ଧୀ ଅନୁଗାମୀମାନେ ପୂରା ଅସ୍ତମିତ ହୋଇନଥିଲେ ସ୍ୱାଧୀନତାର ରୌପ୍ୟ ଜୁବୁଲି ପାଳନ ବେଳକୁ। ରକ୍ଷା ହୋଇଛି, ସେମାନଙ୍କର ପରାମର୍ଶ ମାନି ଦେଶବ୍ୟାପୀ 'ଦୁର୍ଭିକ୍ଷ ବିରୁଦ୍ଧରେ ଯୁବଶକ୍ତି' କାର୍ଯ୍ୟକ୍ରମଟି ଆରମ୍ଭ ହେଲା।

ମନରେ ଆଶା ସଂଚାରହେଲା, ଏଣିକି ଡେରିରେ ହେଲେ ମଧ୍ୟ ଯୁବଶକ୍ତିର ଯଥାର୍ଥ ଉପଯୋଗ ହେବ ନୂଆଭାରତ ନିର୍ମାଣ କାର୍ଯ୍ୟରେ।

୧୯୬୩ରୁ ୧୯୬୫ ମସିହା ଭିତରେ ବାଣୀବିହାର ପଢ଼ିଲା ଭିତରେ ହଷ୍ଟେଲରେ ରହୁଥିଲି। ଡ. ସୂର୍ଯ୍ୟକାନ୍ତ ଦାସ ହଷ୍ଟେଲ ସୁପରିଣ୍ଟେଣ୍ଡେଣ୍ଟଙ୍କ ଅନୁରୋଧରେ ଇତିହାସ ବିଭାଗର ପ୍ରଫେସର ଡ. ମନ୍ମଥନାଥ ଦାସ ଆମକୁ ଉଦ୍‌ବୋଧନ ଦେବାପାଇଁ ଥରେ ଆସିଥିଲେ। ତାଙ୍କ ଭାଷଣ ପ୍ରସଙ୍ଗରେ ସେ କହିଲେ- ତାଙ୍କୁ ଥରେ ରୁଷ୍ ସରକାର ନିମନ୍ତ୍ରଣ କରିଥିଲେ ଓ ତାଙ୍କର ଅନ୍ୟାନ୍ୟ କାର୍ଯ୍ୟକ୍ରମ ଭିତରେ ତାସ୍‌କେଣ୍ଟ ବିଶ୍ୱବିଦ୍ୟାଳୟର ପିଲାମାନଙ୍କୁ ଉଦ୍‌ବୋଧନ ଦେବାର ଥିଲା, ନିର୍ଦ୍ଧାରିତ ଦିନ ଯାଇ ସେ ପହଞ୍ଚିଲେ। ଦେଖିଲେ ଜଣେହେଲେ ପିଲା ନାହାଁନ୍ତି। କାରଣ ପଚାରି ଜାଣିଲେ ଯେ ସ୍ଥାନୀୟ ପାଣିପାଗ ଅଫିସ ବାତ୍ୟା ଆସୁଥିବା କଥା କହିବା ପରେ ବିଶ୍ୱବିଦ୍ୟାଳୟର ଦଶ ହଜାର ଛାତ୍ରଛାତ୍ରୀ ଓ ସେମାନଙ୍କର ଅଧ୍ୟାପକ ଅଧ୍ୟାପିକାମାନେ ପାଖ ଫାର୍ମମାନଙ୍କୁ ଚାଲିଯାଇଛନ୍ତି ଚାଷୀମାନଙ୍କୁ ସାହାଯ୍ୟ କରିବା ପାଇଁ କ୍ଷେତରୁ ଗହମ ଆଣିବାରେ। ନଚେତ୍ କ୍ଷେତରେ ଗହମ ନଷ୍ଟ ହୋଇଯିବ।

ଡ. ମନ୍ମଥନାଥ ଦାସଙ୍କର ଭାଷଣ ଦେବାର ଶୈଳୀ ଅତିଚମତ୍କାର। ଏଇ କଥାଟିକୁ ସେ ଏଭଳି ପ୍ରଭାବଶାଳୀ ଢଙ୍ଗରେ କହିଲେ ଯେ, ଆଜିଯାଏ ମୋ ଉପରେ ତା'ର ପ୍ରଭାବ ରହିଛି। ମନରେ ସ୍ୱାଭାବିକ ଭାବେ ପ୍ରଶ୍ନ ଆସିଲା, ଆମର ଭାରତରେ କାହିଁକି ଏଭଳି ହେବନାହିଁ ? ଏତିକିବେଳେ 'ଦୁର୍ଭିକ୍ଷ ବିରୁଦ୍ଧରେ ଯୁବଶକ୍ତି' କାର୍ଯ୍ୟକ୍ରମଟି ତେଣୁ ମୋ ମନକୁ ଭାରି ପାଇଥିଲା ଓ ମନ୍ମଥବାବୁଙ୍କର ଭାଷଣ ମନେପକେଇ ଭାରତରେ ଗୋଟାଏ ନୂଆ ଅଧ୍ୟାୟ ଆରମ୍ଭ ହୋଇଗଲା ଭାବି ଉତ୍ସାହିତ ହୋଇପଡ଼ିଥିଲି।

ସରକାରୀ ପରାମର୍ଶ ଅନୁଯାୟୀ, ଜିଲ୍ଲାପାଳଙ୍କ ସହ ଆଲୋଚନା ହେଲା। ଜିଲ୍ଲାପାଳ ଥିଲେ ସୁରେନ୍ଦ୍ର ମିଶ୍ର। ସେ ତାଙ୍କର ସହକର୍ମୀଙ୍କ ସହ ଆଲୋଚନା କରି ଆମକୁ କପିଳାସ ତଳେ ପ୍ରାୟ ସତୁରି ଏକର ଜମିରେ ଲଙ୍କାଆମ୍ବ ବା କାଜୁବାଦାମ ଲଗାଇବା ସହ ଦେଓଗାଁର ଗୋଟାଏ ପୋଖରୀର ପଙ୍କୋଦ୍ଧାର କରାଯିବା ପାଇଁ ପରାମର୍ଶ ଦେଲେ।

ଦୁଇଶହ ଶିବିରାର୍ଥୀ ପଚିଶ ଦିନ କାମ କରିବେ ଓ ଦେଓଗାଁ କନ୍ୟାଶ୍ରମରେ, ଖରାଛୁଟି ଥିବାଯୋଗୁ ପିଲାମାନେ ନଥିବେ, ଶିବିରାର୍ଥୀମାନେ ରହିବାପାଇଁ ସ୍ଥିର ହେଲା। ସେତେବେଳକୁ ବୋର୍ଡ ଅଫ୍ ରେଭିନ୍ୟୁରୁ ସଦସ୍ୟ ମାଥ୍ୟୁସ ଢେଙ୍କାନାଳ ଗସ୍ତରେ ଯାଇଥାନ୍ତି। ଜିଲ୍ଲାପାଳଙ୍କ ଡାକରା ପାଇ ସର୍କିଟ୍‌ହାଉସ ଗଲି ଓ ମାଥ୍ୟୁସଙ୍କୁ ଖୁବ୍ ଉତ୍ସାହିତ ହୋଇ ଯୋଜନାଟି ବିଷୟରେ କହିବାରେ ସେ କଥାଟିକୁ ହସି ଉଡ଼େଇଦେଲେ ଓ

୧୫୪ | ରାଧାମୋହନ

କେବଳ ଅର୍ଥଶ୍ରାଦ୍ଧ ହେବା ସାର ବୋଲି ଟିପ୍ପଣୀ ଦେଲେ। ଯୌବନର ତ ଉଦ୍ଦୀପନା ଥିଲା, ତାଙ୍କ ସହ ଯୁକ୍ତି ଆରମ୍ଭ କରିଦେଲି। ଜିଲ୍ଲାପାଳ ଆଖି ଠାରିଲେ ଅଧିକ କିଛି ନକହିବା ପାଇଁ। ସେତେବେଳେ ଚୁପ୍ ରହିଲି ସତ, କିନ୍ତୁ ପରେ ମାଥ୍ୟୁସଙ୍କୁ ବ୍ୟକ୍ତିଗତ ଭାବେ ମନ ଦୁଃଖ ଓ କ୍ଷୋଭ ଜଣାଇ ଚିଠିଟିଏ ଦେଲି। କଲେଜର ଜଣେ ତରୁଣ ଅଧ୍ୟାପକ ଓ ମେମ୍ବର, ବୋର୍ଡ ଅଫ ରେଭିନ୍ୟୁ ଭିତରେ କେତେ ପାହାଚ ରହିଲାଣି, ମୋର ଲେଖିବାର ଉଚିତ କି ନାହିଁ ସେ ବିଷୟରେ ଭାବିବାର ନାହିଁ। ଚିଠିରେ ଥିଲା- ଆପଣଙ୍କଠୁ କିଛି ପ୍ରେରଣା ପାଇବାକୁ ଆଶା ଥିଲା, ତା' ବଦଳରେ ଆପଣ ଅତି ନିରୁତ୍ସାହିତ କଲେ, ସେ ପୁଣି କେନ୍ଦ୍ର ସରକାରଙ୍କ ଏକ ଯୋଜନା, ଏଥିରେ ମୋର ମନ ଦୁଃଖ। ସଂଗେ ସଂଗେ ଗୋଟେ ଉତ୍ତର ପାଇଲି, ସେ ଲେଖିଲେ- ଉତ୍ସାହ ପାଇଁ ବହୁତ ଧନ୍ୟବାଦ ଓ ଶିବିରର ସବୁ ସଫଳତା କାମନା କରୁଛି।

ଏବେ ଶିବିର ଆୟୋଜନ କାମ ଆରମ୍ଭ ହୋଇଗଲା। ମେ' ମାସ ଖରାଛୁଟିରେ ଘରେ ନରହି ପଚିଶ ଦିନ ଶିବିରରେ ରହି କାମ କରିବା ପାଇଁ ପିଲା ଏତେସଂଖ୍ୟାରେ ବାହାରିଲେ ଯେ ଯାହା ସନ୍ଦେହ ଥିଲା, ସେସବୁ ଦୂର ହୋଇଗଲା। ଢେଙ୍କାନାଳରେ ଥିବା ଏନସିସି ଅଫିସ୍‌କୁ ଗଲୁ ଓ ସେଠାରେ ଥିବା ଅଫିସର ଜଣକ ଖୁବ୍ ଆଗ୍ରହ ଦେଖାଇ ରୋଷେଇ ପାଇଁ ଆବଶ୍ୟକ ସରଂଜାମ ଯୋଗାଇଦେଲେ ଓ ଶିବିର ପରିଚାଳନା ପାଇଁ କେତେକ ମୂଲ୍ୟବାନ ପରାମର୍ଶ ଦେଲେ।

ସମସ୍ତେ ଦେଓଗାଁ କନ୍ୟାଶ୍ରମରେ ରହିଲୁ। ସେଠାରୁ ଗଛଲଗା ସ୍ଥାନଟି ଦୁଇରୁ ଅଢ଼େଇ କିଲୋମିଟର ବାଟ, ପଙ୍କୋଦ୍ଧାର ପାଇଁ ପୋଖରୀ ମଝିରେ ଥାଏ। ସକାଳ ୭ଟା ସୁଦ୍ଧା ନିତ୍ୟକର୍ମ ସାରି ଚୁଡ଼ା କଦଳୀ ଖାଇ ବାହାରିଯାଉ। କିଛି ପିଲା ପୂର୍ବରାତିର ବଳକା ଭାତକୁ ପଖାଳ ଓ ଆଳୁ ବାଇଗଣ ପୋଡ଼ାପୋଡ଼ି ଖାଇ ପେଟ ଶାନ୍ତ କରି କାମକୁ ବାହାରି ଯାଆନ୍ତି। ମେ' ମାସର ମୁଣ୍ଡଫଟା ଖରାରେ ସକାଳ ୧୧ଟାଯାଏ କାମ କରି ଫେରି ଦି'ପହର ଖାଇ ବିଶ୍ରାମ ନେଇ ପୁଣି ତିନିଟାରେ ବାହାରି ଯାଉଥିଲୁ।

ଶିବିର ଶେଷ ହେଲା। ପୋଖରୀଟିର ପଙ୍କୋଦ୍ଧାର କାମ ଶେଷ ହେଲା, ବର୍ଷା ଅଭାବ ସମୟରେ ପ୍ରାୟ ଚାଳିଶ ଏକର ଜମିରେ ପାଣି ମାଡ଼ି ଧାନ ଫସଲ ବଞ୍ଚାଇ ପାରିବ। ଜମି ପ୍ରସ୍ତୁତି ସହ ପ୍ରାୟ ସତୁରି ଏକର ଜମିରେ ଗାତ ଖୋଳି ବର୍ଷା ଆସିଲେ କାଜୁ ଗଛ ଲଗାହେବା ପାଇଁ ପ୍ରସ୍ତୁତି ଶେଷ ହୋଇଗଲା। ଶିବିରଟିକୁ ବଡ଼ ଜାକଜମକରେ ସେତେବେଳର ରାଜ୍ୟପାଳ ବି.ଡି. ଜତ୍ତି ଉଦ୍‌ଯାପିତ କଲେ। ସମୁଦାୟ କାର୍ଯ୍ୟକ୍ରମଟି ଉଭୟ ରାଜ୍ୟ ଓ ଜାତୀୟସ୍ତରରେ ବହୁତ ଦୃଷ୍ଟି ଆକର୍ଷଣ କଲା। ପରେ ଶୀତଛୁଟିରେ ଏଥର ତମ୍ବୁରେ ତଳେ ନଡ଼ାପକାଇ କପିଳାସ ତଳ ଜାଡ଼ରେ ୮୦ଜଣ ପିଲା ରହି

ପ୍ରାୟ ପଚାଶ ଏକର ଜମିରେ ଗଛ ଲଗାଇବା ପାଇଁ ପ୍ରସ୍ତୁତି କାର୍ଯ୍ୟ ଶେଷକଲେ। ପର୍ଯ୍ୟାୟକ୍ରମେ ସରକାର ମୋଟ୍ ୯୫୦ ଏକର ଜମିରେ କାଜୁଚାଷ କଲେ। ନିଲାମ ଆକାରରେ ଲକ୍ଷ ଲକ୍ଷ ଟଙ୍କା ପାଇ ସରକାର କପିଳାସରେ ଥିବା ଚନ୍ଦ୍ରଶେଖର ମନ୍ଦିରର ଉନ୍ନତି ପାଇଁ ଓ ଠାକୁରଙ୍କ ଭୋଗ ପାଇଁ ଖର୍ଚ୍ଚ କଲେ।

ଏ ସମୁଦାୟ କାର୍ଯ୍ୟକ୍ରମରୁ ଆମେ ସମସ୍ତେ ପରମ ଆତ୍ମସନ୍ତୋଷ ପାଇଲୁ। ଅନେକ ଦିନ ପରେ ଶିବିରରେ ଯୋଗଦେଇଥିବା ସେ ଅଞ୍ଚଳର ଜଣେ ଛାତ୍ରଙ୍କଠୁ ଶୁଣିଲୁ ସେଇ ଜାଗାରେ ଆଖପାଖରେ ଥିବା ଦେଓଗାଁ, ମହୁଲଖୋଲି ଓ ନାଗିଆପୋଷିର ଲୋକମାନେ ନିଜର ସାଧ୍ୟମତେ ଖଣ୍ଡେ ଖଣ୍ଡେ ଜମି ଚାଷ କରି ବର୍ଷାଦିନେ ତଇଲା କିସମ ସାରିଆ, କୋଳିଆଁ ଧାନ ସହ ମାଣ୍ଡିଆ, କାଙ୍ଗୁଲ ଓ କିଛି ବାଇଗଣ ଭଳି ପରିବା ଆଦାୟ କରି ଚଳୁଥିଲେ। ଅଳ୍ପ ଭୂମି ଥିବା ଓ ଭୂମିହୀନ ଲୋକମାନେ କିଛି ଜମି ଚାଷକରି ଓ ଚାଷବାସରେ ସାହାଯ୍ୟ କରି ଗୁଜୁରାଣ ମେଣ୍ଟାଉଥିଲେ। ଅବଶ୍ୟ ସେମାନେ ପରେ କାଜୁ ବଗିଚାରେ କାମ କରି ଓ କିଛିବର୍ଷ ପରେ କାଜୁତୋଳାରେ ସାହାଯ୍ୟ କରି କିଛି କିଛି ମଜୁରି ପାଇଲେ। ଯଦି କେବଳ ମୃତ୍ତିକା ସଂରକ୍ଷଣ ବିଭାଗ ଲୋକ, ଯେଉଁମାନଙ୍କର ଲୋକମାନଙ୍କ ସହ କୌଣସି ସଂପର୍କ ନଥାଏ, ସେମାନଙ୍କୁ ହଟେଇଦେଇ ସେଇ ଜାଗାରେ କାଜୁ ଲଗାଇ ପାରିନଥାନ୍ତେ। ଲୋକମାନେ ପ୍ରବଳ ବିରୋଧ କରିଥାନ୍ତେ। ଦୁଇଶହ କଲେଜ ପିଲା ଯାଇ ସରକାରୀ କଳ ସହ ଗଛ ଲଗାଇବା କାମ ଆରମ୍ଭ କଲେ ଲୋକମାନେ ବିରୋଧ କରିବାକୁ ସାହସ କରିବେନାହିଁ ଓ ଲୋକମାନଙ୍କୁ ସହଜରେ ବେଦଖଲ କରିହେବ। ଶିବିରଟି ସେଥିପାଇଁ ସେଇଠି ଆୟୋଜନ କରିବା ପାଇଁ ସରକାରୀ କଳ ସ୍ଥିର କରିଥିଲା। ଇଏ ଗୋଟେ ସରକାରୀ କଳର ଚାଲ୍ ଥିଲା।

ତେବେ ଏଠି ପ୍ରଶ୍ନ ହେଲା- ସ୍ଥାନୀୟ ଲୋକଙ୍କର ଖାଇବା ପାଇଁ ଧାନ, ମାଣ୍ଡିଆ, କାଙ୍ଗୁଲ ଓ ପରିବାପତ୍ର ବେଶି ଆବଶ୍ୟକ, କି ବିଦେଶକୁ କାଜୁ ରପ୍ତାନି ହେବ ବିଦେଶୀ ଲୋକଙ୍କର ଚା' କଫି ସହ କାଜୁ ଖାଇବା ପାଇଁ? ସ୍ଥାନୀୟ ଲୋକଙ୍କୁ ବେଦଖଲ କରି ସେମାନଙ୍କୁ ଆୟରୁ ବଂଚିତ କରି କପିଳାସ ଠାକୁରଙ୍କର ଆୟ ବୃଦ୍ଧି ହେବ। ଠାକୁର ଲୋକଙ୍କ ପାଇଁ ନା ଲୋକ ଠାକୁରଙ୍କ ପାଇଁ? କାହା ପାଇଁ କିଏ?

■

ପ୍ରମେୟ, ୧୧ ଅଗଷ୍ଟ,୨୦୨୦

ବିଭାଗର ଭାଗ୍ୟ

(ସ୍ୱର୍ଗତ ପ୍ରଫେସର ରାଧାମୋହନ ଗତ ଛଅ ଦଶନ୍ଧି ଧରି ଓଡ଼ିଶାର ସାମାଜିକ, ଅର୍ଥନୈତିକ ଓ ଜନସେବା ପଟ୍ଟଭୂମିରେ ଏକ ବଳିଷ୍ଠ ଚେତନାର ଉତ୍ସ ହୋଇ ରହିଥିଲେ। ସରଳ ସାଧାସିଧା ମଣିଷ ମାଟି ମା' ସହିତ ସବୁବେଳେ ଯୋଡ଼ି ହୋଇ ସାଧାରଣ ଗରିବ ଦୁର୍ବଳ ମଣିଷଟିଏ ଜୀବନ-ଜୀବିକା ସମସ୍ୟାକୁ ବୈଶ୍ୱିକ ଅର୍ଥନୀତିର ବିଷଚକ୍ର ଚାପରୁ ରକ୍ଷା କରିବା ପାଇଁ ନିଜ କର୍ମ ଓ କଲମ ମାଧ୍ୟମରେ ସବୁବେଳେ ତତ୍ପର ଥିଲେ। ଏହି ଲେଖାଟି ପଦ୍ମଶ୍ରୀ ପ୍ରଫେସର ରାଧାମୋହନଙ୍କ ଜୀବନର ଶେଷ ଲେଖା। ସେ ନିମୋନିଆରେ ପୀଡ଼ିତ ଥିବାବେଳେ ହସ୍ପିଟାଲ୍ ବେଡ୍‌ରେ ଥାଇ ଦୁଇଟି ପ୍ରବନ୍ଧ ଲେଖିଥିଲେ ଏବଂ ତାହା ଅନ୍ୟ ଖବରକାଗଜରେ ପ୍ରକାଶିତ ହୋଇଥିଲା। ଏହି ଶେଷ ଲେଖାଟି ସେ 'ସକାଳ' ପାଇଁ ଲେଖିଥିଲେ, କିନ୍ତୁ ସ୍ୱାସ୍ଥ୍ୟରେ କ୍ରମାଗତ ଅବନତି ଘଟିବାରୁ ଲେଖାଟି ସମ୍ପୂର୍ଣ୍ଣ କରିପାରିନଥିଲେ। ପାଖରେ ଥିବା ମଝିଆ ଝିଅ ବିଶ୍ୱଭାରତୀଙ୍କୁ ଡାକି ପ୍ରବନ୍ଧଟି ପଢ଼ିବାକୁ କହିଲେ ଏବଂ ଅନୁରୋଧ କଲେ, 'ମା ! ଆଉ ଲେଖିପାରୁନି, ଯଦି ପାରିବୁ ଏତକ 'ସକାଳ'ର ସମ୍ପାଦକଙ୍କ ପାଖକୁ ପଠାଇଦେବୁ।' ଆଜି ତାଙ୍କ ତିରୋଧାନର ଏକମାସ ପୂର୍ତ୍ତି ଅବସରରେ ତାଙ୍କର ଶେଷ ଲେଖା (ଅସମ୍ପୂର୍ଣ୍ଣ)କୁ ଆମେ ସମ୍ପାଦକୀୟ ପୃଷ୍ଠାରେ ସ୍ଥାନ ଦେଇ ସ୍ମୃତି ଅର୍ଘ୍ୟ ନିବେଦନ କରୁଛୁ।)

୧୯୮୩ ମସିହାର ଶେଷଭାଗ ଆଡ଼କୁ କେନ୍ଦ୍ର ସରକାରଙ୍କ ଢାଞ୍ଚାରେ ଓଡ଼ିଶା ସରକାର ରାଜ୍ୟ ବିଜ୍ଞାନ, କାରିଗରୀ ଓ ପରିବେଶ ବିଭାଗ ସୃଷ୍ଟି କଲେ। ପ୍ରଥମ କେତେଜଣଙ୍କ ଭିତରେ ମୁଁ ସେଇ ବିଭାଗରେ ଯୋଗଦେଲି ପରିବେଶ ସମ୍ପର୍କରେ ଜନସଚେତନତା ସୃଷ୍ଟି କରିବା ପାଇଁ। ସେତେବେଳେ 'ପରିବେଶ' ଶବ୍ଦଟି ଏତେ ବହୁଳ ପ୍ରସାର ଲାଭ କରିନଥିଲା।

ସେତେବେଳର ମୁଖ୍ୟମନ୍ତ୍ରୀ ଜାନକୀବଲ୍ଲଭ ପଟ୍ଟନାୟକ ପରିବେଶ ବିଭାଗର ଦାୟିତ୍ୱରେ ଥିଲେ। ଦିନେ ସେକ୍ରେଟାରିଏଟ୍‌ରେ ମିଟିଂ ହେଲା ପୋଡୁ ଚାଷ କିପରି ବନ୍ଦ ହେବ। ସେ ନେଇ ଆଲୋଚନା ହେଲା। ଜଙ୍ଗଲ ବିଭାଗ ତରଫରୁ ଉଚ୍ଚପଦସ୍ଥ ଅଧିକାରୀମାନେ ଯୋଗ ଦେଇଥା'ନ୍ତି ଓ ସ୍ୱାଭାବିକ ଭାବରେ ସେମାନେ ପ୍ରଚୁର ଅର୍ଥ ଆବଶ୍ୟକ ହେଉଥିବା ବିଭିନ୍ନ ପ୍ରକଳ୍ପମାନଙ୍କର ପ୍ରସ୍ତାବ ଦେଉଥା'ନ୍ତି। ଶେଷରେ ମୋ' ପାଳି ପଡ଼ିଲା କିଛି କହିବା ପାଇଁ। ମୋର ପ୍ରସ୍ତାବ ଥିଲା ବ୍ୟଙ୍ଗାତ୍ମକ - 'କଳେବଳେ କୌଶଳେ ଆଦିବାସୀ ପିଲାଙ୍କୁ ମାଗଣାରେ ହଷ୍ଟେଲରେ ରହିବା ଖାଇବା ବ୍ୟବସ୍ଥା କରି ଅତିକମ୍‌ରେ ଅଷ୍ଟମ ନବମ ଶ୍ରେଣୀ ପର୍ଯ୍ୟନ୍ତ ପଢ଼ିବାର ବ୍ୟବସ୍ଥା କରାଯାଉ। କିଛିଦିନ ପରେ ଆଉ ଆଦୌ ପୋଡୁଚାଷ ହେବନାହିଁ।' ଏତିକି କହୁ କହୁ ପଦସ୍ଥ ଅଧିକାରୀମାନେ ପରସ୍ପର ଅନାଅନି ହୋଇ ହସିବାକୁ ଲାଗିଲେ। ସେ ହସରେ ତାଚ୍ଛଲ୍ୟଭାବ ଉକୁଟି ଉଠୁଥିଲା। ତେବେ ଜାନକୀବାବୁ ପଚାରିଲେ- 'ଆଦିବାସୀ ପିଲାଏ ପାଠ ପଢ଼ିଦେଲେ କେମିତି ପୋଡୁଚାଷ ବନ୍ଦ ହୋଇଯିବ କୁହନ୍ତୁ।' ସରଳରେ କହିଲି- 'ଆମର ଶିକ୍ଷାବ୍ୟବସ୍ଥା ଏଭଳି ଯେ, ସାମାନ୍ୟ ପାଠ ପଢ଼ିଦେଲେ ଆମେ ଶାରୀରିକ ଶ୍ରମ ପ୍ରତି ବିମୁଖ ହୋଇପଡୁ। ବିଶେଷତଃ ଆଦିବାସୀ ପିଲାମାନେ ଯେତେବେଳେ ଅଷ୍ଟମ ନବମ ପାଠ ପଢ଼ିଦେବେ, ଭାବିବେ ଯେ ସେମାନେ କିଛି ଗୋଟାଏ ବଡ଼କାମ କରି ପକାଇଲେ। ଆଉ ପରିଶ୍ରମ କରିବା ଦରକାର ନାହିଁ। ସେମାନେ ଆଉ ତୀଖ ପାହାଡ଼ ଚଢ଼ିପାରିବେ ନାହିଁ, ଜଙ୍ଗଲକୁ ଯିବେ ନାହଁ ଓ କଠୋର ପରିଶ୍ରମ କରି ହରିଣ, ସମ୍ବର ଆଦି ଜଙ୍ଗଲୀ ଜନ୍ତୁଙ୍କଠାରୁ ଫସଲ ରକ୍ଷା କରିବାପାଇଁ କ୍ଷେତରେ କୁଡ଼ିଆ କରି ବର୍ଷାରାତିରେ ଉଜାଗର ରହି ଜଗିପାରିବେନି। ଏକପ୍ରକାର ଅକ୍ଷମ ହୋଇପଡ଼ିବେ ସେମାନେ ଏବଂ ପୋଡୁଚାଷ ବନ୍ଦ ହୋଇଯିବ ଆପେ ଆପେ।'

ଠିକ୍ ଏ କଥାର ପ୍ରତିଧ୍ୱନି ଶୁଣିଲି ଏ ଆଲୋଚନାର ପ୍ରାୟ କୋଡ଼ିଏ ବର୍ଷ ପରେ। କୋରାପୁଟରେ ଗୋଟାଏ ଆଦିବାସୀ କବି-ଲେଖକ ସମ୍ମିଳନୀରେ ବିଭିନ୍ନ ବିଷୟରେ ଆଲୋଚନା ହେଉଥାଏ। ଏ ସମୟରେ ଜଣେ ବୟସ୍କ ଆଦିବାସୀ ଲୋକ ଉଠି କହିଲେ, 'ଆଜ୍ଞା! ମୋ' ପୁଅ ମୋ'ର ବଡ଼ଶତ୍ରୁ। କ'ଣ ଦିଅକ୍ଷର ପାଠ ପଢ଼ିଛି, ଚାକିରି ବାକିରି କିଛି ନାହିଁ। ପାଇଟିପତର କିଛି କରୁନି, ଚାଷବାସକୁ ଘୃଣା କରୁଛି। ଖାଲି କହୁଛି, ଦେ' ପଇସା ମୁଁ ଜୋତା କିଣିବି, ପ୍ୟାଣ୍ଟ ସାର୍ଟ କିଣିବି। ଟର୍ଚ୍ଚ ଲାଇଟ୍ କିଣିବି। ଶୀତଦିନେ ବେଢ଼ାଣ ଘୋଡ଼େଇ ନ ହୋଇ ସ୍ୱେଟର କିଣିବାକୁ ପଇସା ମାଗୁଛି। ଆଉ ମୁଁ ପଇସା ଦେଇ ନ ପାରିଲେ ନାନା ଉପଦ୍ରବ କରୁଛି। ପାଠପଢ଼ାର

୧୫୮ | ରାଧାମୋହନ

ଆଙ୍କା କ'ଣ ଏଇୟା ଫଳ ?' ସେତେବେଳେ ଜଙ୍ଗଲ ବିଭାଗ ଅଧିକାରୀମାନେ ମୋ' କଥାକୁ ହସି ଉଡ଼େଇ ଦେଇଥିଲେ, କିନ୍ତୁ ଆଦିବାସୀ ଅଞ୍ଚଳରେ ଶିକ୍ଷାର ପ୍ରସାର ଯୋଗୁଁ ପୋଡୁଚାଷ ଆପେ ଆପେ ବନ୍ଦ ହୋଇଗଲା।

ସଭା ଶେଷ ହେଲା। ଏବେ ଦେଖିବା ଜଙ୍ଗଲ ବିଭାଗର ଇତିବୃତ୍ତି।

■

ସକାଳ, ଜୁଲାଇ ୧୧, ୨୦୨୧

କିଏ କହିବ, କ'ଣ ହେବ ? | ୧୫୯

୨୦୧୭ରେ ମ୍ୟାରୀଲାଣ୍ଡ, ଯୁକ୍ତରାଷ୍ଟ୍ର ଆମେରିକାଠାରେ
ରାଚେଲ କାର୍ସନ କଞ୍ଜରଭେସନ ପାର୍କରେ ରାଧାମୋହନ

୧୯୯୧ ମସିହାରେ ଭୂମିରକ୍ଷା ପାଇଁ ଆହ୍ୱାନ

'ସମ୍ଭବ' ନୟାଗଡ଼ଠାରେ କର୍ଣ୍ଣାଟକର କିଛି ଚାଷୀ ଓ ସ୍ୱେଚ୍ଛାସେବୀଙ୍କ ସହ ଆଲୋଚନାରତ ।

'ସମ୍ଭବ' ନୟାଗଡ଼ଠାରେ ୨୦୧୮ ମସିହାରେ ଛାତ୍ରଛାତ୍ରୀମାନଙ୍କୁ ବୁଝାଉଛନ୍ତି

କର୍ମସ୍ଥଳ 'ସମ୍ଭବ', ନୟାଗଡ଼ଠାରେ

BLACK EAGLE BOOKS

www.blackeaglebooks.org
info@blackeaglebooks.org

Black Eagle Books, an independent publisher, was founded as a nonprofit organization in April, 2019. It is our mission to connect and engage the Indian diaspora and the world at large with the best of works of world literature published on a collaborative platform, with special emphasis on foregrounding Contemporary Classics and New Writing.

CPSIA information can be obtained
at www.ICGtesting.com
Printed in the USA
BVHW041454270622
640741BV00004B/261

9 781645 602859